개정판

한국현대정치사

개정판
한국현대정치사

안철현 지음

새로운사람들

초판이 나온 지 벌써 5년이 넘었다. 그동안 기대 이상의 관심과 평가를 받은 덕분에, 또한 변화하는 상황을 반영해야 되는 현대사 분야의 책이기 때문에 5년 정도 지나면 개정판을 내야 할 것이 아닌가 하는 말들을 들었다.

　그러나 개정판을 내려고 마음먹는 것은 생각처럼 쉬운 일이 아니었다. 저자의 나태함과 무능함이 가장 큰 이유이겠으나 또 다른 중요한 이유는 이명박 정부 이후의 한국정치를 어떻게 봐야 할 것인가에 대한 판단이 서지 않았기 때문이다.

　이명박 정부 초기에 출판된 초판은 해방부터 시작해서 노무현 정부까지의 정치사를 다루었다. 그런데 박근혜 정부 들어와서 개정판을, 그것도 명색이 현대정치사 개정판이라고 내면서 여전히 노무현 정부까지만 다루는 것은 역사학자라면 몰라도 정치연구자로서는 도리가 아니라고 생각했다. 그렇다면 이명박 정부 이후를 바라보는 관점이 있어야 하는데 아직 그 관점이 잡히지 않았던 것이다.

이 책의 서술방식이 각 시기별로 중요한 사건들을 차례대로 설명해 나가는 방식이라면 초판 뒤에 이명박 정부 이후의 정치적 사건들을 보태면 될 것이기 때문에 크게 고민하지 않아도 되었을 것이다. 그러나 초판 서문에서 밝혔듯이 이 책은 해방 이후 현재까지의 한국정치를 핵심적인 대립구도에 따라 세 개의 시기로 구분하고 각 시기의 대립구도들이 어떻게 전개되어 갔는지 개별적 사건들을 인과의 고리로 서로 연결하여 살펴보는 방식으로 되어 있다. 그렇게 함으로써 구체적 사건들에 대한 이해보다는 한국현대정치사의 전모가 머릿속에 그려질 수 있도록 하자는 것이 이 책의 목적이었다.

좌우 대립, 개발독재와 민주화운동, 지역주의 정치 및 개혁과 저항이라는 대립구도들을 중심으로 각 시기의 정치적 사건과 상황들을 정리해 보는 이러한 방식은 노무현 정부까지의 정치사 이해에는 비교적 유용했던 것으로 보인다. 그런데 이명박 정부 이후의 시기는 기존의 대립구도로 볼 수 있는지 아니면 별도의 대립구도가 시작되는 시기로 봐야 할지 판단이 서지 않았다는 것이다.

지역주의 정치를 대립구도로 보았을 때는 노무현 정부 다음에 이명박 정부 이후를 추가하는 것이 별 무리가 없었다. 지역주의의 성격은 다소 달라졌으나 몰표와 의석 석권에 의한 일당독점구조는 여전히 관철되고 있기 때문이었다.

그러나 개혁과 저항의 구도로 이명박 정부 이후를 설명하는 것은 명백한 한계가 있었다. 권력은 변동했고 개혁과 저항은 모두 사라졌기 때문이다. 새로운 대립구도를 발견하고자 하였으나 아직 성공하지 못했다.

그렇다고 아무 관점 없이 사건들만 늘어놓을 수는 없었다. 따라서 현재 언론과 학계에서 많이 사용하고 있는 보수 대 진보의 구도를 빌려와 이명박 정부 이후의 한국정치를 설명하되 그 구도에 대한 확신이 없기 때문에 별도의 장으로 만들지는 말고 노무현 정부 다음에 보론 비슷하게 덧붙이기로 했다.

그것이 현재의 한국정치를 이해하는 좋은 방법이 될 수 있는지에 대한 판단은 부득이 독자들께 맡겨둘 수밖에 없었다.

보수와 진보의 구도로 이명박 정부 이후의 시기를 보는 것이 왜 문제라고 보는지를 간략히 설명해야 할 것 같다.

저자가 보기에 보수와 진보는 지키거나 변화시키고 싶은 성향이나 태도를 말하는 것으로 시간과 장소에 따라 내용물이 달라질 수 있는 일종의 그릇 같은 것이라 생각된다. 따라서 그냥 보수 대 진보라고 해서는 앞의 대립구도들과 달리 각 정치세력들이 지향하는 바가 분명히 드러나지 않는다. 보수와 진보라는 그릇에 담길 가치나 정책이 분명해야 그것이 어떤 구도인지 이해할 수 있을 텐데 이명박 정부 이후의 한국정치에서는 보수고 진보고 간에 그들이 무엇을 지키고 무엇을 변화시키고 싶은 건지가 분명치 않다는 것이다.

좌익 대 우익, 개발독재 대 민주화운동, 개혁 대 저항과 같은 그 전의 대립구도들은 각 정치세력들이 한국사회의 발전방향을 둘러싸고 격렬하게 대립한 의미 있는 구도였다. 그런데 현재의 보수는 기득권 유지를 위한 권력 장악 목표 외에 권력을 통해 무엇을 하고자 하는지가 앞 시기의 보수들에 비해 분명하지 않다. 또한 현재의 진보의 경우 시대적 상황의 변화에 따라 누가 진보인지부터가 불분명하며 따라서 지향하는 바가 무엇인지도 하나로 모아지지 않는다. 따라서 그 내용물을 찾아내지 않으면 보수와 진보의 구도란 잘못하면 공허한 대립구도가 될 가능성이 커 보인다는 것이 현재까지의 판단이다.

끝으로 개정판을 쓰면서 한국정치에 대한 느낌이 초판을 쓸 때와는 많이 달랐다는 소회를 보태고 싶다. 노무현 정부까지만 다루었던 초판의 서문을 쓸 때는 한국정치가 그래도 의미 있는 대립을 통해 앞으로 나아갈 것이라는 희망 섞인 믿음이 있었다.

그런데 세월호를 겪고 박근혜 정부 2년이 지나가는 시점에서 개정판 서문을 쓰는 지금은 국제적, 국내적으로 헤쳐 나가야 할 정치적 과제들은 엄청나게 밀어닥치는데 정치인들은 당파나 진영의 이익을 위한 저급한 권력투쟁에 매몰되어 있고, 양극화의 상층부는 기득권만 강화하면 자신들은 안전하리라는 어리석은 생각에 국민들에게 "기다리라, 가만히 있어라"만 외치고 있는 것처럼 보인다. 젊음과 민초가 피어나지 못하고 억눌리는 사회에 미래가 있을까. 그저 역사는 우여곡절을 겪지만 결국은 전진한다는 낙관론을 믿고 싶을 뿐이다.

2014년 12월
저자

이 책은 현재 벌어지는 한국정치 현상을 올바르게 이해하기 위해서는 역사적 맥락을 제대로 파악하는 것이 필수적이라는 입장에서 쓰인 한국현대정치사 교재 겸 교양서다. 전공자들뿐 아니라 일반인들도 쉽게 이해할 수 있도록 각주 처리도 하지 않았고 내용도 평이하게 서술하려고 노력하였다.

그러면서도 정치적 사건들을 시기별로 나열하듯 서술해 놓은 기존의 정치사들과는 달리 조직적이고 체계적으로 한국정치의 전체적인 모습을 먼저 그리고 그 속에서 각각의 정치적 사건들이 어떤 의미를 가지고 연결되도록 정리하였다.

한국현대정치사라는 말에는 한국, 현대, 정치, 역사의 네 가지 개념이 들어가 있다. 이 네 개념에는 모두 얼른 보면 쉬운 것 같지만 결코 쉽지 않은 의미가 내포되어 있다. 이것이 무슨 말인지를 이하에서 설명해 보기로 하자.

우선 '한국'은 일정한 영토와 국민과 주권(권력관계)으로 이루어진 대한민국이라는 근대 국민국가를 지칭하는 말이다. 이렇게 보면 간단할 것 같지만 사실 '한국'은 다른 근대국가들과는 달리 그 속에 두 가지 의미가 중첩되어 있다. 물론 이유는 분단국가라는 특수성 때문이다.

첫째, 해방 이후 단독정부 수립을 거쳐 전쟁을 치르고 휴전이 되어 분단이 고착화될 때까지의 시기의 '한국'정치라고 하면 그 '한국'은 한반도 전체를 가리키는 개념이 될 것이다. 그런 의미의 '한국'에 적합한 말은 사실은 우리말보다는 영어의 'Korea'가 맞을 것이다.

이런 의미에서의 한국정치의 가장 중요한 과제는 분단의 극복이 될 것이다. 따라서 한반도적 의미에서의 한국정치라고 하려면 현재의 한국정치에다 북한정치와 남북한관계, 통일에 대한 논의까지 포함시키는 것이 맞을 것이다.

둘째, 한국전쟁 이후 우리의 일반적 관념에서 '한국'이라는 말은 사실상 한반도 전체로서의 한국이 아니라 남한(South Korea)을 의미하는 개념이 되어 버렸다. 물론 전쟁 이후의 시기에도 남북한의 정치상황은 서로에게 깊은 영향을 주고 있으나 그것이 결정적이라고 할 수 있을 정도는 아니었다. 전쟁이 끝나고 분단이 고착화된 이후에는 북한정치와 남한정치는 전혀 다른 제도와 과정 속에서 독자적으로 움직여 갔다.

따라서 전쟁 이후의 시기에 한국정치라 함은 남한정치만을 의미하는 것이며 그런 의미에서 한국정치의 가장 중요한 과제는 경제성장과 민주주의의 문제였다고 볼 수 있다.

'현대'라고 하는 말은 역사를 전제로 한 개념이다. 통상 역사적 개념으로는 중세와 구별되는 '근대'가 있고 거기서 나온 '근대화(moderni-zation)'라는 개념이 있다. 현대라는 말과 근대라는 말은 사실상 크게 구별되지 않고 사용되어 왔다. 굳이 따지자면 '근대'는 고대, 중세 등과 함께 역사적 시기 구분을 의미하는 개념으로 주로 사용되었고, 과거가 아닌 '현재의', '동시대의(contemporary)'라는 의미를 갖는 비교적 단순한 개념으로는 '현대'가 주로 사용되었다.

그러나 그렇다 하더라도 언제부터를 현대로 봐야 할 것인가 하는 문제는 결코 간단한 문제가 아니다.

여기서는 1945년 해방 이후부터를 현대로 보기로 한다. 이런 관점은 사실상 1990년대 이전까지는 너무 당연해서 따로 설명할 필요가 없을 정도였으나 이미 해방 60년이 지나고 있는 현재의 시점에서는, 또 지금의 대학생들이 80년대 이후 출생한 학생들이라는 점에서는 약간의 설명이 필요할 수 있다.

왜냐하면 단순히 시간 개념만으로 볼 때는 현재의 대학생들에게 1945년을 현대라고 생각하라고 하는 것은 1970년대의 대학생들에게 1910년을 현대라고 생각하라고 하는 것과 비슷하기 때문이다.

그럼에도 불구하고 특히 정치사에서 1945년 이후를 현대라고 보는 가장 중요한 이유는 아직 해결되지 않고 있는 주요한 정치적 과제들이 사실상 해방에서 전쟁에 이르는 시기에 그 뿌리를 두고 있는 것들이 많이 있기 때문이다.

짐작했겠지만 가장 중요한 것은 통일, 즉 분단의 문제다. 해방과 함께 찾아온 분단 상황을 우리는 아직 극복하지 못하고 있다. 또한 어느 국가와도 다른 한미관계의 특수성도 이 시기에 뿌리를 두고 있고, 미완의 친일청산이 낳은 민족정기나 사회정의의 문제도 그 뿌리를 이 시기에 두고 있다.

결국 지금의 기성세대가 해결했어야 할 많은 문제들이 아직도 해결되지 않은 채 여전히 한국사회의 중요한 정치적 과제로 남아 있기 때문에 현재의 세대들에게 현대의 개념을 이렇게 광범위하게 잡게 하고 있는 것이라고 볼 수 있다.

그런 점에서 기성세대의 한 사람으로 부끄러운 마음이지만 어쨌든 해방 이전의 가장 중요한 정치적 과제가 민족독립이었고 그것이 8.15에 의해 일단 해결이 되었다는 관점으로 보면, 가장 중요한 정치적 과제의 하나가 통일임을 포기하지 않는 한 해방 이후의 시기를 현대 한국정치의 출발점으로 잡아야 한다는 사실은 분명한 것 같다.

'정치'가 무엇인가 하는 문제는 한 학기 이상의 수업을 해도 충분히 이해가 되지 않을 정도로 쉽지 않은 문제라고 할 수 있다. 다만 원론적으로 '정치'란 이기적 인간이 모여 사는 사회에서 희소한 물질적, 정신적 가치를 차지하기 위해 벌어지는 갈등을 해결하기 위해 발생하는 권력이라는 현상을 중심에 둔 것이라고 할 수 있다.

즉 권력을 누가 어떻게 보유하며 그것을 통해 사회적 가치가 누구에게 어떻게 배분되는가 하는 문제와 관련된 사회현상이 '정치'인 것이다. 이때 권력을 누가 어떻게 획득했으며(권력의 정당성: 선거, 정당), 얼마나 제대로 행사하는가(권력의 효율성: 정책 결정-의회, 집행-행정부)라는 것들에 대한 내용이 정치를 평가하는 기준이 된다.

그렇게 보았을 때 여기서 말하는 '정치'도 권력, 그중에서도 최고 권력이라고 할 수 있는 국가권력의 획득과 유지, 도전과 변동 등에 대한 내용이라고 보아야 할 것이다. 즉 국가 내에서 두 개 이상의 집단 또는 세력들이 국가권력을 획득하고 유지하기 위해서, 혹은 그에 대해 도전하고 권력을 변동시키기 위해서 노력하는 과정에서 나타나는 많은 현상들을 정치라고 보는 것이다.

북한과 같은 특수한 경우를 제외하고는 설령 전체주의 국가라 하더라도 집권세력에 저항하고 도전하는 정치집단이나 세력이 있게 마련이다. 따라서 국가권력을 둘러싸고 벌어지는 집권세력과 도전세력의 다양한 활동이 정치활동이라고 할 수 있다.

예컨대 일제 강점기에는 식민지 권력을 유지하려는 일제의 정책 행위들과 그에 저항한 독립운동 세력들의 활동을 우리는 정치라고 부를 수 있을 것이다.

'정치사'라고 할 때의 '사(史)'는 '역사'다. 그렇다고 "역사란 무엇인가?"라는 논의를 시작할 수는 없다. 여기서 논의할 만한 성질의 주제도 아니고 필자의 역량으로 다룰 수 있는 주제도 아니다.

다만 여기서는 정치의 역사, 즉 정치사를 정치권력의 소유자와 도전자가 만들어 가는 역사적 과정이라고 정리해 두기로 한다. 즉 국가권력을 담당한 자들이 어떤 과정을 거쳐 그 권력을 획득하게 되었으며, 그들이 권력행사를 통해 추구하고자 했던 것은 무엇이고 그것을 어떤 방식으로 추구하였으며, 그에 대해 어떤 정치세력들이 어떤 주장과 논리를 가지고 비판하고 도전하였는가, 그리고 그 결과는 어떻게 나타났으며 왜 그렇게 되었는가 하는 문제들을 재조명해 보는 것이다.

그렇게 보았을 때 정치사를 제대로 이해하기 위한 가장 중요한 방법 중의 하나는 일정한 시기를 전체적으로 조망할 수 있는 하나의 기준을 가지고 그에 따라 특정 시기를 몇 개의 단락으로 나누어 살펴보는 방법일 것이다. 간단히 말하자면 시기 구분의 문제라고 할 수 있다.

이를 위해 가장 중요한 것은 무엇을 기준으로 시기를 구분하느냐 하는 것이다. 기준이 의미 있는 것이어야 구분도 의미가 있을 것이기 때문이다.

역사적인 시기 구분에 있어서는 주로 왕조나 정치권력의 변동(공화국 또는 정권) 등의 기준들이 사용되어 왔다. 그 구분은 단순한 연대기적 구분보다는 의미가 있겠으나 그보다는 좀 더 나은 기준이 사용될 필요가 있다. 여기서는 두 개 이상의 정치 집단이나 세력이 전개해 온 정치활동의 기본적인 대립구도가 무엇이었는가를 기준으로 한국현대정치사를 다음과 같은 세 시기로 나누어 보고자 한다.

우선 첫 시기로 1945년 해방에서부터 1953년 한국전쟁 휴전까지를 들 수 있다. 이 시기는 소련과 미국을 포함하여 한반도 전체에서 좌익과 우익이라고 불렸던 두 정치세력이 치열한 권력투쟁을 전개했던 시기로 좌우대립의 시기라고 할 수 있다.

이 시기에 좌익과 우익은 해방 이후의 한국사회의 발전방향이 사회주의의 길로 가야 한다고 주장하거나, 그에 반대하여 자본주의의 길로 가야 한다고 주장하면서 국가권력을 장악하기 위해 모든 방법을 동원해 싸웠다. 그 결과 결국 전쟁에까지 이르게 되었으나 전쟁을 통해서도 결론을 짓지 못하고 남북이 분단되었던 시기였다.

두 번째 시기로는 1953년 휴전 이후 1987년 6월 항쟁까지의 시기를 들 수 있다. 이 시기에는 한국이 남한으로 축소되면서 전쟁에서 승리한 우익이 주도권을 잡고 자본주의적 발전의 길로 들어섰던 시기였다.

이 시기는 1, 2공화국이라는 과도기를 거친 다음 자본주의 발전을 어떻게 이루느냐에 대한 방법론과 철학을 둘러싸고 개발독재 또는 권위주의 산업화 세력과 그에 대해 저항했던 민주화운동 세력이 가장 중요한 정치적 대립구도를 이루었던 시기였다.

개발독재 세력은 다소 비민주적인 방식을 사용해서라도 신속한 경제성장을 이루자는 입장이었던 반면 민주화운동 세력은 다소 더디더라도 민주적인 방식으로 점진적인 발전을 도모하자는 입장이었다.

세 번째 시기는 1987년 6월 항쟁 이후 현재까지의 시기다. 그러나 이 시기는 어떤 정치세력들이 어떤 대립구도를 형성하여 정치활동을 전개해 왔는가에 대해 앞의 두 시기처럼 명확한 그림을 그리기가 어렵다는 것이 필자의 견해다.

앞의 두 시기는 좌익과 우익 간의 대립, 개발독재와 민주화운동 간의 대립으로 비교적 정치적 대립구도가 선명하다. 어떻게 그런 구도가 성립되었으며 그것이 어떻게, 왜 변화해 갔는가 하는 것도 기존의 많은 연구들을 통해 비교적 설득력 있게 논의할 수 있다. 그러나 세 번째 시기는 앞의 두 시기와는 달리 현재와 너무 가까이 있는 시기이기 때문에 오히려 정치세력들 간의 대립구도의 본질이 아직도 분명히 드러나지 않는 시기로 보인다.

이 시기의 가장 중요한 정치적 대립구도는 적어도 표면적으로는 지역주의 정치세력들 간의 대립이었던 것으로 보인다. 민주화 이후의 시기이기 때문에 전쟁이나 쿠데타가 아니라 선거나 정당이 가장 중요한 정치적 수단이었는데 이 시기 거의 대부분의 선거와 정당이 철저히 지역주의적인 것이었다.

문제는 지역주의 구도가 현재 한국정치의 본질적인 대립구도가 될 수 있을까 하는 점이다. 좌우세력의 대립이나 개발독재와 민주화운동의 대립이라는 앞의 두 시기의 대립구도가 국가발전의 기본 방향이나 방법론을 둘러싼 것이었다는 사실을 생각해 본다면 민주화 이후 일시적으로 나타나는 영남과 호남 세력의 대립을 이 시기 정치적 대립구도의 본질로 본다는 것은 한국정치를 원시적인 수준으로 되돌리는 것으로 설득력을 갖기가 힘들어 보인다.

따라서 이 시기의 대립구도를 지역주의가 아닌 다른 것에서 찾아봐야 한다는 인식이 나타나게 되는 것이다.

그런 점에서 민주화 이후 시기의 가장 중요한 대립구도는 표면적인 지역주의 대립구도가 아니라 수면 아래에 있는 개혁세력과 개혁 저항세력들 간의 대립이라고 보는 관점이 적실성을 가질 수 있다.

1987년 이후의 네 개의 정권은 모두, 심지어 노태우 정부조차도, 개혁을 부르짖었다. 그에 대해 가장 강력하게 저항했던 세력은 6월 항쟁의 불철저성에 의해 우리 사회의 기득권세력으로 온존되었던 구(舊)지배세력이었다. 따라서 이들 간의 대립구도가 이 시기 정치의 본질적인 모습이었다고 보는 것이 하나의 시각이 될 수 있다.

또한 이보다는 약하지만 또 하나의 시각이 있을 수 있다. 즉 비록 미약하기는 하지만 줄기차게 자라나고 있었던 진보세력들을 고려하면 이 시기를 보수와 진보의 대립구도가 형성되는 시기로 볼 수도 있다는 것이다.

그러나 이 시각의 문제는 지난 20년의 진보세력이 과연 국가권력을 두고 집권세력과 대립구도를 이룰 만큼 강력한 정치세력이었는가 하는 것이다. 그런 점에서는 이 시기를 보수와 진보의 구도로 보기에는 다소 무리가 따른다고 보아야 할 것이다.

결론적으로 세 번째 시기는 향후 보다 확실한 대립구도가 선명히 드러날 때까지 적어도 두 개 이상의 대립구도로 각각 살펴보아야 오히려 이 시기에 대한 전체적인 조망이 가능할 것이라는 것이 필자의 입장이다. 따라서 본문에서는 그것을 각각 지역주의의 관점과, 개혁과 저항이라는 관점으로 구분해 보고자 했다.

각 시기의 정치적 대립구도를 중심으로 집권세력과 도전세력의 구성과 활동, 그로 인한 정치적 사건들의 원인과 결과들을 올바르게 파악할 수 있어야 비로소 한국현대정치사의 전모가 눈앞에 제대로 그려질 것이라는 것이 필자의 견해다.

또 그렇게 되어야 현재의 한국정치가 그려 내는 정치지형을 올바르게 이해할 수 있을 것이고 그 연장선상에서 한국정치가 어떻게 나아가는 것이 바람직한 것인가라는 것에 대한 인식도 어느 정도 이루어질 수 있을 것이라는 것이 필자의 생각이었다. 그런 것들이 과연 얼마나 가능했는지는 독자 여러분들의 평가에 달렸을 것이다.

필자의 부족한 능력으로는 향후 한국정치의 전망에 대한 분명한 그림까지를 보여 줄 자신은 없다. 그저 본문 말미에 첨부하였듯이 한국

정치의 전망에 대해 몇 가지 다른 예측이 가능한 것이 사실이고 그 중 어느 길로 한국정치가 나아갈 것인지는 현재의 정치인들과 국민들이 앞으로 어떤 정치적 판단과 선택, 그리고 실천을 해 나가느냐에 따라 상당히 달라질 것이라고 말할 수밖에 없다.

필자는 그러한 정치적 판단과 선택, 그리고 실천이 보다 제대로 이루어지기 위해서는 우리가 지나온 길을 제대로 이해하는 것이 가장 중요하다는 입장이었고 이 책은 바로 그러한 이해를 돕기 위해 쓰인 것이다.

이 책을 읽고 난 후 읽기 전보다 한국정치에 대한 인식이 조금이라도 깊어졌다면 필자로서는 더 이상의 기쁨이 없겠다.

방대한 자료의 수집과 정리에 실제로 큰 도움을 준 아내와 어려운 시기에 책 발간을 선뜻 맡아서 수고해 준 새로운사람들 출판사 이재욱 사장과 수고해주신 분들께 감사드린다. 미흡한 부분은 계속 수정하고 보완해 나갈 것이다. 많은 격려와 질책을 바란다.

2009년 2월
안철현

contents

제1부
좌우 대립 : 해방, 단정, 전쟁

제1장

해방과 분할 점령

제1절
해방의 성격과 결과

1945년 8월 15일 일본은 연합군에 항복했고 조선은 일제의 오랜 통치로부터 해방되었다. 그러나 식민지 기간 내내 다양한 방법으로 독립투쟁이 전개되었음에도 불구하고 그 해방은 우리 민족의 자력에 의한 해방이라기보다는 연합군의 제2차 세계대전 승전에 의해 주어진 해방이 되었다.

또한 그 해방은 우리 독립운동 세력들은 물론 연합군조차도 예기치 못했던 방식으로 이루어짐으로써 어떤 프로그램도 준비되지 못한 해방이 되었다.

해방이 갖는 바로 이러한 특성들은 해방 이후의 한반도 정세에 커다란 영향을 미쳤다. 해방과 함께 한반도는 미·소에 의해 남북으로 분할점령되었고 해방 직후의 정국은 건준, 인공 등 좌파들에 의해 주도되는 형태로 전개되었다.

왜 그렇게 되었을까?

분할점령이나 좌파 주도의 원인은 무엇보다도 먼저 일제말기의 독립운동 상황에서 찾아보아야 할 것이다.

1. 일제 말기 독립운동 상황

일제의 통치에 대해 한국인들은 처음부터 줄기차게 저항하였다. 강점이 되기 전인 1905년부터 한국인들은 의병투쟁과 같은 방식으로 일제에 대한 투쟁을 벌였다.

그러나 한국 민족주의 독립운동의 시작은 1919년 3.1 운동 이후 본격화되었다. 민족주의 독립운동은 우선 활동지역에 따라 해외와 국내로 나누어 볼 수 있다. 또한 방법론에 따라서도 문화 교육 활동이나 외교 활동을 통하여 독립을 준비하자는 점진주의자들과, 시위나 봉기 혹은 무장투쟁을 주장하는 투쟁론자들로 갈라져 있었다.

거기에 1917년 러시아 혁명 성공의 여파로 본격 도입된 공산주의 이념에 따라 사회주의적 지향을 가진 좌파와 그에 반대하는 우파 민족주의로도 분리되어 있었다.

일제하의 독립운동은 1910년 합방부터 1919년 3.1 운동까지를 1기, 3.1 운동 이후 1931년 신간회 해소까지를 2기, 신간회 해소 이후 1945년 해방까지의 시기를 3기로 구분할 수 있다.

1기는 대한제국 시절부터의 반일의병투쟁과 애국계몽운동이 3.1 운동이라는 폭발적인 거족적 민족항쟁으로 수렴되는 시기로 전근대적 민족주의 운동이 근대적인 성격의 민족운동으로 발전하는 양상을 나타내고 있었다.

2기는 사회주의라는 새로운 근대 이데올로기가 도입되면서 민족운동이 좌우로 분화되어 전개되었던 시기로 독립운동에 있어서 다양한 대안들이 모색되었던 시기라고 할 수 있었다.

3기는 신간회가 해소되고 일제의 탄압이 강화되면서 전국적 차원에서의 운동은 전개되지 못하고 각 부문별, 그룹별로 소규모적인 운동이 전개되었던 시기였다.

이하에서는 독립운동을 해외와 국내, 우익과 좌익으로 나누어 잘 정리해 본 다음 해방 이후의 정국에 결정적인 영향을 미친 일제 말기의 상황에 초점을 맞추어 살펴보기로 한다.

1) 해외의 독립운동

해외의 독립운동에 있어서 가장 중요한 것은 역시 임시정부였다. 1919년 3.1운동 이후 8~9월에 상해에서 열린 임시의정원에서는 한성에서 비밀리에 만들어진 임시정부안을 토대로 하여 상해와 러시아령 시베리아에서 제기된 임시정부안을 통합하는 방식으로, 대통령을 수반으로 하는 대한민국 임시정부 수립을 선포하였다.

임시정부의 초대 내각 구성은 대통령 이승만, 국무총리 이동휘, 법무총장 신규식, 내무총장 이동녕, 학무총장 김규식, 외무총장 박용만, 교통총장 문창범, 군무총장 노백린, 재무총장 이시영, 노동국총판 안창호 등이었다.

일단 임시정부를 수립하기는 하였으나 특히 독립운동의 방법론을 둘러싼 갈등이 곧바로 제기되었다. 대통령이었던 이승만 등은 외교적인 방법을 우선시하여, 자신이 거주하던 미국에 구미위원부를 두고 임시정부의 주요 자금원인 재미조선인으로부터의 기부금을 걷어 외교활동에 쏟아 넣었다. 이에 대해 이동휘 등은 무장투쟁 우선을 주장하고 사상적으로도 사회주의로 기울어 있었다.

임시정부 내부에서는 운동방법과 사상 대립 때문에 점차 혼란이 더해 갔다. 이승만이 3.1운동 이전에 미국의 윌슨 대통령에게 국제연맹에 의한 조선의 위임통치를 청원한 사실이 알려지면서 1921년 4월 신채호 등은 이를 '매국매족'이라고 규탄하는 성토문을 발표하였다.

이러한 임시정부의 혼란을 수습하기 위해 1923년 1월부터 5월까지 상해에서 70여 단체 대표로 구성한 국민대표회의를 개최하였으나 임시정부를 개조하여 지속시키자고 주장하는 '개조파'와, 이를 해소하여 새로 정부를 조직하자고 주장하는 '창조파'로 분열되어 혼란이 지속되었다.

임시정부는 그 위신을 유지하기 위해서라도 탄핵된 이승만의 문제를 해결해야 하였다. 마침내 임시의정원이 1925년 3월 이승만 탄핵안을 가결하고 임시대통령으로 박은식이 취임함으로써 위기를 봉합하였다.

박은식은 헌법을 개정하여 대통령제를 국무령제로 바꾸었으나 그는 당시 이미 80세의 노령에 달해 있었다. 임시의정원은 만주 서간도의 서로군정서에서 이상룡을 국무령으로 임명했으나 조각에 실패하였다. 다음으로 양기탁, 안창호를 임명했으나 모두 사퇴하였고 홍진마저도 조각에 실패한 이후 1926년 12월 김구가 국무령에 취임하였다. 그는 윤기섭, 오영선, 김갑, 김철, 이규홍 등으로 내각을 구성하여 겨우 무정부상태를 극복할 수 있었다.

임시정부는 1927년 2월에 개헌하여 국무령책임제를 폐지하고 일종의 집단지도체제인 국무위원제로 개정하였다.

침체국면을 타개하기 위해 임시정부는 암살과 파괴를 위한 한인애국단을 조직하고 인적, 물적 자원을 포함한 전권(全權)을 김구에게 위임하였다. 애국단에 의한 최초의 거사는 1932년 1월 8일 이봉창이 동경의 사쿠라다문에서 일왕의 마차에 폭탄을 던진 사건이었다. 이어서 4월 29일 상해 홍구공원의 천장절 식장에서 윤봉길이 폭탄을 던져 상해파견군 사령관과 민단 단장이 사망하고 제3함대사령관과 주중 대사 등 다수가 부상하였다.

이 두 개의 사건으로 중국 관민으로부터 임시정부와 김구에 대한 물심양면의 원조가 은밀하게 들어오고 그를 바탕으로 임시정부의 명맥을 이을 수 있었다.

그러나 이후 임정은 일제의 탄압에 의해 상해의 프랑스 조계를 떠나 남경 항주(1932), 가흥(1935), 진강(1937), 장사(1937), 광주(1938), 유주(1938), 기강현(1939), 중경(1940) 등으로 천도를 거듭하게 된다.

이러한 어려움 가운데서도 임시정부는 1933년 장제스와 회담하여 낙양군관학교 안에 한국독립군을 위한 특별반을 설치하고 교포청년 90여 명을 훈련시키는 등 독립투쟁의 노력을 지속하였다.

1940년 5월에는 이청천 등의 조선혁명당, 조소앙 등의 한국독립당과 김구의 한국국민당이 통합하여 한국독립당(집행위원장 김구)을 조직하고 임시정부를 지탱하는 정당으로 출발했다.

또 중국 국민당 정부와의 사이에 대일 공동작전을 위한 광복군 창설 문제를 협의해 1940년 9월에 중경에서 한국광복군을 결성하고 광복군총사령부를 설치하여 총사령에 이청천, 참모장에 이범석이 각각 취임하였다. 이후 광복군은 1942년 4월 김원봉이 이끄는 조선의용대가 합류함으로써 광복군 총사령 이청천 아래 김원봉이 부사령 겸 제1지대장이 되는 등의 개편이 있었다.

전쟁은 1937년의 중일전쟁에서 더욱 확대되어 1941년 12월에는 태평양전쟁으로 발전하였다. 태평양 전쟁 발발 직후 임시정부는 대일 선전을 포고하고 미·영·중·소 4개국에 이러한 사실을 전달했다.

임시정부는 대일전 참가 태세를 강화하기 위해 기존의 국무위원제를 개정하여 주석제로 바꾸고 주석에게 강력한 권한을 부여했다.

1944년 4월의 개헌에 의해 입법기관인 의정원은 주석 김구와 부주석 김규식을 비롯한 14명의 국무위원을 선출하였고 김구는 외무부장 조소앙, 재무부장 조완구, 군무부장 김원봉, 내무부장 신익희, 법무부장 최동오, 선전부장 엄항섭, 문화부장 최석순, 비서장 차이석 등으로 내각을 정비하였다.

대일전에 참전하여 교전단체로 승인받고자 한 임시정부의 노력은 중국 장제스의 지원에도 불구하고 실패로 돌아갔다.

특히 태평양 전쟁을 주도하고 있는 미국은 임시정부가 여러 독립운동단체의 하나라는 이유로 교전단체로 인정하지 않았다. 전후 주도권 문제가 걸려 있는 상황에서 임시정부를 단일 파트너로 인정해야 할 이유가 없다고 생각했을 것이다.

따라서 임시정부의 대일전 참전은 제한적일 수밖에 없었다. 영국군의 대일본군 공작에 협력하기 위해 한지성 등 13명을 인도공작대로 파견한다거나, 광복군 제2지대(서안), 제3지대(부양) 등이 미국군의 협력을 얻어 조선 국내로 진공하기 위해 3개월 동안 특수훈련을 하는 등이었다.

김구를 비롯한 임시정부 간부들은 특수훈련을 완료한 서안의 제2지대를 참관하고 부양에 들를 예정이었으나 바로 그때 일본의 무조건 항복을 알게 되었다. 김구는 당시 일을 다음과 같이 회상하고 있다.

"이것은 내게는 기쁜 소식이라기보다는 하늘이 무너지는 듯한 일이었다. 천신만고로 수년 간 애를 써서 참전할 준비를 한 것도 다 허사다. 서안과 부양에서 훈련을 받은 우리 청년들에게 각종 비밀한 무기를 주어 산동에서 미국 잠수함을 태워 본국으로 들여보내어서 국내의 요소를 파괴하고 혹은 점령한 후에 미국 비행기로 무기를 운반할 계획까지도 미국 육군성과 다 약속이 되었던 것을 한 번 해보지도 못하고 왜적이 항복하였으니 진실로 전공이 가석하거니와 그보다도 격정되는 것은 우리가 이번 전쟁에 한 일이 없기 때문에 장래에 국제간에 발언권이 박약하리라는 것이다."

『백범일지』

한편 임시정부의 독립운동과는 별도로 만주와 화북 지방에서도 독립투쟁이 활발히 전개되고 있었다. 주로 무장독립운동이 중심이었던 이 지역에서는 초기에는 민족주의자들이 독립투쟁을 주도하였으나 후반기에는 사회주의자들이 주도하는 상황이 나타났다.

식민지 이후, 특히 일제의 무단정치 하에서 국내의 국권회복운동이 점점 곤란해지자 두만강 북방(북간도)과 압록강 북방(서간도)이 조선독립운동의 근거지로 주목받게 되었다.

상해에서 임시정부가 수립되자 북간도에서는 서일을 총재로 하는 북로군정서와 구춘선을 회장으로 하는 대한국민회가 임시정부를 지지하고 산하로 들어갈 의사를 표명하였다. 북로군정서에는 김좌진을 총사령으로 하는 독립군부대가 있었고 국민회에도 한말의 의병장 홍범도가 이끄는 대한독립군이 있었다.

서간도에서도 부민단(전신은 경학사)이 한족회로 되었다가 서로군정

서로 개편되어 임시정부의 관할 아래로 들어와 독립운동의 일익을 담당하였다.

국내에서 3.1 운동이 일어나자 간도 지방에서도 두만강과 압록강을 넘는 국내 진공작전이 활발히 전개되었다. 홍범도 부대에 의한 1920년 6월의 봉오동 전투, 김좌진 부대에 의한 10월의 청산리 전투 등은 일본 군경에게 충격을 준 대표적인 공격이었다.

그러나 곧 간도지방에서 진행된 일본군의 토벌작전은 이들 지역에서의 독립운동을 점점 곤란하게 만들었다. 각 독립군 단체는 북상하여 1920년 12월 흑룡강변의 밀산으로 집결하여 3,500명으로 구성된 대한독립군단으로 통합했다(총재 서일, 부총재 홍범도, 김좌진, 조성환, 총사령관 김규식, 참모총장 이장녕, 여단장 이청천).

그런데 일본과의 외교관계 악화를 우려한 소비에트정부가 1921년 6월 대한독립군단을 소비에트 적군 내로 흡수하려 하는 과정에서 이에 반대한 독립군단은 적군의 포위 공격으로 괴멸적인 타격을 입었다(자유시 참변).

이에 각 지역에서는 독립운동단체를 재정비하였고 1925년을 전후하여 동만주를 중심으로 하는 참의부, 남만주를 중심으로 하는 정의부, 북만주를 중심으로 하는 신민부가 성립하였다가 1929년 3월 국민부로 통합되었다. 행정부에 해당되는 국민부를 지도하기 위해 조선혁명당이 결성되었고 무장력으로는 조선혁명군이 조직되었다.

1932년 만주사변 후 일본 군경의 탄압으로 국민부와 조선혁명당은 주요 간부들 다수를 상실하게 되었고 조선혁명군도 사방으로 분산됨으로써 1938년 이후 자취가 사라지게 되었다.

그런데 1920년대 후반기에 점차 공산주의 사상이 도입됨으로써 종래의 민족주의단체 내부에서도 사상적 분화가 발생하였다. 1926년 5월에는 길림성 양안현에서 조선공산당 만주총국(책임비서 조봉암)이 결성되고 그 지도에 의해 농민단체, 청년단체, 기타 대중단체가 조직되었다. 이들에 의해 만주 조선인운동이 점차 좌경화함에 따라 민족주의 진영과의 마찰과 갈등이 빈발하였으며 일본관헌은 특히 공산주의 운동에 경계의 눈을 집중하였다.

'간도공산당사건'이라고 불리는 일본 관헌의 공산주의 탄압이 3차에 걸쳐 계속되었고 마침내 1930년의 간도 5.30 폭동을 낳았다. 5.30 폭동은 당시 중국공산당 내에서의 극좌 모험주의였던 이립삼 노선에 의한 것으로 일본과 만주군벌의 시설과 중국인 지주에 대한 방화와 파괴, 그리고 그로 인한 유혈 보복 등으로 이어졌다.

중국공산당은 1933년 종래의 분산적인 게릴라를 결집하여 동북인민혁명군을 결성하였다. 동북인민혁명군은 제11군까지 결성되었는데 김책, 최용건 등 조선인 공산주의자들도 많이 포함되어 있었다.

1936년경 코민테른의 민족통일전선 전략에 따라 동북인민혁명군을 통합하여 동북항일연군으로 개명하였는데 여기에도 제1로군 제2군 제4사장 최현, 제6사장 김일성 등 다수의 조선인 공산주의자들이 있었다. 특히 김일성은 장백지구에 조국광복회를 조직하기도 하였으며 1937년 그를 유명하게 만들었던 보천보 전투를 지휘하기도 하였다.

보천보 전투는 소규모였으나 일본군에게 피해를 입힘으로써 일제 말기의 조선인들에게 큰 위안이 되었다.

그러나 동시에 지하조직에 대한 대검거작전인 혜산사건을 일으킨 계기가 되기도 했다. 일본군과 만주군은 수차례의 치안숙정공작을 실시하여 무장투쟁세력들을 탄압하였다.

동북항일연군은 역량을 축적하여 소련의 대일 참전에 대비한다는 방침을 확정하였고 그에 따라 김일성 부대는 극심한 일제의 탄압을 피해 러시아 하바롭스크 방면으로 후퇴하여 88특수여단을 구성하는 등의 준비를 하고 있는 가운데 해방을 맞게 되었다.

이 밖에도 중국 남경에서는 1935년경 김원봉을 중심으로 하는 조선의열단과 이청천을 중심으로 하는 신한독립당, 기타 단체들이 합쳐서 조선민족혁명당을 결성하였다.

그러나 민족혁명당 내부에서는 공산주의자와 제휴하려고 하는 김원봉 계와 민족주의적 입장을 고수하려고 하는 이청천 계와의 대립이 계속되었다. 이에 이청천 계가 한국민족혁명당을 따로 결성하여 나간 이후 1937년 중일전쟁 발발과 함께 김원봉은 해방동맹(김규광), 무정부주의연맹(유자명)과 통합하여 조선민족전선연맹을 결성하고 그 무장력으로 1938년 조선의용대를 조직하였다가 앞에서 본 바와 같이 임시정부의 한국광복군에 편입되었다.

또한 1941년 중국공산당 사령부가 있었던 화북지역에서는 무정을 비롯하여 최창익 등 중국공산당과 가까웠던 조선인 공산주의자들이 화북조선청년연합회를 결성하였다. 화북조선청년연합회는 무장력으로 조선의용군(총사령 무정)을 발족시킴과 동시에 국어학자 김두봉을 주석으로 하는 화북조선독립동맹으로 발전해 나갔다. 이들이 해방 이후 북한에서 김일성의 만주파와 함께 권력의 한 축을 형성하게 되는 연안파들이었다.

2) 국내의 독립운동

국내의 독립운동도 초기에는 우익 민족주의자들에 의한 문화운동과 교육운동 등이 활기차게 전개되었으나 1930년대 만주사변과 중일전쟁 이후 일제의 탄압에 의해 급속히 약화되었다. 반면 1920년대에 도입된 사회주의에 기반을 둔 독립운동은 당 건설 운동이나 노동조합, 농민조합 활동을 통해 일제 말기까지 비교적 꾸준히 지속되었다.

대한제국 시절의 항일의병항쟁과 애국계몽운동은 일제의 무단통치 9년을 경과한 후에 3.1운동이라는 거족적인 민족항쟁으로 계승, 발전되었다. 3.1운동 이후에도 강우규 의사의 총독 폭탄 투척, 의열단원 김상옥의 종로경찰서 폭탄 투척(1923), 나석주의 동양척식회사 폭탄 투척(1926) 등의 비밀결사에 의한 직접 행동도 있었으나 1920년대 국내의 독립운동 주류는 애국계몽운동을 이어받은 실력양성론, 문화운동론 등이었다.

문화운동론은 독립을 위한 실력을 갖추기 위해 교육과 산업의 진흥운동을 전개하자는 것이었다. 대표적인 것이 1922년 이상재, 윤치호, 오세창, 김성수 등이 중심이 된 민립대학 설립운동, 1923년부터 조만식 등을 중심으로 전개된 물산장려운동, 그리고 각종 언론운동과 문화운동들이었다.

식민지 교육정책이 본격화되자 이에 대한 저항으로 조선, 동아 등 언론기관과 교육지도자들이 중심이 된 1929년 문자보급운동과, 농촌계몽과 문맹퇴치를 목표로 하여 1931년부터 시작된 브나로드(Vnarod) 운동 등도 전개되었다.

그러나 이러한 문화운동론은 일제의 탄압이 심해진 30년대부터는 점차 약화되어 일제와 타협하면서 정치적으로 자치운동을 추진하거나 일제 지배 아래서 자본주의적 근대화를 우선 추진하거나 하는 방향으로 전환하였으며 그에 따라 점차 소극적이든 적극적이든 친일의 길을 걸어가게 되었다.

실력양성론자에서 친일파로 전환한 대표적인 이들이 김성수, 송진우, 현준호 등으로 대표되는 경성방직–동아일보 그룹이었다. 이들은 1924년 이광수가 동아일보를 통해 표명한 민족개량주의에 입각해 1930년대 후반 자치운동을 전개하였다.

민족주의자들 중에서도 민족개량주의와 자치운동을 비판하며 어디까지나 민족독립을 우선해야 한다고 주장하는 비타협적 민족주의자들은 동아일보 불매동맹을 조직하는 등의 활동을 전개하였다.

이들은 주로 조선일보계인 신석우, 안재홍, 백관수 등의 민족주의자들이 중심이 되었으나 홍명희, 한위건, 김준연 등 사회주의자 또는 그에 가까운 인사도 포함되어 있었다. 따라서 민족개량주의자의 대일 타협노선에 대항하여 비타협적 민족주의자와 사회주의자들이 손을 잡고 1927년 민족협동전선으로서의 신간회를 결성하였다.

신간회는 이상재를 회장, 권동진을 부회장, 홍명희를 간사로 하여 언론인, 교육자, 기독교, 천도교, 유교, 불교 등 각계를 대표하는 인사에 의해 구성된 유일한 좌우 합작적인 통일전선체였다.

이들은 1929년에 있었던 원산노동자 총파업에 대한 지원, 광주항일학생운동에 대한 지원 등의 활발한 활동을 전개하였으나 일제에 의해 중앙 간부들이 다수 검거된 뒤 점차 약화되었고 중앙 간부들의 우경화와 지방 지회의 좌경화가 동시에 진행되면서 그들 간의 충돌에 의해 자연 해소되고 말았다.

1937년 중일전쟁 발발 이후 일제는 총동원정책과 황민화정책을 추진하였다. 이에 따라 그나마 민족어를 바탕으로 한 전국적 신문인 동아일보와 조선일보도 폐간당하고 말았다. 1942년 조선어사전 편찬사업을 해온 조선어학회를 학술단체를 위장한 독립운동단체라 하여 33명의 회원들을 검거하여 고문치사 시키거나 유죄판결을 내린 조선어학회 사건이 민족주의자들의 마지막 몸부림이었다.

민족주의자들이 대량으로 전향한 계기는 1937년 6월의 수양동우회 사건일 것이다. 이는 안창호가 제창한 무실역행(務實力行) 정신을 함양하기 위한 수양단체를 독립운동체로 날조하여 150여 명을 검거하여 안창호를 비롯한 간부들을 고문치사 시킨 사건이었다.

이 사건에 연루된 이광수, 주요한, 윤치호, 장덕수 등은 무죄로 된 대신 전향 성명을 내고 친일을 서약하였다. 이들은 일제가 1940년 총동원 체제로 만든 어용단체인 국민총력조선연맹에 이름을 올리고 학병과 정신대 동원에 지지 연설을 하기도 하였다.

일제는 친일 조선인들의 활약이 매우 효과적이라고 판단하고 이를 위한 각종 친일단체들을 조직하였다. 이에 이전부터의 친일 지주, 자본가, 관료, 경찰 이외에도 신흥우, 김활란, 유진오, 김성수 등 다수의 민족주의 우파 인사들이 친일단체에 소속되어 친일 행위를 하게 되었다.

이들과 같이 문화운동을 하던 동아일보 사장 출신의 송진우 같은 이는 일제에 대한 협력을 피해 탄광회사 사장으로 달아나 있었는데 그러한 행보가 우익 민족주의자들 사이에서는 그나마 친일의 흔적이 가장 적었던 경우였다.

한편 1917년 러시아 혁명이 성공함으로써 조선에도 사회주의 사상이 본격적으로 전파되기 시작했다. 우선 1918년 러시아령에서는 이르쿠츠크파 고려공산당과 한인사회당이 동시에 조직되었다.

상해에서 임시정부가 수립되고 이동휘가 국무총리가 되자 그가 이 끄는 한인사회당은 상해로 옮겨가 상해파 고려공산당이 되었다. 이들 두 파는 이후 만주와 국내의 공산주의 운동을 주도해 나가면서 한편으로는 상호 갈등과 반목을 되풀이하게 되었다.

국내에서는 1922년경부터 일본 유학생들 중심으로 서울청년회, 화요회 등의 지하조직이 만들어져 청년 학생들을 대상으로 사회주의운동을 전개하였다. 이들 인텔리들은 대중들을 조직하고 사회주의 사상을 보급시키며 쟁의를 일으키게 하는 등 사상과 운동을 결합시키는 역할을 수행하였다.

서울파와 화요회파 등 두 파 역시 갈등 속에서 이합집산을 계속하면서 국내 공산주의 운동을 주도해 갔다. 이들의 주도로 노동자, 농민, 청년을 비롯한 각 계층별 조직화가 진전되어 전국 각지에서 노동쟁의와 소작쟁의가 발생하기 시작했다.

1924년에는 조선노농총동맹과 조선청년총동맹이 창립되었고, 1927년에는 조선노농총동맹이 조선노동총동맹과 조선농민총동맹으로 분리되었다. 이외에도 조선여성동우회, 백정들의 모임인 형평사, 조선학생사회과학연구회, 조선프롤레타리아예술동맹 KAPF 등의 단체들이 각 분야마다 만들어졌다.

노동자와 농민의 조직화가 진전됨에 따라 노동쟁의와 소작쟁의가 활발해졌다.

노동쟁의는 1921년부터 1929년까지 667건에 55,000여 명이 참가하였는데 주로 서울, 평양, 부산, 원산, 군산, 진남포 등 공업 및 항만도시에서 발생하였다. 이 시기 가장 중요한 노동쟁의는 1929년 1월부터

4월까지 계속된 원산총파업이었다.

소작쟁의는 보다 더 빈번했는데 예를 들면 1929년에는 423건의 소작쟁의에 5,319명, 1930년에는 726건에 13,012명의 농민이 참가하였다. 대표적인 것은 1930년 삼림조합에 반대하여 발생한 함경남도 단천군의 농민봉기였다.

사회주의자들의 궁극적인 목표는 사회주의 국가 건설이었으나 우선은 일제로부터의 독립을 쟁취해야 한다고 생각했다. 그를 위해 이들은 학생, 지식인, 노동자, 농민 등을 중심으로 조직운동과 노동쟁의, 소작쟁의 활동을 펼치는 한편 6.10만세운동이나 광주학생운동 등을 주도하였고 신간회를 통해서는 민족주의자와 힘을 합치는 민족협동전선을 추구하기도 하였다.

사회주의 운동이 어느 정도 진행됨에 따라 그들을 총괄적으로 지도하기 위한 당 조직운동이 1925년부터 1929년까지 4차례에 걸친 조선공산당 창당과 재건운동으로 나타났다. 김재봉, 박헌영, 강달영, 김철수 등이 중심이 되었던 당 조직운동은 일제의 극심한 탄압에 의해 창당과 검거, 재건과 검거를 되풀이하다 결국 소멸되었다.

당 조직운동이 실패한 후 사회주의자들은 현장 속으로 진입하여 적색노동조합과 적색농민조합을 결성하는 한편 노동쟁의와 소작쟁의를 주도하였다.

1930년 부산방직공장 노동자 파업과 함경남도 신흥군 장풍탄광 노동자 봉기로 시작된 1930년대 노동운동은 개별 직장과 지역에 적색노동조합이 침투하여 의식적으로 조직화하였다는 점에서 20년대의 그것과 다른 특징이 있었다.

1931년부터 3차에 걸쳐 나타난 태로(범태평양노동조합) 사건은 바로 공산주의자들에 의한 적색노조 결성운동으로 다수의 노동자들이 검거되거나 고문당한 사건이었다.

농민운동 역시 1930년대에도 1920년대와 마찬가지로 일본인과 조선인 지주에 대한 소작쟁의 형태로 각지에서 발생하였으나 1920년대보다 두드러진 특징은 적색농민조합의 지도로 농민운동이 전투적인 성격을 띤 것이었다.

많은 소작쟁의가 자연발생적인 성격이었던 데 비해 적색농민조합에 의해 지도된 농민운동은 지주와의 소작료 교섭에 그치지 않고 식민지 권력과의 폭력적 대결로 발전하는 특성을 띠고 있었다. 대표적인 것이 1930년 함경남도 단천, 정평, 흥원 등지에서의 소작료와 지세 납부 거부투쟁, 1932년 경상남도 양산의 소작쟁의와 농민조합간부 석방을 위한 무장경찰과의 충돌 등을 들 수 있다.

1930년대의 적색농민조합과 적색노동조합 운동은 이재유, 김삼룡 등에 의한 조선공산당 재건운동과 결합되었다. 이들은 노조와 농조를 통한 쟁의를 조직하는 한편 해방 당시까지 활동했던 콤그룹이라는 지하조직을 만들었다.

1934년 대검거로 이재유가 체포되자 이들은 1939년경 박헌영을 중심으로 경성콤그룹을 조직하였다. 이들은 인부, 노동자, 행상인 등으로 변장하여 계속 활동했으나 1940년 12월부터 1942년 12월까지 많은 지하조직이 검거되었다.

박헌영은 전라남도 광주의 벽돌공장 노동자로 잠입해 있던 중 해방을 맞았는데 콤그룹과 같은 조직적 기반이 있었기 때문에 해방 직후 신속히 조선공산당을 재건할 수 있었다.

사회주의자이기는 하였으나 조선공산당과는 다른 활동을 하고 있었던 여운형은 상해 임시정부와 고려공산당 등에 참여하였다가 국내로 돌아와 1차 검거된 후 조선중앙일보사 사장을 지내면서 베를린 올림픽 일장기 말살사건을 주도하는 등의 활동으로 다시 검거되었다. 출옥 후 농촌에 칩거하면서 전쟁 말기인 1944년 지하조직으로 조선건국동맹을 결성하여 해방에 대비한 준비를 하고 있었다.

2. 미국의 개입과 분할점령

1905년 카즈라-테프트 밀약으로 미국이 일본의 조선 병합을 묵인했던 이래 일본의 미국 진주만 공습으로 태평양전쟁이 일어날 때까지 한반도는 미국인들에게 잊혀진 나라였다. 2차 대전 이후의 문제를 논의하기 위해 연합국 정상들이 만났던 몇 차례의 전시 회담에서도 한반도에 대한 논의가 있기는 했으나 분명한 결론은 나지 않은 채 두 발의 원폭 투하와 소련군 참전에 의해 갑작스런 해방을 맞게 되었다.

한반도 문제에 대한 구체적 프로그램이나 시나리오 없이 갑작스런 종전을 맞게 된 미국은 급하게 38선 분할점령 결정을 내렸다. 소련군이 이미 밀고 내려오고 있었던 상황에서 한반도 전체를 내줄 수는 없다고 생각한 미국의 분할점령 제안은, 뒤늦게 참전한 소련에게도 미국의 독식을 막는다는 의미에서 괜찮은 해결방안이었다.

이처럼 군사적 편의주의에 의해 결정된 38선 분할점령은 이후 국내의 좌우익 대립과 맞물리면서 결국 민족의 분단으로 귀결되었다.

1) 전시회의

러일전쟁을 계기로 한반도를 식민지로 만든 일본은 만주사변을 일으켜 중국의 동북부지방을 식민지로 만들고 다시 중국과의 전면전쟁을 일으킴으로써 침략전쟁을 확대시켜 나갔다. 개전 당초의 예상과는 달리 중일전쟁을 일찍 마무리 짓지 못한 일본은 군부 강경파의 전쟁확대론에 의해 마침내 하와이의 진주만을 습격하고 미국과 영국에 선전포고함으로써 태평양전쟁을 도발하였다.

일본은 싱가포르, 필리핀, 인도네시아, 버마에까지 전선을 확대해가면서 승세를 떨쳤으나 곧 미군의 반격을 받아 차차 패전의 길로 접어들었다.

2차 대전을 일으킨 추축국의 하나인 이탈리아가 항복하자 1943년 12월 1일 미국의 루스벨트, 영국의 처칠, 중국의 장제스 등 세 정상은 카이로에 모여 노르망디 상륙작전과 일본 영토 문제에 대해 논의했다.

카이로 회의는 일제 강점 이후 최초로 한반도 문제가 국제적으로 논의된 회의였는데 그 결과 발표된 카이로 선언에는 한국문제에 대해 '한국 인민의 노예상태에 유의하여 적절한 시기에(in due course) 독립시킬 것을 결정한다.'고 밝혔다. 그러나 그 적절한 시기가 언제이며 어떤 방식인지에 대해서는 더 이상의 논의가 없었다.

다만 당시 미국의 루스벨트 대통령은 아시아의 식민지 인민들은 필리핀처럼 강대국의 후견 아래 일정 기간 민주정치의 훈련을 받은 다음 독립을 하는 것이 바람직하다는 견해를 가지고 있었는데 한반도 역시 예외는 아니었을 것으로 보인다.

전쟁이 말기에 이르고 연합국들이 독일 항복 이후의 일들을 구체적으로 생각해야 할 단계에 이른 1945년 2월 8일 얄타에서 미국의 루스벨트, 영국의 처칠과 소련의 스탈린 등 3개국 정상들이 만났다.

얄타 회의에서는 전후 독일이나 폴란드 등의 처리 외에 미국이 소련을 대일전에 참전시키려는 문제가 주로 다루어졌으며 한국 문제에 대한 공식적인 논의는 이루어지지 않았다.

미국은 만주에 있는 일본 관동군의 전투력을 과대평가한 나머지 아직 태평양전쟁에 참전하지 않고 있었던 소련을 동북아 전선으로 끌어내기 위해 노력했다. 소련은 참전을 약속했지만 회담 이후에도 차일피일 실제 참전은 미루어지고 있었다.

또 이 회의에서 미·소간에 한반도 분할 밀약이 있었던 것으로 보는 견해(얄타밀약설)도 있으나 공식적으로 확인되지는 않았다.

얄타 회의에서 루스벨트는 스탈린과의 비공식적 회담을 통해 필리핀과 같은 신탁통치를 한국에도 적용시킬 것을 주장했고, 그 기간은 필리핀처럼 50년까지 갈 필요는 없지만 20년 내지 30년 정도는 필요하다는 입장을 보였다. 스탈린은 이에 대해 꼭 신탁통치가 필요하겠느냐는 의문을 나타내면서 만약 한다면 기간은 짧을수록 좋다고 한 것으로 전해진다.

미국이든 소련이든 각자가 원했던 것은 해방 이후의 한국이 자신들의 영향 하에 놓이는 것이었다. 그 방법으로 미국은 신탁통치를 생각했으며, 좌익이 우세할 것으로 예상되는 한반도의 상황을 잘 알고 있었던 소련은 신탁통치보다는 즉각적인 독립을 선호하였다. 어쨌든 얄타 회의에서도 한국 문제에 대한 확실한 합의는 없었던 것으로 나타난다.

갑작스런 루스벨트의 사망으로 1945년 4월 부통령 트루먼이 미국 대통령직을 승계했다. 그리고 7월 22일에는 유럽평화협정과 독일통치 및 동유럽 처리 문제를 논의하기 위해 미국과 영국(처칠에서 애틀리로 교체), 소련의 정상들이 포츠담에 다시 모였다.

포츠담 회의에서 미국은 한반도의 신탁통치에 대한 합의에 도달할 것을 목표로 소련과 논란을 벌였으나 역시 뚜렷한 합의에 도달하지 못한 채 회의 자체가 갑자기 종결되고 말았다.

포츠담 회의가 진행되던 7월까지만 해도 미국은 8월에 전쟁이 끝나리라는 예상을 하지 못했다. 미국의 군사보고서에는 일본군이 여전히 강력하며 전쟁은 빨라도 연말까지는 갈 것이라고 되어 있었다. 따라서 미국은 일본 본토 진격은 직접 맡더라도 한반도에서의 군사작전은 사실상 소련에게 맡길 생각까지 하고 있었다.

그런데 포츠담 회의 도중 트루먼에게 원자폭탄 실험이 성공적으로 끝났다는 소식이 보고되었다. 트루먼과 참모들은 일본과의 외교적 협상을 포기하고 전쟁을 빨리 종결시키며 소련을 봉쇄하여 전후의 아시아 문제에 참여하지 못하도록 할 기회가 왔다고 생각했다.

서둘러 포츠담 회의를 종결시킨 트루먼은 미국으로 돌아가 원자폭탄의 위력을 확인한 다음 8월 6일에는 히로시마에, 8월 9일에는 나가사키에 세계 최초로 원폭을 투하하였다. 얄타회담 이후 대일전 참전의사를 밝히고도 차일피일 미뤄 오던 소련은 8월 8일 대일 선전포고와 동시에 만주에서 일본군과의 전투를 개시했다.

두 발의 원자폭탄과 소련의 참전 소식에 일본은 바로 무너졌으며 8월 10일경에는 미국 측에 무조건 항복 의사를 전달하였다. 결국 일본 항복의 순간까지 연합국 내에 한반도 문제에 대한 구체적 합의는 아무것도 없었던 것이다.

2) 분할점령

일본의 갑작스런 항복은 미국으로 하여금 한반도 문제에 대해 신속히 어떤 결정을 내리도록 강요하였다. 우선적으로 한반도를 군사적으로 점령하고 일본군의 무장해제와 항복 접수를 받아야 하는데 그것을 누가 어떻게 받을 것인가 하는 문제를 해결해야 했다.

소련이 참전하지 않았다면 시일이 얼마나 걸리든 그것은 미국이 결정해야 할 문제였다. 그러나 이미 소련이 참전하여 일본군을 항복시키며 내려오고 있는 상황이었기 때문에 그것은 그렇게 간단한 문제가 아니었다. 전쟁이 이렇게 끝난 마당에 소련에게 한반도 전체를 점령하게 할 수는 없었다.

그렇다고 이 지역에 대해 전통적인 야심을 가지고 있는 소련의 진군을 저지시키면서 한반도 전역과 만주의 공업지대를 미군이 점령하도록 할 수 있는 방법도 마땅치 않았다.

한반도 문제에 대한 미국의 의사결정은 8월 10일과 11일 사이에 전시 최고 결정기구였던 삼부조정위원회(SWNCC : State, War, Navy Coordinating Committee - 국무부, 국방부, 해군부)에서 이루어졌다.

국무부는 미군이 가능한 한 한반도의 북쪽으로 올라가 일본군의 항복을 접수할 것을 건의했다. 그러나 군부는 즉시 이용할 만한 미군이 부족하고 시간적·공간적 조건으로 보아 미군이 진주하기 전에 소련군이 한반도를 점령할 수 있다는 견해를 보였다.

결국 분할점령의 결정이 이루어지고 그 구체적인 방법의 강구는 나중에 각각 주한미군사령관과 국무장관을 맡게 되는 찰스 본스틸 (Charles H. Bonesteel) 대령과 딘 러스크(Dean Rusk) 대령에게 맡겨졌다.

삼부조정위원회가 기다리고 있었기 때문에 그들은 30분 이내에 초안을 작성해야 했다. 옆방으로 간 본스틸과 러스크는 벽걸이용 작은 지도를 꺼내 들고 논의한 끝에 미군이 현실적으로 진주할 수 있는 것보다 훨씬 북쪽이면서 수도 서울을 미국이 차지할 수 있는 북위 38도선을 경계로 삼자고 합의했다. 통한의 38선과 한반도의 분할이 결정되는 순간이었다.

38선 분할 안은 즉시 삼부조정위원회를 거쳐 트루먼에게 보고되었고, 트루먼은 소련, 영국, 중국에 이를 전달하였다. 스탈린은 38선으로 분할하자는 미국의 제안을 대일전의 참전에 대한 적절한 보상이라고 여겼기 때문에 별 이의 없이 수락하였다.

미국과 마찬가지로 소련도 자기들에게 우호적인 통일정부가 한국에 들어서기를 바랐지만 북한만 확보한다 하더라도 소련의 기본적인 안보상의 이익에는 충분한 도움이 되리라고 생각했다. 또 스탈린이 유럽에서 연합국 간의 협력을 유지하기 위해서 한반도 전체를 점령할 수 있음에도 불구하고 미국 안을 받아들였다는 견해도 있다.

어쨌든 2년 동안이나 모호했던 미국의 전후 대한 정책은 종전 며칠 전에야 급하게 구체화되었던 것이다.

이처럼 북위 38도선에서의 한반도 분할이 단순히 일본군의 항복 접수를 위한 군사적 편의에서 결정된 것이라고 보는 입장을 군사적 편의주의설이라고 하는데 이는 한반도 분단에 대한 미국의 책임을 비교적 희석시키는 논리로 오랫동안 정설로 되어 왔다.

그러나 38선 분할 결정을 단지 일본군의 항복을 받기 위한 편의적인 결정 정도의 문제로 쉽게 생각한 책임을 면할 길은 없어 보인다. 당시와 같이 분쟁을 중재할 국제기구도 없는 상황에서 누가 어디서 어떻게 항복을 받느냐 하는 것은 바로 그 지역의 향후 정치적 방향을 정하는 결정적 문제였기 때문이다.

어쨌든 분할점령 결정에 따라 소련은 제25군(사령관 치스챠코프 Ivan M. Chischakov 대장)이 북한을 점령했다. 소련군은 8월 26일 평양에 입성하였으나 약속대로 38선을 넘지 않았다.

　미국은 한반도와 가장 가까운 오키나와에 주둔하고 있었던 제24군 (사령관 하지 John R. Hodge 중장)이 남한을 점령하기 위해 부랴부랴 준비를 갖추기 시작했다. 이들은 일본군이 항복한 지 거의 한 달이 지난 9월 8일 여전히 아무런 구체적인 프로그램도 없이 서울로 입성하였다.

3. 건준과 인공 : 좌익 주도의 해방정국

　일본의 항복이 현실화되자 총독부는 치안 유지를 위해 조선인에게 권력을 이양할 계획을 세웠다. 친일파로 오해받을 우려 때문에 우익 인사들이 고사하는 가운데 좌익 민족주의자였던 여운형이 총독의 제의를 수락하여 건국준비위원회(건준)를 구성하고 경찰의 역할을 수행할 치안대를 조직하였다.

　각 지방에서는 145개의 건준 지부들과 치안대가 만들어져 총독부 경찰의 무장을 해제시키고 일본인의 재산을 몰수하였으며 일제에 협력한 대지주들을 응징하였다. 건준은 여운형계의 건국동맹 외에도 민족주의자와 공산주의자들이 망라되어 연합체적 구성을 보였으나 헤게모니 장악을 둘러싼 두 세력 간의 암투가 전개되었다.

　결국 민족주의자들이 떨어져 나가고 공산주의자들이 건준을 장악한 가운데 미군이 도착하기 직전 각 지방 인민대표자회의를 개최하여 조선인민공화국(인공)의 수립을 선포했다.

　인공은 합법성을 고려해 아직 귀국하지 않은 임시정부 인사 등 독립운동가들로 구성하였으며 공산계와 비공산계 인사들이 반반 정도를 차지했다. 그러나 최고결정기관인 중앙인민위원회에는 좌익계 인사들이 압도적으로 많았다.

인공이 중앙에서 성립되자 건준의 지방 지부는 각 지방인민위원회로 전환되었다. 중앙의 인공은 미군정의 수립으로 곧바로 무력화되었으나 지방의 인민위원회는 미군 진주 때까지 치안유지와 곡물 공급 등의 업무를 담당했다.

1) 건준 결성

8월 15일 한민족은 전혀 준비되지 않은 해방을 맞게 되었다. 분할점령 결정 후 소련군은 8월 26일경 평양에 입성하였지만 미군은 9월 8일까지 서울에 진주하지도 못했다. 김구 등의 임정요인들은 아직 중경에 있었고 이승만도 미국에 있었다.

그런 상황에서 8월 15일 일왕의 항복 선언은 조선의 국가권력이 갑작스럽게 붕괴되는 상태를 의미하는 것이었다. 따라서 귀국할 때까지 일본인들의 생명과 재산을 최대한 지켜야 했던 조선총독부는 일본이 미국에게 무조건 항복 의사를 전달한 8월 10일경부터 연합군이 진주할 때까지 조선의 치안을 맡아 자신들의 생명과 재산을 보호해 줄 사람과 조직이 필요하게 되었다.

총독부의 엔도오 정무총감이 먼저 찾아간 사람은 우파인 송진우였다. 그러나 송진우는 임정의 귀국과 연합군의 진주를 기다려야 한다며 총독부의 제안을 거절하였다. 송진우 등의 타협적 민족주의자들은 독립운동을 접거나 '마지못해' 친일을 한 전력이 있기 때문에 일본인들을 보호해 주어야 하는 총독부의 제안을 선뜻 접수하기가 어려웠을 것으로 보인다.

이에 엔도오는 차선책으로 온건 사회주의자로 알려진 여운형을 찾게 된다.

독립운동의 경력으로 보아서나 건국동맹이란 조직으로 보아서나 친일의 의혹을 받을 부담이 없고 실질적 인력도 확보하고 있었던 여운형은 정치범 즉시 석방, 3개월간의 쌀 확보, 활동 불간섭 등의 조건 아래 총독부의 제안을 받아들였다.

이어 그는 건국동맹 등 자신의 지지자들로 이루어진 온건 사회주의자들과 조선공산당 계열의 급진적 공산주의자들, 그리고 안재홍 등의 비타협적 우파 민족주의자 등 다양한 세력들로 구성된 조선건국준비위원회를 조직하였다. 송진우 등 타협적 민족주의자들에게도 함께할 것을 요청하였으나 거절당한 것으로 알려졌다.

건준은 청년들을 중심으로 치안대를 조직하여 치안질서를 유지하고 식량을 배급하는 등 국가권력의 기본 임무를 수행하기 시작하였다. 그러나 당시의 상황에서 지방에 파견할 인력이나 여력이 없었기 때문에 여운형은 각 지방에는 자체적으로 건준 지부를 구성해 줄 것을 호소하였다.

일제라는 권력이 무너진 곳에 자연발생적으로 생겨난 최소한의 국가권력인 건준 지부는 각 지역에 따라 주도하는 인사가 지주부터 탄광의 광부에 이르기까지 다양한 모습으로 나타나기 시작하였는데 1945년 말에는 그 숫자가 145개에 이르렀다고 한다.

건준의 이념적 다양성은 8월 16일 전국에서 정치범들이 석방되자 변화하기 시작했다. 정치범 중에는 일제에 비타협적이었던 많은 공산주의자들이 포함되어 있었기 때문에 이들의 석방과 귀향은 건준과 건준 지부의 활동을 급격히 좌경화시키는 요인이 되었다.

석방된 정치범들은 적극적으로 건준 지부와 조직 활동에 참여했다.

또한 일제에 의해 징집되었다가 귀국한 노동자들도 건준 지부와 지역 조직에 참여함으로써 좌경화를 강화시켰다. 이들은 농촌을 떠나 도시화를 경험하였고 또 사회주의의 세례를 받기도 했기 때문이다.

8월 말 38선 이남 지역에는 미군이 진주한다는 소식이 방송되었다. 이러한 소식은 남한의 정치상황에 심각한 영향을 미쳤다. 일본인들은 당분간 안도의 숨을 내쉴 수 있었다. 미군이 진주하는 데 걸리는 시간 동안 일본인들은 문서들을 소각하고 재산을 팔아치웠으며 화폐를 마구 발행하고 은사금을 친일파들에게 나누어 주었다. 그에 따라 엄청난 인플레 속에서 한국경제는 거의 마비되었다.

우익세력은 더 이상 건준과 협력하거나 거기에 영향력을 미치려고 노력하지 않았다. 대신 그들은 자신들의 독자적인 조직을 구상하기 시작했다. 우익들이 빠져 나간 자리는 보다 급진적인 좌익세력들이 대체해 들어왔다. 좌익세력은 미군이 도착하기 전에 건준의 기반을 강화시켜야 할 필요성을 강하게 인식했다.

8월 28일 건준은 원래의 치안유지 업무에서 더 나아가 새로운 정부를 만든다는 포고를 발표하고 중앙인민위원회를 구성하기 위한 전국인민대표자회의를 9월 6일 개최하기로 하였다.

건준의 포고문에서는 '완전독립과 진정한 민주주의', '봉건잔재의 소탕', '일제에 협력하고 민족에 죄를 지은 반민주적 반동세력에 대한 대중투쟁의 전개'등을 당면 임무로 제시함으로써 토지개혁과 친일청산을 전면에 내걸었다. 동시에 우익과의 연합전선을 사실상 포기하고 미군 진주 전에 서둘러 정부를 수립하겠다는 의도를 담고 있었다.

2) 인공과 인민위

9월 6일 서울과 지방에서 모인 수백 명의 건준 활동가들이 경기여고 강당에 모여 조선인민공화국의 수립을 선포했다. 전국인민대표자회의는 모두 87명의 지도자들을 선출했다. 55명이 중앙인민위원회 위원으로 선출되었고 20명이 후보위원으로, 그리고 12명이 고문으로 선출되었다.

이 명단에는 이승만, 김구, 김규식, 김원봉, 김일성, 무정 등 아직 귀국하지 않은 망명 지도자들이나 김성수, 김병로, 조만식 등의 우파 인사들이 본인의 의사와 관계없이 포함됨으로써 우익으로부터 격렬한 비판을 받았지만, 대부분의 인사들은 그들의 항일투쟁 경력으로 지도적 위치를 인정받은 인사들이었다.

다만 전체 지도자들의 수에 있어서는 좌익이 3 : 1의 비율로 우세함으로써 좌익 우위의 경향을 나타냈는데, 이는 건준 인사들의 기준으로 봤을 때 일제 말기 항일투쟁에서 사회주의자들과 민족주의자들의 기여도가 그 정도 된다고 보았기 때문이다.

인민대표자회의는 9월 8일 조선인민공화국 수립을 선포하고 다음과 같은 내용의 내각구성을 발표하였다.

주석 : 이승만, 부주석 : 여운형, 국무총리 : 허헌,
내무부장 : 김구, 외무부장 : 김규식, 문교부장 : 김성수,
사법부장 : 김병로, 경제부장 : 하필원, 재정부장 : 조만식,
교통부장 : 홍남표, 군사부장 : 김원봉, 체신부장 : 신익희

또한 27개 항목으로 이루어진 인민공화국 정강도 공표하였다. 해방

정국에서의 좌익세력들의 지향점을 잘 보여 주고 있는 이 정강은 일제와 민족반역자들의 토지를 무상 몰수하여 농민에게 무상 분배하고, 광산, 철도, 선박, 통신, 금융기관 같은 주요 산업을 국유화하며, 8시간 노동제와 최저임금제를 실시하고, 국가 부담에 의한 의무교육제를 시행하는 등이 중심 내용이었다.

상당히 좌경적이고 급진적인 내용이라고 생각될 수 있으나 사실상 당시 중경 임시정부의 정강과 크게 차이가 나지 않는 내용들이었다.

그러나 실제로 이러한 정강들은 의미가 없게 되었다. 인공 수립이 선포된 그날 서울에 진주한 미군은 즉각 미군정 수립을 선포함으로써 인공 자체를 인정하지 않았다. 이에 대해 인공의 일부 인사들은 인공의 정당성을 옹호하며 끝까지 활동하고자 하였으나 그 해 12월 미군정이 인공 명의의 모든 활동을 불법화해 버림으로써 인공은 사실상 와해되고 말았다.

중앙의 인공과 달리 지방의 인민위원회는 좀 더 활동할 시간을 가질 수 있었다. 인민공화국 수립 선포와 동시에 건준 지부들은 지방인민위원회로 이름을 바꾸었다.

이에 따라 10월 말까지 8개 도(道)인민위원회와 13개 시(市)인민위원회, 그리고 131개 군(郡)인민위원회가 조직되었다.

지방인민위원회의 구성은 다양하고 조직은 자율적이었으나 중심세력은 좌익들이나 귀향한 학생, 노동자들이었다. 이들의 중심세력이 좌익이라고 할 수 있는 이유 중의 하나는 커밍스 (Bruce Cumings)가 조사한 바와 같이 지방인민위원회가 강했던 지역은 거의 일제 강점기에 적색농민조합이나 적색노동조합이 강했던 지역이었다는 사실에서도 찾아볼 수 있다.

미군이 서울에 진주함으로써 사실상 바로 와해되었던 중앙의 인공에 비하면 각 지방의 인민위원회가 갖는 정치적 의미는 크다고 볼 수 있다. 미군정 수립이 선포되고도 실제로 미군이 각 지방으로 내려가 인민위원회로부터 치안권을 접수할 때까지는 사실상 각 지방인민위원회가 그 지방의 행정 권력을 대신하고 있었기 때문이다.

이들은 각 지역에 수립된 미군정에 의해 대체된 시기가 달랐는데, 서울에서 멀리 떨어져 그 해 12월 말까지 존속한 지역이 있는가 하면 제주도 인민위원회와 같이 워낙 세력이 강했기 때문에 미군정도 제대로 손을 대지 못하여 꽤 오래 존속한 지역도 있었다.

3) 당시 좌우익의 형태와 지향

정치적 대립구도에서 가장 널리 사용되고 있는 개념은 좌익과 우익일 것이다. 원래 프랑스 혁명 이후 구체제에 대한 확고한 단절을 주장했던 급진파가 국민의회의 왼편에, 온건파가 오른편에 앉았던 데서 유래한 좌익과 우익이라는 개념은 이후 유럽의 정치사 속에서 사회주의적 가치를 지향하는 사람들을 좌익, 자본주의적 가치를 지향하는 사람들을 우익이라고 표현하는 것으로 변화했다.

해방 이후 한국전쟁까지의 대립구도를 좌우 대립이라고 보았을 때 좌우의 개념도 그러한 것이었다.

앞에서 보았다시피 해방 직후 미군정이 선포되기 전까지는 준비 안 된 해방공간에서 좌익들이 자연발생적으로 정국 주도권을 잡았던 시기라고 할 수 있다. 그리고 그 이유는 일제 말기 독립운동에서의 헤게모니와 함께 당시의 좌우익들이 지향했던 한국사회 발전방향과 관련이 있었다.

좌익들의 지향은 해방 후의 조선사회가 사회주의 발전의 길을 가야 한다는 것이었다. 1917년 러시아 혁명 이후 일본과 조선 등지에 급속히 전파된 사회주의 사상은 사유재산 부인과 사회적 평등을 핵심적 가치로 하는 것이었다.

따라서 사회주의자들은 1차적으로는 일제에 맞서 독립운동을 전개했지만 독립 후의 한국사회는 계급과 빈부 격차가 사라진 사회주의 사회가 되는 것이 바람직하다고 믿었다. 그중에서도 공산주의자들은 폭력을 동원한 급진적인 방법을 사용해서라도 사회주의 혁명을 이루어야 한다고 확신했다.

이들에 비해 우익들의 지향은 사유재산 인정과 개인의 자유를 핵심적 가치로 하는 자본주의와 자유주의 발전이라고 볼 수 있었다. 우익들이 볼 때 사회주의나 공산주의는 자유로운 이익을 추구하는 인간의 본성에 맞지 않는 것으로 결코 성공할 수 없는 이데올로기였다.

따라서 해방 이후의 한국사회는 자본주의와 자유민주주의로 가야 한다고 생각했다. 물론 당시의 우익들이 과연 자유민주주의자들이었는가 하는 것은 논란의 여지가 많다.

자신과 다른 의견을 전혀 인정하려 하지 않고 폭력적으로라도 억압하려 했던 당시의 우익들은 반공주의자들이기는 했으나 결코 자유민주주의자들은 아니었던 것으로 보인다.

그러나 실제로 당시의 민중들에게 호소력을 가졌던 이슈는 이와 같은 국가발전방향에 대한 논의보다는 해방된 시점에서 필수적으로 제기될 수밖에 없었던 구체적인 과제들, 즉 친일청산 문제와 토지개혁의 문제였다.

일제에 협력했던 부일협력자 처리 문제는 해방된 국가에서의 민족정기와 사회정의의 문제였고, 일제에 의해 존속된 지주-소작의 봉건적 토지소유양식을 자영농민체제로 개혁하는 것은 당시 인구의 대다수를 차지했던 농민들에 있어서는 생존방식의 문제였다.

이에 대해 좌익의 입장은 강력한 친일청산과 무상몰수 무상 분배의 토지개혁, 대부분 일제의 적산(敵産)인 공장의 국유화와 자주관리 등이었고 그에 맞선 우익의 주장은 친일청산과 토지개혁을 정부수립 이후로 연기하고 적산을 포함한 공장은 개인에게 불하하자는 것이었다.

우익들에 비해 좌익들이 민중들의 지지를 받을 수 있었던 중요한 이유의 하나가 바로 이러한 정책방향이었던 것이다.

당시 좌익 정치세력은 여운형과 같은 온건한 중도좌파도 있었지만 나머지는 급진적인 혁명적 사회주의자들이었다. 일제하에서 지속적으로 공산주의 운동을 전개해 온 박헌영이 이끄는 조선공산당과 같은 국내파 공산주의자들, 그리고 북한에서 소련의 도움으로 권력을 장악해 가고 있었던 김일성의 만주파 공산주의자들, 그리고 해방군으로 진주한 소련군 등이 대표적인 급진좌파라고 할 수 있었다. 이들은 폭력적인 방식으로라도 사회주의 혁명을 달성하고자 했다.

그들에 비하면 조선공산당에 가입하지 않았고 좌우합작에 나섰던 여운형계는 온건 좌파라 할 수 있었다.

반면 우익 정치세력은 해방공간에서 실질적인 권력자였던 미군정과, 일제하에서 타협적 민족주의의 길을 걸었던 인사들로 구성된 한민당, 그리고 미국에서 외교독립노선을 주장하고 있었던 이승만 등이 있었고 그밖에 김구, 김규식을 비롯한 임시정부 세력을 중심으로 하는 중도우파들이 있었다.

이들 중 임정세력은 이후 외세를 배격하고 좌우합작, 남북협상의 길로 나아갔던 점에서 온건 우파라고 할 수 있는 반면, 이승만과 한민당 세력은 미군정과 함께 반공의 기치를 확실히 하며 그것을 위해서는 어떤 방법을 쓰든지 상관하지 않는 강경우파였다고 할 수 있다.

초기의 해방정국은 좌익들에 의해 주도되었다. 비타협적으로 일제와 싸웠던 명분에 있어서나 무상몰수 무상 분배의 토지개혁과 즉각적인 친일청산 등의 정책에 있어서나 해방 당시의 다수 민중을 이루고 있었던 소작농들과 사회주의에 우호적이었던 지식인들의 광범위한 지지를 받았을 수 있었기 때문이다.

반면 친일의 의혹을 받고 있었던 인사들이 포함된 우익세력과 그 지지집단이었던 지주, 관료, 경찰들은 총독부의 권력이 붕괴된 해방의 시점에서 정국을 주도할 명분도 능력도 없었던 것으로 보인다. 그러한 상황을 역전시킨 것은 해방군으로 진주한 미군이었다.

제2절
미군정의 정책과 방향

1. 군정 수립 : 직접 통치, 기구

살펴본 바와 같이 미국과 소련은 분할점령 후의 어떤 구체적인 대책이나 합의도 없이 일단 38선의 남과 북에 진주하였다. 따라서 당장 남과 북의 통치방식부터 차이를 드러냈다. 미국은 군정청을 설치하여 직접 통치하는 방식을 채택한 반면 소련은 지방인민위원회를 활용하여 간접 통치하는 방식을 선택하였다. 인민공화국이나 임시정부는 남북 양쪽에서 모두 부인되었다.

점령 직후 초기 몇 달 동안 미국과 소련이 내린 결정들은 이후 남북한의 정치지형을 형성하는 데에 결정적 역할을 했다. 이 기간에 국가권력의 기본구조라고 할 수 있는 군대, 경찰, 관료, 사법부에 관한 여러 정책들이 만들어지고 거기에 필요한 인원들이 충원되었다. 그것이 갖는 정치적 영향력은 심대한 것이었다. 왜냐하면 이 짧은 시기에 만들어진 권력구조가 이후 큰 변화를 겪지 않고 지속되었기 때문이다.

소련군은 초기에는 좌우 연합을 추진했으나 곧 좌익, 그 중에서도 김일성과 만주파가 권력을 잡는 것을 도와주었다. 반면 미군정은 당시 강력했던 남한 좌익들의 움직임을 억누르고 위축되어 있었던 우익들이 활발한 활동을 할 수 있도록 지원했다. 문제는 그 과정에서 친일 관료, 경찰들에게 면죄부를 주는 데 결정적 역할을 했다는 것이다.

1945년 9월에서 12월 사이에 미군정이 가장 신경을 곤두세운 것은 좌익의 혁명적 움직임이었다. 전국적으로 지방인민위원회와 노동조합, 그리고 농민조직들을 내부 역량으로 보유하고 있는 인민공화국과 좌익세력들에 대한 비판과 공격은 미군정의 정책에 있어서 핵심적인 내용을 이룰 수밖에 없었다.

그런 점에서 초기 미군정의 인사정책을 포함한 제반 정책들은 좌익을 배제하고 우익을 지원하는, 그 가운데 친일세력을 살아나게 하는 뚜렷한 특징을 나타내고 있었다.

2. 미군정의 인사정책 : 관료, 경찰

9월 8일 서울에 진주한 미군은 12일 군정청을 세우고 38선 이남의 총독부 권한을 이양받았다. 군정장관에는 아놀드(Archibald V. Arnold) 소장(1946년 1월 러치Archer L. Lerch 소장에게 인계)이 임명되어 주한미군 사령관 하지 중장의 지휘 하에 1948년 8월 정부수립 때까지 남한의 치안, 행정 업무를 담당하였다.

미군정의 통치기구는 일제 시기의 통치기구를 이용하라는 미 국무부의 지시대로 조선총독부의 기구를 거의 그대로 유지시켰다.

조선총독부에 최고 집행관으로 총독과 정무총감이 있었듯이 미군정청에는 최고 집행관으로 미군사령관, 군정장관, 민정장관(1947년 2월 안재홍 임명)이 있었으며 재무, 법무, 학무, 경무, 광공, 농상, 체신, 교통 등 구총독부의 8개국을 그대로 존속시키고 9국으로 위생복지국을 신설하였다.

1945년 말 조선경비대 창설을 위해 군무국이 신설되어 10국 체제가 되었다가 1946년 5월 국이 부로 바뀌면서 공보부가 신설되어 11부가 되었고 이어서 1947년 7월 노동부와 토목부가 신설되어 13부 체제가 되었다. 제1공화국 수립 직후에는 여기에 외무부가 추가되고 몇 부가 처가 됨으로써 11부 4처제를 갖게 되었다.

군정 초기 미군은 각 국장에 미군 장교를 임명하는 한편 일본인 관리들을 고문으로 활용하였으나 국내외의 거센 비판에 직면하여 미군 국장을 돕는 조선인 국장을 두어 양국장제를 실시하였다.

1947년 2월 안재홍이 민정장관으로 취임하고 군정청이 남조선과도정부로 개칭되는 시점을 전후하여 한국인 국장들이 실무를 보고 미군 국장들이 자문 역할을 하게 되었지만 그렇다고 과도정부가 미군의 통제에서 벗어난 자주적인 기관이었다고 볼 수는 없었다. 여전히 중요한 의사결정은 미군 사령부에서 이루어졌기 때문이다.

이러한 미군정의 직접 통치에 비하여 소련은 군정을 수립하지 않고 진주 당시 각 지방에 조직되고 있었던 건국준비위원회 지부(9월 이후에는 지방인민위원회)를 인정하는 간접 통치 방식을 택했다. 물론 그것은 소련이 북한 통치에 관심이 적어서라기보다는 좌익들이 주도하고 있는 건준 지부나 지방인민위원회를 전복시켜야 할 필요성이 없었기 때문이라고 보아야 할 것이다.

미국이든 소련이든 자국에 유리한 정권을 수립하고자 하는 목표는 동일했으나 그 방식은 각자의 이해관계에 따라 차이가 났던 것이다.

소련은 소련군 사령부 안에 민정부를 설치하여 로마넹코(Andrei Romanenko) 소장을 부장으로 임명하여 북한에 대한 주요 정책을 결정해 나갔다.

이들은 초기에 우파 민족주의자 조만식이 이끄는 평남 건준을 인정하고 각 지방인민위원회의 대표들을 모아 중앙행정조직에 해당되는 5도 행정국을 설치하여 수반에 조만식을 앉혔다. 그런 반면 공산주의자들을 조직하여 조선공산당 북조선분국을 만들게 하고 김일성과 만주파가 그것을 주도하도록 지원하였다.

당시 북한에는 국내파 공산주의자들과 만주파, 연안파, 소련파 등이 있었으나 국내파나 소련파에는 김일성에 견줄 만한 명망을 갖춘 인물이 없었으며 연안파에는 김두봉, 무정 등이 있었으나 소련으로서는 중국공산당과 같이 활동했던 그들을 지원할 수는 없는 일이었던 것이다.

1945년 12월 소련군이 모스크바 협정에 반대하는 조만식을 연금시키자 김일성을 중심으로 한 북한의 공산주의자들은 1946년 2월 5도 행정국을 북조선 임시인민위원회로 개편하여 친일파 재산 몰수와 숙청, 무상몰수 무상 분배의 토지개혁 등의 각종 개혁 정책들을 추진해 나갔다.

이 개혁정책들은 많은 저항이 따를 수 있는 정책이었으나 북한의 지주, 관료들은 저항하는 대신 남하하는 길을 택했다. 그 결과 남한에는 강력한 반공세력이 대거 유입되었던 반면 북한의 김일성 정권은 빠른 속도로 안정되어 갔다.

3. 미군정과 국내 정치세력

주한미군사(HUSAFIK)에 의하면 미군이 서울에 도착했을 때 총독부의 기능은 마비되어 있었으며 총독부 산하의 한국인 관리들은 일본인 상관의 명령을 거부하고 있었다. 한국인 경찰들은 대부분 도망쳤으며 그나마 남아 있던 경찰관들도 일하기를 두려워했다.

이러한 상황에 처한 미군정은 식민지 관료기구를 존속시킬 뿐만 아니라 일본인 관리들을 유임시켜 이용하려다 반대에 부딪혀 실패했다. 미군정은 일본인 관리들이 떠남으로써 공백이 생긴 자리를 메워야 했다.

시민사회가 발달하지 않았던 당시로서는 국가 관료로 어떤 사람들이 충원되느냐 하는 것이 정치적으로 엄청난 영향을 미치는 일이었다. 동시에 식민지로부터 해방된 국가에게는 친일 관료들에 대한 처리는 그 사회의 정의를 어떻게 세우느냐의 문제에 해당되는 일이었다.

그러한 결정의 순간에 미군정은 비어 있는 자리에 기존의 위계체계에 따라 한국인 관리를 승진시켜 발령을 내는 정책을 취했다. 각 부의 부장은 대부분 과거의 총독부 관리와 한민당 지도자들 가운데에서 선발되었다.

즉 미군정 기구의 고위 한국인 관리들은 대다수가 한민당계 사람들이거나 미국과 일본에서의 유학 경험을 가진 사람들이었고 그 이하의 직책은 일제 강점기의 총독부와 그 소속관서의 한국인 관리들로 충원되었다.

해방이 자율적으로 이루어져 독립운동가들에 의한 정부가 바로 수립되었다면 초기의 행정공백이 아무리 심각한 것이라 하더라도 총독부 관료들을 다시 기용하는 일은 아마 없었을 것이다.

그러나 임시로 한반도를 관리하고 있으며 자신들에게 우호적인 정권 수립이 목표인 미군정에게는 민족정기와 같은 것보다는 당장의 효율성이 더 중요했을 것이다.

따라서 미군정은 한국사회에서 가장 잘 조직되어 있고 가장 능률적이며, 친일청산을 주장하는 공산주의자들에 대해 강한 적대감을 가지고 있고 자신들을 살려 준 미군정에 충성을 다할 준비가 되어 있는 친일관료 경력자들을 배제하기가 힘들었을 것이다.

그러나 그 결과는 우리 민족에게 두고두고 우환을 남겨 준 셈이 되었다.

행정관료 중에서 일제 강점기 관료 경력자들이 중용된 예는 초대 서울시장(당시 경성부윤)이었던 이범승(황해도 산업과장 역임), 경상북도 도지사가 된 김대우(유임), 전남 내무부장 임문무(전남 재무부장 역임), 경기도 내무국장 신윤(내무국 과장), 군산시장에 임명된 김용철(군산시 고문회의 위원 역임) 등이 있었다.

하위 관료들도 주한미군사에 의하면 1945년 10월과 12월 사이에 약 75,000명이 유임되거나 신규 임용되었다고 하니, 기간이 짧았던 것을 고려하면 유임된 관리들이 적지 않았음을 알 수 있다.

사법 관료들의 경우에도 미군정은 일본인 판검사들의 후임으로 한국인 판사나 일제시대에 고등문관시험 사법과나 조선변호사시험 합격자, 혹은 다년간의 법원서기 경력자까지 충원하였다.

일제 강점기에 부락 단위까지 잘 통제할 수 있었던 유일한 조직은 경찰이었다. 그런데 미군이 한국에 도착했을 때 일제경찰 소속의 한국인들은 80~90%가 도망치거나 숨어 버려 경찰기능이 완전히 마비된 상태였다.

이에 미군정은 한국인 경찰관들을 전원 재임용하고 기존 경찰조직을 그대로 활용한다는 방침을 세웠다. 1946년 11월 군정 보고에 의하면 남북한에 있던 한국인 경찰 8,000명 가운데 5,000명이 미군정 경무부에 재임용되었으며 그들이 경찰의 핵심부대라고 했다. 또한 미군정은 경력을 가진 경찰을 우대했으므로 경사급 이상의 경찰 가운데 약 80%가 일제하에서 경찰로 복무한 사람들이었다.

미군정은 또한 친일의 경력이 있는 경찰력만으로는 38도선의 경계 근무를 담당하면서 내부의 소요사태를 진압하기 힘들다고 보고 1945년 11월 국방경비대와 국방경비사관학교를 설치하기로 하였다. 이에 60명의 핵심 장교를 선발하여 군사영어학교를 창설하였는데 이들은 이후 한국군의 최고 요직을 점하게 된다.

원래 미군정은 군사영어학교의 정원 60명을 일본군계 20명, 광복군계 20명, 만주군계 20명으로 채우고자 하였으나 광복군이 친일파와 함께 참가할 수 없다고 거부하여 일본군계와 만주군계가 군사영어학교를 장악하게 되었다.

그나마 광복군 출신으로 경비대에 참여한 사람들도 능력을 중시하는 미군정에 의해 일본군 출신들에게 밀려 고위직으로 올라갈 수가 없었다. 이에 초대 조선경비대장(원용덕), 초대 육군참모총장(이응준) 등은 모두 일본군 출신들이 차지하게 되었다.

미군정이 실시될 당시 미국과 소련은 연합군으로 협력관계였으며 아직 냉전은 시작되지 않았던 시점이었다. 그러나 초기부터 미군정의 국내 정치세력에 대한 입장은 뚜렷하였다. 미군정 보고서에는 당시 한반도의 상황을 '점화되기만 하면 즉각 폭발할 화약통'이며 좌익 혁명의 열기가 곳곳에서 뿜어 나오고 있다고 보았다.

그러면서 그래도 자신들이 믿을 수 있는 것은 '그들 중 많은 수가 일제에 협력했지만 그러한 오명은 결국 점차로 사라질 수백 명의 보수주의자들'이라고 하였다. 미국의 이념과 부합하는 우익을 지원하고 좌익을 배제시키는 초기의 정책기조가 잘 드러나고 있었다.

미군정의 우익 지원, 좌익 배제의 정책방향이 가장 뚜렷이 드러나는 것은 인사정책이었다. 물론 당시는 미군정이 인민공화국이나 인민위원회를 인정하지는 않았지만 좌익들을 탄압하는 시점은 아니었기 때문에 여운형과 같은 중도좌파뿐 아니라 조선공산당 등도 하지의 축사를 받으며 행사를 치르던 시기였다.

그러나 미군정의 고위직 충원 과정에서 좌익 인사들은 거의 배제되었다. 미군정은 영어를 잘하는 인사를 선호할 수밖에 없었다고 주장했으나 당시 영어를 잘 구사하는 좌익 인사들도 있었지만 그들은 충원의 대상이 되지 못했다. 미군정 고위직 충원대상에 오른 것은 거의 우익, 그 중에서도 한민당계 인사들이었다.

한국민주당은 좌익세력이 해방정국을 주도하고 있는 가운데 건준과 인공을 부정하고 임시정부만이 정통성을 지닌 정부라고 주장하는 보수 세력들이 미군 도착 직후인 9월 16일 창당한 정당이었다. 한민당은 김병로, 원세훈 등 조선민족당계 인사들과 김성수, 송진우 등 동아일보 그룹, 장택상, 서상일 등 국민대회 준비파 인사 등 우파 민족주의자들이 연합하여 만들었다.

그러나 그들을 지원했던 중심세력은 지주, 관료 등으로 이들은 일제 강점기에 친일의 전력을 가졌던 사실 때문에 해방 후 정치적 보호막이 필요했던 집단들이었다.

미군정은 군정 수립 직후 11명으로 구성된 고문단을 임명했는데 이들 중 평양에 있었던 조만식과 참여를 거부했던 여운형을 제외한 9명은 김성수, 송진우, 김용무, 김동원 등 한민당 핵심인사들이거나 이들과 관련된 '저명한 보수주의자들'이었다.

이어서 미군정은 가장 강력한 국가기관의 한국인 책임자로 경무국장 조병옥, 수도청장 장택상, 검찰총장 이인, 대법원장 김용무 등 대부분 한민당계 인사들을 임명하였다.

지방직에서도 경기지사 구자옥, 대구시장 이경희, 광주시장 서민호 등이 모두 한민당 인사들이었으며 전남의 경우 21개 군 중 17개 군의 군수가 한민당원이었다는 기록도 있다.

이렇게 고위직에는 한민당, 하위직에는 일제 관료들을 중용함으로써 친일 경력자들을 충원했다는 비판이 높아지자 미군정은 그런 비판을 약화시켜 줄 정치지도자들을 필요로 하게 되었다.

가장 중요한 인사는 1945년 10월 맥아더의 호의와 하지의 환대 속에 귀국한 이승만이었다. 미군정은 이승만이 좌우 세력을 망라하여 지지를 받을 수 있으며 동시에 미군정에도 협력적인 지도자이기를 바랐다.

그러나 이승만은 귀국하자마자 공산주의자들에 대해서는 '모스크바로 돌아가라'는 등의 발언으로 반공 입장을 명확히 했으며 한민당이 제공한 재정적 편의 등은 받아들였으나 당수 제의는 거절하였다.

국가 지도자임을 자임했던 이승만은 한 당의 당수가 되기보다는 독립촉성국민회와 같은 조직을 만들어 자신을 지지하는 사람들을 모두 포괄하기를 원했다. 또한 미군정에 대해서도 협력적이라기보다는 미군정이 자신의 방향대로 움직여 주기를 원했다.

1875년 몰락한 양반의 아들로 출생한 이승만은 서재필의 독립협회에서 일하다 옥고를 치르고 미국으로 유학을 가 1910년 프린스턴 대학에서 한국인 최초의 박사학위를 받아 명성을 얻었다. 1919년 3.1 운동 후 임시정부가 수립되면서 대통령으로 추대되었으나 기본적인 노선이 독립청원론이었던 데다가 독립운동자금 유용 등의 이유로 탄핵되기도 하였다.

　　미국으로 돌아간 이승만은 해방 때까지 미국에서 살면서 주로 서방 국가들과의 외교와 독립청원에 힘을 쏟았다. 고집이 세고 독단적이라는 비판도 받았지만 어쨌든 변절하지 않고 끝까지 독립운동 전선에 있었던 데다 나이가 많다는 이유로 해방 직후 가장 강력한 국가 지도자로 인정받게 되었다. 그는 비록 한민당 당수직을 거절했지만 미군정기 내내 한민당과는 동일한 정치적 보조를 취했다.

　　이어서 11월에는 김구, 김규식을 비롯한 임정 요인들이 임시정부 자격이 아닌 개인 자격으로 귀국하였다. 김구 역시 박헌영을 비롯한 공산주의자들의 접근을 거부하였으며 동시에 한민당이 제공하는 편의 역시 그들이 친일적이라는 이유로 거절하였고, '미국도 소련도 정중히 환대해서 빨리 보내야 할 손님'이라는 입장을 표명하여 미군정과도 호의적 관계를 갖지 못하였다. 민족주의의 원칙에 가장 투철했던 김구의 노선은 처음부터 미·소 양군 철수, 임정 법통 인정이었다.

　　이와 같이 미군정의 수립, 해외 인사들의 귀국 등 해방 초기의 어수선한 상황이 정리되면서 각 정치 세력들의 해방공간에서의 입장들이 분명해지기 시작하는 것은 1945년 12월에 있었던 모스크바 3상회의 결과가 전해지면서부터였다.

　　38선 분할점령이라는 것은 결코 자연스런 상황이 아니었다. 전범국가인 독일을 동서로 분할한 것은 응징이나 경고 같은 의미를 가질 수 있겠지만 한반도는 역사나 민족, 행위 등 어떤 면에서도 분할되어야 할 이유가 전혀 없는 곳이었다. 그런 곳을 분할한 책임은 미국과 소련에게 있었으며 따라서 그들이 결자해지해야 할 일이었기 때문에 미·영·소 3국의 외상들이 모스크바에서 만나 협정을 체결하였다.

그리고 그 결과에 대해 미군정과 소련, 그리고 각 국내 정치 세력들은 다양한 형태의 대응을 하게 되었으며 그 과정에서 여러 가지 정치적 상황들이 벌어지게 되었다.

제2장

단정 수립과 전쟁

1. 모스크바 협정과 제1차 미·소 공위

남북한에 미군정과 소련군의 통치가 시작되고 각 정치 세력들이 귀환하거나 조직화하고 있었던 1945년 12월 16일 모스크바에서는 미국, 영국, 소련의 3개국 외상들이 모여 앉았다. 아무 후속 계획 없이 분할해 버린 한반도 문제는 이 회의의 가장 중요한 안건이었다.

전시 회의에서와 마찬가지로 모스크바 회의에서도 미국은 한국에 대한 신탁통치를 주장했다. 반면 소련 역시 전시회의에서와 마찬가지로 신탁통치보다는 즉각적인 독립을 선호했다. 한반도에 자국에게 유리한 정부를 수립하려는 목적을 가진 양국으로서는 서로 양보하기 어려운 문제였으나 사실상의 해방군이었던 미국의 주장이, 유럽과 일본에서의 협력을 더 중요하게 생각한 소련의 동의를 얻어냈다.

미국은 신탁통치 국가로 미·영·소·중 4개국을 제시하였고 신탁통치 기간도 5년으로 제안하면서 필요하다고 판단될 경우 5년을 연장하자고 제안했다. 이에 따라 12월 27일 발표된 모스크바 협정(모스크바 3상회의 결정서)에는 다음과 같은 내용이 담겼다.

첫째, 조선에 민주적인 임시정부를 수립한다. 둘째, 임시정부 수립에 대해 논의하기 위해 미·소 공동위원회를 설치한다. 공동위원회는 조선의 민주 정당 및 사회단체와 협의한다. 셋째, 조선임시정부와 공동위원회는 최고 5년 기한의 미·영·중·소 4개국 신탁통치 협약을 작성한다. 넷째, 긴급한 현안 해결을 위해 미·소 양군 사령관 회의를 소집한다.

이 협정은 즉각 우파 민족주의 신문들에 의해 신탁통치 안으로 널리 알려지게 되었다. 한국인들은 좌우익을 막론하고 격렬한 반대의 의사를 표명하였으며 실제 좌우익은 공동으로 반탁대회를 개최할 것을 합의하기도 하였다.

그러나 소련과 북한으로부터 모스크바 협정이 신탁통치만 있는 것이 아니라 먼저 통일된 임시정부를 수립하자는 것이라는 설명을 들은 좌익들은 곧바로 모스크바 협정 지지 입장으로 선회하였다. 좌익들의 이러한 노선은 분단 상황을 먼저 해결하자는 취지였다. 그러나 당시 일반 대중들의 정서와 많이 유리된 이 노선에 의해 좌익들은 초기의 정치적 명분과 조직을 손상당하게 되었다.

미군 사령관 하지는 신탁통치 안에 대해 반대하는 입장이었던 것으로 알려져 있다. 현지에서 본 한반도 상황은 소련이 상당한 지분을 갖는 한 신탁통치를 통해서는 미국에게 유리한 정부가 들어서지 않을 수도 있다고 본 것이었다. 그런 점에서는 소련이 포함된 다국적 신탁통치(trusteeship)보다는 미국 일국에 의한 후견제(tutelage)가 낫다고 주장한 한민당과 비슷한 입장이었다.

그러나 그는 본국 정부가 체결한 협정에 대해 드러내 놓고 반대할 수 없었고, 미·소 공동위원회의 주체로서 모스크바 협정에 대한 국내 정치세력들의 협조를 요청할 수밖에 없는 상황에 놓이게 되었다.

하지는 우선 송진우를 불러 협조를 요청했다. 그러나 회담 결과가 알려지기도 전에 송진우는 신탁통치나 후견제에 반대하는 인사에 의해 암살당했다.

모스크바 협정에 대한 최초의, 그리고 가장 강력한 저항은 임정으로부터 나왔다. 어떤 외세에 대해서도 민족주의적 입장을 견지하고 있던 임정으로서는 신탁통치와 같은 것은 도저히 받아들일 수 없는 방안이었다.

모스크바 협정 내용이 알려지자 임정은 전국적인 파업과 시위를 촉구하면서 미군정청 한국인 관리들에게도 즉각 파업할 것을 요구했다. 서울과 지방의 여러 도시에서 대규모의 가두시위가 연일 계속되었고 군정청 한국인 관리들은 임정의 명령에 따르겠다며 파업에 동참했다. 미군정청은 이것을 임정에 의한 쿠데타 시도로 받아들여 하지가 김구를 불러 직접 경고하는 상황에까지 도달했다.

군정청 관리들과 한민당, 이승만 등은 임정의 반탁운동에 적극적으로 참여하였다. 그러나 그들의 반탁은 서로 내용이 달랐다.

김구의 반탁은 순수하게 민족주의적인 것으로 미국과 소련을 모두 철수시키고 임정에 의한 즉각적인 독립을 얻어내야 한다는 것이었다.

반면에 한민당의 반탁은 반소 반공 운동과 연계되어 나타났다. 그들은 신탁통치가 소련의 주장이라는 왜곡된 정보를 유포시켰으며(1946년 1월 10일 한민당보는 '소련은 신탁통치를 주장하고 미국은 즉각적인 독립을 지지한다.'라는 제하의 기사를 1면의 특종으로 다루었다) 그에 따라 좌익들이 찬탁을 하고 있는 것이라고 몰아세웠다.

결국 김구가 하지로부터 송진우 암살에 대한 책임으로 처벌 위협을 받은 후 반탁운동의 주도권은 이승만과 한민당에게로 넘어갔고 이후 반탁운동은 반소, 반공운동의 성격을 띠게 되었다.

임시정부라는 명분 외에는 미군정청의 무력, 한민당의 돈, 공산당의 조직 등 중요한 정치적 자원을 아무 것도 갖고 있지 못했던 임정으로서는 반탁운동이야말로 명분과 조직을 만들어 나갈 수 있는 좋은 계기였다.

그러나 임정의 반탁운동에는 손발이 없었다. 그 손발을 제공한 것은 임정의 반탁운동에 적극 동참했던 한민당이었다. 친일의 의혹을 받고 있었던 한민당으로서는 반탁운동이 그것을 통해 명분을 획득하고 공산주의자들을 공격하며 지역별, 직업별로 단체들을 조직해 나갈 수 있는 좋은 계기가 되었다.

다시 말해 반탁운동의 머리는 임정이었으나 그 손발은 한민당이 제공한 것이었고, 따라서 그 과실도 주로 한민당의 몫이 되었다. 실제로 한민당은 반탁운동이 아니었으면 불가능했을 명분 있는 다양한 조직들을 만들어 갈 수 있었다.

모스크바 협정에 대한 대응에 따라 국내 정치세력들은 크게 두 세력으로 재편되기 시작했다. 우선 김구를 중심으로 하는 반탁운동단체인 비상국민회의가 발족했고 이어서 이승만의 대한독립촉성국민회가 본격적으로 학생, 부녀 및 기타 산하단체들을 조직화했다.

미군정은 미·소 공동위원회가 열리기 전에 이들 우익세력들을 모두 통합하고자 1946년 2월 14일 남조선 대한민국 대표민주의원을 결성하였다. 이승만이 의장이었으며 김구와 김규식이 부의장으로 선출되었다.

이에 대응하여 좌익 역시 자신들의 연합체로서 민주주의민족전선을 결성했다. 민전은 박헌영의 조선공산당으로부터 여운형의 인민당과 임정 내의 좌파인 김원봉에 이르기까지 모든 좌익을 포함한 연합전선이었다. 같은 시기 북한에서도 김일성이 주도하는 북조선임시인민위원회가 출범하여 친일청산, 토지개혁 등의 사회개혁 조치들을 시작하고 있었다.

1946년 3월 20일 모스크바 협정에 따른 제1차 미·소 공동위원회가 서울에서 개최되었다. 소련 측 수석대표는 스티코프(T. F. Stikov) 중장이었고 미국 측 수석대표는 아놀드 소장이었다. 6주간에 걸친 회의에도 불구하고 양측은 임시정부를 구성하기 위하여 협의 대상이 될 한국인 정치그룹의 성격에 관해 아무런 합의도 보지 못했다.

임시정부 구성을 위한 협의대상단체 선정에 있어 미국 대표는 남한을, 소련 대표는 북한을 맡기로 하였다. 그러나 그 과정에서 미국 측이 우익 반탁운동 집결체인 남조선 대표민주의원과 그 소속 정당, 단체를 주요 협의대상단체로 정하려고 한다는 것을 알게 된 소련 측은 모스크바 협정에 반대하는 정치집단은 그 협정에 의해 이루어지는 미·소 공동위원회의 협의대상단체가 될 수 없다고 반대하였다.

이후 소련은 공동위원회 이전에 협정에 반대했더라도 이후에 협정지지를 선언하는 단체는 받아줄 수 있다고 한 발 물러났으나 미국 측은 반탁운동은 언론 자유의 영역에 속하는 문제이며 따라서 반탁 정당, 단체를 협의대상단체에서 배제할 수 없다고 주장하였다.

표면상으로는 언론 자유의 문제와 논리적 모순성(모스크바 협정 실현을 위한 협의대상단체에 협정에 반대하는 단체를 포함시키는 모순)의 문제였지만, 실질적으로는 각자에게 유리한 정당, 단체를 포함시키고자 하는 의도에서 비롯된 문제였던 것으로 보인다.

어쨌든 이러한 논란에서 한 발짝도 나가지 못한 채 1차 미·소 공동 위원회는 미국 측 요청에 따라 5월 16일 휴회하였다.

미·소 공동위원회의 결렬은 전시 회담을 포함해서 미국과 소련이 유일하게 합의한 한반도 문제의 해결방안이 와해되어 버렸다는 것을 의미한다. 따라서 이에 대해서는 미·소 양국뿐 아니라 국내 정치세력들도 이후의 대안을 마련해야 했다.

특히 모스크바 협정을 지지하고 그것을 실현시키려 했던 소련과 좌익세력들보다 그것을 반대하고 와해시켰던 우익 세력들이 대안을 내놓는 것이 필요했다. 이에 각 정치세력들은 이후 자신들의 대안에 따라 다양한 방향으로의 활동들을 전개하기 시작했다.

미군정 역시 미·소 공위가 완전히 끝나 버린 것은 아니었기 때문에 2차 미·소 공위를 위해 준비해야 했다. 미군정으로서는 가장 바람직한 것은 극우와 극좌 세력을 배제한 채 모스크바 협정을 드러내 놓고 반대하지는 않는 중도세력들을 묶어 내는 일이었다.

2. 좌우 합작과 민중 봉기

1차 미·소 공동위원회가 휴회되자 미군정 내의 일부에서는 다음 공위를 위해서나 향후 한국정치를 위해서나 이승만, 김구 등 강경우파 인사들과 조선공산당 등 강경좌파 인사들을 제외하고 좌우합작을 통해 중도세력을 결집시키자는 안이 대두되었다.

이와 같은 구상에 따라 미군정은 때마침 발생했던 위조지폐 사건 수사를 통해 그와 관련된 것으로 드러난 조선공산당 간부들을 추적하는 한편 이승만과 김구를 고립시키고 김규식과 여운형 같은 중도파 지도자들을 중심으로 중도파 연합체를 구성하고자 하였다.

미군정의 이러한 구상에 앞장선 것은 하지의 정치고문 중의 한 사람이었던 버치(Leonard M. Bertsch) 중위였다. 버치는 김규식과 여운형을 설득하였고 이들이 다시 중도우파와 중도좌파 인사들을 설득시킴으로써 7월 22일 좌우합작위원회 제1차 회의가 개최되었다.

우익 측에서는 김규식, 원세훈, 최동오, 안재홍, 김봉준이, 그리고 좌익 측에서는 여운형, 허헌, 김원봉, 이강국, 정노식이 참석하였다. 이들은 좌우 양파에서 비교적 명망을 갖추었고 또한 어느 정도 개방적인 인사들이었다. 그러나 합작위원회에 참여하지 못한 좌우의 정치지도자들은 각자의 입장에서 합작의 성공을 위험한 것으로 생각했다.

박헌영은 민전 회의에서 합작위원회 불참을 주장했으나 다수결로 참여가 정해지자 이에 대한 대안으로 모스크바 협정 지지, 무상몰수 무상분배의 토지개혁, 친일파 배제, 인민위원회 인정, 입법기관 창설 반대 등의 좌측 5원칙을 제시하게 하였다.

이승만과 한민당 역시 합작 8원칙을 제시하여 합작위원회를 압박했는데 그 내용은 민주주의 임시정부 수립, 미·소 공위 재개, 신탁통치는 임정 수립 후 해결, 임정 수립 후 전국국민대표회의 소집, 국민대표회의 성립 후 정식 정부 수립, 언론·출판·집회·결사 및 투표의 자유 보장, 국민대표회의에서 모든 법령 제정, 친일파 처리는 임정 수립 후 친일파 처단 등으로 그 핵심은 신탁통치와 토지개혁 및 친일파 처벌을 모두 임시정부 수립 후로 유보하자는 것이었다.

좌우의 이와 같은 견제로 교착상태에 빠졌던 좌우합작위원회는 결국 좌측 대표에서 조선공산당계 인사들이 빠지고 우측 대표에서 한민당계 인사들이 빠진 상태에서 중도파 인사들로 위원을 교체하는 우여곡절 끝에 10월 4일 좌측 5원칙과 우측 8원칙을 절충한 합작 7원칙을 발표하기에 이르렀다.

7원칙은 임시정부 수립, 미·소 공위 재개, 유상몰수 무상분배의 토지개혁, 입법기구 구성 후 친일자 처리, 정치운동자 석방, 입법기구 구성안 좌우합작위 작성, 언론 출판 및 투표의 자유 보장 등으로 조건 없는 모스크바 협정 지지와 토지개혁, 친일자 처단 등이 모두 포함되어 있었다.

그러나 중도적인 방법을 택한 유상몰수 무상분배라는 토지개혁 방법과 친일자 처리 연기에 대한 불만 등으로 한민당과 조선공산당 양측이 모두 반대함에 따라 더 이상 진전되지 못하고 위원회의 활동은 교착상태에 빠지게 되었다.

1946년 10월 미군정은 남조선 과도입법의원 구성을 위한 선거를 실시하였다. 과도입법의원은 미군정의 정책과 활동에 정통성을 부여해 줄 한국인들로 구성되는 의회 비슷한 기구를 설치하려는 네 번째의 시도였다.

그러나 미군정 고문회의, 민주의원, 좌우합작위원회에 이어 탄생한 입법의원 역시 앞의 3개 작품들과 마찬가지로 크게 성공을 거두지는 못했다.

과도입법의원 선거는 일제 강점기의 지방행정 자문기관 의원 선출 과정과 유사하게 주로 고액 납세자와 지주들에게만 투표권이 주어지는 것이었다. 따라서 선거직 45명은 한민당이 다수(21명)였으며, 이승만의 독촉국민회 13명, 임시정부 6명, 우익지향의 무소속 5명 등으로 구성되었다. 김규식을 비롯한 좌우합작 인사 30명은 미군정 임명직 45

명 중에 겨우 들어갈 수 있었다.

그래도 입법의원을 통해 중도파 인사들은 좌우합작이나 토지개혁, 친일청산 등의 과제들을 추진하여 '민족반역자, 부일협력자, 간상배에 대한 특별법률조치'까지 만들었으나 한민당의 반대와 거부권을 가진 미군사령관 하지의 거부로 시행되지 못하는 한계를 드러냈다.

입법의원 구성과 함께 미군정은 1947년 2월 미군정청에 좌우합작파인 안재홍을 민정장관으로 임명하면서 미국인 장관들은 고문 역할을 하고 한국인 장관들이 중심이 되는 남조선 과도정부 수립을 발표하였다. 좌우합작에 힘을 실어 주면서 미군정의 정통성을 보완하기 위한 시도였다.

그러나 이러한 기구들은 표면상으로는 한국인이 중심이었으나 실권은 여전히 미군정이 행사하고 있었기 때문에 큰 의미를 갖지는 못하였다.

1차 미·소 공위가 결렬되고 미군정이 조선공산당이나 한민당과 같은 양극단의 좌우익을 배제하고 좌우합작운동에 힘을 실어 주면서 미군정이 대통령으로 김규식을 밀고 있다는 말이 돌았다.

이에 이승만은 자신의 지지조직인 대한독립촉성국민회 지방지부의 활동을 강화하고 반탁운동을 격려하기 위하여 지방을 순회했다. 국민회는 반탁운동에 힘입어 지방에서 최초로 성공적인 조직력을 갖춰 나가기 시작하고 있었다. 그러나 반탁운동은 한반도 문제의 해결을 위해 미·소가 최초로 합의한 모스크바 협정을 반대하는 것을 의미했기 때문에 그런 만큼 반탁 이후의 대안이 제시되어야 했다.

김구는 반탁운동을 통해 미·소 양군 철수와 임정에 의한 정권 접수를 요구했다. 가장 강력한 민족주의자였던 김구로서는 당연한 대안이었다고 볼 수 있으나 미국과 소련의 입장에서는 받아들일 수 없는 대안이었다.

반면 이승만과 한민당은 다른 대안을 준비했다. 지방을 순회 중이던 이승만은 1946년 6월 3일 정읍에서 통일정부가 불가능할 경우 남조선만의 단독정부라도 세워야 한다는 요지의 '정읍 발언'을 터뜨렸다. 이승만은 미·소 공위에 의한 통일정부 수립은 불가능하며 따라서 남한에서 우선 임시정부나 위원회 같은 조직을 만들어 궁극적으로 북한에서 소련군을 철퇴할 수 있도록 세계여론에 호소하자고 주장했다.

이에 대해 좌익들은 분단을 획책하는 것이라고 강력하게 비난하였으나 한민당은 이 '자율정부수립'운동을 지지한다고 하였다.

이처럼 남한 단독정부 수립이라는 대안을 제시한 이승만은 미군정이 여전히 자신의 말을 듣지 않고 좌우합작에 매달리고 있자 1946년 12월 미국으로 건너가 정부 관계자들을 만나 얄타 협정 및 모스크바 협정의 폐기와 남한 단정 수립을 호소하였다. 그리고 그 방법으로 미국이 직접 단독정부 수립을 주도하는 부담을 지지 말고 한국 문제를 미국의 다수가 보장되어 있는 유엔에 상정할 것을 제의했다.

이승만의 도미외교는 한민당의 적극적인 지원에 힘입어 전개될 수 있었다. 당시 한민당은 미군정 시대 여당으로서의 위치와 미군정과 대립되는 이승만의 단정 노선 지지라는 곡예를 하고 있었다. 미군정의 협조자로서 한민당의 위치는 군정 당국자로 하여금 단독정부 수립노선을 수용하게 만들었으며 이승만이 정치적 우위를 유지하는 데에도 도움이 되었다.

이렇게 이승만을 중심으로 하는 우익이 단독정부 수립 노선으로 나아가고 있을 때 미군정은 조선공산당과 그 기관지인 해방일보가 소재하고 있던 정판사 건물에서 300만 엔의 위조지폐가 압수되었다고 발표했다. 이어서 이관술 등 관련 조선공산당 간부들에 대한 체포영장이 발부되었고 이들은 공판에서 무기징역을 선고받았다. 조선공산당은 모든 것이 경찰에 의해 조작된 사건이며 재판을 담당한 판사들은 모두 한민당계 인사들이라고 비난했다.

일제 강점기에 은행권 인쇄 공장이었던 조선정판사는 1945년 8월 15일부터 9월 8일까지 일본인들이 통제하고 있는 동안에 약 100만 엔의 조선은행권을 인쇄했다.

정판사가 이렇게 많은 돈을 보유하고 있었고 또 해방 이후 이 건물에 조선공산당 본부가 들어와 있었기 때문에, 경찰이 그 돈의 일부를 위조지폐 사건 조작을 위한 증거로 이용했을 수도 있고 실제로 조선공산당이 그것을 정치자금으로 사용했을 가능성도 있다.

어쨌든 위조지폐 사건을 계기로 미군정은 남한 전역에 걸쳐 좌익과 관계된 건물들을 철저히 수색했으며 좌익인사들에 대한 체포도 1946년 여름 내내 계속되었다. 8월에는 서울의 전평 본부가 수색을 당해 그 회원명부와 회계장부 및 기타 문서들을 압수당했고 9월에는 조선공산당 지도자들인 박헌영, 이주하, 이강국에 대한 체포명령이 내려졌다. 이들은 체포를 피해 지하로 잠적하거나 월북하였다.

이것을 미군정의 의도적 탄압으로 인식한 조선공산당은 그 이전까지의 합법투쟁방식을 버리지는 않되 비합법적인 투쟁방식도 사용함으로써 자신들의 힘을 보여 주어야겠다고 생각했다. 이에 철도노조 파업에서 시작되어 전면적 파업투쟁으로 번져 나간 9월 총파업이 시작되었고 그런 가운데 예기치 않았던 10월 항쟁이 전개되었다.

1946년 9월 23일 부산에서 약 8,000명의 철도노동자들이 파업에 들어갔다. 철도파업은 삽시간에 서울에까지 퍼져 남한의 철도수송은 완전 마비상태가 되었다. 며칠이 지나자 인쇄, 전기, 체신 및 다른 산업 분야에까지 확대되어 총파업에 이르게 되었다.

많은 학생들은 동맹휴업에 돌입했다. 서울에서만 295개 공장에서 파업이 일어났고 약 30,000명의 노동자들과 16,000명의 학생들이 참가했다. 남한 전체에서 파업에 참가한 노동자의 숫자는 250만 명으로 추산되며 그들은 전평의 지도를 받고 있었다.

노동자들의 요구는 쌀 배급량 인상, 임금 인상, 노동자 결사자유권 등 주로 경제적인 것이었으나 정치범 석방과 인민위원회 인정, 미·소 공위 재개 등 정치적인 요구도 있었다.

이에 대해 미군정은 처음에는 북쪽의 공산주의자들이 문제를 야기했다고 비난했으며 나중에는 박헌영이 선동의 배후에 있다고 판단하였다. 파업장에는 경찰과 우익청년단체의 지원을 받는 무장한 파업 진압자들이 폭력적인 진압을 했으며 수많은 노동자들이 체포되었다.

10월 초에는 대부분의 파업이 진압되었다. 그런데 그 와중에 대구에서 경찰에 의해 시위노동자 한 명이 살해당하는 사건이 발생했다. 시위군중은 시체를 대구경찰서까지 가져갔고 경찰들은 달아나거나 숨어 버렸다. 시위군중은 그러한 일들이 일제 강점기 때의 경찰이었던 사람들에 의해 자행되었다는 사실에 더 분노하였다.

대구에서 시작된 봉기는 경상도 전역으로 퍼져 나갔고 10월 말에는 충청도와 전라도까지 번져 나갔다. 시위대는 경찰서를 습격하고 경찰과 관료 등을 죽이거나 납치했다. 그러나 곧바로 이어진 미군정과 경찰의 진압으로 시위대 역시 죽거나 체포되었다.

미군정은 외부 공산주의자들의 선동과 지하에 숨어 있던 인민위원회 조직이 계획적으로 봉기를 일으켰다고 생각했다.

만약 그렇다면 봉기는 남한 전역에서 동시다발적으로 일어났을 것이고 진압은 결코 쉽지 않았을 것이다. 그러나 실제로 봉기는 순차적으로 일어났고 그만큼 쉽게 차례대로 진압되었다. 이러한 사실은 이 봉기가 외부 선동가나 전반적인 계획이 없이 자연발생적으로 일어났다는 사실을 잘 보여 주고 있다.

봉기는 선동이나 계획에 의한 것이라기보다는 미군정의 식량배급 정책 실패로 추수기에도 쌀이 모자라는 상황과 시위 노동자를 죽인 것이 일제 강점기의 경찰이라는 사실에 대한 분노 등이 맞물려 터져 나온 것이라고 보아야 할 것이다. 물론 그 과정에서 각 지역마다 주도적인 역할을 한 것은 지하에 숨어 있었던 인민위원회 조직이었으며 따라서 봉기과정에서 많은 좌익 인사들이 죽거나 체포되었다.

계획되지 않은 봉기를 어쩔 수 없이 주도할 수밖에 없었던 대가로 봉기가 끝난 후 좌익세력들은 생각지도 않았던 심대한 조직상의 손실을 입게 되었다.

3. 냉전의 시작과 한반도 문제의 유엔 이관

한반도에서는 좌우합작운동이 진행되고 미·소 공위를 재개하기 위한 교섭이 추진 중이었던 1947년 3월 유럽에서는 미국과 소련 간의 냉전(Cold War)이 시작되고 있었다. 2차 대전의 연합국이었지만 이념적으로 달랐던 미국과 소련은 점차 협상을 통해서 문제를 해결하기보다는 힘을 통해 자신들에게 유리한 정책을 관철시켜 나가려 하였다.

미국은 마샬 플랜으로 유럽의 우파 정권에 대한 대대적 지원을 시작하는 한편 그리스와 터키에 공산정권을 세우려는 소련의 팽창주의 정책을 비판하며 그동안의 협조관계를 포기하고 유럽의 공산화를 저지하기 위한 대소 강경노선으로의 전환을 선언한 트루먼 독트린을 발표하였다.

이에 대해 소련이 위성국가에 대한 통제 강화, 코민포름(Cominform : 공산주의 인터내셔널) 결성, 세계를 사회주의 진영과 제국주의 진영으로 구별하는 내용의 쯔다노프(Zhdanov) 독트린 발표 등으로 맞서면서 마침내 국제적인 냉전시대가 시작되었다.

이러한 국제정세의 변화는 한반도의 상황에도 치명적인 영향을 미쳤다. 좌우합작 노선은 급격히 힘을 잃었으며 모스크바 협정도 효력을 상실했다. 1947년 5월 21일 미국과 소련은 마지막 희망을 가지고 제2차 미·소 공동위원회를 개최하였다.

그러나 남한에서는 여전히 우익단체들이 신탁통치를 반대하고 있는 가운데 더욱 나빠진 국제정세 속에서 회담의 성과를 기대하기는 힘들었다. 공위는 1차 때와 마찬가지로 협의대상단체 문제에서 난관에 봉착하였고 결국 7월 10일 다시 한 번 휴회를 선언함으로써 사실상 결렬되고 말았다. 모스크바 협정과 신탁통치 안은 모두 파기되었고 미국과 소련은 새로운 대안을 제시해야 했다.

1947년 9월 마샬 미 국무장관은 유엔총회에서 한국의 독립이 지연된 책임은 소련에게 있으며 더 이상 소련과의 합의가 불가능하기 때문에 유엔총회가 한반도 문제를 심의할 것을 요구하였다. 이에 대해 소련은 1948년까지 미·소 양 점령군을 철수시키고 조선의 장래를 조선인 자신에게 맡길 것을 제안하였다.

10월의 유엔총회에서 미국은 유엔 감시하의 남북한 총선거 안을 제출하였다. 당시 유엔은 미국의 수적 우위가 확보되어 있는 상태였다. 그러나 그렇다고 소련의 반대에도 불구하고 북한에 선거를 치르게 할 권능을 유엔은 가지고 있지 못했다.

그런 상황에서 한반도 문제의 유엔 이관이란 사실상 단독정부 수립을 의미하는 것이었다. 미국은 이미 이승만이 제시했듯이 그런 부담을 자신이 지기보다는 유엔으로 넘김으로써 책임 회피와 단독정부의 명분 확보라는 목표를 달성할 수 있었다.

유엔 총회는 유엔 한국임시위원단(UN Temporary Commission on Korea: UNTCOK)을 창설하고 그 위원단의 감시 아래 총선거를 실시하여 전 한반도에 통일정부를 수립한다는 미국의 제안을 43 대 9(기권 6)로 가결시켰다. 소련은 유엔이 한국문제를 처리할 권한을 갖고 있지 않다는 이유로 미국의 제안을 거부하면서 모든 외국 군대가 동시에 철수하자는 제안을 되풀이하였다.

인도 등 9개국으로 이루어진 유엔임시위원단은 1948년 1월 서울에 도착하였으나 소련과 북한의 반대로 38선 이북 지역에는 한 번 가 보지도 못한 채 남한에서 각 정치세력과 접촉하는 등의 활동을 할 수밖에 없었다.

결국 위원단은 2월 유엔 소총회에 남한 단독선거 실시, 협의대상대표 선거만 실시, 남북 지도자협상 추진, 위원단 철수 등의 4가지 대안을 제출하였고 소총회는 31 대 2(기권 11)로 실현 가능한 곳에서의 단독선거 실시안을 가결하였다.

캐나다, 호주 등이 분단 고착화 가능성을 들며 반대하였고 다수의 국가들이 기권하였으나 다른 대안이 없었기 때문에 미국 안이 가결되었던 것이다. 유엔 결의안은 미군정에게 전해졌고 미군정은 투표일을

5월 10일로 정했다.

 유엔 소총회에서 38선 이남 지역만의 단독선거를 실시하기로 결정한 직후인 1948년 2월 16일 김구와 김규식은 북한의 김일성과 김두봉에게 한반도의 자주적 통일을 위한 남북정치회담을 제의하는 서한을 발송하였다.

 그 서한의 주요 내용은 외세에 의한 분단이라는 현실을 인식하고 자주적인 문제해결을 위해 남북 정치지도자 간의 정치협상을 통하여 통일정부 수립과 새로운 민주국가 건설에 관해 토의하자는 것이었다.

 남한 단독선거를 반대하던 임정계의 조소앙, 조완구, 조성환, 유교 대표의 김창숙, 민주독립당의 홍명희 등 중간파 인사들도 미·소 공위와 유엔에 의한 통일선거가 실패했으며 따라서 김구와 김규식의 남북협상에 행동을 통일하여 민족자결로 남북문제를 해결하자는 내용의 성명을 발표하였다.

 한 달 후 북한은 이들의 제의에 답하는 형식이 아니라 단독정부 수립을 반대하는 남북조선의 모든 민주주의 정당 및 사회단체 대표자 연석회의를 평양에서 개최할 것을 제의하면서 남한의 정당 사회단체 지도자들에게 초청장을 보내 왔다.

 이 초청에 대해 우익 내에서는 반대하는 입장과 찬성하는 입장이 나뉘져 두 김 씨를 곤란한 입장에 놓이게 했다. 이들은 북한 측의 입장에 명분을 보태 주는 식으로 이용당할 가능성이 있다는 반대파의 논리를 충분히 이해하면서도 마지막까지 분단을 막기 위해 노력해야 한다는 민족주의적 대의명분에 의해 결국 북행을 택하게 되었다.

 4월 19일부터 개최된 남북지도자 연석회의는 북한이 주도했기 때문에 주로 미국이나 이승만에 대한 비난과 소련이나 북한 지도자들에 대한 지지 등의 내용이 중심이었다. 김구와 김규식은 이 회의에는 참석하지 않았고 김일성, 김두봉과 함께 4김 회담을 따로 열었다.

그 결과 남북조선 제 정당 사회단체 지도자협의회가 개최되었고 거기서 남한만의 단독선거에 대한 반대, 모든 외국군의 철수 등이 결의되었으며 그것을 기반으로 한반도 전체를 통괄하는 임시정부를 세우고 전국 선거를 통해 평화로운 통일을 이룩해 나갈 것을 결의했다.

서울로 돌아온 김구와 김규식은 자신들의 결의를 전달하였으나 이미 미군정은 5월 10일 선거를 준비하고 있었고 따라서 이들은 단독선거 불참과 정계 은퇴를 선언하게 되었다. 이후 김구와 김규식은 5.10 선거가 치러진 이후에도 통일독립촉성회를 결성하는 등 통일에 대한 의지를 포기하지 않았다.

그러나 김구는 1949년 6월 26일 정권의 사주를 받은 육군 소위 안두희의 저격에 의해 74세를 일기로 서거하였으며 김규식은 한국전쟁 과정에서 납북되어 심장병으로 69세에 사망한 것으로 알려졌다. 이들과 함께 남북협상을 위해 떠났던 조소앙, 원세훈, 엄항섭 등도 모두 전쟁을 전후하여 월북하거나 납북되어 북한정부에서 활동하다 숙청되거나 소식을 알 수 없는 상태가 되었다.

이들이 주도했던 남북협상은 사실상의 권력인 미군정과 합의되지 않은 협상이었다는 점에서 애초에 실현 가능성이 희박했던 것이 사실이다. 그러나 분단을 눈앞에 둔 이들 민족주의자들은 자신들이 할 수 있는 모든 노력을 다해 보고자 했다. 이들에게 남북협상과 통일 운동은 과거의 독립운동처럼 성공과 실패로 재단할 수 없는 문제였을 것이다.

문제는 이들이 대의명분을 지키기 위해 5.10 선거에 불참해 버림으로써 이승만 지지 세력과 한민당 세력이 이후의 국가권력을 독점하는 결과를 낳았다는 점이다.

만약 김구와 김규식이 적극적으로 선거에 참여했다면 적지 않은 의석을 확보할 수 있었을 것이고 이후의 정세도 상당히 달라졌을 것이다. 현실과 이상의 두 측면이 날카롭게 대립한 상황이었던 것이다.

좌우합작이 진행되는 동안 미군정에 대해 총파업과 10월 봉기로 맞섰던 조선공산당은 1946년 11월 신민당, 인민당 등과 합당하여 남조선노동당으로 개명한 뒤 1947년 북한으로 피신한 박헌영의 지휘 아래 남한 곳곳에서 소규모 파업이나 시위를 계속하고 있었다.

그러나 10월 봉기로 이미 많은 역량이 소진된 상태에서 힘 있는 투쟁을 수행하기는 힘든 실정이었다. 그런 가운데 유엔을 통한 남한 단독정부 수립이라는 상황을 맞게 된 남로당은 1948년 2월 지금까지의 합법전술과 비합법전술 동시 사용 방식을 버리고 완전히 미군정에 대한 비합법전술, 즉 유격투쟁으로 들어가기로 결정하였다.

남로당은 유엔 한국임시위원단의 활동을 방해하고 총파업에 들어갈 것을 산하 조직에 지시하였다. 남로당의 당시 역량으로 보아 2월 총파업은 무리한 모험이었고 결과는 예상대로 실패로 돌아갔다. 그러자 북한에서는 이에 대한 대응으로 남북협상을 제안했던 김구, 김규식을 포함한 통일전선전술을 구사하였다.

그러나 바로 그 시기에 평양 측의 통일전선전술을 붕괴시킬지도 모를 위험성을 지닌, 그리고 남로당으로 하여금 본격적으로 미군정과의 무장투쟁으로 나아가게끔 만든 인민봉기가 한반도 남단 제주도에서 발생하였다.

1년 후 봉기가 완전히 끝나기도 전에 인민유격대 측에서 주장한 바에 따르면 30만 명의 섬 인구 가운데에서 수만 명이 희생되었다고 하는 제주 4.3사건이 발생했던 것이다. 이 사건의 결과 한라산 주위에 자리 잡고 있었던 내륙의 모든 부락들이 초토화되었으며 부락민들은 유격대 지원을 이유로 대량 학살당하거나 해안지대의 피난민촌에 강제 이주 당했다.

제주도는 일제 강점기부터 일본과의 왕래가 잦았고 따라서 유학생 등 좌익세력이 강한 곳이었다. 게다가 섬의 특성상 토착민 간의 동질감도 강했다. 이런 이유들로 본토와는 달리 제주도에는 미군정 기간 동안 인민위원회나 남로당의 역량이 비교적 온전히 보전되어 있었다.

이들은 단독정부 수립을 앞두고 비합법전술을 통한 무장투쟁을 할 것인지 그대로 단독선거를 맞을 것인지를 결정해야 했다. 남로당 제주도당은 성공 여부에 관계없이 봉기를 결심했고 4월 3일 이른 아침에 한라산 횃불과 함께 공격이 시작되었다.

유격대는 섬의 북쪽 해안을 따라 주둔하고 있었던 24개 지서들 중에서 거의 절반이 넘는 경찰지서에 맹공을 가했다. 미군정의 지방경찰대 소속의 경찰관과 우익 청년단 수백 명은 대응하지도 못하고 달아났다.

인민유격대는 첫 공격에서 승리하여 친일자 처단 등의 성과를 거둔 뒤 경찰의 반격이 시작되자 한라산으로 퇴각하였다. 미군정은 재빨리 전투경찰부대와 국방경비대 등 증원부대를 파견했다.

봉기의 결과로 제주도에서의 단독선거는 무산되었다. 3개 투표구 가운데 2개소에서 투표인 수가 50% 미만이었다. 국회의 제주도 대표 의석 두 자리는 약 1년 동안 비어 있다가 1949년 봄에 특별 재선거를 통하여 충원되어야 했다.

이승만 정부는 제주 유격대 토벌을 위해 1948년 10월 여수에 주둔해 있던 국방경비대 제14연대를 제주도로 파견하려 하였다. 이에 14

연대에 침투해 있었던 좌익들은 김지회 중위를 중심으로 봉기하여 여수 순천 지역을 점령하고 숨어 있던 남로당 인사들과 함께 경찰, 관료, 지주들을 숙청하는 등의 활동을 한 다음 토벌대를 피해 지리산으로 들어가 본격적인 지리산 유격대 활동을 시작하였다. 여순반란 혹은 여순 군인봉기로 알려진 이 사건 이후 군 내부에서는 대대적인 숙청작업이 벌어졌고 군내의 좌익세력들이 거의 소멸되는 계기가 되었다.

당시 남로당은 해주 지역에 강동정치학원을 만들어 유격대 활동을 지도할 간부들을 양성함으로써 이승만 정권과의 결전을 준비하고 있었다. 남로당 조직원들이 활발하게 사업을 벌이고 있었던 지역은 적어도 여섯 군데의 산악지역이었는데 용문산, 오대산, 가야산, 속리산, 지리산, 그리고 백암산 등이었다. 이 중에서 제주도 유격대는 1948년 겨울에, 지리산 유격대는 1949년 겨울에 각각 토벌대에 의해 치명적인 역량 손실을 겪게 되었다.

또한 이승만 정부는 1949년 10월 자수하면 선처한다는 약속으로 좌익 인사들을 대거 전향시켜 국민보도연맹을 조직하였고 1950년 봄에는 남로당 지하총책이었던 김삼룡, 이주하를 체포하였다. 이로써 남한 내의 좌익혁명역량은 북한이 보기에 자력에 의한 남조선혁명이 무망하다고 판단할 만큼 약화되었다.

4. 단정 수립

유엔 총회의 결의에 따라 미군정은 1948년 5월 10일 제헌 국회의원 선거를 실시하였다. 조선공산당은 일찌감치 선거를 부정하고 유격전을 선언하여 관공서 습격, 선거함 방화 등 선거방해 공작을 전개하고 있었다. 또한 1947년 8월에 있었던 암살사건으로 여운형이 죽은 다음 온건 좌파세력들도 일부는 조선공산당에, 일부는 김구와 김규식이 이끈 남북협상에 합류하였을 뿐 5.10 선거에는 참여하지 않았다.

우익들 중에서도 김구, 김규식 등 남북협상세력들은 조직적으로는 선거에 참여하지 않았기 때문에 결국 해방 직후 등장했던 여러 정치세력 중 오로지 강성 우파에 해당되는 이승만 계열과 한민당 인사들만이 선거에 적극 참여하는 결과를 초래하였다. 물론 개인별로 참여한 중도 좌파나 중도우파 인사들도 있었는데 이들이 나중에 제헌국회 내의 진보세력이었던 소장파 의원들의 중심이 된다.

사상 최초로 치러진 보통선거인 5.10 선거는 경찰과 우익청년단들의 감시와 독려 속에 무려 95.5%라는 경이적 투표율을 기록했다. 총유권자 대비 투표율은 71.6%였으나 등록한 유권자들은 거의 대부분 투표를 했기 때문이다.

이 선거는 1947년 9월 남조선 과도정부가 공포한 입법의원 선거법을 토대로 치러졌는데 이 선거법에 의하면 보통, 평등, 직접, 비밀선거의 원칙이 보장된 위에 선거권은 21세, 피선거권은 25세였으며, 1구 1인의 소선거구제를 채택하였고 국회의원 임기는 2년이었다.

당시 우리 국민들에게는 선거나 국회, 정당 등의 서구적 근대정치제도들이 생소한 상태였다. 선진국의 경우 수십, 수백 년에 걸친 투쟁으로 얻어진 의회제도, 보통선거권 등이 아무런 준비과정도 없이 미국에 의해 직수입되었고 그것도 일시에 도입되었다. 이후 한국정치가 민주화라는 험난한 길을 가게 되는 이유가 바로 이와 같은 데서도 비롯된다고 볼 수 있다.

5.10 선거에는 총 48개 정당, 사회단체, 무소속 등 948명의 후보자

들이 출마해 평균 4.7대 1의 경쟁률을 보였다. 정당공천제가 도입되지 않았고 정당정치가 생소했던 당시의 상황을 반영하듯이 당선자 중에는 무소속이 85명(42.5%)으로 가장 많았다. 그 밖에 이승만의 독립촉성국민회가 55명(24.6%), 한민당이 29명(14.5%), 대동청년단 12명, 민족청년단 6명, 그 외 군소정당이 1~2명 당선되었다.

그러나 무소속 중에는 이승만 계열의 인사와 한민당 계열의 인사들이 많이 들어 있었기 때문에 당시 언론의 보도로는 한민당계가 80여 명으로 가장 많은 의석을 차지하였고 이승만 계열과 무소속이 각각 3분의 1의 의석을 차지한 것으로 알려졌다.

1948년 5월 31일 제헌국회는 198명의 초대 국회의원이 참석한 가운데 제1차 본회의를 개회하였다. 제헌국회의 첫 과제는 당연히 헌법 제정이었다. 한민당 소속의원 14명을 포함, 30명의 헌법기초의원들은 애초에 권력구조를 내각책임제로 정했던 것으로 알려졌다.

뚜렷한 대통령 후보가 없는 한민당으로서는 권력을 공유할 수 있는 내각제를 선호하는 것이 당연한 일이었다. 그러나 뚜렷한 대통령 후보였던 이승만이 강력히 반대했기 때문에 결국 권력구조는 내각책임제 요소를 가미한 대통령중심제로 변경되었다.

국회의원의 임기는 4년으로 수정되었으며 대통령과 부통령 임기도 4년(1차에 한하여 중임)으로 국회에서 선출하는 것으로 정해졌다. 제헌국회는 7월 17일 헌법을 공포하고 20일 국회 제34차 본회의에서 대통령을 무기명 간접투표로 선출하였다. 재적의원 196명이 출석하여 투표한 결과 180표를 얻은 이승만이 대통령에 당선되었고, 부통령에는 이시영이 취임하였다. 이로써 미군정 시대를 마감하고 정식으로 8월 15일 대한민국 정부가 성립하게 되었다.

대한민국 정부 수립과 동시에 미군정은 폐지되었으며 더 이상 머무를 명분이 없어진 주한미군은 1948년 9월부터 시작하여 1949년 6월까지 군사고문단 800여 명을 제외하고는 완전히 철수하였다.

그런 반면 정부 수립의 사실상의 후견 역할을 했던 미국은 대한민국 정부의 국제적 정통성을 부여하기 위해 노력하였다. 1948년 12월 12일 유엔 총회는 미국의 주도 아래 한국에 관한 결의문을 48대 6(기권 1)의 압도적인 다수로 채택하였다.

그러나 유엔이 대한민국을 한반도의 유일한 합법정부로 인정했다고 널리 알려진 이 결의문은 '유엔한국임시위원단이 선거를 감시하고 자문할 수 있었으며 한국인의 압도적 다수가 거주하고 있는, 바로 그러한 부분의 한국에 대해' 합법성을 인정한 것으로 북한과의 관계가 다소 모호하게 처리된 것이었다.

해방에서 정부 수립까지는 동일한 노선을 같이 걸어왔던 이승만과 한민당은 정부가 수립되자 권력의 형태나 구성에 대한 이견으로 갈라서기 시작했다. 헌법 제정 과정에서 내각책임제와 대통령중심제로 한번 충돌했던 두 세력은 이후 권력분점을 둘러싸고 사사건건 대립하기 시작했다.

대통령 취임 직후 이승만은 내각 구성에서 첫 국무총리로 이북 출신의 목사 이윤영을 지명했는데 국회는 이를 부결시켜 버렸다. 이윤영에 대한 거부라기보다는 한민당을 비롯한 국회와 아무 협의 없이 총리를 임명한 이승만의 고압적 자세에 반대한 것이었다.

이승만과 국회 사이의 불화는 이승만이 8월 4일 내각을 구성하여 국회의 동의를 얻고자 했을 때 더욱 악화되었다. 한민당이 기대했던 것과 달리 한민당 출신으로는 김도연 재무장관 1명만 내각에 입각하였던 것이다. 한민당은 격분했고 이승만 대통령에 대한 비판자로서 야당의 역할을 다할 것을 선언했다.

단독정부나마 정부가 수립되었으니 이승만 정부나 국회가 더 이상 피해 갈 수 없는 과제가 친일 청산과 토지개혁이었다. 미군정 이래 존속한 친일 관료, 경찰들을 핵심 권력기반으로 하고 있는 이승만 정부나, 친일 지주들을 지지기반으로 가지고 있었던 한민당으로서는 명분상 반대할 수는 없으나 그다지 적극적으로 추진할 의사는 가지고 있지 않았던 것이 친일청산 문제였다.

따라서 친일청산에 앞장섰던 것은 소장파 국회의원들이었다. 소장파들을 중심으로 한 일부 국회의원들은 1948년 10월 일제에 협력했던 친일부역자를 처벌하는 '반민족행위자처벌특별법'을 발의하였다. 이승만과 한민당은 소극적인 태도로 일관하였으나 대의명분에 의해 일단 법안이 국회를 통과하게 되었다.

1949년 1월 반민법이 만들어지고 그에 따라 반민특위가 구성되어 반민자들을 체포하는 등 활동을 시작하자 이승만 정부의 반대는 노골화되었다.

특경대의 친일경찰 체포에 맞서 경찰들이 반민특위를 습격한 반민특위 피습사건, 남로당 자금 수수 등을 이유로 주요 반민특위 간부들을 구속해 버린 국회프락치사건 등 노골적인 방해공작이 펼쳐졌다.

김약수, 노일환 등 소장파 출신 반민특위 위원들은 체포되거나 사퇴하였고 후임으로 한민당 인사들이 대체되어 들어갔다. 결국 반민특위는 그 해 말까지 졸속 재판으로 구속자의 대부분을 집행유예로 풀어 준 가운데 활동을 마감하였다.

미군정의 친일 관료, 경찰의 충원과 이승만 정부에서의 반민특위 실패는 결국 친일청산을 통한 민족정기 확립을 미완의 과제로 남게 하였고 오늘날까지 우리 사회의 정의가 무엇인지 묻게 되는 원인을 제공했다.

친일청산에 비하면 토지개혁은 비교적 쉽게 이루어질 수 있는 과제였다. 지주-소작 관계라는 봉건적 토지소유형태는 이제 더 이상 유지될 수 없는 상황이었기 때문이다. 물론 국회의 논의과정에서 지주들을 기반으로 하는 한민당 의원들의 지속적인 방해와 지연작전이 있었고 그 때문에 거의 1년 가까이 법안 심의가 늦추어지기도 하였다.

그러나 소장파 의원들의 강력한 요구에다 토지와 별 이해관계가 없는 이승만계 의원들의 지지가 보태져 농지에 한해 유상매수 유상분배하는 방식의 농지개혁에 대한 합의에 도달할 수 있었다. 농지의 가격은 평균 수확량의 1.5배로 정해졌다. 농지를 분배받은 소작농들은 5년 동안 매년 수확량의 3할을 국가에 농지가격으로 지불해야 했다.

그러나 지주들은 농지가격을 현물로 받은 것이 아니라 국가로부터 지가증권이라는 형태로 수령하였다. 이것은 국가에게 유리하고 지주들에게는 대단히 불리한 방식이었다. 농지개혁의 실시와 함께 시작된 한국전쟁의 여파로 엄청난 인플레가 진행됨에 따라 지가증권은 거의 휴지가 되었기 때문이다.

어쨌든 1950년 봄 농지개혁법이 시행령과 함께 제정되었고 그에 따라 농지개혁이 남한 전역에서 실시되었다. 전쟁도 농지개혁을 막지 못했는데, 이유는 전쟁 도중 북한에 의해 점령되었던 지역에서 무상몰수 무상분배의 토지개혁이 실시됨에 따라 그것이 자극제가 되어 수복 후에도 농지개혁은 계속 실시되었기 때문이다.

농지개혁의 결과 한국사회에서 지주, 소작농은 사라지고 자영농들이 대거 출현하게 되었다.

그것이 가진 정치적 의미는 적지 않았는데, 즉 지주와 소작농을 각각 정치적 지지기반으로 하고 있었던 한민당과 좌익세력들이 결정적으로 약화된 반면 농지개혁을 실시한 이승만 정부는 농촌지역에서 높은 지지율을 확보하는 결과를 낳을 수 있었던 것이다.

남한에서 대한민국 정부 수립이 선포되자 북한에서도 조선민주주의인민공화국을 수립하기 위한 남북한 동시선거 실시를 결정하였다. 38선 이북 지역을 대표하는 210명의 최고인민회의 대의원을 선출하기 위한 선거일이 8월 25일로 결정되었다.

반면에 인구가 보다 많은 남쪽을 대표할 360명의 대의원은 7월부터 시작된 지하 연판장 선거를 통해 선출하기로 결정되었다. 지하 연판장 선거란 남로당에서 미리 정한 후보자들의 이름을 적은 연판장을 비밀리에 돌리고 찬성 서명한 것을 모아 남한 대의원들을 확정짓는 것으로 이를 통해 북한은 선거가 전국적인 규모로 치러졌다고 주장하였다.

9월 3일에는 최고인민회의에서 헌법이 제정되었으며 그에 의해 9월 9일 김일성을 수상으로, 박헌영, 홍명희 등을 부수상으로 하는 조선민주주의인민공화국이 정식으로 수립되었다. 정부 수립 후 최고인민회의는 소련과 미국 정부에 서한을 보내어 한반도에서 모든 점령군을 동시에 철수시킬 것을 요구하였다.

소련은 이러한 요구를 재빨리 받아들여 9월 18일에 성명서를 통하여 자신들은 그 해 말까지 군대를 철수시킬 것이라고 발표하였다.

제2절
한국전쟁과 분단고착화

1. 발발

1950년 6월 25일 전면전으로 시작되어 1953년 7월 27일 휴전협정 조인으로 일단락된 6.25 전쟁 혹은 한국전쟁은 국내적으로는 민족사적 비극이었을 뿐만 아니라 분단을 봉인한 결정적 사건이었고 국제적으로도 냉전을 고착화시킨 중요한 사건이었다.

한국전쟁은 국내전과 국제전의 성격이 결합된 만큼이나 전쟁의 발발과 책임에 대해서도 북한에 의한 남침론, 스탈린에 의한 남침론, 남한과 미국에 의한 북침론, 남침유도론 등 많은 논란들이 있었다.

그러나 구소련의 관련 문서들이 대개 공개된 현재의 상황에서 볼 때 한국전쟁은 무력사용을 통해서라도 남조선을 해방시키고 통일을 이루고자 한 김일성과 박헌영이, 망설이는 스탈린을 설득시키고 마오쩌둥[毛澤東]의 동의를 받아내 시작한 것이라고 보는 데에 별 이견이 없는 것 같다.

스탈린에 의한 남침론은 전쟁 발발 직후 미국의 공식 반응으로 나온 것이었다. 즉각적인 개입을 결심한 미국으로서는 스탈린이 시작한 전쟁이어야 개입의 명분이 있다는 생각을 했을 것이고 또 실제로 미국은 냉전 시작 이후 스탈린의 팽창주의 정책을 시종 경계해 왔다.

그러나 소련의 비밀문서에 의하면 스탈린은 사실상 미국의 개입과 그로 인한 세계대전의 가능성을 우려하여 주저하는 입장이었으며 결국 소련이 직접 지원하지 않고 중국의 지원을 받는다는 조건으로 전쟁을 승인했던 것으로 보인다.

북침론은 미군과 남한군의 해주 공격에 대하여 그것을 받아 쳐내려간 정의의 전쟁이라고 주장하는 북한에 의해 지금까지 계속되어 온 논리로 현재로서는 거의 믿을 만한 증거나 지지하는 의견이 없는 것으로 보인다.

오히려 그나마 한국전쟁의 발발에 대해 논란의 여지가 있는 의문을 제기하고 있는 것은 브루스 커밍스 등 일부 좌파 지식인들에 의한 남침유도론으로 이는 미국과 남한이 전쟁을 위해 파 놓고 기다리는 함정에 북한이 빠져든 것이라는 주장이다.

어떠한 증거에 의해서도 실증되지는 않고 있지만 이러한 견해가 나오는 이유는 전쟁에 있어서 몇 가지 풀리지 않은 의문이 있기 때문이다. 예컨대 북한으로 하여금 미국의 개입이 없을 것으로 오판하게 만든 1950년 1월의 미 국무장관 애치슨의 기자회견을 들 수 있다.

애치슨은 비상시 미국의 극동방위선과 관련된 질문에 대하여 한반도와 대만을 제외시키는 의미의 발언을 하였고 그것은 북한의 전쟁 개시에 결정적 영향을 미친 것으로 알려져 있다. 그러나 전쟁이 발발하자 미국은 즉각적인 개입을 시작했다.

전쟁을 통해 미국은 국내적으로 좌익적 인사들을 색출할 수 있었고 국제적으로 고립주의 노선에서 팽창주의 노선으로의 전환을 합리화

할 수 있었으며 이후 냉전의 본격적 출현에 따른 군비경쟁을 가속화시켜 미국 군산복합체의 이익을 챙길 수 있었다는 것이 남침유도론자들의 주장이다.

남침유도론은 그것이 갖는 일면의 타당성에도 불구하고 단순한 추론을 제외하고는 어떠한 증거도 없다는 점에서 결정적 한계를 갖는다. 따라서 애치슨 발언을 그렇게 받아들인 것은 북한의 착오일 뿐이며 미국은 스탈린의 팽창정책이 갖는 도미노 효과를 차단하기 위해서라도 전쟁에 즉각적인 개입을 하지 않을 수 없었다는 미국의 입장이 현재로서는 사실이라고 보아야 할 것이다.

그렇게 보았을 때 한국전쟁은 중국공산당의 승리에 고무된 김일성과 박헌영이, 마오의 지원 약속과 소련의 군사·경제 원조, 조선인 출신 중국공산당군의 귀국으로 강화된 북한의 역량에 대한 자신감과 함께, 반대로 현저히 약화된 남한의 좌익 혁명역량에 대한 실망감에 의해 결심한 것으로 애치슨 발언에 대한 오판이 그것을 실천에 옮기게 만들었다고 보는 것이 정설일 것이다.

김일성과 박헌영은 1949년 3월 소련을 방문하여 스탈린과 회견하면서 통일전쟁의 의지를 밝히고 지원을 요청하였으나 스탈린은 이를 허락하지 않았다. 그들은 이후에도 계속 소련 대사나 중국 지도부에 대해 전쟁의 의지를 밝혔다.

1949년 10월 중공군이 국민당을 대만으로 몰아내고 중화인민공화국을 건국하자 상황의 변화가 나타났다. 김일성은 우선 중국에 남아 있는 조선인 병사들을 모두 무기를 가진 채 보내 달라고 요청하였다. 그리고 1950년 1월 다시 한 번 소련에 대해 지원을 요청하게 된다.

북한 지도부의 거듭된 요청에 대해 스탈린은 애치슨 발언 후 중국의 동의를 전제로 전쟁계획을 승인하게 된다. 김일성은 바로 3개 사단을 추가 편성하고 이를 위한 장비 구입을 위해 소련의 차관을 미리 제공해 줄 것을 요구했다. 마오쩌둥은 조선인 부대를 무장한 채로 인도할 것을 승인하였고 17,000명의 조선인 병사가 북한으로 향했다.

1950년 4월 김일성과 박헌영은 다시 한 번 모스크바로 가 스탈린과 회견하였다. 미국을 의식한 스탈린은 끝까지 신중한 입장이었지만 최종적으로는 마오쩌둥의 의견을 듣고 승인하겠다고 결정했다. 두 사람은 5월에 베이징으로 가 마오를 만났고 마오는 만약 미국이 참전한다면 중국은 군대를 파견하겠다고 말함으로써 두 사람의 무력통일 방침을 지지했다.

2. 전개과정

6월 25일 북한의 공격으로 3년에 걸쳐 남북한 모두에게 엄청난 인명과 재산 손실을 남긴 전쟁이 시작되었다. 전쟁의 과정은 북한에 의한 파죽지세의 남한 점령 단계, 인천상륙작전으로 북한이 후퇴하고 유엔군이 중국의 경고를 무시하고 38선을 넘는 북진 단계, 유엔군의 압록강 도착과 중국의 개입에 따른 후퇴 단계, 휴전선에서의 전선고착화와 휴전협상 단계 등으로 나누어 볼 수 있다.

첫 단계는 6월 25일부터 9월 15일 이전까지 북한군이 우세했던 시기다. 국군은 3일 만에 서울을 빼앗겼으며 북한군은 국회 소집을 위하여 며칠 간 서울에 잠시 머물다가 다시 진공하여 8월에 이르기까지 낙동강 유역을 제외한 남한 전역을 점령하였다.

북한군은 점령지역에서 인민위원회와 남로당을 부활시켰으며 그들에 의해 토지개혁이 실시되었다.

그러나 미군의 개입으로 낙동강 전투가 계속되자 물자와 인력에 부족을 느낀 북한군은 식량을 공출하고 소년병을 동원하는 등의 과오를 범하기도 하였다.

미국은 전쟁 발발 즉시 미 공군과 육군을 파병하는 한편 UN에 전쟁 대처를 요청하였다. 중국의 대표권 문제로 소련이 안보이사회를 거부하고 있었던 덕분에 미국은 유엔군 파병을 끌어낼 수 있었다. 유엔은 미국의 태평양지역 사령관인 맥아더를 사령관으로 임명했고 이승만은 그에게 전쟁 동안의 한국군 작전 지휘권을 양도하였다. 그 지휘권은 전쟁 이후에도 돌아오지 않고 유엔군 사령관의 권한으로 자동 이전되었다.

맥아더는 교착상태의 전황을 한꺼번에 유리하게 가져갈 방법으로 2차 대전의 노르망디 상륙작전을 본뜬 인천상륙작전을 감행하여 성공하였다. 허리가 끊긴 북한군은 일패도지하였고 유엔군은 38선을 넘느냐 마느냐의 문제에 봉착했다.

중국은 미군이 38선을 넘으면 새로운 전쟁으로 생각하여 개입하겠다고 경고하였다. 미국 내에서도 확전론과 종전론이 충돌하였으나 인천상륙작전으로 기세가 오른 맥아더가 확전을 주장하면서 유엔군은 북으로 진격하였다.

두 번째 단계는 9월 15일부터 10월 25일 중국인민지원군이 본격적으로 개입하기 전까지 유엔군이 우세했던 시기다. 총퇴각하는 북한군을 좇으며 이번에는 유엔군이 북한 전역을 거의 점령하게 되었다. 10월 20일 유엔군은 평양을 점령하였으며 10월 25일에는 압록강변에 도달하였다.

북한을 점령한 동안 유엔군과 이승만은 행정권을 둘러싼 약간의 갈등이 전개되었다. 이승만은 당연히 북한 지역에 한국정부 관리를 파견하여 행정권을 행사하려 했던 반면 유엔군은 북한 점령지역의 행정권이 자신들의 관할 하에 있다고 발표했다.

그러나 실제로는 이러한 논란은 의미가 없는 것이었다. 위기에 빠진 김일성과 박헌영이 스탈린과 마오에게 지원을 요청하였고 유엔군이 38선을 넘는 순간 개입을 선언했던 중국은 유엔군이 평양에 도착했을 무렵 이미 인민지원군 12개 사단을 투입하여 압록강을 넘어 공격을 개시하고 있었다. 이른바 인해전술로 알려진 중국군 대병력의 공격 앞에 유엔군은 다시 급속히 패퇴하기 시작했다.

세 번째 단계는 10월 25일 중국의 참전부터 서울 재점령과 재수복 등 치열한 공방전이 벌어지다 맥아더가 해임되는 1951년 4월 11일까지의 시기다. 수차례 전투 끝에 12월 6일 결정적인 타격을 입은 유엔군은 38선을 향하여 퇴각하였고 중국군은 평양을 다시 점령하였다.

내전으로 시작되었던 이 전쟁은 인민지원군이 참전하는 시점부터 미중전쟁으로 전화하였다. 북한군과 중국군에도 조중 연합사령부가 생겨 작전 및 전선에 관한 일체를 지휘하였는데 연합사령부 총사령관이자 정치위원에는 중국인민지원군 사령관 펑더화이[彭德懷]가 임명되었다.

12월 말 38선을 넘은 중국군과 북한군은 1951년 1월 4일 서울을 재점령하였다. 패퇴하던 유엔군은 리지웨이의 지휘 아래 1월 25일 전력을 정비하여 반격을 개시하였고 3월 14일 서울을 탈환했다.

이 시기부터 전선은 38선을 중심으로 일진일퇴하면서 고착되기 시작했다. 그런 가운데 영국과 소련, 인도 등이 휴전을 권유하였고 미국은 고민에 빠졌다. 맥아더와 이승만은 강력하게 북진을 주장하였고 그 과정에서 맥아더는 수십 발의 원폭 사용을 제안하였다.

맥아더로서는 전쟁을 일거에 끝내면서 동시에 적화된 중국을 다시 찾음으로써 영웅이 되기를 원했을지 모른다. 그러나 대세는 휴전으로 기울었고 결국 트루먼은 4월 11일 끝내 휴전에 반대하는 맥아더를 해임하고 휴전협상에 들어가게 된다.

네 번째 단계는 4월 11일 맥아더 해임 이후 휴전협상에 돌입하여 휴전이 이루어지는 1953년 7월 27일까지로 휴전협상기라고 할 수 있는 시기다. 소련의 유엔대사 말리크는 1951년 6월 23일 휴전을 공식 제의했고 7월 10일 개성에서 휴전회담이 개시되었다.

휴전협상은 2년여에 걸쳐 지루하게 계속되었다. 북한과 미국은 휴전선을 38선(북)으로 할 것인가 현재의 전선(미)으로 할 것인가, 소련을 휴전 감시국에 넣을 것인가(북) 말 것인가(미), 그리고 포로 교환을 전원 강제송환(북)할 것인가 자유송환(미)할 것인가 하는 문제에서 자신에게 유리한 방향을 고집하며 회담을 공전시켰다.

협상 기간 동안 협상이 결렬될 때마다 격렬한 전투가 재개되었고 피차 많은 피해를 입었다. 2년 동안의 협상과 치열한 국지전 끝에 1953년 1월과 3월 미국은 아이젠하워 대통령이 취임하고 소련은 스탈린이 사망하는 양국 지도부의 변화가 있은 후에야 비로소 휴전협정이 체결되었다.

미국의 의견이 주로 반영된 형태로 휴전협정이 마무리 단계로 접어들자 휴전을 시종일관 반대해 온 이승만이 6월 17일 북한으로의 귀환을 거부하는 반공포로들을 임의로 석방시켜 버림으로써 휴전 성립에 암운을 던져 주었다.

그러나 한미방위조약 체결과 경제원조 등의 약속으로 이승만을 달랜 미국은 7월 27일 휴전협정을 성공시켰다. 이로써 3년에 걸친 한국전쟁은 많은 상처만 남긴 채 종전이 아닌 휴전으로 끝났다.

휴전협정에는 유엔군 사령관 클라크와 조선인민군 최고사령관 김일성이 서명하고 다음날 중국인민지원군 총사령관 펑더화이가 서명하였다. 중국은 이듬해 철군하면서 휴전협정에 관한 모든 권한을 북한에게 넘겼다.

남한 측은 휴전에 대한 반대의사 표시로 휴전협정에 대표를 보내지 않았다. 이것이 오늘날 평화협정 당사자로 북한이 남한을 제치고 미국과 상대하려 하게 만든 원인이 되었다.

3. 결과

한국전쟁은 막대한 인적 물적 손실을 초래했다. 남북한 각각 민간인 30여만 명, 군인 30여만 명이 사망하여 합쳐서 130만 명에 이르는 한국인이 희생되었으며 중국군 18만 명, 유엔군 4만 명 등 외국인들의 희생도 컸다. 부상자와 실종자, 전쟁고아 등은 이루 말할 수 없었으며 그 밖에도 수백만 명의 이산가족은 아직도 아물지 않은 전쟁의 상처로 남아 있다.

물적 손실 또한 엄청났다. 그렇지 않아도 취약했던 사회경제적 재생산 기반은 모두 잿더미가 되었다. 공장, 도로, 교량 등이 대부분 파괴되었으며 학교, 병원, 주택 등도 막대한 피해를 입었다. 북한에서는 농업, 광업, 공업 생산력의 60~80%가 감소했으며 남한의 경우 2백만 명 이상의 전재민이 발생하였고 49년 한 해의 국민총생산만큼의 재산 피해가 있었다.

엄청난 인적 물적 손실 외에 우리에게 한국전쟁이 갖는 의미는 무엇일까.

한국전쟁은 해방 이후 한국사회의 발전방향을 둘러싸고 격렬하게 전개되었던 좌우 대립이 가장 최후의 정치수단인 전쟁을 통해 결론을 내려 했던 것이었다.

그러나 전쟁을 통해서도 결론은 내려지지 않았고 서로 갈라진 채 자본주의 발전방향과 사회주의 발전방향이라는 각자의 길을 가게 되었다. 분단체제가 고착화된 것이었다.

북한은 당분간 통일과제를 묻어 두고 사회주의를 발전시켜 나가는 데 힘을 쏟았고 남한도 좌익정치세력과 그 지지기반이 거의 와해된 상황에서 전후 본격적인 자본주의 발전의 길로 들어서게 되었다.

분단체제가 고착화된 상태에서 각자의 길을 간 남과 북의 실험은 어떤 결과를 낳았을까. 아직도 역사는 진행 중이기는 하지만 해방 직후 친일청산이나 토지개혁 등의 사회개혁에 있어서 남한보다 훨씬 우위에 있었고, 전쟁 직후 사회주의 체제로 이행하면서 남한을 능가하는 생산력을 갖추었던 북한이 50년이 지난 지금, 친일청산 등 사회개혁을 제대로 이루지 못한 상태에서 자본주의 발전의 길을 걸었던 남한에 비해 20분의 1 정도의 현저한 경제력의 열세를 나타내고 있는 것은 역사의 아이러니이기도 하면서 동시에 사회주의 체제의 한계를 잘 보여 주는 것이라고 할 수 있다.

전쟁이 우리에게 남긴 또 다른 결과는 우리 민족의 의사와 관계없이 외세에 의해 이루어졌던 분단이 전쟁을 거치면서 우리 민족 내부를 대단히 적대적인 형태로 갈라놓았다는 것이다. 분단체제가 내면화되고 극단화된 것이었다.

같은 분단국가이기는 하지만 내전을 겪지 않은 독일과 달리 우리는 전쟁을 겪으면서 서로에 대한 불신과 적대감이 극단적으로 증폭되었다. 그것은 각각 강력한 반공, 반미 이데올로기로 나타났는데 합리성을 뛰어넘어 상대에 대한 증오심을 내포한 이것들은 분단을 우리 사회 내부로 내면화시켜 사회적 갈등을 합리적으로 해결하는 것을 막았으며 정치권력에 의해 악용되기도 하였다.

반공 이데올로기는 남한의 독재정권들이 정권 안보를 체제 안보와 동일시하여 정권 반대파를 탄압하는 가장 강력한 수단으로 이용되었고 반미 이데올로기는 북한의 독재정권이 미제국주의에 대한 인민의 적개심을 이용하여 정권을 유지해 온 도구가 되었다.

전쟁이 우리에게 준 세 번째 결과는 전쟁이 아니었다면 불가능했을 미국의 남한에 대한 전면 개입이라고 할 수 있다. 대한민국 정부가 수립되었을 때 이승만의 강력한 잔류 요청에도 불구하고 더 이상 주둔할 명분이 약했기에 철수할 수밖에 없었던 미국은 전쟁이 시작되면서 전면적인 개입을 단행하였다.

유엔군의 대부분은 미군이었으며 이승만의 요청에 따라 한국군의 지휘권도 양도받았다. 전쟁 이후에도 미국은 이승만 정부의 강력한 요구를 받아들이는 형태로 남한과 상호방위조약을 체결하여 현재까지 2개 사단 이상의 병력을 상시 주둔시켜 왔다. 그 과정에서 국토의 상당 부분이 미군에게 양여되었고 이들의 특수한 지위를 인정하기 위한 한미행정협정과 주둔군 지위에 관한 협정[SOFA] 등도 체결되었다.

군 작전 지휘권은 전쟁 후에도 유엔군 사령관, 한미연합사 사령관에게로 넘겨졌고 김영삼 정부 때 평시작전권은 돌아왔으나 실질적인 의미를 갖는 전시작전권은 아직도 미국이 가지고 있다.

(노무현 정부 때 한국의 요청과 미국의 동의로 2012년에 전시작전지휘권을 반환하기로 합의하였으나 이명박 정부가 들어서면서 보수파들의 반대를 등에 업은 한국 정부의 요청으로 2015년으로 반환이 연기되었고 박근혜 정부에서는 같은 이유로 무기한 연기되었다.)

이러한 군사적 개입 외에도 미국은 전쟁 이후 막대한 경제 원조를 단행하여 전후복구의 가장 중요한 재원을 제공했다. 이승만 정부는 경제를 미국의 원조에 거의 의존하였으며 심지어 국가재정 수입의 50%가 원조에 의한 것일 때도 있었을 정도였다. 이후 직접 원조는 감소되어 갔어도 차관과 투자는 지속되어 한국경제를 미국경제에 깊숙이 편입시키는 요인이 되었다.

이러한 군사적, 경제적 개입에 의해 미국은 한국의 정치에도 당연히 개입할 수밖에 없었다. 비록 직접적인 형태는 아니라 하더라도 미국의 영향력을 배제하고는 한국정치를 온전히 이해했다고 볼 수 없는 상황들이 계속 전개되었던 것이다.

북한의 경우 김일성의 입장에서 보면 한국전쟁은 군사적 통일에는 실패했지만 정치적 차원에서는 크게 손해 보지 않았다고 볼 수 있다. 전쟁 중에 연안파의 무정이나 소련파의 허가이 같은 거물들을 각각 평양 방어 실패나 당증 교환을 통한 가혹한 내부 숙청 등의 혐의로 해임시킬 수 있었다. 또한 강력한 라이벌이었던 박헌영과 남로당계를 미국의 스파이 혹은 공화국 전복 사건 등으로 재판에 회부하여 사형 판결을 내렸다.

전쟁의 실패에도 불구하고 김일성의 권력은 더욱 공고화되었으며 그 힘을 바탕으로 김일성은 전후 재건 과정에서 농업의 협동조합화 등 사회주의체제로의 전환을 비교적 쉽게 이룰 수 있었고 나아가 천리마

운동 등의 동원 체제를 가동해 50년대 말에는 남한보다 높은 경제력을 보유하게 만들 수 있었다.

이 밖에도 한국전쟁은 미국 군수산업의 활황을 가져와 2차 대전 이후의 침체된 세계경기를 어느 정도 회복시켜 주는 역할을 하였다. 특히 패전국이었던 독일과 일본은 냉전과 한국전쟁의 특수로 미국의 지원 속에서 급속한 경제성장을 이루게 된다.

중국의 공산화 통일과 한국전쟁으로 충격을 받은 미국 우익들은 관계, 학계, 언론계 등의 진보세력에 대한 대대적인 공격(매카시 바람)을 시작하였고 국제적으로는 소련의 서방세계에 대한 도발을 막기 위해 서방진영의 군사동맹을 강화시켰다.

독일과 일본은 전범국의 오명을 씻고 미국의 동맹국가가 되었으며 그 외에도 미국은 42개 우방국들과 동맹조약을 체결하여 수천 개의 해외 군사기지를 설치하는 등 봉쇄정책을 구현해 나갈 수 있었다.

한편 한국전쟁은 공산권 국가에도 적지 않은 영향을 남겼다. 소련은 사실상 전쟁을 지원했으나 표면적으로는 이 사실을 숨겼으므로 한국전쟁과 별 영향이 없는 것으로 보였다. 그러나 북한을 위기에서 구하여 준 것이 소련이 아니라 중국이었다는 사실은 전쟁 후 북한이 중소 중립노선을 취하게 만든 주요 요인이 되었다.

중국은 전쟁으로 많은 사상자를 냈으며 대만을 통일하려던 계획에 차질을 빚게 되었다. 또한 국제사회로부터 침략자의 낙인이 찍혀 고립을 감수해야 했다. 반면 북한으로부터는 혈맹으로서 존중을 받았으며 1949년 건국으로 혼란스러웠던 내부적 요인들을 억누름으로써 국내의 정치통합에는 도움을 받을 수 있었다.

제2부
개발독재와 민주화운동

개발 없는 독재와 미성숙한 민주화

제1절
이승만 정부와 4.19

　　전쟁을 통해 한국현대정치사의 첫 단락이었던 좌우대립의 시기는 종결되었다. 휴전이 된 이후 1987년 민주화 시기까지 한국정치, 정확하게 말하면 남한 정치에서 가장 중요한 정치적 대립은 전쟁으로 확정된 자본주의 발전의 길을 어떤 방식으로 걸어가느냐 하는 문제를 둘러싸고 전개되었다.

　　다소 독재적인 방식으로라도 급속한 자본주의 발전, 즉 산업화를 이루고자 하는 개발독재 세력과, 그에 맞서 다소 느리더라도 민주적인 방향으로 자본주의 발전을 이루고자 하는 민주화운동 세력이 맞서는 형태로 전개되었던 것이다.

　　그러나 실제로 강력한 개발독재체제가 등장한 것은 5.16 이후였다. 따라서 그 이전의 이승만 정부 후기와 장면 정부의 2공화국 시기는 어떻게 보아야 할 것인가 하는 문제가 생긴다. 여기서는 그 두 시기를 본격적인 개발독재와 민주화운동의 대립이 시작되기 전의 과도기로서 개발 없는 독재체제와 미성숙한 민주화의 시기를 겪었던 것으로 본다.

지금까지 한국현대정치사에서 명멸했던 역대 정권의 성격을 그 내용과 형식의 민주성과 독재성을 기준으로 살펴보면 세 가지 유형으로 나눌 수 있다. 즉 형식(헌법 등)은 민주적이었으나 내용(통치방식)은 독재적이었던 정권이 두 번(1공화국, 3공화국) 있었고, 형식과 내용이 모두 독재적이었던 정권이 두 번(4공화국, 5공화국) 있었으며, 형식과 내용이 모두 민주적인 정권이 두 번(2공화국, 6공화국) 있었다.

이승만 정권은 헌법상 삼권분립이 보장되어 있고 선거가 정기적으로 치러졌으며 언론의 자유도 어느 정도 보장되어 있었다. 그러나 이승만 정권을 민주적인 정권이었다고 볼 수는 없다. 헌법에 관계없이 모든 권력은 이승만과 그의 위임을 받은 자유당 지도부에 집중되어 있었다. 이승만의 서명이 들어간 서류 하나면 안 되는 일이 없었고 정권 말기에는 자유당 책임자였던 이기붕이 이승만을 등에 업고 전횡하였다.

독재 권력은 권력유지를 위한 비용이 많이 든다. 자유당과 관료, 경찰들을 복종시켜야 했으며 청년조직 등을 동원해야 했다. 그것을 위해 자유당 정권은 많은 정치자금을 필요로 했고 그것은 원조 배분과 귀속재산 불하 등을 매개로 한 정경유착의 부패 고리를 만들어 냈다. 결국 그에 대한 도전은 학생 시민 봉기라는 형태로 나타났다. 개발 없는 독재를 무너뜨린 민주화운동이었던 것이다.

1. 장기집권과 독재체제

제헌 헌법에는 대통령과 국회, 사법부가 권력을 상호 견제할 수 있는 제도를 갖추고 있었다. 대통령은 국회에서의 간접선거를 통해 선출되었으나 기본적으로 보통, 평등, 직접, 비밀 선거는 보장되었으며 정당 설립과 언론의 자유도 보장되어 있었다.

그러나 이승만은 대통령이 되면서 실제적으로 모든 권력을 자신에게 귀속시켰다. 반민특위 사건이나 발췌개헌을 위한 부산 정치파동에서 보듯이 그는 국회나 국회의원의 권위를 그다지 존중하지 않았고 조봉암 사건 등 각종 공안사건에서 나타나듯이 사법부를 독자적으로 판단하도록 내버려두지 않았다.

정권 유지를 위한 특별한 권력기구를 두지는 않았으나 대부분의 선거과정에서 나타나듯이 경찰과 청년단을 통한 억압적인 통치가 계속되었다. 물론 민주주의란 것이 무엇인지도 잘 알지 못했던 당시 국민들의 의식수준도 문제였겠지만 이승만의 통치방식은 그런 민주의식을 고양시키는 방향보다는 오히려 부족한 민주의식을 이용하고 더 악화시키는 방향으로 나아가게 만드는 것이었다. 그에 대한 민심의 이반은 장기집권을 위한 1954년의 사사오입 개헌을 거치면서 보다 확실하게 나타났다.

한국전쟁의 발발은 이승만에게 권력을 더욱 공고화할 수 있는 기회를 가져다주었다. 미국 관리들뿐 아니라 많은 한국 사람들까지도 전쟁에 승리하기 위해서는 이승만의 지도력이 필수적인 것으로 믿었다.

그러나 이승만은 전쟁 수행 중의 여러 실정들로 인해 국회와 언론에게는 많은 공격을 받고 있었다. 국방부 고위 관리들이 피복비와 식품비를 착복하여 추위에 옷과 먹을 것이 없게 만들었던 국민방위군 사건과, 거창 등 지리산 자락 곳곳에서 국군에 의해 자행된 양민 학살사건과 같은 부패와 실정 때문에 국회 내 많은 의원들이 이승만에 대해 반대하고 있었다.

제헌 헌법에 의해 대통령은 국회에서 선출되도록 되어 있었기 때문에 첫 임기가 1952년에 끝나는 이승만으로서는 국회 내에서의 재선이 만만치 않은 상황이었다. 이에 이승만은 국부로서의 이미지나 농지개혁에 대한 농민들의 지지, 야당의 대안 부재 등으로 볼 때 보다 자신이 있었던 국민직선제 개헌을 추진하게 되었다.

그를 위해 그는 자신의 지지자들을 모아 자유당을 창당하고 전쟁 도중임에도 지방자치선거를 실시하여 지방의회 의원들을 국회 압력에 동원하였으며 야당의원들을 공산당 관련으로 수사하는 정치파동까지 일으키면서 발췌개헌을 성공시켰다.

직선제 개헌을 위한 몇 개월 동안 이승만은 자유당으로부터 큰 도움을 받았는데, 자유당은 바로 그러한 목적으로 1951년 11월에 만들어진 것이었다. 처음에 이승만은 스스로 정당을 이끌어 갈 생각은 없었던 것으로 보인다. 그러나 국회 내에서의 세력 약화와 직선제 개헌 추진을 위해 자신이 이끄는 정부여당을 만들 필요가 생겼던 것이다.

이승만을 지지하는 국회의원들 간에 자유당이란 이름의 원내정당이 먼저 생겨났으나 이들은 이승만의 재선을 위해 국회의 권한을 양보할 생각까지는 없었기 때문에 곧 이승만에 반대하고 국무총리를 지낸 장면을 지지하게 되었다.

따라서 이승만은 민족청년단을 이끌고 있던 이범석을 내세워 원외에 자유당을 창당하였다. 원외 자유당의 기반은 이승만의 지지조직인 국민회(독립촉성국민회의 후신), 이범석의 민족청년단, 대한노총, 농협총연맹, 대한부인회 등으로 이들 모두는 대한청년단과 마찬가지로 정부의 후원을 받는 관제단체였다.

이승만은 대통령 직선과 부통령제 도입을 위한 헌법개정안을 발의하였으나 국회는 이를 찬 19, 반 183으로 부결시켰다. 국회 내에서의 세력 약화를 확인한 이승만은 전쟁 중 임시수도였던 부산 주변의 게릴라 활동을 저지한다는 명목으로 계엄령을 선포하고 국회 회기 중에 47명의 의원을 헌병대에 연행하여 그 중 9명을 국제 공산주의 음모에 가담했다는 명목으로 구속시키는 부산정치파동을 일으켰다.

공포 분위기가 조성되고 있던 7월 4일 의결정족수를 채우기 위해 감옥에 있던 의원들까지 끌려나온 상태에서 국회는 이승만이 내놓은 직선제 헌법개정안을 찬 163, 반 0으로 통과시켰다. 이승만 외에 별다른 대안이 없었던 미국이 직선제 개헌안을 지지한다는 소문이 의원들의 저항을 더욱 약하게 만들었다.

1952년 대선에서 이승만은 예상대로 5백만 표 이상을 얻어 압도적인 표차로 재선되었으며 부통령은 후보자들 중 나이가 가장 많은 함태영 목사가 이승만의 지지에 힘입어 민족청년단의 이범석을 누르고 당선되었다. 한민당의 후신인 민국당은 아예 후보를 내지 않았고 국회부의장 출신인 조봉암과 초대 부통령이었으나 이승만을 비판하며 돌아선 이시영 등이 출마하였으나 각각 1백만 표가 못 되는 득표에 그쳤다.

이승만의 승리는 당시 경찰과 관료 조직이 선거에서 가장 중요한 역할을 한다는 사실을 잘 보여준 것이었다. 그러나 그 외에도 국민의 다수를 차지했던 농민들의 이승만에 대한 지지가 이 시기까지는 상당히 존재했다고 볼 수 있을 것이다.

이승만 정부에 대한 농민들의 지지와 경찰 관료들의 조직적 선거운동은 1954년 5월의 총선에서 지주정당인 민국당을 몰락시키고 원외 자유당에게 203석 중 114석이라는 3분의 2에 가까운 다수의석을 안겨주는 형태로 나타났다.

자유당은 군 방첩대나 경찰과 같은 정보조직으로부터 지원을 받았는데 이들은 후보자 등록, 투표, 개표 과정에 광범위하게 개입했다.

3대 국회가 개원한 후 한 달가량 지나서 자유당 소속 의원은 137명이 되었다. 이는 전체 의석의 3분의 2보다 1석이 많은 것이었다. 자유당이 그렇게 몸집을 불린 이유는 명백했다. 차기 대선에 이승만이 출마하기 위해서는 헌법의 중임 제한 조항을 개정해야 했기 때문이다.

1954년 12월 자유당은 초대 대통령에 한해 3선 금지 조항을 면제시켜 주자는 개헌안을 발의했다. 야당과 언론의 거센 반대 속에 이 개정안은 의결 정족수 3분의 2에서 1석이 부족한 135표의 찬성으로 부결되었다.

그러나 다음날 자유당 출신의 부의장이 사회를 보는 가운데 203명의 3분의 2 이상은 135.3333···명 이상이니 소수점 이하를 사사오입하면 135명이고, 따라서 3분의 2 이상이란 135명 이상을 의미한다는 황당한 논리로 개헌안 가결을 선포하였다.

야당들은 즉각 헌법수호위원회를 구성하는 등 강력히 저항하였으나 이미 헌법은 공포되고 난 후였다. 민국당은 개헌에 반대하는 자유당 탈당파, 관료 등과 함께 민주당을 창당하고 자유당과의 투쟁에 나섰다.

헌법 개정을 통해 3선 금지 조항으로부터 자유롭게 된 이승만은 1956년 대선에서 자유당 후보로 지명되었다. 민주당은 임정 간부 출신으로 국회의장을 지낸 신익희를 후보로 추천하였으며 민주당 합류를 거부당한 진보 인사들은 좌익 출신으로 국회부의장을 지낸 조봉암을 중심으로 진보당을 결성하고 그를 후보로 내세웠다.

"못 살겠다 갈아보자"라는 민주당의 구호가 큰 인기를 얻는 가운데 대도시에서는 민주당 후보자의 유세장에 자유당 후보자의 유세장보다 훨씬 더 많은 인파가 몰리는 등 사사오입 개헌과 자유당에 반대하는 민심을 느낄 수 있었다.

그러나 선거 며칠 전 민주당 후보였던 신익희의 갑작스런 죽음으로 이승만은 유효투표의 56%의 지지를 얻어 쉽게 재선될 수 있었다. 24%를 얻은 조봉암이 두 번째로 많은 표를 얻었으며 신익희 추모표로 생각되는 무효표도 20% 가까이 나왔다.

문제는 대통령 선거와 별개로 치러진 부통령 선거였다. 부통령 선거에서 경찰과 청년단을 동원한 총력전에도 불구하고 자유당의 이기붕 후보는 39.6%를 얻어 41.7%를 얻은 민주당의 장면 후보에게 패배하였다.

부통령 선거 결과는 자유당으로 하여금 민심의 이반 현상이 심각하게 진행되고 있고 선거 자체를 조작하지 않고는 경찰의 어떠한 개입에 의해서도 자유당 후보의 승리를 확신할 수 없다는 사실을 알게 해 주었다. 이에 자유당 내 일부 비주류 의원들은 유권자들로부터 보다 더 많은 지지를 얻을 수 있도록 당을 개혁하고자 했다.

그러나 이 작업을 위해서는 아직 이승만으로부터 신임을 받고 있던 이기붕이 물러나야 했다. 정치적으로 의식이 있는 사람들에게 이기붕은 자유당과 경찰의 비민주성과 비효율성의 상징이었다. 이기붕의 지휘 아래 있는 자유당으로서는 개혁을 통해 민심에 부합되는 정당으로 발전할 기회가 극히 적었다. 따라서 자유당에 주어진 유일한 대안은 차기 선거에서 더욱더 강압적인 수단을 사용하는 것뿐이었다. 이승만과 자유당은 바로 그와 같은 길을 택했다.

1958년 국회의원 선거에서 자유당은 막대한 경찰력의 투입에도 불구하고 126석을 얻은 반면 민주당은 무려 79석을 얻어 심각한 민심 이

반 현상을 확인시켜 주었다. 자유당은 1960년 대통령과 부통령 선거에 대비하여 기존의 국가보안법을 더 강화하는 개정안을 내놓았다.

야당의원들은 강력히 반대했고 이 과정에서 연좌농성에 들어가려던 야당 의원들이 국회 경비병들에 의해 의사당 밖으로 끌려 나와 지하실에 억류되는 2.4 파동이 벌어졌다. 자유당 의원들은 불과 몇 시간 동안에 국가보안법 개정안을 비롯한 22개의 법안을 전격적으로 처리해 버렸다.

또 다른 강압 조치로는 진보당 사건과 경향신문 폐간 등이 있었다. 1956년 대선에서 200만 표 이상을 득표한 진보당 조봉암에 대해 이승만 정부는 북한과 내통했다는 간첩죄를 덮어씌워 사형을 선고하고 집행하였으며 진보당은 강령인 평화통일론이 국시 위반이란 이유 등으로 해산시켜 버렸다.

1959년에는 주요 야당지의 하나였던 경향신문을 반정부적인 칼럼을 실었다는 이유로 폐간시켰다. 당시 경향신문은 민주당의 장면을 지지하고 있었기 때문에 정부의 이 같은 조치에는 정치적 동기가 숨어있음이 분명한 것으로 생각되었다.

이와 같은 이승만 정부의 독재적 무리수는 1960년 3월 15일 부정선거에서 극에 달했다. 관료, 경찰, 청년단이 이승만과 이기붕의 당선을 위해 동원되었다. 이전 선거에서는 경찰 개입이 후보자 등록, 선거 운동, 투표 과정 등에 국한되어 있었는데 이번에는 내무부와 각 도의 경찰청이 실질적인 선거본부가 되어 투표뿐만 아니라 개표까지도 조작하고 날조했다.

강력한 도전자였던 민주당 대통령후보 조병옥이 선거 한 달 전 신병 치료차 도미했다가 귀국하지 못하고 죽자 대통령 선거는 별 중요한 문제가 아니게 되었다. 문제는 현직 부통령인 민주당의 장면과 자유당의 이기붕이 맞붙은 부통령 선거에 있었다.

야당 선거운동원들은 곳곳에서 체포되고 두들겨 맞았다. 반공청년단 단원들이 선거 당일 투표장을 돌아다니며 시민들을 감시했다. 많은 농촌 지역에서는 3인조, 9인조 등의 투표조가 형성되어 조장의 책임 아래 투표가 이루어졌다. 경찰은 이들을 전혀 단속하지 않았다.

이런 노력이 반드시 필요한 것은 아니었다. 왜냐하면 선거 결과 자체가 경찰 지휘부와 내무부에 의해서 완전히 날조되었기 때문이다. 선거 결과 이승만은 총 투표수에서 당선에 필요한 3분의 1보다 두 배 이상 많은 표를 얻었다. 이기붕은 180만 표를 얻은 장면을 제치고 840만 표로 부통령에 당선되었다.

민주당은 선거가 불법적이고 원천 무효라고 주장했다. 반정부 시위가 선거 전후 전국의 대도시에서 일어나기 시작했다. 이들은 부정 선거와 불법 선거를 규탄하며 처음에는 재선거를 주장하고 나섰으나 나중에는 현 정권의 퇴진을 요구하게 되었다.

2. 비효율적 경제정책

사사오입 이후의 민심 이반은 이승만과 자유당을 점점 초조하게 만들면서 진보당 사건, 보안법 파동, 경향신문 폐간, 3.15 부정선거 등 독재와 억압의 길로 가게 만들었다. 사사오입 개헌 이후 정권의 정통성은 상실되었으며 그를 대체해 줄 행정의 효율성이나 경제적 성과는 거의 나타나지 않았다.

1957년을 고비로 원조는 오히려 줄어들었으며 삼백(三白)산업으로 대표되는 초기 공업화 과정에서 이승만 정부는 경제를 계획적으로 추진할 의지나 능력도 없고 그렇다고 공정한 시장의 심판자가 되지도 못했다. 오히려 정통성의 부족을 부정선거와 억압으로 메우기 위해 더욱 많은 정치자금을 필요로 했고 그것을 위해 정권과 결탁한 기업에게 특혜를 주고 뇌물과 정치자금을 수수하는 부패의 고리를 확산시킴으로써 경제의 효율성을 더욱 떨어뜨렸다.

이승만 정부가 사용할 수 있는 경제적 자원은 적지 않았다. 일제가 남겨놓은 귀속재산이 있었고 미국의 원조가 있었다. 그러나 이승만 정부는 이들을 계획적이고 효율적으로 사용해서 경제를 부흥시킬 능력이 없었다. 경제계획이 없다보니 귀속재산 불하나 원조 배분이 특혜적으로 이루어졌고 그것은 다시 경제의 효율성을 떨어뜨렸다. 1950년대 경제가 북한보다 어려웠던 중요한 이유의 하나였다.

귀속재산이란 일제의 재산인 적산을 말하는 것으로 귀속농지와 귀속사업체 등이 있었다. 귀속재산의 처분 방식에 대해서는 남한의 경우 일찌감치 민간인 불하로 정해졌기 때문에 미군정 시기에 이미 귀속농지의 90% 이상인 25만 정보가 처분되었다. 그러나 귀속사업체의 경우에는 500여 건만 불하되는 등 부진한 상태에서 이승만 정부로 넘어오게 되었는데 동양시멘트, 동양화학, 인천제철, 한국타이어, 대한전선, 대성목재, 대한통운 등 당시 주요 기업체 중 상당수가 귀속사업체를 모태로 하여 성장한 것이었다.

잔여 귀속재산은 1948년 8월 한국정부에 이관되었고 불하방식을 둘러싼 많은 논란을 거친 끝에 국회에서 귀속재산처리법을 통과시킴으로써 1958년 5월까지 기업체의 대부분이 처분되었다. 야당 의원들은 귀속재산의 무원칙한 민간인 불하는 불하대상자와 이승만 정권과의 결탁을 초래할 것이라고 경고하였다. 실제로 귀속재산 불하가 시작되자 야당 의원들의 주장대로 접수 및 불하 과정을 둘러싸고 많은 잡음이 발생했다.

귀속재산 불하과정에서 절대적으로 유리한 위치에 서게 되었던 사람들은 대체로 일제 강점기에 해당 사업체에 근무했던 한국인 종업원이거나 영어 또는 일어에 능통한 자, 기타 권력과 결탁한 정상배(브로커) 등이었다. 그들은 연고권을 이용하여 유리한 조건으로 불하받고 그 과정에서 정권 실세들과의 관계를 이용했다. 정부 수립 이전의 미군정청 관리들이나 이후의 이승만 정부 관리와 자유당 요원들이 불하과정에 크게 영향을 미쳤다.

귀속재산과 함께 이승만 정부의 중요한 경제적 자원이 되었던 것은 미국의 대한원조였다. 미국 원조는 해방 이후부터 시작되어 전쟁 전에도 GARIOA(점령기구 구호원조), ECA(미국의 대외원조) 등이 있었으나 전쟁 이후 본격화되어 CRIK(한국 민간구호계획), SEC(미국 증권거래위원회) 등에 의한 전시 구호원조, MSA(미국 상호안전보장법) 체제하의 부흥방위 원조와 함께 50년대 경제발전과 깊이 관련되어 있는 UNKRA(한국재건단), ICA(국제협조처), PL480(공법480) 등에 의한 원조가 쏟아졌다.

UNKRA 원조는 1951년~1960년에 1억 2천만 달러가 공여되었는데 주로 시설재가 차지하는 비중이 커 문경 시멘트공장이나 인천 유리공장 등에 투입되었다. ICA 원조는 1953~1961년에 17억 달러가 공여되어 50년대 대한원조의 주종을 이루었는데 이 원조에 의해 충주비료공장이 준공되었고 원면, 밀, 원당 등의 농산물자와 비료 등이 대량으로 도입되었다.

PL480 원조는 50년대에 2억 달러 정도가 도입되었는데 그 내용은

밀, 원면, 보리, 쌀 등이었다. 이것은 당시 막 시작되던 면직, 제분, 제당의 삼백(三白)공업을 일으킨 원료가 되었을 뿐 아니라 그 판매대금인 대충자금은 재정 세입을 보전하는 데 사용되었다.

문제는 원조의 직접 배분이나 원조에 의한 국가 세입의 지출에서 특정 인사나 기업들이 특혜를 받았다는 것이었다. 삼백공업을 비롯한 소수의 자본가들에게는 미국 원조에 의한 원료 및 기계설비가 특권적으로 주어졌고 원조 자금과 은행대출이 우선적으로 배정되었다. 이들은 그 대가로 자유당에 정치자금을 제공하였으며 그런 정경유착의 부패가 중석불 특혜불하 사건, 원면 횡령사건 등으로 터져 나오기도 하였다.

이승만 정부 때 경제발전계획이나 경제정책이 전혀 수립되지 않거나 경제적 발전이 전혀 이루어지지 않은 것은 아니었다. 1950년대 전반기에도 미국에 의해 몇 차례의 경제개발계획이 마련되었다.

1953년 타스카를 단장으로 하는 경제구조단이 파견되어 타스카 보고서가 작성되었으며, UNKRA와 네이산 연구진이 경제개발계획을 작성한 적도 있었다. 그러나 이러한 계획들은 모두 여건의 미비로 실현되지 못했다.

한국의 경제기획 업무는 1955년 부흥부가 신설되고 부흥부장관이 경제장관들로 구성된 부흥위원회의 위원장이 되어 경제개발계획 등을 전문적으로 관장하게 됨으로써 비로소 시작되었다고 볼 수 있다.

1958년 9월에는 부흥부 산하에 장기개발계획의 수립을 목적으로 하는 산업개발위원회가 신설되었고 산업개발위원회는 1960년부터 1962년까지의 3개년을 1차 기간으로 하는 경제개발계획안을 작성하여 1959년 봄 국무회의에 제출하였다. 그러나 이 계획안은 국무회의에 상정되어 1년간이나 심의가 유보되었다가 1960년 4월 15일에 국무회의에서 통과되었으나 이승만 정부의 붕괴로 실행되지 못했다.

1958년의 경제개발계획이 실행에 옮겨질 수 없었던 것은 자본과 기술의 부족, 미국 원조의 감축 등의 요인도 있었으나 자유당이 임박한 선거에 대비해서 경제개혁조치를 취할 만한 여유가 없었다는 데 연유한 바가 컸다.

합리적인 내용에 의한 경제계획의 실시는 국가 관료의 힘을 강화시키는 만큼 자유당의 권한을 약화시키고 따라서 정치자금 수수를 어렵게 만든다는 의미를 갖는 것이었다. 당시의 자유당과 이들이 기반으로하고 있던 정치경제구조는 근본적인 행정개혁과 경제개혁을 할 만한 여유와 자율성을 결여하고 있었던 것으로 보인다.

3. 4.19

개발 없는 독재세력의 정치적 전횡과 경제적 무능은 전후복구와 초기 공업화 과정을 거치면서 미약하게나마 성장하고 있던 도시 시민들의 불만을 축적시켰다. 또한 도시를 중심으로 확대되어 가던 동아일보나 경향신문 등 당시 야당 언론들의 독재 권력에 대한 비판적 보도를 강화시켰다.

무엇보다도 중요한 것은 전통적인 교육열과 전쟁 기간 대학생에게 주어졌던 징집연기 특혜에 힘입어 고등학교와 대학교가 급격히 늘어났고 거기서 자유민주주의를 배웠던 학생들의 저항심이 점차 고양되고 있었다는 점이다. 이 모든 조건들이 3.15와 같은 노골적인 부정선거를 만나면서 민주화운동으로 터져 나온 것이 4.19였다.

3.15 이전에도 자유당과 경찰의 노골적이고 편파적인 선거공작에

대해 고등학생들이 연좌시위를 하고 나선 대구 2.28 사건 등이 있었지만 전국에서 가장 먼저 3.15 부정선거를 규탄하고 나선 것은 마산의 시민, 학생들이었다.

마산의 민주당원들과 시민, 학생들은 부정선거 다시 하라는 구호를 외치며 시가행진을 했고 그에 대해 경찰은 불순분자의 책동이라고 비난하며 최루탄과 총을 쏘아대었다. 수명이 죽고 수십 명이 부상을 당한 상황에서 시위는 진압되었고 사태에 대한 책임을 지고 내무장관 최인규가 사임했다.

이승만 정부와 자유당이 시위에 대한 대응방식을 둘러싸고 강경론과 온건론이 맞서 논란만 벌이고 있는 동안 시위는 점차 부산과 서울 등 대도시 지역으로 전파되어 각 지역의 고등학생과 대학생들이 거리로 쏟아져 나왔다.

4월 11일 마산의 해안가에서 최루탄이 눈에 꽂힌 채 죽어 있는 김주열 학생의 시체가 발견되었다. 언론은 대서특필하여 전국에 알렸고 마산의 시민과 학생 수만 명은 다시 거리로 뛰쳐나왔다. 시위 도중 경찰의 총에 맞아 쓰러지는 사람들이 늘어나기 시작했다.

이승만 정부와 자유당은 이러한 상황의 급박성을 이해하려 들지도 않았고 또 그럴 수 있는 능력도 결여하고 있었다. 2차 마산봉기가 발생한 이후에도 정부는 여전히 '잠복해 있는 공산주의자들에 의해서 고무되고 조종된'것이라는 견해를 피력하면서 '정치적 야심가와 공산주의자들의 선전 활동'에 대해 경고하는 것으로 사태에 대응하고자 했다. 정부의 이런 태도는 학생들과 시민들을 더욱 격노케 했다.

4월 18일 서울에서 시위하고 있던 고려대 학생들이 경찰의 비호를 받고 있는 반공청년단의 폭력배들로부터 습격을 받았다. 분노한 학생과 시민들은 4월 19일 전국적으로 거리로 쏟아져 나왔다. 서울에서는 약 10만 명의 대학생과 고등학생, 시민들이 거리로 쏟아져 나와 그 가운데 수천 명이 대통령 관저인 경무대로 몰려들었다.

경찰이 데모대에 대해 발포를 하여 사상자가 속출하자 시위는 더욱 과격해지기 시작했다. 전국적으로 부산, 광주, 인천, 목포, 청주 등과 같은 주요 도시에서 유사한 상황이 전개되었다. 전국에서 약 180여 명이 죽고 수천 명의 부상자가 발생했다.

경찰이 시위대에 발포하기 시작한 직후 한국의 주요 도시에 계엄령이 선포되었다. 육군 참모총장이었던 송요찬 중장이 서울지구 계엄사령관으로 임명되었다.

그러나 군대는 유혈 사태를 경계하고 재산의 파괴를 방지하는 데 신경을 쓰면서 시위대를 향해 총을 쏘지 않았다. 계엄하의 군대가 대통령의 의도에 맞서 시위대에 발포하지 않은 것은 한국군에 대해 보다 더 영향력이 있었던 미국의 태도와 관련이 있었다.

4.19 당일 저녁 매카나기(Walter P. McConaughy) 미국 대사가 경무대를 방문하여 사태 수습을 논의하였다. 미국의 견해는 이승만이 물러나야 한다는 것이었다.

상황의 심각성을 깨달은 이승만 정부의 대응방식이 급격히 변해 갔다. 4월 21일 내각이 혁명적 사태에 대한 책임을 지고 물러났고 이기붕 역시 모든 정치 활동으로부터 물러나도록 요구받았다. 당시 부통령이었던 장면은 이승만이 대통령직에서 사임할 것을 촉구하면서 자기의 대통령직 승계를 우려하지 않도록 부통령직을 사퇴했다.

4.19 이후 시위대들은 부정선거의 재실시 대신 이승만의 즉각적인 사퇴를 요구했다. 4월 23일 이승만은 자유당 총재직 사퇴, 계엄령 해

제, 재선거 고려를 발표하고 이기붕은 모든 공직에서 물러나겠다고 선언했다.

그러나 이미 국민들은 그 정도의 대안으로는 만족하지 않았다. 4월 25일 각 대학 300여 명의 교수들이 이승만의 사임을 요구하는 제자들을 지지하면서 서울 시내를 행진하고 나섰다. 결국 4월 26일 이승만은 매카나기 대사의 두 번째 방문을 받고서는 대통령직에서 사임하겠다는 의사를 밝혔고 이틀 후 이기붕 일가가 권총으로 자살함으로써 이승만 정부와 자유당 독재는 끝이 나게 되었다.

4.19를 어떻게 보아야 할 것인지에 대해서는 여러 가지 논의가 있어 왔다.

확실히 4.19는 프랑스 혁명이나 러시아 혁명처럼 정치, 경제, 사회 전반의 급격하고 대규모적인 변화를 초래했던 사건은 아니었다. 그러나 학생과 시민들의 저항으로 독재 권력을 무너뜨리는 데 성공했고 이승만과 자유당으로 대표되는 기존의 정치권력 구조가 급속한 변화를 맞이하게 했다는 점에서 현재까지는 한국현대정치사에서 혁명이라고 부를 수 있는 거의 유일한 민주화운동이라고 할 수 있다.

그럼에도 불구하고 봉기한 학생과 시민들이 조직화된 지도력을 갖고 있지 못했고 따라서 혁명으로서의 이념과 프로그램이 전혀 준비되지 않았다는 점에서는 분명한 한계를 가진다고 볼 수 있다.

결국 4.19는 봉기의 주체도 아니었고 내각책임제 외에는 자유당과 정책적으로 거의 구별되지 않았던 민주당에게 이후 변화의 주도권을 넘겨주었다. 그러한 한계가 4.19를 미완의 혁명이라고 부르게 만드는 이유가 될 것이다.

제2절
장면 정부와 미성숙한 민주화

헌법 개정과 선거준비 작업을 수행했던 과도정부에 이어 제2공화국 장면 정부가 들어섰다. 4.19라는 민주화운동의 결과로 만들어진 공화국이고 헌법이니만큼 2공화국 헌법에는 야당인 민주당이 줄기차게 요구해 왔던 의원내각제가 채택되었을 뿐만 아니라 국민 기본권 조항 강화, 지방자치 전면 실시 등 민주적인 요소들이 다수 포함되어 있었다.

또한 그 헌법에 의해 치러진 7.29 총선에서 압승을 거둔 민주당의 장면 정부는 국가 공권력(경찰, 관료)을 이승만 정부처럼 정치적·사회적 억압을 위해 사용하거나 총리의 재가만으로 모든 일이 이루어지는 비민주적인 통치행태를 보여 주지 않았다. 즉 제도적으로나 정치행태로나 제2공화국은 민주정부였다고 볼 수 있다.

그러나 문제는 그 민주정부가 민주적 리더십이나 정당정치의 경험과 역량 등의 면에서 많이 부족했으며 산업화의 단계나 중산층의 규모, 그리고 시민들의 정치문화 등의 측면에서도 아직 민주주의를 감당할 수 있는 성숙한 상태가 아니었다는 점이다.

미성숙한 정치와 사회는 혁명과업을 둘러싼 사회적 갈등과 좌우파 간의 이데올로기적 갈등을 견뎌낼 수가 없었고 그것은 마침내 또 하나의 근대화 세력이었던 군부를 정치에 끌어들여 민주화를 전복시키는 역할을 하게 만들었다.

1. 집권세력의 분열 : 미성숙한 정당정치

4월 26일 이승만이 사퇴하자 그 직전에 외무장관으로 임명된 허정이 중심이 되어 과도정부가 꾸려졌다. 허정이 과도정부의 수반이 될수 있었던 것은 그가 이승만 정부의 관료 출신이면서도 민주당 소속이었고 동시에 특별한 정치세력을 대표하고 있지 않아서 자유당이나 민주당으로부터 모두 지지를 받을 수 있었기 때문이다.

그러나 바로 그러한 정치적 기반의 허약성이 과도정부로 하여금 당시와 같은 혁명적 상황에 대해 비혁명적 대처밖에 할 수 없게 만들었으며 따라서 선거관리 내각의 역할밖에 할 수 없게 만들었던 원인이 되기도 했다.

과도정부는 당면의 혁명적 과제, 즉 부정선거 관련자와 부정축재자 처벌에 대해 특별법을 만들어 엄히 처벌하라는 당시 학생과 시민들의 요구와는 달리 기존의 법체계 안에서 처벌 문제를 다루다 결국 공판을 매듭짓지 못하고 민주당 정부로 넘겼다. 또한 과도정부는 경찰의 중립화와 민주화를 약속했지만 선거부정과 정치테러 관련자 일부를 해임하거나 좌천시키는 데 그쳤다.

과도정부는 유혈 진압에 대한 책임을 물어 이승만을 처벌해야 한다는 여론을 무마하기 위해 이승만의 미국 망명을 주선했으며, 자유당

의원들 가운데 부정선거에 관련된 자들만 처벌한다는 방침에 따라 고위 간부 14명만 일시 구속하는 선에서 종결지었다. 부정축재자 처리에 있어서도 과도정부는 자유당과 불법적으로 관련된 조세범에 한정하여 처벌하되, 이들이 자수기간 내에 자진 신고하면 탈세액 이상을 추궁하지 않겠다는 선까지 후퇴했다.

이처럼 혁명적 과거 청산에 뚜렷한 한계를 가졌던 만큼 과도정부에 있어서 가장 중요했던 일은 기존의 헌법과 국회를 어떤 방식으로 바꾸고 어떻게 선거를 치르느냐 하는 것이었다.

권력을 잡을 가능성이 높았던 장면 중심의 민주당 신파 정치인과 언론인들은 즉각적인 국회 해산과 총선거, 그 이후의 권력구조 개편과 헌법 개정을 요구했으나 즉각적인 총선거 실시가 자신들에게 불리할 것이라고 생각한 민주당 구파나 자유당은 헌법 개정을 통한 권력구조 개편(의원내각제 도입)부터 해야 한다고 맞섰다.

결국 민주당 신파가 국회해산 보류를 수락함으로써 5월 초에 내각제 개헌안이 발의되어 6월 중순 국회를 통과했으며 새 헌법에 따른 선거가 7월 29일 실시되었다.

선거 결과는 민의원 233석의 3분의 2 이상인 175석, 참의원 58석의 절반 이상인 31석을 민주당이 차지해 버렸으며 주로 민주당 공천탈락자나 자유당 탈당자인 무소속이 49석, 20석을 차지했다.

4.19 이후 합법적 정당운동을 시작했던 사회대중당 등 혁신계는 6석, 2석으로 예상보다 부진하였다. 자유당도 2석과 4석을 차지하는 데 그쳐 불과 몇 달 전의 과반수 의석의 집권당에서 정당으로서의 의미를 상실한 군소정당으로 전락하고 말았다.

7.29 총선에서의 압도적 승리는 민주당의 분열을 초래했다. 원래 민

주당은 사사오입 개헌에 반대하는 구(舊) 민주국민당 인사들과 관료 출신 및 자유당 탈당파 인사들과의 연합으로 이루어진 정당이었다. 따라서 전자를 중심으로 하는 구파와 후자를 중심으로 하는 신파의 대립이 각종 선거나 요직 인선에서 항상 나타나고 있었다.

구파는 1956년 대선 후보였던 신익희, 1960년 대선 후보였던 조병옥, 제2공화국 대통령이었던 윤보선 등 구 한민당계 인사들이 중심이었고 신파는 1공화국 후반기 부통령이었던 장면 등 관료 출신이거나 천주교 혹은 상공업계 출신 인사들이 중심이었다.

그러나 양 파벌 간의 대립은 상이한 이념적 지향이나 사회경제적 위치에 기초한 것이라기보다는 개인적 연줄과 사적인 이해관계에 기인하고 있었다.

따라서 양 파벌은 동질적인 정책을 제시하였고 같은 보수적 정치의 틀 속에서 활동하면서 주로 정치적 자리를 놓고 경쟁하고 있었다.

이들은 7.29 총선의 공천에서부터 충돌하였다. 민주당이 신파 113명, 구파 108명, 그리고 중도파 8명을 공천하자 공천을 얻지 못한 대부분의 후보들이 그들 당해 지역구에서 당의 공천 후보들에 대항하여 출마하였고 각 파벌은 당의 공천에 상관없이 자파의 후보자를 은밀히 지원하였다.

총선 결과 신파와 구파의 당선자 수가 비슷한 것으로 나타나자 이들은 각각 단합대회를 개최하였다. 신파에 대해 보다 강경한 입장을 가지고 있었던 구파는 대통령과 국무총리를 모두 자파에서 선출하겠다는 생각을 갖고 정당간의 바람직한 경쟁을 위하여 민주당이 2개의 독자적 정당으로 갈라질 것과 구파로 구성된 새로운 정당이 정권인수에 노력할 것을 결의하였다.

반면에 신파의 당선자 회의에서는 자파의 주도 아래 당의 지속적인 통합을 위해 노력하기로 하고 대통령후보로 구파의 윤보선, 국무총리 후보로 자파의 장면을 추대하기로 하였다.

제2공화국 헌법에 의하면 국회에서 선출된 형식적 권한의 대통령이 실질적 권한을 가진 국무총리를 지명하되 국회의 승인을 받도록 되어 있었다. 국무총리직에 집중하였던 신파가 대통령으로 윤보선을 밀기로 결정한 것은 그를 장면과의 경쟁에서 배제시키고 또 한편으로는 타협적인 태도를 보임으로써 중도파 의원들을 회유하려는 의도에서였다.

윤보선이 국무총리직 경합보다 확실한 대통령직을 받아들이기로 결심한 뒤 8월 12일 그는 국회 양원 합동회의에서 민주당의 신·구파 양 파벌의 지지를 받아 대통령에 선출되었다. 대통령에 당선된 윤보선은 신파의 희망과는 달리 구파의 김도연을 총리로 지명하였다.

그러나 그의 파벌적 선정은 국회의 안팎에서 많은 비판을 받았고 결국 찬성 111표, 반대 112표로 인준에 실패하였다. 윤보선은 이틀 후에 장면을 지명하였고 그는 찬성 117표, 반대 107표로 승인을 얻어냈다. 구파는 신파에 대해 더욱 적대적이 되었고 패배로 인한 충격과 별도 정당을 꾸릴 계획 때문에 장면의 지도권 안으로 들어가기를 거부했다.

장면은 최소 5명의 구파 인사들을 입각시킬 것을 요구받았으나 국가적 과제들을 신속히 처리하기 위해서는 내각의 동질성이 필요하며 구파는 어차피 신당을 만들어 나갈 것이라는 신파 내 강경파들의 반대로 거국내각보다는 자파 중심의 내각을 구성했다. 내각의 동질성은 확보되었으나 내각에 대한 지지와 정통성을 진작시키는 데 있어서는 국회의 안팎으로부터 심각한 어려움이 야기되었다.

구파는 즉각 신당 창당 작업으로 들어갔고 장면이 내각 구성 2주 만에 4명의 각료를 구파 인사들로 보각하겠다고 제안하는 등의 노력에도 불구하고 분당은 공식화되어 11월 초 65명의 구파 의원들이 신민당이라는 이름의 정당을 결성하였다.

신파 내에서도 장면 내각의 자리를 얻는 데 실패한 소장파 의원들이 당의 지배권을 둘러싸고 장면을 중심으로 한 노장파에 도전하기 시작했다. 소장파들은 노장파 중진들로 구성된 내각에 대해 공격을 시작했고 이를 무마하기 위해 장면이 제의한 두 자리의 장관직도 국방이나 내무 장관이 아니라 보사부 장관과 무임소 장관이라는 이유로 거부하였다.

소장파 의원들이 장면 정부가 텅스텐의 대일 수출과 관련하여 불법 커미션을 받았다고 폭로하여 국회의 조사가 실시되고 한국텅스텐 사장이 사임하는 결과를 가져오자 소장파와 노장파 간의 갈등은 구파와 신파의 그것만큼이나 심각하게 발전하였다.

따라서 장면 정부는 사실상 한 번도 국회 내에 안정된 다수를 확보하지 못하는 상황이 되었고 그것은 제2공화국의 민주정치 수행에 결정적인 지장을 초래하게 되었다.

2. 갈등의 분출 : 미성숙한 사회

4.19의 주역이 아니었기 때문에 기본적으로 혁명적 상황에 자신 있게 대처하기 힘들었던 장면과 민주당 신파 정부는 강력한 리더십을 가지고 있지도 못했고 민주당 내에서도 다수의 지지를 받지 못하면서 이후 전개된 사회적 갈등 상황을 제대로 수습하지 못했다.

또한 농어업 종사자가 7~80%로 압도적 다수였던 당시의 산업구조에서 민주주의를 유지하는 데 가장 중요한 계층인 도시중산층이 취약했던 것도 제2공화국의 민주정부를 좌절시키는 중요한 요인이 되었던 것으로 보인다.

4.19 이후의 한국사회는 과거청산의 요구와 혁신진영의 등장으로 심각한 사회적·이데올로기적 균열이 나타나고 있었는데 장면과 민주당 정부는 거기에 제대로 대응을 하지 못했다.

장면 정부 출범 이후 학생과 시민들은 3.15 부정선거 책임자들, 4.19 당시 시위대 발포 책임자들, 장면 부통령 암살계획 관련자들, 부정축재자와 정치깡패 등에 대한 처벌을 강력히 요구했다.

문제는 처벌 당시의 법률로는 이들에게 중형을 가할 수 없기 때문에 특별법을 제정하고 그것을 소급해서 적용하기 위한 헌법 개정을 해야 한다는 점이었다.

장면 정부는 법원에 압력을 가해서 판결에 영향을 주는 방법이나 소급입법 시행을 위한 개헌에 모두 반대했다. 비민주적이라는 것이 표면적인 이유였으나 사실은 이미 장면 정부의 권력기반이 된 관료와 경찰들에 대한 보호가 더 중요한 이유였다.

결국 기존 법률에 입각하여 이들에 대한 재판이 이루어졌으며 그 결과는 사형 구형을 받은 9명 중 4명이 무죄 또는 집행유예로 석방되고 나머지도 5년 이하의 형을 선고받는 것으로 나타났다.

4.19의 희생자와 친지, 동료들은 즉각 항의행진과 시위에 돌입하였고 그 중 일부는 국회의사당에 몰려들어와 의장석을 점령하고 국회의 소극적 태도에 항의하였다.

지식인, 학생들과 언론의 거센 비판에 직면한 국회는 장면 정부와 신파 의원들의 반대에도 불구하고 민심에 편승한 구파 의원들과 다른 의원들을 중심으로 소급입법과 그를 위한 개헌을 강행하였다.

소급입법인 특별법은 부정선거나 시위대 발포 책임자들을 중형에 처하고 관료, 경찰 등 이승만 정부에서 특수지위를 이용하여 반민주행위를 범한 자의 현직과 공민권을 박탈하는 등의 내용이 포함되어 있었다.

장면 정부는 출범 당시 이승만 정부의 고위관리 5,000명을 해직시켰으나 특별법이 통과됨에 따라 12,000명이 더 영향을 받게 되었다. 관료 경찰들의 사기는 저하되었고 직무에도 열의를 보이지 않았으며 자신들을 보호해 주지 못하는 장면 정부에 대해 충성심을 갖지도 않았다. 장면 정부는 근무태만에 대한 경고를 보냈으나 대부분의 관료, 경찰들은 최소한의 의무만 수행할 뿐 시위대를 적극 저지하지 않는 등 보신주의와 기회주의의 행동을 나타냈다.

소급입법을 둘러싼 일련의 과정에서 장면 정부는 혁명파인 학생과 지식인들로부터는 혁명에 미온적이라는 이유로 비판받았으며 자신의 권력기반이었던 구정부의 관료와 경찰들로부터는 자신들을 지켜 주지 못했다는 이유로 비판을 받았다.

부정축재자를 처리하는 데 있어서도 장면 정부는 비슷한 딜레마에 봉착했다. 먼저 정부는 부정축재자에 대한 강경한 조처를 취하지 못해 혁명세력을 분노하게 했지만, 소급입법 후 부득이 법 집행에 나서자 이번에는 기업가 계층에서 강하게 반발하고 나섰다.

장면 정부는 탈세자들에게 5년 간 탈세한 금액을 상환하고 벌금으로 탈세액의 4~5배의 금액을 지불하도록 통지했다. 그러자 부정축재 문제 처리에 있어서 장면 정부가 너무 관대하다는 불만의 소리가 터져 나왔다. 장면 정부가 부정축재자들로부터 재정적인 지원을 받고 있기 때문이며 신파의 선거운동과 총리 경합에 그 자금이 사용되었다는 말까지 나왔다.

민주당 구파는 특별법을 제정하겠다고 나섰고 장면 정부와 신파는 반대했으나 시민들과 언론의 강한 압력에 의해 일정 액수 이상의 부정축재자들을 처벌하고 재산을 환수하는 등의 특별조치를 취할 것을 규정한 부정축재에 관한 법안이 통과되었다.

그러자 기업인들이 즉각 반발하고 나섰다. 그들은 이 법이 국유화를 통해 한국의 자유기업체제의 구조와 기틀을 파괴할 것이라고 주장했다. 이 법안은 결국 수정을 거쳐 완화되었으나 기업인들은 장면 정부가 그들을 징계하려 했다는 사실에 대해 계속 불만을 나타냈다.

이승만 정부의 강력한 탄압에 의해 진보당 사건 이후 잠수해 있었던 진보세력들은 4.19 이후 열린 공간에서 본격적인 활동을 시작했다. 이 시기 좌파 운동은 주로 세 가지 형태로 나타났는데 사회민주주의 혁신정당 운동, 교원노조 등 급진적 노조운동, 통일 지향의 진보적 학생운동 등이 그것이었다.

당시 혁신계라 불렸던 이들의 공통적인 인식은 외세, 특히 미국의 존재가 통일에 가장 큰 장애이며(자주) 국가권력이 집회, 시위, 노동운동 등을 탄압하는 것은 반민주적이고(민주) 북한 공산주의자들과 경제적, 문화적 교류를 해야 한다(통일)는 것이었다.

해방공간에서 좌익 활동을 했거나 남북협상에 참여했다가 1950년대 진보당 운동에 관계하였던 혁신계 인사들은 4.19 이후 사회대중당, 혁신동지총연맹, 한국사회당 등의 혁신정당을 창당하여 선거투쟁에 나섰다.

그러나 전쟁 이후 극심했던 반공 이데올로기 하에서 통합정당도 만들지 못하고 사분오열되어 있었던 탓에 모두 합쳐서 민의원 5석에 머무는 참담한 결과를 낳았다. 이들은 곧 제도권 정치를 포기하고 다시 대중투쟁에 돌입하였다.

대중투쟁에 있어 가장 중요한 주제는 통일운동이었다. 통일문제가 특히 젊은 층에게 상당한 호소력을 갖는다는 사실을 인식한 혁신정당들은 통일운동단체들을 조직하여 활동하기 시작했다. 사회대중당은 민족자주통일연맹을 조직하여 진보적 학생들의 통일운동을 지원했으며 통일사회당은 중립화통일연맹을 통해 통일운동을 전개했다.

혁신계 조직들이 강조한 두 번째 주제는 한미관계에서의 자주성 문제였다. 장면 정부는 미국과 한미경제협력에 관한 조약을 체결하려 하였는데 이는 한국과 미국 간의 경제적, 기술적 합의에 관한 것으로 특히 한국이 협력의 대가로 미국에게 거의 모든 국내 경제관계 정보를 제공하도록 되어 있었다. 혁신세력들은 이를 자주성 침해로 보고 한미경협 반대 운동을 전개하였다.

혁신계가 전개한 또 하나의 운동은 정부가 반대파들을 보다 잘 진압하기 위한 목적으로 개정한 집회 및 시위에 관한 법률과 국가보안법 등에 대한 반대운동이었다. 이들은 자유당 정권 아래서의 집시법과 국가보안법의 폐해를 잘 알고 있었으므로 이들 법률안에 대하여 강한 의심과 거부감을 표시했다. 이에 이들은 2대 악법반대 공동투쟁위원회를 조직하여 반대운동을 주도했다.

4.19 이후 민주화가 진행되자 노동운동도 급격히 고양되었다. 관제적인 성격을 지녔던 대한노총은 노동자들에 의해 불신당하고 새로운 노동조직들, 특히 교원과 은행원 같은 화이트칼라 노동자들의 노동조합들이 나타났다.

노동조합의 숫자는 621개에서 821개로 200여 개가 폭발적으로 늘어났고 조합원 수도 25,000여 명으로 10% 이상 늘어났으며 노동쟁의 건수도 역시 그 전해에 비해 80% 이상 늘어난 것으로 보고되었다.

노동운동은 노동조건 개선과 같은 요구 외에도 혁신계와 연대하여 자주화, 민주화 운동에도 동참하였다. 이에 대해 장면 정부는 그 전의 정부처럼은 아니지만 강경한 입장을 고수했다. 제2공화국 노동운동의 상징처럼 된 교원노조의 경우 조합원 전원이 해고되기도 하였다.

노동운동에 비해 학생운동은 직접적인 탄압은 받지 않았다. 학생운동세력 중 급진파 학생들은 4.19에서는 주도적 역할을 하지 않았으나 이승만 체제가 무너진 후 비교적 자유로운 분위기에서 정치적 활동을 펴나갈 수 있었다. 급진파 학생들은 지방으로 분산되어 7.29 총선에서 혁신계 후보들의 선거운동을 했다.

혁신계 후보들의 패배는 학생들을 매우 실망시켰으나 이들은 곧 교정으로 돌아가 조직 활동과 통일운동을 전개했는데, 그 중 중요한 것이 신진회와 민족통일연맹이었다.

신진회가 중심이 되어 조직한 민통련은 서울대의 진보적 학생들이 중심이 되어 조직한 것으로 한국의 빈곤, 성지적 압제, 사회적 도덕의 타락 등의 문제를 분단의 탓으로 돌리면서 남북한이 외세를 배제하고 문화적, 경제적 교류를 통하여 평화적 민족통일을 쟁취해야 한다고 주장하였다. 이들은 5월 초에 남북학생회담을 열 것을 북한의 대학생들에게 제안하였다.

"가자 북으로, 오라 남으로"라는 슬로건 아래 추진된 남북학생회담은 군부가 쿠데타를 일으키는 중요 원인의 하나로 지적할 만큼 우파에게 충격을 주었다.

우익세력들은 혁신계와 급진학생들의 용공적인 행위를 규탄하는 집회와 시위를 벌이면서 동시에 이들을 방치하는 장면 정부를 비판하였다. 주로 우익청년조직과 재향군인단체들이 후원했던 이 집회들은 전국적으로 개최되면서 혁신계에 의한 집회나 시위와 잦은 마찰을 일으키곤 했다.

많은 사람들이 조만간 좌우익 간 대규모의 과격한 충돌이 있을 것을 예측했고 언론도 그러한 공포를 조장했다. 그러던 중 1961년 4월 2일 대구에서 개최된 2대 악법 규탄 궐기대회에서 좌우익 간에 큰 충돌이 발생하여 많은 사상자가 나고 대량검거가 이뤄지면서 사회적 불안감은 크게 고조되었다.

이데올로기의 양극화라는 상황에서 장면 정부는 좌익과 우익 양면으로부터 모두 공격을 받았다. 좌익들로부터는 지나치게 친미 사대적이고 반통일적이며 비민주적인 정부라고 비판받았으며, 우익들로부터는 빨갱이들이 설쳐대는데도 공권력을 가진 정부로서의 역할을 하지 못한다는 비난을 받았다.

이처럼 혁명파(학생, 지식인 등)와 반혁명파(경찰, 기업 등) 사이에서, 또한 좌익 혁신계와 우익 보수단체들 사이에서 모두의 지지를 상실한 장면 정부가 질서 회복과 좌익 분쇄 등을 명분으로 한 군부의 권력 장악 음모를 저지하기는 힘들었다.

결국 1961년 5월 16일 군부 쿠데타에 의해 미성숙한 민주정부였던 장면 정부는 정부수립 불과 9개월 남짓 만에 무너지고 말았다.

제2공화국의 민주주의 혹은 장면 정부가 실패한 이유에 대한 이상의 설명은 5.16 쿠데타 세력들이 제기한 '군사혁명'의 논리와 어느 정도 일치한다. 5.16 군부세력들은 자신들의 정당성을 제2공화국의 사회적 혼란과 그에 대한 장면 정부의 무능에서 찾는다.

다시 말해 당시 우리 사회는 혁명파와 반혁명파, 좌익과 우익의 갈등으로 한시도 데모를 하지 않는 날이 없을 정도였고 학생들이 남북학생회담을 하자고 나설 정도로 혼란스러웠다는 것이다.

그런데도 장면 정부는 장면 총리의 리더십 부족에다 의원내각제의 제도적 취약성, 거기에 민주당 신구파의 격심한 파벌투쟁 등에 의해 사회적 혼란을 해결할 능력도 의지도 없었기 때문에 군부가 나설 수밖에 없었다는 것이다.

이와 같은 분석은 앞에서 살펴본 바와 같이 상당한 정도의 설득력을 갖는다. 그러나 장면 정부 당사자들의 견해는 물론 이와 다르다. 그들에 의하면 사회적 혼란이나 정부의 무능은 모두 과장되었거나 민주정부 하에서 충분히 일어날 수 있을 정도였다는 것이다.

그리고 무엇보다 그런 평가를 받기에는 정부의 존속기간이 너무 짧았고 제대로 일할 여유도 없었다는 것이다. 혼란과 무능으로 평가하기에는 좀 더 시간이 필요했지만 그런 것을 빌미로 권력을 잡고자 했던 소수의 군인들이 조직적으로 무력을 통해 정권을 잡는 데 성공했기 때문에 제2공화국이 존속하지 못했을 뿐이라고 주장한다.

말하자면 제2공화국과 장면 정부의 실패는 정부 자체의 문제라기보다는 권력의지를 불태운 일부 군부의 쿠데타에 의한 것 이상도 이하도 아니라는 것이다.

이러한 논의에는 모두 일면의 진실이 있는 것처럼 보인다. 그런데 그렇게 지적된 행위자의 책임 요인들 외에 구조적, 문화적 요인도 들 수 있다. 이를테면 제2공화국의 민주주의를 지키기에는 당시의 중산층은 너무 허약했고 정치문화는 너무 권위주의적이었다는 것이다.

서구 시민혁명을 분석한 배링턴 무어(Barrington Moore, Jr.)의 명제인

"부르조아 없이는 민주주의도 없다(no bourgeoisie, no domocracy)"를 현대적으로 해석하면 "중산층 없이는 민주주의도 없다" 정도가 될 것이다.

민주주의의 성공을 위해서는 민주주의가 별로 유리하지 않는 상류층이나 민주주의의 여력이 없는 하류층이 아닌 중산층의 확대가 필수적이다. 또한 그 사회의 정치문화가 권위주의로부터 어느 정도 벗어날 수 있어야 한다.

1987년 6월 항쟁 이후의 민주화가 어느 정도 성공할 수 있었던 이유는 개발독재 하의 경제성장을 통해 형성된 중산층이 있었고 수차례의 민주항쟁을 통해 민주주의에 대한 학습이 다소라도 이루어졌기 때문이다. 제2공화국의 상황은 정확히 그 반대였다. 도시 빈민은 많았지만 중산층은 적었고 권위주의 정치문화를 변화시키기에는 역사적 경험이 너무 부족했다.

3. 5.16

1950년대의 한국사회에서 가장 근대화, 조직화되어 있었던 두 개의 집단은 학생과 군부였다. 이들은 모두 이승만 정부의 독재와 부정부패, 경제 부진에 대해 강력한 비판의식을 가지고 있었다. 이들은 3.15 부정선거를 계기로 봉기하거나 쿠데타 계획을 잡는 등 자신들의 저항을 행동으로 옮겼다.

다만 학생들은 민주화에 방점을 두었고 직접 권력을 담당하려 하지 않았지만 군부는 근대화를 강조하며 무력을 사용하여 실제로 권력을 장악하였다는 점이 달랐다.

먼저 학생들이 봉기해 민주정부를 세웠으나 그 정부가 그다지 유능하지 못하다고 본 군부가 곧 이어서 행동에 나섰다.

한국의 군부는 6.25 전쟁의 와중에 급속히 성장하여 1950년 10만 명 규모에서 1956년에는 70만 대군으로 변했다. 군부의 양적 팽창은 자연히 질적 발전으로 이어졌다. 미국의 군사 원조와 훈련 지도로 성장한 군부는 제도적, 기술적, 조직적 발전을 이루어 50년대의 한국에서 가장 근대화된 집단의 하나가 되었다.

군 장교들은 민간 관리직에 대해 불신감과 우월감을 가졌고 진정한 국가 발전을 담당할 세력은 자신밖에 없다는 일종의 소명의식을 가졌다.

더구나 1948년 정부 수립 이후에 정식 육군사관학교에 입학한 8기생들은 소대장으로 한국전쟁을 겪은 기수로 이러한 사명감이 남달리 강했다. 그들은 이승만 정부 하에서 부패한 선배 기수들이 군 요직을 맡고 있는 것을 비판했고 전쟁 이후 군 내부가 안정되면서 선배 기수들에 비해 진급 기회가 줄어든 것에도 불만을 가졌다.

김종필 중령을 비롯한 육사 8기 중심의 하급 장교들은 4.19 이후 바로 그러한 비판과 불만들에 의해 군 내부의 정화를 요구하는 연판장을 돌려 장교들의 서명을 받았다.

이 하극상의 사건에 의해 육군 참모총장 송요찬도 사퇴했지만 주모자였던 김종필도 옷을 벗어야 했다. 김종필과 8기생들은 즉시 실제적인 쿠데타 모의를 시작했다.

이들은 김종필의 처삼촌인 부산지구 군수기지사령관 박정희 소장을 추대해 거사하기로 계획을 세웠다. 박정희는 이미 이승만 정부에서도 실행되지는 않았지만 두 차례 쿠데타를 계획했던 것으로 알려졌다.

박정희는 일제 강점기에 대구사범학교를 나와 교편을 잡다 만주군관학교와 일본육군사관학교를 거치며 일본군 장교로 관동군에서 복무한 경력이 있었다. 해방 후 귀국한 박정희는 다시 육군사관학교의 전신인 남조선경비사관학교로 입교해 국군 장교로서의 길을 걸었다.

그러나 1946년 10월 봉기 때 좌익 활동을 하다 처형된 그의 형 박상희의 영향으로 군 내의 좌익프락치 활동을 하던 중 1948년 여순 군인 봉기 이후의 숙군 과정에서 체포되었으나 조직을 고발하고 살아남은 대신 군복을 벗었다. 그러던 중 전쟁이 터지자 그는 다시 장교로 부임하였고 이후 동기생들보다는 늦었지만 계속 진급하여 5.16 당시 소장으로 복무하고 있었다.

1961년 5월 16일 김동하 소장이 이끄는 포항해병사단을 선두로 한강을 넘은 3천여 명의 군인들은 거의 저항을 받지 않고 무혈 쿠데타를 성공시켰다. 이들은 방송국을 장악해 언론을 통제하고 헌법을 중지시켰으며 내각과 국회를 해산하고 모든 정치활동을 금지시켰다.

60만 군대 중 불과 3천 명에 의한 무혈 쿠데타가 성공한 것은 한국 정부의 지리멸렬함이 가장 중요한 이유였다. 쿠데타가 일어나기 전 군부 내 일부세력에 의한 쿠데타 모의 정보가 미군 정보망에 포착되어 장면 총리에게 여러 차례 보고되었다.

그러나 5.16 당시 국방부장관이었던 현석호는 민간인 출신으로 군을 잘 몰랐고 육군 참모총장이었던 장도영은 쿠데타 세력들로부터 은밀히 혁명 수반 직을 제의받고 있었기 때문에 장면에게 걱정 말라는 말을 하고 있었다.

군 통수권자로 쿠데타를 진압해야 할 장면 총리는 쿠데타가 일어나자 미국 대사관으로 피신하려 했고 신분 확인이 안 되어 들어가지 못하자 서울의 한 수녀원으로 도피하여 사흘 동안 잠적해 버렸다.

총리가 사라지자 현석호 국방장관은 스스로 사태를 수습하려 하기

보다는 실권이 없지만 국정 책임의 상징성을 갖는 윤보선 대통령에게
로 달려갔다. 주한미군 사령관 매그루더 (Carter B. Magruder)와 미국 대
리대사 그린(Marshall Green)도 윤보선을 찾아 진압을 요청했다. 그러나
윤보선은 그들 외에도 참모총장 장도영과 박정희도 만났다.

윤보선은 미국이 여전히 장면 정부를 지지하고 있다는 대사의 말에
오히려 회의적인 태도를 보이면서 장면 정부로는 사회 혼란을 극복하
기 어렵고 자기로서는 국군들끼리 유혈사태를 벌이는 것을 바라지 않
는다고 하여 쿠데타 진압에 부정적인 입장을 나타냈다. 민주당 신파였
던 장면과 달리 구파였던 윤보선으로서는 장면의 실각이 자신과 구파
들에게 기회가 될지 모른다는 생각을 했을 것이다.

한국 정부의 쿠데타 진압 책임자들이 이렇게 지리멸렬하자 한국군
의 전시작전권을 가지고 있던 매그루더 사령관의 입장이 곤란하게 되
었다. 매그루더와 그린 대사는 쿠데타 진압의 필요성을 인정하고 있었
으나 이런 상황에서 특별히 적극적일 수가 없었다. 게다가 본국에서의
훈령도 쿠데타 진압에 대한 강력한 의지가 들어 있지 않았다.

미국 정부가 그런 태도를 보인 것은 쿠데타군의 노력과 무관하지 않
았다. 쿠데타에 대한 미국의 대응을 우호적으로 만들기 위해 김종필
등 주도세력은 미국 중앙정보부 한국 책임자인 실바(Peer de Silva)를 만
나 자신들의 입장을 설명하고 지지를 요청했다.

쿠데타 세력이 가장 우려했던 것은 박정희의 좌익 경력에 대한 미국
의 의구심이었다. 따라서 이들은 미국인들에게 박정희의 반공 사상을
강조하였고 혁명공약에도 1번으로 반공 국시를 내세웠다.

혁명공약 2번은 미국과의 유대 강화였으며 그 밖에 부패와 구악 일
소, 민생 해결과 국가 재건, 공산주의와 대결할 실력배양, 과업 성취와

동시에 즉시 원대복귀 등의 내용을 담고 있었다. 반공과 친미의 입장을 뚜렷이 했으며 부패 일소와 경제 건설을 쿠데타의 명분으로 밝힌 것이었다.

미국은 쿠데타가 일어난 지 며칠 후에 쿠데타 군의 조속한 원대복귀 의사를 환영한다고 하는 짧은 성명을 공식적으로 발표했다. 사실상 쿠데타를 인정한 것이었다.

쿠데타에 성공한 군부는 초기의 군사혁명평의회를 국가재건최고회의로 변경하고 장도영 참모총장을 의장으로 추대했으나 곧 반혁명 사건으로 낙마시킨 후 사실상의 주역인 박정희 소장을 의장으로 추대하였다. 조속한 원대 복귀를 조건으로 한 미국의 조심스런 지지를 받아낸 쿠데타 세력들은 본격적으로 '혁명과업'에 착수했다.

그들은 군부 내 반대파들을 제압하고 4.19 이후 활발하게 등장하였던 혁신세력, 진보파 학생들을 검거하고 투옥하는 동시에 반공법, 노동자의 단체 활동에 관한 임시조치법 등 민중운동에 대한 억압을 골자로 한 법들을 제정하여 자신들의 목표가 민주화가 아님을 분명히 하였다.

특히 한국전쟁 때 군경에 의해 집단 학살당한 사람의 유족들이 4.19 이후에는 국가를 상대로 명예회복 소송을 제기하는 등 활발한 활동을 보였으나 5.16 이후에는 대거 검거되고 구속되는 모습에서 세상이 다시 바뀌었다는 것을 실감할 수 있었다. 그런 가운데 쿠데타 군은 신속한 근대화, 경제발전이라는 자신들의 목표를 향해 나아가기 시작했다.

개발독재체제의 성립과 심화

제3공화국과 경제개발계획의 추진

1. 개발과 독재의 기반 구축

5.16 쿠데타에 성공한 군부세력들은 쿠데타라는 불법적 방식으로 국가권력을 장악한 자신들의 정통성이 부족하다는 사실을 잘 알고 있었다. 따라서 그것을 급속한 경제성장을 통해 보완하고자 하였다.

쿠데타 세력이 자신들의 불법성에 대한 비판을 허용해야 할 민주주의를 받아들일 수는 없는 것이었기에 그들은 민주정부와는 달리 정권에 대한 반대세력들을 효과적으로 억누르면서 권력을 보위할 수 있는 특별한 수단을 필요로 하였다.

쿠데타의 주역이었던 김종필이 쿠데타 성공 이후 한 달도 안 된 6월 10일 미국의 CIA를 모델로 한 정보기구인 중앙정보부를 만든 것은 바로 그런 필요성 때문이었다.

중앙정보부는 원래 국가 안보를 위해 국내외 정보를 수집하는 것이 가장 중요한 임무이나 실제로는 정권 안보를 위한 각종 정보를 수집할 뿐만 아니라 그에 대한 수사까지 할 수 있게 됨으로써 정권의 보호 아래 점차 무소불위의 힘을 가지게 되었다.

국가 안보라는 명분 아래 국회나 사법부의 감시를 벗어나 막대한 예산을 마음대로 사용하고 도감청 등 수단과 방법을 가리지 않고 정보를 획득하며 그 정보를 대통령에게만 직보하는 중앙정보부는 권력자에게는 더할 나위 없이 좋은 기구였다.

이들은 각종 선거와 정당 활동에 개입하여 정보를 수집하고 때로는 조작하며 정치인이나 학생, 지식인들을 대상으로 공작을 하기도 했다. 정권이나 체제에 대한 반대세력에 대해서는 수집한 각종 정보를 바탕으로 그들을 회유하고 협박하였으며 필요할 때는 고문 등에 의해 공안사건을 조작하기도 하면서 이후 독재정권을 이끌어 갈 사령탑으로서의 역할을 충실히 수행하였던 것이다.

그런 가운데 군부세력은 5.16의 정당성을 확보하고 신속한 민생 안정과 경제성장을 위하여 경제개발계획을 입안하고 추진하기 위한 기구로 7월 22일 경제기획원을 신설하고 동시에 종합경제재건계획을 공표했다. 이어서 12월에는 1962년 1월부터 시작되는 제1차 경제개발 5개년계획을 발표했다.

이 계획서에는 "되도록 민간인의 자유와 창의를 존중하는 자유기업의 원칙을 토대로 하되 기간산업 부문과 그 밖의 중요 부문에 대하여서는 정부가 직접적으로 관여하거나 또는 간접적으로 유도정책을 쓰는 '지도받는 자본주의체제'로 한다"는 내용이 들어 있었다. 시장에 대한 정부의 적극적 개입을 의미하는 권위주의적 발전전략인 '개발독재' 모델이 형성된 것이었다.

물론 정부에 의한 경제개발계획은 이것이 최초의 것은 아니었다. 앞서 본 바와 같이 이승만 정부 말기에도 부흥부 관료들을 중심으로 장기적 개발계획이 입안되었으나 정치인들의 무관심 속에 빛을 보지는 못했다. 장면 정부에서도 1960년 11월 부흥부 산업개발위원회가 주무 부서가 되어 5개년계획의 수립에 착수하여 경제개발계획의 대강을 발표했기도 하였으나 실현시킬 시간은 갖지 못하였다.

쿠데타 세력들에 의한 신속한 경제개발계획 수립에는 이러한 사전 작업들이 크게 참고가 되었다.

쿠데타 세력들은 초기에 민족주의자들이 많았고 이들에게 조언했던 경제학자들도 주로 자립경제론자들이었다. 따라서 초기의 경제개발계획의 기본방향은 국내자본과 국내수요, 즉 내자내수 중심의 자립경제를 지향했던 것으로 알려져 있다.

중요한 역할을 했던 당시 최고회의의장 자문위원 박희범 서울상대 교수의 이론은 '내포적 공업화 전략'으로 '자립경제를 지향하는 자주적 공업화 전략'이었다.

이는 외향적이며 개방적인 수출 지향적 산업화 전략과는 대비되는 개념으로 기초적 생산재 공업을 우선 건설하되 국가의 시장에 대한 적극적인 개입이 필요하며 많은 자금이 소요된다는 것이었다. 이를 위해 필요한 것이 국내자본의 동원이었는데 이는 통화개혁과 국영 정유공장 건설 추진 등으로 구체화되었다.

조급하게 작성된 제1차 경제개발계획은 많은 시행착오를 겪으면서 추진되었다. 이 안은 비록 졸속적이었지만 순수하게 한국인들의 손에 의해서 만들어진 것이었다. 계획안에 원조 확보의 내용이 없는 것은 아니었지만 주체적 성격이 더 강했다. 따라서 미국은 이 초기 안에 대해 냉담했다.

미국의 생각은 한국이 성장보다는 재정안정을 중시해야 하고 제철 등의 대규모 공업단지 건설 사업은 시기상조이며 이런 계획 아래서는 원조가 힘들다는 것이었다.

미국의 반대에 부딪힌 초기 계획안은 국내자본 확보를 위한 가장 중요한 방법인 통화개혁이 예상보다 적은 음성자금 회수로 실패하면서 크게 방향을 선회하게 된다.

통화개혁 실패의 결과로 자력갱생파들이 밀려나고 대외개방적인 공업화를 추구하는 실용주의자들의 노선이 힘을 얻기 시작했다. 민족 자본에 의한 기간산업 건설과 수입대체산업화와 같은 발상은 힘을 잃게 되었고 외자 도입, 보세가공무역, 수출 중심과 같은 대외개방 노선이 대세를 이루었다.

외자도입을 위해 박정희는 군정 시절 미국의 케네디 대통령을 만나 원조를 요청했지만 한일관계 정상화를 통해 일본의 도움을 받으라는 충고를 듣고 돌아와 한일회담을 시작하게 된다.

한편 군부 내에서는 1963년 8월 15일을 목표로 민정이양 작업을 완료한다는 등의 계획을 마련했지만 실현되지는 못했다. 오히려 김종필을 중심으로 한 5.16 세력들은 자신들의 정치적 조직기반을 마련하기 위한 비민주적인 조치를 취해 갔다. 정당과 사회단체들은 해산되었고 기성 정치인의 정치사회활동은 제한되었으며 집회·시위·결사의 자유는 금지되었다.

또한 쿠데타 세력은 쿠데타의 정당성을 홍보하고 이에 반대하는 주장을 차단하기 위해 언론출판에 대한 억압을 시작하였다. 언론출판보도의 사전검열 명령이 내려졌으며 9개항의 사전검열지침을 발표하고 비판적 언론이었던 민족일보를 수색하여 조용수 사장을 구속시키는 상황이 전개되었다.

그 외에도 쿠데타의 정당성 확보를 위한 노력이 이어졌는데 사치 외제품의 소각, 깡패 소탕으로 대표되는 사회악 일소, 농촌 고리채 탕감, 부정축재자 처벌 등이 그것이었다.

이러한 일련의 과정을 통해 정권의 내외적 기반을 확보한 군정은 1962년 7월 헌법심의위원회를 설치하여 강력한 대통령 중심제와 국회 단원제를 주요 내용으로 하는 헌법을 채택하고 12월에 국민투표를 실시하여 통과시켰다.

대통령제 자체가 독재적인 제도라고 볼 수는 없고 또한 제3공화국 헌법에는 국회와 대통령, 사법부가 상호 견제할 수 있는 권력분립이 어느 정도 이루어져 있었기 때문에 제3공화국을 제도적으로 독재정권이라고 볼 수는 없었다.

그러나 사실상 박정희를 중심으로 한 군부세력은 중앙정보부 등의 권력기관을 최대한 활용하여 반대세력을 억압하고 독재적인 권력을 행사하였다.

헌법 개정과 함께 쿠데타 세력은 대통령과 국회의원 선거를 통해 새 정부를 출범시킬 준비를 해 나갔다. 1963년 1월 구정치인들의 정치활동 재개를 허용한 박정희와 김종필은 자신들이 1년여 준비해 왔던 민주공화당 창당을 선언했다.

신당의 조직 원리로는 대중정당 지향, 정책대결에 입각한 정당정치, 효율적인 당무집행을 위한 강력한 당 지도력, 당내 파벌금지, 중앙과 지방에 강력한 당 사무국 설치, 당 훈련원을 통한 계속적인 당원교육 실시 등을 제시했다.

미국식의 느슨한 선거정당이 아니라 강력한 당 사무국이 국회의원들을 규율하는 유럽식 이념정당을 모델로 한 것이었다.

그러나 공화당은 창당 당시부터 김종필계와 반김종필계가 내부에서 권력투쟁을 하는 형태로 출발하였다.

자신들이 민정이양 작업에서 소외되었다고 판단한 반김종필계는 김종필이 공화당 조직을 위한 거액의 정치자금 확보를 위해 4대 의혹사건인 증권 조작, 일본자동차 수입, 워커힐 건설, 빠징코 수입 등을 통해 많은 커미션을 받았다고 폭로했다.

실제로 공화당은 조직이나 돈을 가진 구정치인들이나 구기업인들을 배제하고 교수 등 전문직 종사자와 예편한 군 장교 등 참신한 신진 인사들로 당을 만들려 했기 때문에 가장 중요한 정치자금 문제를 해결해야 했다.

따라서 김종필은 중앙정보부를 이용해 각종 이권에 개입해 정치자금을 만들었고 그것이 4대 의혹사건으로 터져 나옴으로써 "신악이 구악을 뺨친다"는 비판을 받아야 했다.

박정희는 공화당 창당을 둘러싸고 일어난 군부의 내분과 구정치인들의 저항, 미국의 조속한 민정이양 압력을 해결하기 위하여 민정 불참을 선언하였다.

그러나 곧바로 쿠데타 주도세력의 강력한 반발에 부딪힌 박정희는 자신의 결정을 반복하고 군정연장안을 내놓는 등 우왕좌왕하는 모습을 보이다 결국 군정연장안을 철회하는 대신에 구정치인들이 박 의장의 대통령 출마를 반대하지 않는다는 안에 합의하는 선에서 타협하였다.

박정희는 1963년 8월 군복을 벗고 공화당에 입당하였으며 공화당은 임시 전당대회를 열어 박정희를 대통령후보와 당 총재로 선출하였다.

1963년 10월 대통령 선거와 국회의원 선거가 치러졌다. 대통령 선거에서는 박정희가 야당 단일후보였던 윤보선을 15만 표라는 역대 최소 표차로 근근이 이겨 승리하였다.

구정치인들보다는 신인들에게 기회를 주겠으나 완전히 신뢰하지는 못하겠다는 민심이 담겨 있었던 것으로 보인다.

그러나 국회의원 선거에서는 175석의 지역구 의석 중 공화당이 88석을 얻어 전국구 22석을 합치면 110석이 되는 압승을 거두었다. 야당은 민정당 41석, 민주당 13석, 자유민주당 9석 등이었다.

신진세력인 공화당에 대한 기대라고 볼 수도 있으나 소선거구제 아래서 야당 난립으로 인한 여당의 어부지리였다고 볼 수도 있었다. 어쨌든 그와 같은 일련의 선거를 통해 군복을 벗은 군인들은 국가경영의 기회를 잡게 되었고 그들은 개발독재의 외길을 걸어갔다.

2. 한일협정과 월남파병 : 경제개발의 재원

1) 한일협정

1963년 대선과 총선을 통해 집권에 성공한 박정희와 공화당 정부는 외자와 수출 중심으로 방향을 선회한 제1차 경제개발 5개년계획의 성공을 위해 박차를 가했다. 그러나 문제는 경제개발을 성공시키기 위한 재원 마련이 쉽지 않다는 점이었다.

신생 후진국에게 자금을 빌려 줄 국가는 없었다. 따라서 정부는 경제개발계획을 수행하고 공화당에 대한 간접적인 자금원을 확보하며 급속히 줄어드는 미국의 원조를 대치하기 위해 일본으로부터의 자금유입을 간절히 바라고 있었다. 그것을 위해서는 한일 간의 관계가 정상화되어야 했다.

한일관계 정상화는 또한 미국으로서도 바라는 바였다. 한일관계가 증진되면 미국은 한국에 대한 지원을 줄이면서도 극동의 안정이라는 목적을 유지할 수가 있었다. 일본이 한국에 경제 원조를 제공한다면 한국의 미국 원조에 대한 의존도를 대폭 경감시킬 수 있을 것이다.

게다가 한일 간의 경제교류는 한국 상품에 새로운 시장을 제공하는 것이며 일본의 자본투자를 유발하는 것으로 한미일 관계에도 바람직한 일이었다.

미국이 1950년대부터 한일 간의 조기 화해를 위해 압력을 가했다는 증거는 많다. 역대 주한 미국대사는 모두 한일 간의 급속한 화해가 필요하다고 역설했다. 그리고 그런 발언이 거듭되는 동안 한국에 대한 미국의 무상원조는 계속 삭감되었다.

그러나 일제 36년의 배상과 보상 문제가 걸려 있는 한일관계가 미국의 요구만으로 정상화될 수는 없었다. 동해에 한일어업 평화선(Rhee Line)을 그어 일본 어선이 넘어오지 못하게 할 정도로 반일의 태도를 보였던 이승만 정부는 미국의 요구에 의해 몇 차례 한일회담을 열었으나 성과를 내지 못했다.

장면 정부로 들어와서 국교 정상화에 진전이 있을 것으로 생각되었으나 정부가 빨리 무너졌기 때문에 역시 별 성과를 거두지 못했다.

반면 쿠데타 이후 실권을 잡은 박정희 최고회의 의장은 일본군 장교 출신으로 일본에 대한 거부감도 없었고 경제성장을 위한 외자가 절실히 필요한 상황이었기 때문에 일본과의 관계 정상화를 서두르는 입장이었다.

군정기간인 1962년 11월 12일 당시 중앙정보부장이었던 김종필은 박정희 의장의 명에 의해 오히라 마사요시[大平正芳] 일본 외상과 회담하면서 '김-오히라 메모'를 통해 한일협정의 조건에 대해 사실상의 타결을 본 것으로 알려졌다.

이후 4대 의혹사건에 책임을 지고 자의반 타의반 외유 길에 올랐던 김종필은 1963년 10월 공화당 당의장에 취임하자마자 한일협정 조인의 조정을 위해 다시 일본에 파견되었다.

극소수의 인사들을 통해 추진된 이 같은 비밀협상은 국민들에게 석연치 않은 조건으로 일제 36년을 팔아먹는 것 아니냐는 의구심을 불러일으켰다. 이에 대해 김종필 의장은 자기를 제2의 이완용이라 불러도 개의치 않겠다고 말함으로써 이러한 상황을 더욱 악화시켰다.

1964년 3월 모든 야당은 단합하여 '대일굴욕외교반대 범국민투쟁위원회'를 조직하였다. 정치에 참여하지 않았던 많은 인사들까지 이에 가세하여 3월 중순부터 전국 순회 성토 유세에 들어갔다. 전국 주요 도시에서 8만여 명의 학생들이 항의시위를 벌였고 질서회복을 위해 군대가 동원되었음에도 불구하고 시위는 닷새간 계속되었다.

마침내 김종필 의장은 동경으로부터 소환되었으며 학생들의 항의는 소강상태에 들어갔다. 그러나 두 달 후 한국정부가 협상을 재개할 의사가 있다고 발표하자 학생들은 다시 거리로 뛰쳐나왔다.

6월 3일 1만여 명의 학생들은 청와대를 비롯한 정부 주요 관서에 몰려가 굴욕외교 반대와 박 대통령의 사퇴를 요구하였다. 정부는 비상계엄을 선포하여 집회를 금지하고 언론 검열을 실시하고 대학에 휴교령을 내렸으며 학생운동 지도부를 검거하였다. 6·3사태였다.

그런 다음 들끓는 국민감정을 누그러뜨리기 위해 6월 5일 김종필은 공화당 의장직을 사임하고 다시 한 번 자의반 타의반의 외유에 올랐다.

다음 해인 1965년 5월 정부는 최종적으로 한일협정 추진 의지를 공언하였다. 거리와 교정은 매일 항의하는 학생들로 메워졌고 주요 도시에서는 시위가 빈발하였다. 6월 21일 정부는 한일회담 반대의 진원지인 대학과 고등학교에 휴교령을 내렸고 이튿날 한일협정이 정식 조인되었다.

문제의 핵심이었던 일제 36년의 보상금, 즉 대일청구권 자금을 놓고 한국정부는 협상 초기에 이승만 정부 때 제기되었던 20억 달러에 크게 못 미치는 7억 달러를 제시했으나 일본은 7천만 달러가 상한선이라고 주장하여 회담이 결렬되었던 것으로 알려졌다. 그런 상황에서 돌파구를 마련한 것은 '김-오히라 메모'였다.

거기서 김종필과 오히라는 '(대일청구권에 해당되는) 무상 3억 달러 외에 유상(공공차관) 2억 달러, 상업차관 1억 달러 이상'으로 합의해 회담의 돌파구를 열었던 것으로 알려졌다. 이 금액은 추후 협상과정에서 상업차관 부분만 3억 달러로 최종 조정됐다.

협정의 국회 비준을 앞두고 매국외교, 굴욕외교라는 항의는 절정에 달했다. 그러나 8월 11일 밤 11시 여당은 별관에서 단독으로 비준안을 날치기 통과시켰다.

야당의원들은 이에 항의하여 의원직 사퇴서를 제출하였고 학생들과 지식인들은 거리로 쏟아져 나왔다. 정부는 서울 일원에 계엄령보다 한 단계 낮은 위수령을 선포하고 2개 대학교를 휴교시켰다.

한일협정 결과와 관련하여 한편에서는 대일청구권 자금(경제협력자금)이라는 종자돈을 받아 한국의 근대화와 경제발전의 기틀을 마련했다는 긍정적인 평가가 있는가 하면 다른 한편에서는 실리에 급급한 나머지 역사 부채 청산의 명분과 기회를 희생시켰다는 부정적인 평가도 있다. 특히 부정적 평가에서는 오늘날 한일 과거사라는 이름으로 제기되고 있는 각종 미해결 현안들을 숙제로 남겼다는 지적이 나오고 있다.

부정적 평가가 지적하는 가장 뼈아픈 문제는 일본이 끝내 청구권 자금을 '경제협력자금'이라고 주장한 데서 나타나듯이 한일병합이 원천무효임을 명시하지 못함으로써 결과적으로 일본으로 하여금 과거의 식민통치를 합법화할 수 있는 빌미를 줬다는 것이다.

식민통치에 대한 사죄조차 받아내지 못한 채 한일협정을 체결한 것은 한일병합 자체가 불법이었음을 관철시키지 못한 결과였으며, 일본 정치가들의 반복되는 역사 망언도 따지고 보면 여기에 그 뿌리를 두고 있다고 볼 수 있다.

또한 한국 정부가 식민지 피해에 대해 일괄 보상받는 형태를 취함으로써 종군위안부, 강제 징용·징병 피해자, 원폭 피해자 등이 일본 정부에 대해 개별보상 요구를 하기 어렵게 만들었다는 문제도 있다.

그 밖에도 독도 문제를 제외시켜 미해결 과제로 남겼으며 재일동포의 법적 지위와 영주권 문제가 일본정부의 임의 처분에 맡겨졌고 문화재 및 문화협력에 관한 협정으로 일제가 불법으로 강탈해 간 모든 한국문화재를 일본 소유로 인정하게 되는 문제도 지적된다.

물론 이와 같은 불만투성이의 협상이 이루어진 것에 대해 식민지 근대화론을 통해 '일제 통치가 조선에 기여했다'고 주장하며 식민통치에 대한 사죄와 반성을 끝내 거부하고 있는 일본인들의 뿌리 깊은 인식이 있는 한, 협상을 통해 더 이상을 얻어내기는 힘들었으며 그 정도의 대가로도 그것이 그 후에 우리가 이룩한 경제성장의 밑거름이 되었다는 점에서 당시의 협상자들을 일방적으로 비판할 수 없다는 지적도 있다.

2) 베트남 파병

베트남 전쟁은 프랑스의 식민지였던 베트남이 2차 대전 때 일본에 점령당한 후 해방되자 프랑스의 지원을 받는 남베트남이 베트남 독립 투쟁의 영웅이었던 공산주의자 호치민이 이끄는 북베트남과 벌인 전쟁을 말한다.

전황이 남베트남에게 불리해지자 1962년 미국이 개입하였고 그에 따라 당시 공산국가였던 소련과 중국이 다시 개입함으로써 국제전으로 바뀌었던 전쟁이다. 미국은 이 전쟁을 자유주의 국가와 공산주의 국가 간의 전쟁으로 몰아가기를 원했고 따라서 호주, 태국뿐 아니라 한국에도 참전을 권유하게 된다.

그러나 미국의 권유 이전인 5.16 직후 미국을 방문했던 박정희 최고회의 의장이 케네디 대통령에게 먼저 파병 의사를 전달했다는 사실도 전해진다.

미국이 베트남전에서 좀처럼 승기를 잡지 못하던 1964년 12월 브라운 주한 미국대사는 박정희 대통령을 방문하여 베트남에 한국군을 파병해 줄 것을 요청하였고 박 대통령은 흔쾌히 이를 받아들였다.

베트남 파병은 공산군과 전쟁 중인 자유베트남을 돕기 위한 것으로 홍보되었으며 처음에는 비전투부대인 비둘기 부대를 파병하고 이후에 맹호, 청룡, 백마 부대 등의 전투 병력을 파병하였다.

반공주의가 절대 선이었던 당시의 분위기와 파병하지 않으면 주한미군이 감축될 수도 있다는 위협 때문에 베트남 파병 문제는 국회에서도 크게 논란이 되지 않았다. 파병 안은 1965년 8월 한일협정 날치기 처리로 야당이 등원을 거부하고 있는 가운데 여당 단독으로 통과시켰다.

1966년 3월 정부는 일부 학생들과 야당의원의 반대를 무릅쓰고 베트남에 2만 명을 증파할 것을 결의하였다. 그와 동시에 브라운 주한 미국대사는 한국군의 베트남 증파에 대한 미국 측의 14개 조의 양해사항을 발표하였다.

양해사항의 요지는 추가파병에 따른 모든 비용은 미국정부가 부담하며, 한국군의 장비를 현대화하고 한국군을 위한 물자와 용역을 한국에서 구입하며, 베트남의 건설, 구호 사업에 한국 물자와 용역이 사용될 기회를 제공하고, 미국의 원조와 차관을 확대한다는 등이었다.

베트남 파병은 경제적으로는 막대한 이득을 가져다준 것이 사실이었다. 필요한 물자와 용역을 국내에서 조달했기 때문에 베트남으로의 수출이 급증했으며 군인, 노동자가 받은 봉급과 현지 한국기업의 사업수익까지 합하면 10억 달러 이상의 외화를 벌어들였다. 이 돈은 2, 3차 경제개발 5개년계획의 핵심 재원이 됐다.

하지만 그것을 위해서 너무나 많은 피와 희생이 필요했다. 4,600여 명의 장병이 이역만리에서 전사했고, 1만 7,000여 명이 중상을 입었다. 미군이 살포한 고엽제는 아직도 수많은 참전 용사들에게 고통으로 남아 있다. 나아가 파병군인들이 정말 자유월남을 지키기 위한 의용군이었느냐 아니면 미군 대신 임금을 받고 싸운 용병이었느냐는 문제를 둘러싼 논란은 여전히 우리 사회의 아픈 상처로 남아 있다.

3. 1967년 대선과 총선 : 경제개발의 효과

이와 같은 해외자금의 유입에 힘입어 제1차 경제개발 5개년계획은 괄목할 만한 성공을 거두고 1966년 완수되었다.

5개년 계획에 따른 예상 연평균 GNP 성장률은 7.1%였지만 실제 연평균 성장률은 8.3%에 달했다. 수출은 1962년 5천만 달러에서 1967년 3억 2천만 달러로 증가하였고 1인당 국민소득은 1962년의 83달러에서 1967년 123달러로 증가하였으며 GNP에서 공업생산이 차지하는 부분은 1960년의 18%에서 1967년 28%로 증가하였다.

산업구조도 1960년에 1차 산업이 35.2%, 2차 산업이 19.2%, 3차 산업이 45.6%였던 것이 1966년에는 1차 산업이 31.7%, 2차 산업이 25.7%, 3차 산업이 42.6%로 바뀌었다. 1차 산업과 3차 산업의 비중이 감소된 반면에 2차 산업의 비중이 커졌던 것이다.

경제개발의 성공과 함께 박정희 정부의 정치행태는 민주적이기보다는 더욱 비민주적인 방향으로 변화되어 갔다. 국정운영에 자신감을 가지게 된 박정희는 권력을 분산시키기보다는 더욱 자신에게 집중시켰다. 다양한 방법의 정치적 통제가 강화되었는데 가장 중요한 수단은 역시 김종필의 동기생인 김형욱이 부장으로 있던 중앙정보부였다.

중앙정보부 요원은 대학 교정, 신문사 편집국, 술집과 다방 등 곳곳에 출몰했다. 중앙정보부는 풍부한 자금과 물리력을 동원하여 반대세력을 억압하고 회유하였다. 문제성이 있는 학생들 중 일부는 감옥에 갇히기도 했지만 다른 학생들은 이른바 5.16 장학금을 받고 해외유학을 떠나기도 했다. 언론과 학계, 야당 인사들까지 이러한 물리적, 금전적 통제로부터 자유롭지 못했다.

공화당 역시 점차 대통령에게로 모든 권력이 집중되었으며 그에 따라 파벌투쟁도 점차 강력해졌다. 정보와 정치자금이 점차 대통령에게 집중되면서 공화당은 행정부의 부속기관으로 전락하기 시작했다.

육사 8기생을 비롯한 공화당 내의 구주류들의 영향력은 감소하기 시작하였고 대통령에 직보하는 당 관료 그룹이 신주류로 등장함으로써 이들 간의 파벌투쟁은 첨예화되었다.

국회의원 중심이 아니라 사무국 중심으로 강력한 규율이 있는 유럽식 정당을 만들어 보고자 했던 김종필 등 구주류의 의도는 약화되고, 공화당은 국회의원 중심의 대통령 충성집단으로 변모해 갔다.

분열되어 있던 야당은 1967년 대선과 총선이 다가오면서 통합되어 갔다. 야당은 윤보선이 이끄는 신한당과 박순천 여사가 영도하는 민중당을 포함하여 8개당이 난립하고 있었으나 공화당이 박정희 대통령을 다시 대통령후보로 지명하자 윤보선을 대통령후보로, 민중당의 유진오를 당수로 하는 신민당으로 통합되었다. 선거전은 다시 박정희와 윤보선의 대결로 압축되었다.

1967년의 선거는 1963년의 선거와는 다른 상황에서 시작되었다. 박정희 정부는 경제성장에서 정부의 역할을 강조하면서 제2차 경제개발 5개년 계획을 발표하였다. 제1차 경제개발계획의 기적을 이룩한 것은 공화당 정부였으며 2차 계획을 성공적으로 완수하기 위해서는 공화당 정부의 재집권이 필요하다는 것이 선거운동의 기본 전략이었다.

이러한 전략은 주효했다. 1967년 5월 11일 거행된 대통령 선거에서 박대통령은 유효투표의 51.4%를 얻어 41%를 얻은 윤보선 후보를 누르고 무난히 당선되었다. 1963년 선거에서 불과 15만 표를 앞서 힘들게 이겼던 것을 생각하면 같은 후보를 대상으로 100만 표 이상의 차이를 낸 1967년 선거는 국민들이 박정희 정부의 경제개발계획의 성공을 인정해 주었다는 의미를 가지는 것이었다.

이어서 6월 8일에는 7대 국회의원 선거가 실시되었다. 공화당이 129석(지역구 102석, 전국구 27석)을 얻어 압승을 거둔 가운데 통합야당인 신민당은 겨우 45석(지역구 28석, 전국구 17석)을 얻었을 뿐이었다. 불과 한 달 사이에 치러진 대선과 총선의 정당 득표율 치고는 너무 엄청난 차이가 있었다.

야당은 대통령 선거와는 달리 국회의원 선거에서는 광범위한 선거 부정이 있었다고 보고 6.8 부정선거라고 선언하며 국회 등원을 거부했다. 무더기 표, 매표, 위협에 의한 투표 등 많은 부정행위에 관한 보고가 전국 각처에서 올라왔다. 남자는 막걸리, 여자는 고무신을 대접받지 못하면 바보라고 해서 막걸리 고무신 선거라는 말도 나왔다.

대통령 선거의 결과로 보아서나 경제개발의 업적으로 보아서나 그런 무리를 하지 않더라도 공화당은 국회의원 선거에서 과반수의 의석은 무난히 확보할 수 있는 것으로 보였다.

그런데 왜 그렇게 무리한 부정선거를 추진했을까. 이유는 박 대통령의 장기집권을 위한 3선 개헌에 있었다.

박정희 대통령의 3선을 허가하도록 헌법을 고치기 위해 공화당도 이승만 정부 때의 자유당처럼 3분의 2 이상의 의석을 확보하기 위한 무리수를 두어야 했던 것이다.

제2절
장기집권의 시작

1. 3선 개헌

1967년의 선거 결과는 비록 관권과 금권 등 선거부정이 광범위하게 개재되기는 하였지만 공화당이 야당보다 더 많은 지지를 받고 있다는 사실을 확인시켜 주는 것이었다. 따라서 그해 11월 신민당은 공화당으로부터 부정선거를 조사할 특별위원회 설치와 선거법 개정을 약속받고 등원하였다.

물론 이 약속은 지켜지지 않았다. 대중적 지지를 받고 있다고 생각한 공화당으로서는 신민당과의 경쟁이 문제가 아니었다. 공화당에게 더 중요한 문제는 후계자 문제와 3선 개헌 문제로 발전한 당내 파벌투쟁이었다.

제3공화국 헌법에 따르면 재선을 한 박 대통령은 1971년 물러나게 되어 있었기 때문에 대선 직후부터 후계자 문제를 둘러싼 파벌간의 투쟁이 비등점을 향해 나아가고 있었다. 1968년 5월 김종필 계파의 수장이었던 김용태 의원이 국민복지회란 사조직을 만들어 김종필을 후계자로 옹립하려 했다는 이유로 당에서 제명되었다.

1970년까지 후계자 경쟁을 자제하라는 박 대통령의 명을 거역했을 뿐 아니라 조직적 분파행위를 했다는 것이었다. 국민복지회는 실제로 3선 개헌에 반대하는 문서를 준비하고 있었다. 김종필 의장은 복지회 사건에 대한 항의의 표시로 당의장직을 사퇴하고 탈당함으로써 의원직을 상실하였다. 반김종필파가 당권을 완전히 장악하였다.

반김종필파는 김종필파에게 정권을 넘기는 것은 자신들이 파멸하는 길이라고 생각했다. 그러나 김종필에 대한 대안이 없었기 때문에 박정희를 3선시키는 개헌에 매달릴 수밖에 없었다.

1969년 1월 공화당은 박대통령의 3선을 허용하는 개헌을 검토한다고 발표하였다. 신민당은 즉각 개헌에 반대한다고 선언하며 범국민투쟁위원회를 결성하였다.

공화당 내의 김종필파 의원들은 3선 개헌에 대한 불만의 표시이자 자신들의 세력을 과시하기 위해 당시 교육정책의 혼선 때문에 야당이 제기했던 권오병 문교부장관의 불신임안에 가세하여 이를 통과시켜 버렸다. 이에 대한 보복으로 박정희는 항명을 주도한 다섯 의원을 즉각 공화당에서 제명시켰다.

박정희의 개헌 의지는 확실히 표현되었고 그에 따라 개헌 가능선인 3분의 2선을 확보하기 위하여 공화당은 당 소속 의원과 무소속 의원을 망라한 국회의원 119명에게 개헌지지 서명을 받았다.

총대를 멘 것은 김형욱 중앙정보부장이었다. 김종필 자신을 포함한 김종필파 의원들도 김형욱의 협박과 고문, 그리고 박정희의 설득에 의해 차례로 서명하였다. 중앙정보부에 의해 심각한 약점이 잡혔고 거액의 돈으로 회유된 세 명의 신민당 의원들도 서명하였다.

개헌 저지를 위한 국회 내의 투쟁이 무력화될 것이 확실시되자 학생들은 격렬한 시위를 전개하기 시작했다. 3선 개헌에 반대하는 수천 명의 군중이 경찰과 충돌했고 수백 명의 부상자가 발생했다. 통제된 언론은 이 같은 사실을 제대로 보도할 수 없었다.

박정희는 만일 개헌안이 국민투표에서 부결된다면 이를 정부에 대한 불신임으로 간주하고 즉각 사임하겠다고 말했다.

신민당은 대통령의 사임 운운은 국민에 대한 협박이라고 반박하면서 소속의원들을 동원하여 본회의장을 점거하고 바리케이드를 쌓아 개헌안 표결을 위한 접근을 저지하였고 수천 명의 학생들은 의사당 밖에서 연좌데모를 벌이고 있었다.

9월 14일 통행금지 중이던 새벽 2시 30분 개헌지지 서명을 했던 122명의 의원들은 야당의원들이 철야농성 중이던 본회의장을 피해 국회 제3별관 3층 회의실에서 개헌안을 찬성 122, 반대 0표로 2분 만에 전격 통과시켰다.

날치기 단독투표는 무효라는 야당의 주장과 격렬한 학생시위에도 불구하고 개헌안은 10월 17일 국민투표에 회부되었고 총 유권자 77%가 투표에 참가한 가운데 65%의 찬성을 얻어 가결되었다. 예상한 대로 서울에서는 유권자의 40%가 투표에 참가하지 않았고 투표에 참가한 유권자의 53%가 개헌안에 반대표를 던졌다.

국민투표에서도 관권과 금권이 광범위하게 동원되었다. 야당은 관료들이 공공연히 돈과 밀가루를 나눠 주었다고 비난했으며 공화당은 국민투표가 끝난 후 8천여 명의 지구당 요원들에게 찬성표 비율에 따라 보상금을 차등지급한 것으로 알려졌다.

공화당이 장기집권을 위한 국민투표를 승리로 이끌 수 있었던 요인은 경제적 상황에도 기인하였다.

1967년부터 시작된 제2차 경제개발 5개년계획은 급속한 고도성장을 이끌어냈다. 이 기간에 공업화는 급진전되었는데, 1966년에는 전혀 생산되지 않았던 화학섬유, 소모사 등이 생산되기 시작하였으며 합판, 정유, 자동차, 기계 등의 제조공업이 발전하였다.

경제성장률은 1967년의 6.6%에서 1971년에는 9.4%로 상승하여 연평균 8.7%라는 높은 성장률을 기록하였으며 1인당 GNP는 1971년에 266달러로 1966년의 두 배를 넘겼다.

제2차 5개년계획은 본격적으로 대외 지향적 공업화에 목표를 두고 수출의 촉진, 관세 인하, 수입 제한의 완화 등의 정책을 실시하였으며 소비재의 수출 증대와 중간재의 수입대체에 주력함으로써 공업구조의 고도화를 위해 노력하는 한편 적극적인 외자도입과 사회간접자본의 확충에 개발 방향을 설정하였다. 그리하여 이 기간에 수출이 크게 신장하였는데 1971년의 수출액은 11억 3천만 달러로 1967년에 비해 세 배 이상 늘어난 것이었다.

이와 같은 수출주도의 공업화는 산업구조면에 있어서도 큰 변화를 가져왔다. 국민총생산에 대한 광공업의 비중은 1967년의 15.1%에서 1971년에는 20.9%로 커졌다. 같은 기간 1차 산업은 37.5%에서 28.8%로 축소되었다.

이런 수출의 증가세는 세계경제의 호황이라는 외부적 조건도 중요했지만 그 외에도 수출산업 중심으로 관세나 조세 감면, 저리 금융, 정부 보조금 등 각종 특혜와 지원을 아끼지 않은 정부의 역할도 중요했다. 수출 진흥회의를 직접 주재하며 수출 경제를 진두지휘한 박정희의 리더십이나 그에 맞춰 적극적으로 정책을 추진했던 경제 관료들이 고도성장의 견인차였던 것은 분명한 사실이었다.

또한 정부의 시책에 적극 호응하여 수출산업을 발전시켜 나간 기업들도 자신들의 이익을 위한 것이기는 했지만 국가경제의 발전에 중요한 역할을 담당하였다.

그러나 무엇보다도 중요했던 것은 노동집약적 초기 경공업 단계에서 수출 경쟁력을 뒷받침했던 저임금 노동력과 그것을 가능하게 했던 저곡가 정책이었다.

품질경쟁력을 갖추지 못했던 당시로서는 수출을 가능하게 하려면 가격을 낮추는 것이 필수적이었고 수입 원자재나 기계, 자본 등의 고정적인 요소에 손을 댈 수 없으니 가격을 낮추기 위해서는 노동자들이 가져가야 할 몫을 낮추는 방법밖에 없었다.

또한 그렇게 저임금체제를 지속시키기 위해서는 필수품인 곡물 가격을 낮추는 저곡가 정책이 필수적이었다.

다시 말해 결국 당시 수출경쟁력은 노동자와 농민들이 제 몫을 가져가지 못하는 희생 위에 가능했던 것이라고 보아야 할 것이었다. 저곡가로 어려워진 농촌에서 대거 이농한 풍부하고 값싼 양질의 노동력이야말로 고도성장을 가능케 한 핵심요인이었던 것이다.

2. 1971년 대선

3선 개헌에 성공하여 박 대통령을 후보로 내세움으로써 낙승을 예상했던 공화당은 1971년 선거에서 뜻밖의 거센 도전을 받았다.

공화당이 파벌투쟁으로 인해 내부 문제에 매달려 있는 동안 신민당에서는 세대교체가 일어나 새로운 젊은 지도자들이 나타났다.

국회에서의 3선 개헌 반대투쟁을 주도했던 43세의 원내총무 김영삼은 와병 중인 당 총재 유진오의 사퇴를 예견하고 스스로 대통령후보 지명전에 나서겠다고 발표했다. 40대 기수론을 점화시킨 것이었다. 그러자 뒤를 이어 44세의 김대중 의원과 48세의 이철승 의원이 대통령 출마를 선언하였다.

유진오가 사임하자 신민당은 전당대회를 열고 부총재였던 유진산을 총재로 선출하였다. 지도자형이라기보다는 관리자형이었던 유진산이 일찌감치 대통령후보 지명전에서 탈락한 가운데 신민당의 후보 지명전은 신선한 40대 간의 3파전으로 후끈 달아올랐다.

1970년 9월 신민당은 많은 국민들의 관심 속에 전당대회를 개최하였다. 유진산 총재가 소속된 당권파의 지지를 받은 김영삼이 예상대로 1차 투표에서는 1위를 하였으나 2차 투표에서 이변이 일어났다. 유진산 총재가 자신을 밀지 않고 김영삼을 미는 것에 실망한 이철승이 2차 투표에서 김대중 지지를 선언함으로써 재선의원으로 이렇다 할 당직도 거치지 못한 무명의 김대중 의원이 후보로 당선되었던 것이다.

이에 따라 김대중 후보의 인기가 폭발적으로 상승하고 선거운동의 열기가 고조되었다. 김대중 후보는 서울에서 50만 명을 동원하는 대규모 집회를 열어 박 대통령이 다시 당선되면 영구집권을 위한 총통제를 시행할 것이라고 주장했다. 이에 대해 박 대통령은 단호하게 이번이 그의 마지막 출마라고 호소했다.

1971년 4월 27일 선거 결과 박정희는 총투표의 51.2%를 얻어 무난히 승리하였으나 무명의 정치신인 김대중 후보가 43.6%를 얻어 대단한 선전을 하였다는 점에서 박대통령과 공화당의 심기는 편치 못했다.

야당은 농촌 지역에서 관료와 경찰이 동원되어 유권자에 대한 공공연한 협박 등 선거부정 행위가 저질러졌다고 비난하였다. 실제로 농촌 지역에서 박 대통령의 득표는 1963년 선거에서 50.8%, 1967년 선거에서 52.2%를 얻었던 것에 비해 1971년 선거에서는 58.0%를 획득한 것으로 나타났다.

당시 농촌 지역은 공업화와 도시화 과정에서 심각한 경제난을 겪으며 저곡가와 이농에 시달리고 있었기 때문에 이러한 지지율 증가는 다소 이례적인 것이었다. 정부의 통계로도 농촌인구의 10%인 150만 명이 1968~1970년의 2년 사이에 농촌을 떠났고 이러한 이농현상은 일반적으로 농촌의 가난에 기인한 것이었다.

이유야 어떻든 여촌야도라는 현상이 두드러지게 나타났다.

경제성장으로 공업화와 도시화가 진행된 도시 지역에서는 소득 수준과 교육 수준이 올라감에 따라 오히려 공화당의 장기집권에 대해 비판적인 사람들이 많아졌던 반면 소득 수준과 교육 수준이 낮았던 농촌 지역에서는 오히려 공화당에 대한 지지가 높아지는 모순적 현상이 발생한 것이었다.

신민당의 김대중 후보는 도시표의 51.5%를 획득했다. 특히 서울에서는 박 대통령이 39%를 얻은 데 비해 그는 58%의 득표율을 보였다. 이 선거에서 이미 지역주의의 투표 행태가 나타났다는 주장이 있다. 이것은 여야 두 후보가 하필 영남 출신(박정희)과 호남 출신(김대중)으로 나누어진 것과 무관하지 않았다.

실제 김대중 후보는 전라북도에서 58.8%, 전라남도에서 58,4%의 득표율을 올렸고 박 대통령은 경상북도에서 68.6%, 경상남도에서 70.8%의 득표율을 올렸다. 그러나 이러한 현상을 1987년 이후의 지역주의 정치와 연결시키는 것은 무리가 있다.

이 시기에는 아직 지역주의 지도자가 주도하는 지역정당이 나타나지 않았다. 공화당을 영남 정당이라 부를 수는 없었으며 신민당도 호남 정당이 아니었다. 어떤 선거에서나 나타날 수 있는 지역 출신 지도자들에 대한 호의가 좀 더 강하게 나타난 것으로 보아야 할 것이다.

대통령 선거에 이어 5월에 국회의원 선거가 실시되었다. 3선 개헌 이후 당을 떠났던 김종필이 당 총재인 박대통령의 요구를 받고 지지율 강화를 위해 부총재직에 복귀하였다.

그가 중심이 된 공화당은 의석의 3분의 2 이상을 획득하려는 등의 무리한 일을 하지 않았기 때문에 선거 결과 113석(지역구 86, 전국구 27)을 얻어 과반수를 확보하였고 신민당은 89석(지역구 65, 전국구 24)을 차지하여 확실한 양당정치 구도를 만들었다.

총선이 끝나자 박 대통령은 김종필을 다시 당에서 빼내 국무총리에 임명하였고 당은 다시 반김종필 세력에게 넘어갔다. 공화당 내의 후계자 지명을 둘러싼 파벌투쟁이 재연되었다. 김종필 총리 지명에 대한 불만으로 이번에는 반김종필파가 김종필 총리의 동기생인 내무부장관 오치성의 불신임안 표결에서 야당에 가세하는 항명사건이 벌어졌다.

화가 난 박정희는 항명의 주동자인 당 중앙위 의장 김성곤 의원과 당 정책위원장인 길재호 의원을 당에서 추방했고 두 사람은 결국 의원직을 사퇴하였다.

유신체제와 중화학공업화

1. 유신체제의 성립과 내용

1971년의 대선이 끝나자 박정희 정부는 국내외적으로 거센 시련을 만나게 되었다. 1969년경부터 미국경제의 보호와 소련 견제 등의 목적으로 미중 화해를 추구하고 있던 닉슨 대통령은 1970년 6월 아시아는 아시아인들에게 맡긴다는 취지의 닉슨독트린과 함께 주한미군 철수 방침을 발표하였고 실제로 1971년 6월까지 주한미군 병력의 3분의 1을 철수시켰다.

우리의 혈맹인 미국이 침략자인 중국과 화해한다는 사실도 당시의 국민들에게는 충격적이었지만 주한미군 철수는 베트남의 공산화 진전과 맞물려 정부와 국민들로 하여금 안보에 관한 심각한 우려를 낳게 하였다.

뿐만 아니라 미국과 베트남은 경제적으로도 박정희 정부에게 상당한 타격을 주었다. 미국의 경제원조가 예고된 바와 같이 1971년을 끝으로 종식되었으며 예고되지 않았던 미공법 480호(PL480)에 의한 식량 원조도 중단되었다. 게다가 미국은 우리 상품에 대한 덤핑수입을 금지시키고 수입할당제를 시도했다. 베트남전의 종식이 점차 가까워 오면서 베트남에서 얻어지는 각종 수입도 격감했다.

국내적으로는 1960년대의 고도성장에 따른 정당한 대가를 요구하는 민중 부문의 저항이 거세게 나타나고 있었다. 1971년에는 이농한 서울 지역 빈민들을 강제 이주시킨 광주대단지에서 3만여 명이 생존권을 요구하는 폭동을 일으켰으며 청계 피복노조원이었던 전태일은 분신을 통해 노동자들의 기본권을 요구하였다.

1963년 2만 명에서 1971년 49만 명으로 늘어난 노동조합원들은 임금의 즉각적인 인상을 요구했다. 학생군사교육과 부정부패에 항의하는 학생시위가 발생했고 군대와 경찰이 대학에 진주했다. 그런 가운데 1971년 12월 6일 박정희 대통령은 국가비상사태를 선언하였다.

박 대통령은 '최근의 국제 정세와 북괴의 동향을 분석한 결과 지금 우리 대한민국의 안전보장이 중대한 위기에 처해 있다고 판단되어' 국가비상사태를 선포한다고 하였다. 그러나 비상사태를 선포하기 직전 정부는 미중 화해를 추구하는 미국의 요구에 따라 북한에 대해 남북대화를 제안하였고 그에 따라 이산가족 상봉 등 인도적 문제를 다루는 남북적십자회담을 진행시키고 있는 중이었다.

따라서 이 비상사태 선언은 발표된 액면 그대로의 이유보다는 사실상의 다른 이유가 있었을 것으로 예상되었다. 그리고 그것은 곧 이어 정부가 국회에 제출한 '국가보위에 관한 특별조치법'에서 어느 정도 윤곽을 드러냈다. 이 특별조치법은 비상사태 선언의 법적 근거를 마련하고 동시에 대통령에게 광범위한 비상대권을 부여하기 위한 것이었다.

대통령에게 독재적인 비상권력을 부여하고자 하는 이 법안은 야당의 국회단상 점거로 발의가 불가능해졌다. 공화당은 다시 본회의장을 피하여 국회 제3별관으로 잠입하여 단독으로 법안을 날치기 통과시켰다. 이 조치법은 10월 유신의 서곡이었고 박정희의 영구집권을 국민들이 받아들일 수 있게 하기 위한 사전조처로 보였다.

그런 상황에서 수차례의 남북적십자회담이 오가는 가운데 이후락 중앙정보부장과 박성철 부수상이 각각 서울과 평양을 비밀리에 방문하여 김일성 수상과 박정희 대통령을 만난 후 그 결과물이 1972년 7월 4일 7.4 남북공동성명으로 발표되었다.

이 성명은 '통일은 자주적으로, 평화적 방법에 의해, 민족 대단결을 도모하는' 방식으로 추진한다는 것이었다.

이 공동성명은 분단 40년 만에 양측이 처음으로 합의한 역사적 문서였다. 따라서 발표가 있자 국민들은 남북관계가 획기적으로 변화하고 통일의 조짐이 보이는 듯 착각에 빠지기 시작했다. 그런 기대가 부풀어 가고 있는 가운데 10월 17일 박정희 정부는 대통령 특별선언을 발표함으로써 10월 유신을 단행하였다.

특별선언의 핵심은 '국제 정세의 거센 도전과 남북대화의 과감한 추진에 대처하기 위해 냉전시대에 만들어진 현 체제를 새로운 체제로 바꾸는 일대 유신적인 개혁이 필요하다'는 것이었다. 이 선언으로 비상계엄이 선포되었고 국회가 해산되고 정당 및 정치활동이 중지되었으며 헌법의 일부 기능이 정지되었다. 대학은 문을 닫았고 언론·출판·집회·결사의 자유와 같은 국민의 기본권이 유보되었다.

10월 27일 비상 국무회의는 통일에 대비한 통일주체국민회의 구성, 통일주체국민회의에서의 대통령 간선, 대통령 중임 금지 철폐, 대통령의 비상대권과 국회의원 3분의 1 추천권 등을 골자로 하는 헌법개정안을 의결하여 공고했다. 계엄 하에서 언론은 개헌안을 미화한 기사들을 대대적으로 싣고 경찰에서는 사회악을 소탕한다는 명분 아래 대량 검거가 자행되었다.

11월 21일 개헌안은 국민투표에 붙여져 91.9%의 투표율과 91.5%의 찬성률로 가결되었다. 일종의 친위 쿠데타가 단행된 것이었다. 불과 2~3년 전의 3선 개헌 국민투표에서의 찬성률이 65%였다는 사실을 생각하면 유신개헌 국민투표가 얼마나 공포분위기에서 실시되었는지를 짐작할 수 있다.

유신헌법은 민주주의 체제에 필수적인 국민의 기본권을 현저히 제한하였고, 선거에 의한 정치적 경쟁을 무의미하게 만들었으며, 한편으로는 대통령의 절대 권력과 장기집권을 제도적으로 보장해 놓았다.

기본권의 경우 신체의 자유와 관련하여 구속적부심 제도를 폐지했으며, 단결권, 단체교섭권 및 단체행동권 등 노동 3권에 대한 권리를 제약하였다. 긴급조치를 통해 헌법상의 기본권을 억압할 수 있도록 하였으며 기본권에 대한 개별유보조항을 많이 만들었다. 국민의 기본권인 대통령 직접 선출권을 박탈하여 통일주체국민회의라는 일종의 선거인단 간선제로 바꾸었으며 대통령 중임제한 조항을 철폐함으로써 실질적인 영구집권이 가능하게 하였다.

대통령이 국회 해산권과 국회의원 3분의 1에 대한 사실상의 지명권을 가짐으로써 국회를 무력화시켰으며 전 법관 임명권을 가짐으로써 사법부를 무력화시켰다. 국회의 국정감사권을 삭제하였고 대법원의 위헌판결권을 헌법위원회에 귀속시켰다.

무엇보다도 대통령은 비상사태 시뿐만 아니라 그럴 우려가 있을 경우에 조차도 긴급조치를 발동하여 대통령의 명령으로 헌법상의 국민 기본권 일부를 제한할 수 있도록 하였다.

유신체제는 이와 같이 제도적으로 가장 강력한 독재체제였을 뿐만 아니라 운영상으로도 확실한 독재체제였다. 유신체제 아래서 국가의 중추를 이룬 것은 대통령과 그를 둘러싼 비서실, 경호실, 중앙정보부 등의 권력기관, 그리고 군부, 기술관료, 재벌 등이었다.

비서실과 경호실, 중앙정보부는 각각 그 실장이나 부장이 누구냐에 따라 힘의 관계가 달라졌다.

그러나 변함이 없었던 것은 이들이 국가가 아니라 박정희 개인에 대한 충성 경쟁을 벌였던 기구들이었다는 점이다.

서로간의 경쟁 속에서 이들은 자신들의 고유 업무 외에 정권안보 기능까지 담당하였다. 이들은 정보와 자금의 독점을 통해 정권의 반대 세력에 대한 회유와 협박, 조작과 탄압 등을 자행하였다. 심지어는 야당의 조직과 기능 수행에까지 깊숙이 개입하여 야당을 분열시키거나 지도노선을 혼란스럽게 만드는 데 중요한 역할을 하기도 하였다.

유신체제 아래서 박정희에 대한 군의 도전은 있을 수 없었고 오히려 군 장교들 사이에서는 박정희에 대한 충성경쟁이 벌어졌다.

박정희는 군의 충성을 확립하고 이를 통치의 발판으로 삼기 위하여 일부 장교들을 총애하고 키웠다. 그가 죽은 후 새로운 군부 권력의 핵심이 된 하나회가 바로 그들이었다.

이에 따라 일부 군인들은 유신체제 아래서 고도로 정치화되었고 그들을 통해 박정희는 군을 효율적으로 통제했다. 또한 박정희는 독재체제를 경제적, 행정적 효율성으로 뒷받침하기 위해 기술 관료를 적극 활용했다. 기술 관료들은 권력자 박정희의 적극적인 지원과 후원 아래

경제개발에만 매진할 수 있는 정책들을 입안하고 집행함으로써 독재체제의 통치기반을 확고히 해주었다.

이들과 동맹관계인 재벌은 경제정책의 추진에 있어 기술 관료에게 종속된 위치에 있었으나 정책의 최대 수혜자로서 실질적인 권력의 재정적 후원자 역할을 하였다.

유신체제가 1인 통치의 독재체제라는 것을 가장 잘 보여 주는 국가기구가 통일주체국민회의와 유신정우회였다.

통일주체국민회의는 국민의 직접선거에 의해 선출되는 2천 명 이상 5천 명 이하의 대의원으로 구성되었다. 의장은 대통령이 되며 대통령은 1년에 한두 번씩 지역안보 보고대회를 개최하여 '정국운영과 유신수호의 기틀을 확립시킨다.'고 되어 있었다. 임기 6년의 대의원은 대통령 선출, 유정회 국회의원 선출, 통일에 대한 국론 결정, 그리고 헌법개정안을 확정하는 권한을 가지고 있었다.

그러나 실제로 통일주체국민회의는 단독 출마한 박대통령을 만장일치로 추대하는 일과 대통령이 지명하는 유정회 의원들을 역시 만장일치로 통과시키는 것 외에는 아무런 역할이 없었다.

통대에 의해 실시되었던 1972년과 1978년 두 차례의 대통령 선거에서 박정희 후보는 통대 재적 의원 중 무효표 한두 표를 제외한 99%의 득표율로 당선되었다.

1972년 12월 27일 단독 출마한 박정희는 통일주체국민회의에서 99%의 지지(2,357표 찬성, 2표 무효)로 8대 대통령에 선출되었다. 이어서 치러진 1973년 2월의 9대 총선에서 공화당은 여당에게 유리한 1구 2인의 중선거구제 특성을 살려 73개 지역구에서 전원 1명씩 당선되었다. 신민당은 52석이었고 통일당이 2석, 무소속이 19석이었다.

여기에 대통령이 추천하고 통일주체국민회의에서 선출한 73명의 유정회 국회의원들을 포함시키면 여권은 자연스럽게 3분의 2의 의석을 확보할 수 있었다.

유정회는 대통령이 국회의원 정수의 3분의 1에 해당되는 73명의 후보를 직접 지명하고 통일주체국민회의가 통과시킴으로써 국회의원이 된 사람들의 모임이었다. 따라서 유정회는 조직의 성격상 정당이나 사회단체가 아니었고 강령이나 정강정책도 만들지 않았다.

그들에게는 유신헌법을 근간으로 한 '한국적 민주주의'를 지키는 것이 유일한 사명이었으며 따라서 그들은 국회 내에서 유신체제에 대한 어떠한 비판도 허용하지 않는 행동대 역할을 하였고 대통령의 권력을 옹립하여 체제의 안정을 기하고 영구집권을 보장하는 전위대로 존재하였다.

2. 중화학공업화

유신체제를 기획하고 추진해 나갔던 박정희 정부는 그것이 갖는 권력의 정당성 부족을 메우기 위해 또다시 경제성장에 매달릴 수밖에 없었다. 유신체제와 뗄 수 없는 상호연결성을 갖는 중화학공업화 정책의 추진이 그것이었다.

1, 2차 경제개발 5개년계획의 성공을 통해 어느 정도 공업화는 이루어졌으나 그것은 어디까지나 노동집약적 경공업 중심의 공업화였다. 경공업제품의 수출은 소득의 탄력성이 낮고 선진국들이 점차 수입규제를 강화하며 후발공업국가의 맹렬한 추격을 받기 때문에 한계에 부딪히기가 쉬웠다. 게다가 경공업 위주의 성장과 수출 증대는 원료, 자

본재, 자본의 대외 의존을 심화시켜 수출 증대가 곧 국제수지 적자폭의 확대를 가져오는 모순을 낳았다.

1970년대에 들어서면 저임금에 기반을 둔 가격경쟁력만으로는 수출에 한계를 느끼게 되고 또한 바로 그 가격경쟁력마저 점차 임금이 상승함으로써 약화되어 가는 상황이 발생하게 되었다. 따라서 경제구조를 중화학공업으로 바꾸지 않는 한 더 이상의 경제성장을 기대하기는 어려운 상황이 되었던 것이다.

1970년대 들어 기업들의 경영여건이 급격히 악화된 것은 1960년대 중반에 도입된 외국 차관의 원리금 상환이 시작되면서 기업들의 자금 사정을 압박했기 때문이다.

여기에 정부가 수출촉진을 위해 환율을 대폭 인상시킨 것도 차관 기업들의 원리금 부담을 가중시키는 악재로 작용했다.

그 밖에 물가상승과 임금상승 등 고도성장에 따른 부작용이 표출되기 시작하면서 제2차 경제개발계획 후반기인 1970~1971년 들어 기업들의 자금상황이 급격히 악화되기 시작했다.

자금, 생산, 판매, 고용 등 경제 전반에 걸쳐 불황의 그림자가 드리워지면서 성장률이 하락하기 시작했다.

1969년 13.8%에 달했던 경제성장률은 1970년 7.6%, 1971년 8.8%, 1972년 5.7%까지 떨어졌다. 수출증가율도 1968년의 42%에서 1969년 34%, 1970년 28%로 하락했다.

원초적으로 국내 기업들의 자본 축적은 빈약할 수밖에 없었다. 증권시장에서 유가증권을 발행해 자기자본을 확충하고 이를 통해 안정적인 재무구조를 유지하는 것이 바람직한 방법이겠지만 당시는 증권시장 자체가 유명무실했던 시절이었다. 자기자본을 확충할 방법이 없다

보니 기업들은 급전이 필요할 경우 은행의 단기자금을 차입하거나 사채에 의존할 수밖에 없는 형편이었다.

증시가 제 역할을 하지 못하는 상황에서 1970년대 사채시장은 기업들의 중요한 자금원이었다. 이에 따라 각 기업들은 정도의 차이는 있으나 대부분 높은 사채이자에 억눌려 자금난에 허덕이고 있었다.

이런 상황에서 박정희 정부는 1972년 8월 먼저 8.3 긴급조치를 단행했다. 8.3 조치는 사채에 허덕이는 기업들을 구제하기 위해 헌법 73조에 의한 대통령의 긴급명령권을 발동하는 것이었다.

정부는 모든 기업들이 사채를 보고하고 3년 거치 후 5년에 걸쳐 분할 상환할 수 있도록 했다. 또 8월 중에 2백억 원의 특별융자를 방출하고 대출 금리를 연 15.5%, 예금금리를 12%로 인하했다.

8.3 조치로 신고가 된 기업의 사채는 모두 3천 5백억여 원이었다. 이러한 사채들이 일시적으로 동결되자 많은 채무기업들이 자금난을 이겨내게 되었고 따라서 기업들의 수출 실적이 1년 전에 비해 75% 신장하는 등 경제가 큰 활력을 띠었다. 그러나 8.3 조치가 사유재산권의 침해이며 부실기업에 특혜를 주는 위법조치라는 반발도 잇따랐다. 사실상 박정희 개발독재체제였기 때문에 가능할 수 있는 일이었다.

1972년 10월 유신을 단행한 박정희는 1973년 1월부터 바로 중화학공업화에 뛰어들었다. 권력의 정당성을 확보하고 경공업 중심의 발전이 갖는 한계를 극복하는 것 외에도 이 프로젝트가 갖는 또 하나의 목적은 북한과의 적대관계 속에서 미국의 보호막이 걷힐지도 모른다는 두려움 때문에 박정희가 전력을 다해 추진해 온 자주국방의 실현이었다.

대부분의 중화학공업은 바로 방위산업이기도 했다. 따라서 박정희는 더욱더 중화학공업화에 매달리게 되었고 한국은행 출신의 김정렴

비서실장, 자동차회사 공장장을 지낸 오원철 경제수석비서관으로 구성된 기술 관료들에게 최대한의 힘을 실어 주었다.

이들은 일찍부터 박 대통령에게 또 한 번의 경제성장을 위해서는 경공업 중심의 공업 구조를 개편하고 산업을 확대해야 하며 종합화학공장과 조선소, 기계공업을 육성하고 최신 기술과 대규모 공장을 마련하는 게 필요하다고 역설하였다. 나아가 중화학공업과 방위산업을 동시에 건설해서 북한이 따라오지 못하도록 해야 한다고 권유했다.

이들의 주장에 따라 막대한 외채가 도입되었고 산업개발촉진법에 의해 기존 단지인 울산과 포항의 공업단지 이외에도 여천 석유화학, 창원 종합기계, 온산 비철금속, 거제 조선공업 등이 산업기지로 지정되었다. 조선, 전자, 기계, 제철, 자동차, 석유화학, 원자력 등 기술집약적 핵심 산업의 진흥이 한꺼번에 시작되었던 것이다.

선진국에서 수십 년 이상이 걸린 산업구조의 변화가 한국에선 아주 짧은 기간 동안 일어났다. 1973~1979년 동안 한국의 제조업은 연평균 16.6%의 성장률을 기록했고 1980년 전체 제조업에서 중화학공업의 비중은 54%가 됐다. 1971년에 266달러였던 1인당 GNP는 1979년에 1,745달러로 증가하였으며 1971년 11억 달러를 넘어섰던 수출액은 1978년 100억 달러를 돌파하였다.

이 시기 동안 해마다 평균 8.5%의 국민총생산 성장률을 기록하였다. 중화학공업화가 역량 있는 소수의 기업들을 밀어 주어 규모의 경제를 이루고자 하는 것이었기 때문에 소수의 기업들, 즉 재벌들은 정부의 지원 속에 비약적인 발전을 하였다.

산업구조는 섬유, 가발, 소비재 등 경공업 중심에서 조선, 철강, 자동차, 석유화학 등 중공업 중심으로 급격히 변화되어 갔으며 한국경제가 본격적인 발전을 하게 되는 토대를 갖추게 되었다.

　이와 같은 고도성장을 이끈 중화학공업 육성전략과 수출드라이브 정책은 말할 필요도 없이 박대통령을 비롯한 정부 관료들의 기획과 지도가 바탕이 된 것이었다.

　또한 거기에 적극적으로 동참하여 중화학공업 분야에 뛰어들어 성공을 거둔 재벌기업들의 노력도 중요한 역할을 했다.

　그러나 1960년대 경제성장과 마찬가지로 중화학공업화 역시 수출 중심의 공업화였기 때문에 수출가격 경쟁력의 바탕이 되었던 것은 저임금체제를 참아낸 노동자들과 저곡가정책에 희생된 농민들이 창출한 가치였다고 보아야 할 것이다.

　연평균 10%대의 고도성장 속에서도 농촌경제는 지속적으로 피폐하여 농민들의 대규모 도시 이전과 그로 인한 도시빈민 양산을 초래하였고, 노동자들은 최저생계비의 50%에도 못 미치는 저임금과 주당 50시간에 달하는 장시간 노동에 시달렸다.

　심각해지는 도농격차를 줄이고 농민의 불만을 달래기 위해 1970년대 초 박대통령이 직접 제안한 것이 새마을 운동이었다. 새마을 지도자를 선발하여 환경개선사업, 생산소득사업 등을 벌여나간 이 운동은 농촌사회에 어느 정도 활기를 불러일으켰으나 관 주도 사업의 한계를 벗어나진 못했다.

　중화학공업화를 통한 고도성장이 모두 다 바람직한 것은 아니었다. 그것이 낳은 부작용도 적지 않았다. 가장 중요한 것은 중화학공업 투자가 산업구조의 유기적 관련성을 고려하지 않은 채 대기업 중심으로 이루어져 무차별 다각화를 통한 재벌의 문어발식 팽창을 낳았다는 사실이다. 불과 5~6년 사이에 현대는 9개 기업에서 31개 기업으로 늘어났고, 삼성은 24개에서 33개, 대우는 10개에서 35개, 럭키는 17개에서 43개로 급팽창했다.

이 과정에서 나타난 문제는 가시적인 성과를 위해 단기간에 여러 곳에 투자가 이루어짐으로써 중복 과잉투자 문제가 심각해졌고 그것이 재벌그룹 내의 상호보증과 연결되면서 점차 경제의 비효율성을 초래하게 되었다는 점이다. 동시에 재벌들은 정부의 특혜를 받기 위해 국가권력과 결탁하는 과정에서 자연스럽게 정경유착의 부패구조를 심화시켰고 그 역시 경제의 비효율성을 낳았다.

이와 함께 박정희 정부에서의 고도성장정책은 필연적으로 경제제일주의, 목표지상주의의 문제를 가져왔다. 경제제일주의가 횡행하면서 우리 사회는 배금주의와 물신주의가 생활 곳곳에 깊숙이 침투하였고 모든 가치는 돈에 맞추어졌다.

또한 목표지상주의는 목적을 위해서는 수단, 과정, 절차는 중요한 것이 아니라는 가치관의 혼란을 초래하였다. 그에 따라 내실 있게 하는 것보다 빨리빨리 하는 것이 더 중요해졌으며 부정한 방법을 사용하더라도 성과를 내는 것이 더 유능하다는 평가를 받게 만들었다.

이 밖에도 재벌 중심의 공업화는 중소기업의 육성을 통한 경제적 하부 토대의 구축과 유연성 확보에는 도움이 되지 못했다. 또한 수출이 확대될수록 수입도 확대되는 구조 속에서 원자재, 기술, 자본 도입을 위한 외자의 확대를 초래했고 그것은 우리 경제를 국제경제에 깊숙이 종속시키는 결과를 낳았다.

그밖에 중화학공업 투자가 영남 지역에 집중적으로 배치됨으로써 다른 지역에 위화감을 조성했고 이후 지역주의 정치가 전개되는 한 원인이 되기도 하였다.

민주화운동과 연장된 개발독재

유신체제의 붕괴

1. 긴급조치와 반유신 운동

유신체제는 확실한 독재체제였다. 대통령 개인에게 모든 권력이 집중되어 있었고 국회나 사법부는 그에 대한 견제와 감시 기능을 전혀 수행하지 못하였다.

정당들은 극히 제한적인 역할밖에 할 수 없었고 언론은 철저하게 통제되었으며 시민사회는 아직 제대로 조직되어 있지 못했다.

독재에 대한 저항은 결국 학생과 지식인, 종교인들의 선도투쟁을 필요로 했다. 거기에 전태일 분신 사건 이후 미약하게나마 자라나기 시작하던 노동운동 부문이 합류했다. 1970년대 민주화운동을 이끈 '재야'는 바로 이들로 이루어진 것이었다.

유신체제에서의 정당은 여당과 야당이 모두 제 역할을 하지 못했다. 여당의 경우 그 위상과 역할이 제3공화국과 판이했다. 제3공화국의 경우에는 공화당과 박대통령 간에 어느 정도의 권력배분이 존재했다.

공화당은 집권당으로 박대통령의 방패 역할을 충실히 하였지만 그런 가운데에도 당권이라고 할 수 있는 것이 존재했고 그것을 둘러싼 당 내부의 파벌도 있었으며 그들 간에 어느 정도의 상호 견제와 갈등도 있었다. 김종필 계와 반김종필 계의 대립은 대표적인 것이었다.

그런데 유신체제의 경우 공화당 내에서는 계파간의 대립마저 사라졌으며 확실한 박대통령의 친정체제가 구축되었다.

특히 박대통령이 정권 수호를 유정회에 의존하는 경향을 보이다 보니 공화당은 여당으로서의 존재가치마저 희미해졌다. 더구나 중앙정보부가 정당정치에 깊이 개입하면서 여당 국회의원의 역할은 크게 중요하지 않게 되었다.

원래 독재적인 정권에 대해 가장 강력한 저항세력은 야당이 되어야 할 것이다. 그러나 당시의 야당인 신민당은 야당으로서의 기능과 역할을 수행하기보다는 야당 내에서의 헤게모니 쟁탈전에 급급한 인상을 주었다.

유신체제 아래서의 야당은 대통령 선거에 사실상 참여조차 할 수 없었기 때문에 정권교체라는 야당 본래의 목적과 기능을 포기한 채 당 내부의 당권경쟁만 몰두하게 되었던 것이다.

더구나 국회 의석의 3분의 1을 유정회가 차지하고 있는 가운데 나머지 3분의 2의 의석을 두고 여당과 야당이 동반 당선할 수 있게끔 1구 2석의 중선거구제로 선거제도를 바꾸었기 때문에 야당은 제아무리 노력해도 국회의석의 3분의 1 이상을 차지할 수 없게 되었다.

따라서 신민당은 대정부비판이나 정권투쟁의 기능을 수행하기가 원천적으로 어렵게 되어 있었다. 그런데다 중앙정보부의 공작정치에 의해 유신체제 동안 신민당 당수는 중도통합론을 주장했던 온건파 이철승이 차지하는 경우가 많았다. 따라서 많은 경우 당시의 야당은 정권에 대한 도전을 포기하고 국회의원으로서의 존재에 만족하는 상태였다.

이처럼 야당의 기능과 역할이 한계를 갖는 상황에서 그 자리를 대체한 것은 재야세력에 의한 반체제운동이었다.

이 반체제운동은 유신체제 자체를 부정했기 때문에 체제 내에서의 야당의 비판과 명백히 구별되었다.

재야세력은 주로 학생, 교수, 문인, 법조인, 언론인, 노동자 등이 중심이 되었으며 그 선봉에는 국제적 유대를 가지고 있어 유신정부도 함부로 다룰 수 없었던 기독교, 천주교, 불교 등의 종교인들이 있었다.

유신 초기의 서슬이 퍼렇던 1973년 정계의 침묵을 깬 것은 8월 8일 일본에서 발생한 김대중 납치사건이었다. 유신이 선포되었을 때 마침 일본에 가 있었던 김대중은 귀국하지 않고 일본에서 유신체제에 대한 반대운동을 조직하고 있었다.

정부는 중앙정보부 조직을 이용하여 김대중을 납치하여 강제 송환하였고 그 과정에서 김대중은 생명의 위협까지 받았으나 가족들의 긴급연락을 받은 미국 정부의 도움으로 구명된 것으로 알려졌다.

김대중 납치사건은 국내외적으로 큰 파문을 일으켰다. 유신 정부에 대한 미국과 일본의 여론이 나빠진 가운데 재야와 대학가에서 서서히 일어나기 시작한 반유신운동의 한 계기가 되기도 하였다.

유신체제가 갖는 독재적 성격이 드러나면서 대학생들의 시위를 시작으로 유신체제에 대한 반대운동이 점차 확대되어 가고 있었다.

지학순 주교, 함석헌, 장준하 등 종교계와 재야 민주인사들이 중심이 된 개헌청원 백만인 서명운동은 단숨에 30만 명의 서명을 받을 정도로 지지를 받았다.

특히 상대적으로 탄압이 덜할 것으로 판단된 종교계에서는 민주회복을 위한 기도회 등을 통해 유신 반대의 공감대를 확산시키고 있었다. 이에 대한 박정희 정부의 대응은 1974년 1월 8일 긴급조치 1호를 발표하는 것이었다.

이른바 긴급조치 시대를 연 이 조치의 내용은 유신헌법을 반대, 비난하거나 그것의 개정 또는 폐지를 주장, 청원하는 일체의 행위를 금하고 이를 위반한 자는 법관의 영장 없이 체포하여 15년 이하의 징역에 처하며 그 심판은 비상 군법회의에서 한다는 내용이었다.

한 마디로 유신체제에 대한 어떠한 비판도 허용하지 않겠다는 것이었다. 이로써 국민들의 언론·출판·집회·결사의 자유와 사상과 학문의 자유는 심대한 제약을 받게 되었으며 영장 없는 체포, 군법회의 회부 등은 대통령의 명령으로 헌법적 기본권을 정지시키는 위력을 발휘하는 것이었다.

이어서 발표된 긴급조치 2호에는 중앙정보부장이 사건의 정보, 조사, 보안 업무를 조정, 감독한다고 하여 반체제운동에 대한 일체의 처리 권한을 중앙정보부에 넘기는 내용이 포함되었다.

박정희 정부는 이어서 주로 경제안정조치와 관련된 긴급조치 3호를 발표한 다음 1974년 4월 학생운동을 원천적으로 탄압하기 위한 극약처방으로 긴급조치 4호를 발표했다.

긴급조치 4호는 각 대학 학생운동 지도부들의 모임으로 지목된 전국민주청년학생총연맹(민청학련)과 이에 관련되는 제 단체를 조직하거나 그에 가입, 동조, 연락, 편의를 제공하는 일체의 행위를 금하며 이를 위반한 자는 사형, 무기징역에 처하고, 위반자 소속 학교는 폐교 처분을 할 수 있다는 것이었다.

유신에 반대하는 주장과 행위에 사형을 선고할 수 있는 극단적 조치가 발동된 것이었다.

이 조치는 단순히 선언적 조치로 끝난 것이 아니라 실제로 전국적인 검거 선풍이 불게 만들었고 이철, 유인태 등을 포함한 180명이 군법회의에 회부되어 사형, 무기, 10~15년 형을 선고받았다. 1960년대 풍자시 '오적'을 발표했던 저항시인 김지하를 비롯하여 박형규 목사, 김동길 교수 등도 배후지원 혐의로 모두 유죄판결을 받았다.

그런 가운데 민청학련이라는 학생 조직만으로는 처벌 수위를 높일 수 없다고 본 당국에 의해 인민혁명당 재건사건이 조작되었다.

박정희 정부는 이들 학생의 배후에 적화통일을 노리는 불순세력이 있다는 논리를 만들었고 그에 따라 1960년대 이미 인민혁명당 사건으로 수사를 받았으나 무혐의로 풀려났던 과거의 좌익혁신운동세력 23명을 다시 한 번 민청학련과 연루시켜 체포, 구금하였다.

이들은 인혁당을 재건해 민청학련의 국가전복 활동을 지휘한 혐의로 기소되어 대법원에서 도예종, 여정남 등 7명이 사형을 선고받았고 채 18시간도 되지 않아 사형이 집행됨으로써 대내외적으로 사법 살인이라는 비판을 받았다.

(2002년 의문사진상규명위원회가 이 사건이 중앙정보부의 조작이라고 발표함에 따라 이들에 대한 재심소를 받아들인 사법부는 2007년 피고인 8명에 대해 무죄를 선고했다.)

이처럼 체제에 대한 저항을 긴급조치라는 초헌법적 명령으로 억누르고 있던 1974년 8월 15일 재일동포 문세광에 의한 대통령 저격사건이 발생하였고 그로 인해 영부인인 육영수 여사가 피살되는 상황이 벌어졌다.

정부는 일본에 대해 강력히 항의하는 한편 박정희에 대한 국민들의 동정심이 고양된 분위기를 활용하여 국민일체감을 조성한다는 명목으로 긴급조치 1호와 4호를 해제하였다. 그러나 그와 관계없이 반유신운동은 대학가를 중심으로 심화되었다.

1974년 12월 천주교, 기독교, 불교, 언론, 학계, 문인, 법조인, 여성, 정계 등 각계 인사들은 '민주회복 국민회의'를 발족하여 범국민적 개헌운동을 벌일 것을 선포하였다.

국민회의에서 채택된 6개항의 '국민선언'은 민주헌법으로 유신헌법 대체, 구속인사 석방 및 언론자유 보장, 자유경제 구축 및 최저생활 보장, 민주체제 재건 확립을 통한 민족통일 성취 등이었다.

특히 국민회의에는 1974년 8월 전당대회에서 중도통합론의 이철승을 꺾고 선명야당론의 기치로 당권을 잡은 신민당의 김영삼 총재가, 납치사건 후 자택에 연금되어 있던 김대중 전 대통령 후보와 함께 가입하였다.

김영삼 총재 아래의 신민당은 재야인사들의 반체제 개헌론에 동조하여 국회 내에 헌법개정심의위원회를 설치하자는 결의안을 국회에 제출하였으나 공화당과 유정회의 반대로 파기되자 등원 거부, 원외투쟁 등을 강행하고 있었다.

신민당은 12월 말 광주, 대구, 부산 등지에서 개헌추진 현판식을 거행하면서 가두시위, 옥내집회 등 강경투쟁을 전개했다.

이러한 재야와 야당의 개헌투쟁에 대한 국민여론을 의식한 듯 박정희 정부는 1975년 2월 12일 유신체제와 유신헌법에 대한 수호 여부를 묻는 국민투표를 실시했다. 전국에 비상계엄령이 내려진 가운데 실시된 이 투표에 신민당과 재야세력들은 투표 불참 등을 호소했으나 결과는 투표율 79.8%에 73.1%의 찬성으로 나타났다.

박 정권은 투표결과에 만족하고 절대다수가 유신을 지지한 것처럼 분위기를 조성한 다음 유화적인 제스처로 긴급조치 위반 구속자의 석방을 일부 실시했다. 그러나 지역별 투표율과 찬성률을 책임진 관료, 경찰들의 철저한 통제와 감시 아래 치러진 국민투표는 정당성을 인정받기 힘들었다.

반유신운동은 계속되었고 1975년 4월에는 고대생들의 학원 내 개헌 데모를 막기 위해 긴급조치 7호가 선포되었다. 이 조치로 고대는 휴교하고 군이 학교로 진주하여 교내에서의 일체의 집회 및 시위를 불허하는 상황이 벌어졌다.

이 시기에 베트남 전쟁이 베트콩의 승리로 막을 내리면서 인도차이나 전체가 공산화되는 국제정세의 변화가 나타났다. 이에 박 정권은 위기의식과 함께 안보의식을 고조시키면서 긴급조치 9호를 선포하여 다시 한 번 일체의 개헌논의를 금지시켰다.

긴급조치 9호는 이전의 긴급조치 1호와 4호를 부활시킨 것으로 유신헌법의 부정, 반대, 왜곡, 비방, 개정 및 폐기를 주장하거나 청원, 선동 또는 선전하는 행위를 일절 금지하고 학생들의 사전허가 없는 집회, 시위 및 정치 관여를 금지시킨 것이었다.

그러나 재야단체들은 1976년 3월 1일 명동성당에서 유신헌법 및 긴급조치의 폐지, 그리고 박 정권의 퇴진을 요구하며 '민주구국선언문'을 발표하였다. '명동사건'으로 불리는 이 선언 관련자들은 모두 긴급조치 9호 위반으로 검거되었다.

2. 부마항쟁과 10.26

긴급조치로 인한 겨울공화국이 계속되는 가운데 신민당은 1976년 다시 이철승 대표체제로 지도부가 바뀌어 이른바 '대여실질투쟁'을 전개하기 시작했다.

이철승 대표는 박정희 정부의 안보논리를 받아들여 반유신 대정부 투쟁을 중단하고 체제 내의 야당 역할을 하겠다고 천명했다.

야당이 제 역할을 하지 못하는 가운데 유신 말기의 민심은 점차 박정희 정부로부터 이반되어 갔다. 1978년 7월 6일 통일주체국민회의에서 치러진 9대 대통령 선거에서는 야당이 불참한 가운데 박정희 후보가 단독 입후보하여 99.9%의 찬성(무효 1표)으로 당선되었다.

그러나 12월 12일 치러진 10대 국회의원 선거는 상황이 달랐다. 의석수에 있어서도 공화당 68석에 대해 신민당이 61석을 차지하여 의석차가 확연하게 줄어들었을 뿐만 아니라 더 중요한 것은 정당 득표율에서 신민당이 32.8%로 31.7%를 얻은 공화당보다 1.1% 앞선 것이었다. 공화당이 의석도 줄고 득표율에서도 신민당에게 뒤진 것은 현 정부에 대한 민심 이반이 어느 정도인지 잘 보여 준 것이었다.

특히 서울, 부산 등 대도시에서는 공화당이 모두 고전한 반면 신민당은 압승을 거두었다. 선거 직후 신민당은 사실상 야당과 국민의 승리라고 규정하고 강력한 유신 반대와 민주헌정 회복에 나설 것을 천명했다. 동시에 신민당 내에서는 민심이 확인된 만큼 유신체제에 대해 중도통합노선을 걸었던 이철승 대표 체제를 교체해야 한다는 목소리가 높아지게 되었다.

이에 따라 1979년 5월에 열린 신민당 전당대회에서는 중앙정보부의 지원을 받은 것으로 알려진 이철승을 꺾고 김대중 측의 지원을 받은 김영삼이 총재로 선출되었다. 김영삼의 총재 선출은 야당에 대한 공작정치의 실패를 의미했다. 따라서 당시 중앙정보부장이었던 김재규의 위상은 큰 손상을 입었고 권력의 라이벌인 차지철 경호실장의 비중이 상대적으로 커지는 결과를 낳았다.

김영삼 총재는 전당대회 이후 야당성 회복을 위해 박정희 정부에 도전적이고 강경한 태도를 보였다. 김 총재는 외신기자 클럽에서 '통일을 위해서라면 김일성과 만날 용의가 있다'는 발언을 하여 박정희 정부의 안보 논리에 도전했으며 기회 있을 때마다 유신헌법과 체제를 부정하는 발언을 하여 정국을 긴장시켰다.

김영삼 총재가 박정희 정부와 정면 대결을 벌이게 된 것은 YH 무역 사건 때문이었다. 봉제 합섬 제조업체인 YH 무역이 경영난을 이유로 밀린 월급도 주지 않고 폐업을 한 데 항의하는 여성노동자 2백 명이 1979년 8월 9일 신민당사에 몰려와 농성하는 사건이 벌어졌다.

이들은 회사 기숙사에서 항의농성을 하다 경찰이 개입하자 신민당사로 장소를 옮긴 것이었다. 신민당사에서 이틀째 철야 농성이 벌어지는 가운데 경찰은 김 총재의 중재 노력에도 불구하고 기동경찰력을 동원하여 이들을 강제해산시켰다. 이 과정에서 여성노동자 김경숙이 추락하여 사망하는 사고가 발생했다.

또한 경찰은 야당 총재실 문을 부수며 총재와 당 간부에게도 폭력을 휘둘렀다. 신민당은 김경숙 양의 사인규명과 경찰책임자의 문책을 요구하면서 18일 간 농성을 벌였다.

그런 가운데 중앙정보부는 김영삼 총재를 퇴진시키기 위한 공작에 돌입했다. 신민당의 3개 원외지구당 위원장들이 공민권이 정지된 일부 대의원들의 선거권 행사를 문제 삼아 김영삼 총재 등에 대한 직무정치가처분신청을 제기한 것이었다.

서울민사지법은 이를 이유 있다고 판결하고 총재단의 직무 집행을 정지시키면서 정운갑 전당대회의장을 직무대행자로 선임했다. 사법부가 직접 총재 대행자를 선임한 것은 스스로 정권의 하수인임을 공개적으로 자백하는 추태였다.

이런 상황에서 김영삼 총재는 외신 기자회견에서 민주회복을 위한 범국민적 항쟁을 벌이겠다고 선언하면서 카터 미대통령에게 독재정권에 대한 지지를 철회할 것을 요구했다.

공화당과 유정회는 즉각 사대주의이자 반국가적 언동이라고 비난하며 김 총재의 의원직을 박탈하는 징계안을 냈고 10월 4일 야당 의원들이 본회의장을 점거한 상태에서 여당 의원만으로 김 총재를 전격 제명했다. 야당 의원들은 전원 의원직 사퇴서를 제출하였으며 미국 대사 글라이스틴(William H. Gleysteen, Jr.)도 박 대통령에게 경찰이 신민당사에 난입한 사실과 김 총재를 제명한 것에 대해 비공개적으로 유감을 표명하고 수습책을 요구했다.

정국은 급속히 냉각되었으며 국민들의 분노도 서서히 끓어오르기 시작했다. 언론과 집회의 자유가 극도로 제한된 긴급조치 아래서 유신체제에 대한 저항은 쉬운 일은 아니었다. 저항의 앞장에는 여전히 학생들이 나설 수밖에 없었다. 유신철폐와 긴급조치 해제 등의 구호를 내건 대학가의 시위가 이어졌다.

그러나 대학들은 철저히 감시받았고 시위는 초기에 진압되었다. 학생시위가 외부로 나와 시민들과 이어질 수 있는 기회는 철저히 차단되어 있었다. 김영삼 총재 제명은 학생과 시민을 연결시켜 주는 바로 그런 기회를 제공했다. 김 총재의 정치적 고향이라 할 수 있는 부산과 마산에서 가두시위가 시작된 것이었다.

야당 총재의 의원직 박탈이라는 폭거가 이루어진 1979년 10월 16일 500여 명의 부산대 학생들은 교내 도서관 앞에서 민주구국투쟁선언문을 낭독하며 박정희의 유신체제와 긴급조치를 비판하는 시위에 돌입했다. 시위대는 완강하게 대치한 경찰과 공방전을 벌이다 그들의 저지선을 피하면서 산발적으로 교문을 나섰다.

시내로 진출한 시위대는 학생과 시민이 뒤섞여 수만 명이 행렬을 이루면서 시내 중심가인 남포동, 광복동 일대에서 '유신철폐, 독재타도'의 구호와 애국가, 통일의 노래 등을 부르며 경찰과 충돌했다.

시민들이 대거 가세한 이 시위는 경찰력을 무력화시키면서 자정 넘어서까지 격렬하게 전개되었다. 10월 17일에는 부산대에 휴교령이 내려졌지만 시위는 전날과 같이 시내 중심가 도처에서 폭발하였다.

이날은 부산의 다른 대학 학생들까지 모두 참여하여 시민들과 함께 수만 명의 시위대를 형성하였으며 주변의 시민들도 이들에게 빵과 우유를 던져 주는 등 적극적으로 호응하였다.

시위대들은 경찰의 최루탄에 맞서 유신의 하수인으로 보였던 경찰서, 파출소, 동사무소, 신문사, 방송국 등에 투석과 방화를 감행해 정권에 대한 강력한 불만을 표출했다.

10월 18일에는 부산의 항쟁 소식이 마산의 경남대에 전해지면서 뚜렷한 주도세력이나 선언문도 없이 학생들은 거리로 나섰고 시민들과 합세하여 시내 중심가인 창동 네거리나 3.15 의거탑에 집결하면서 경찰과 충돌하였다.

시위군중은 순식간에 수만 명으로 불어났고 이 시위 역시 자정을 넘기면서까지 전개되었다. 10월 19일 저녁까지 이어진 이 시위는 경찰의 다발최루탄 발사 속에 더욱 격렬해지면서 공화당사와 관공서, 언론사 등에 대한 투석과 방화가 이어졌다.

박정희 정부는 부마항쟁에 대해 강경진압을 선택했다. 10월 18일을 기해 부산에 비상계엄령이 내려졌고 10월 20일에는 마산, 창원에 위수령 선포와 동시에 공수부대를 투입해서 격렬했던 항쟁의 불길을 진화하기에 이르렀다.

부산의 경우 이틀간의 시위로 학생, 시민 1,058명이 연행되어 이들 중 66명이 군사재판에 회부되었다. 마산의 경우 이틀간의 시위로 505명이 연행되고 59명이 군재에 회부되었다. 당시 구속된 학생, 시민들은 대부분 소요죄에다 긴급조치 9호 위반죄가 추가되었다.

부마항쟁은 그 자체가 유신체제를 붕괴시키지는 못했으나 10.26 사건의 핵심적 계기가 됨으로써 결국 독재정권을 무너뜨린 민주화항쟁으로 평가할 수 있다. 이승만 독재가 4.19에 의해 무너지고 전두환 독재가 6월 항쟁에 의해 마감되었다면 박정희 독재를 붕괴시킨 가장 중요한 저항은 부마항쟁이었다고 볼 수 있는 것이다.

다만 유신 말기의 억압적 상황을 고려해 볼 때 10.26이 일어나지 않고 부마항쟁이 전국적으로 확산되었다면 시민들의 손에 의해 유신체제가 무너졌을지도 모른다는 점에서 부마항쟁이 10.26으로 이어진 것은 아쉬움이 남는 일이었다고 할 수 있다.

유신체제가 광범위한 시민 항쟁이 아니라 10.26이라는 체제 내의 변화로 붕괴됨으로써 제5공화국이라는 연장된 개발독재를 다시 한 번 겪어야 했던 것이다.

1979년 10월 26일 중앙정보부장 김재규가 박정희 대통령과 차지철 경호실장을 중앙정보부의 궁정동 안가에서 살해하는 사건이 발생했다. 10.26으로 기록된 이 사건으로 유신체제는 내부로부터 붕괴했다. 이 사건의 표면적인, 그리고 현재까지 밝혀진 가장 중요한 원인은 김재규와 차지철의 갈등과 권력투쟁이라고 볼 수 있다.

5.16의 핵심들로 박정희에 의해 중용되었던 두 사람은 유신 말기 박정희의 눈을 가리고 전횡했던 차지철이 선배였던 김재규를 신민당에 대한 공작 실패, 부마항쟁 대응 미숙 등의 이유로 공격하고 거기에 박정희가 동조하면서 극단적인 갈등관계에 놓이게 되었다.

김재규의 진술에 의하면 특히 차지철이 부마항쟁에 대해 계엄령을 내리고 탱크로 밀어 버리자는 주장을 하고 박정희가 거기에 귀를 기울이자 김재규는 더 이상의 유혈사태를 막고 민주화의 걸림돌인 두 사람을 제거하겠다는 결심을 하였다는 것이다.

10월 26일 저녁 궁정동 안가에서 저녁식사를 하던 중 김재규는 부하들과 함께 대통령과 차지철, 경호실 요원들을 살해하였다. 그러나 그 이후의 계획은 준비되어 있지 않았다.

김재규는 별실에 초대해 두었던 정승화 육군 참모총장에게 대통령 유고 사실을 알리고 비상계엄을 선포해야 한다고 종용하였으나 정승화는 김재규를 육군본부로 데려가 비상 국무회의를 소집케 했고 거기서 현장에 있었던 김계원 비서실장의 증언에 따라 김재규를 체포하게 된다. 계엄령이 내려지고 수사권은 군 보안사령관 전두환에게 이관되어 김재규 이하 부하들은 가혹한 고문수사 끝에 군법회의에서 내란 목적 살인으로 사형을 선고받고 1980년 5월 교수형에 처해졌다.

10.26은 사건 자체가 극적인 만큼 그에 대한 논의도 분분한 편이다. 표면상의 내용들은 거의 밝혀졌으나 과연 그것이 모두인지는 불분명

하다. 그런 불분명성의 대표적인 것이 미국 관련설이다. 유신 말기 주한미군 철수와 한국의 인권문제를 둘러싼 미국의 카터 행정부와 박 대통령의 심각한 갈등, 박 대통령의 핵무기 개발에 대한 미국의 견제 등 여러 가지 이유로 미국이 민심을 잃은 박대통령을 제거하기 위해 계획한 것이 10.26이라는 것이다.

이 중에서도 핵 개발과 관련된 논의는 상당한 설득력이 있으나 현재로서는 이에 대한 어떠한 증거도 나타나 있지 않다. 유신 말기에는 그러한 논의가 나올 정도로 한미 관계가 갈등을 겪는 관계였으며 그것이 유신체제에 중대한 위협으로 작용했다는 사실은 분명하다.

갈등의 시작은 유신이라는 독재체제를 구축한 박 대통령이 그에 대한 미국의 부정적인 여론을 무마하기 위해 무리한 방법을 동원했던 코리아게이트 사건에서부터였다고 볼 수 있다.

유신이 말기로 치닫던 1976년 10월 15일 미국의 「워싱턴포스트」는 재미 한국인 실업가 박동선과 한국 정보기관 요원들이 한국에 대한 미국의 지지를 이끌어 내기 위해 미국 국회의원들에게 뇌물을 주었다는 내용의 보도를 터뜨렸다. 1970년대 후반 한미 관계를 격랑 속으로 몰아넣은 이른바 코리아게이트가 시작된 것이었다.

닉슨 대통령의 사임을 몰고 온 워터게이트 사건에 분노했던 미국 국민들은 의회마저 부패에 물들었다는 폭로에 더욱 분노했다. 미 의회는 즉시 진상조사에 나섰고 조사가 진행되면서 미 정보기관의 청와대 도청 사실이 드러나고 한국 정보요원 2명이 미국으로 망명을 신청하는 등 극적인 전개가 계속되며 언론의 큰 관심을 끌었다.

코리아게이트의 실체를 밝히기 위해 구성된 미 하원국제관계위원회의 프레이저 소위원회와 윤리위원회는 각각 1978년 11월과 12월 장문의 조사보고서를 발표하였으나 실체를 밝히는 데는 한계를 드러냈다. 123명의 미국 정치인과 관료들이 소환되고 1,500여 명이 참고인 진술을 한 것에 비해 미국의 전직 하원의원 한 명만 뇌물수수로 유죄판결을 받고 3명이 의회 차원에서 가벼운 징계를 받는 것으로 끝났다. 뇌물 제공의 주역이었던 박동선도 의회 증언을 대가로 면책되었다.

한미 갈등의 심각함을 가장 결정적으로 보여 준 것은 1979년 6월 29일부터 사흘 간 진행된 한미 정상회담이었다.

1977년 대통령에 취임하면서부터 주한미군 감축을 시도했던 카터 대통령이 도쿄에서 7개국 경제정상회담을 마치고 한국에 들렀다. 그러나 공항에서 기다리던 박 대통령과는 잠깐 악수만 나누고 바로 동두천 미군부대로 떠났다.

다음날 여의도 광장에서 환영행사를 같이하고 청와대로 들어온 두 대통령은 제1차 정상회담에 들어갔다. 주한미군 철수 계획은 사실상 포기된 마당에 새삼 이 문제를 거론하여 카터의 자존심을 상하게 해선 안 된다고 보고를 받았음에도 불구하고 박 대통령은 바로 주한미군 철수 문제를 꺼내며 철군 계획의 완전한 동결을 요구했다. 이에 카터도 한국의 방위비 분담 증대와 인권 문제를 거론하며 긴급조치 9호의 해제를 요구했다.

회담은 성과 없이 끝났고 양국 관계가 극도로 악화된 가운데 몇 달 뒤 10.26이 발생한 것이었다.

연장된 개발독재 : 제5공화국 성립과 역할

1. 12.12와 5.17

10.26은 18년간의 절대 권력을 붕괴시켰다. 대다수의 국민들은 독재정치가 종식되고 민주화가 추진될 것이란 낙관적 기대에 부풀었다. 유신체제를 겨울공화국이라고 불렀던 것처럼 사람들은 당시를 '서울의 봄'이라고 표현하며 민주주의에 대한 충만한 기대감을 나타냈다.

구속된 정치범 석방, 긴급조치 해제, 유신헌법 개정 착수, 언론자유 회복, 3김 대권주자들의 자유로운 행보 등이 실현되면서 그 동안 억눌렸던 체제에 대한 분노도 함께 발산시켰다.

10.26 이후의 국민적 기대 못지않게 외신들도 한국 문제에 낙관적 전망을 보도했다. 박정희의 사망으로 한국의 민주화에 호기가 왔으며 권위주의 체제에서 민주화 정권으로의 정치적 변혁이 불가피할 것으로 예측한 것이다.

그러나 6개월 정도의 '서울의 봄'은 12.12 쿠데타에 의한 신군부의 등장과 그들의 정권장악 의도에 의한 5.17 계엄령 확대 조치, 그에 항거한 광주항쟁 등 일련의 사건들로 이어지면서 정치적 혼란을 가중시켰다.

10.26 직후 최규하 국무총리가 대통령 권한대행을 맡아 제주도를 제외한 전국에 비상계엄을 선포하고 정승화 참모총장을 계엄사령관에 임명하였다.

군 수뇌부는 정치적 중립을 선포하여 합법적인 방법에 따른 정치 일정을 고수할 것을 선언하였으며 유신헌법 폐기를 결정하였다.

군부든 민간정부든 유신체제라는 무리한 정치 구조는 박정희의 사망과 함께 종식되어야 한다는 점을 인정하였기 때문이다. 미국 정부 또한 점진적이고 타협적인 민주화를 선호하여 군의 태도에 영향을 미쳤던 것으로 보인다.

12월 5일 대통령직을 장기간 비워둘 수 없기 때문에 현행 유신 헌법에 의해 통일주체국민회의에서 최규하 국무총리를 대통령으로 선출했다. 그는 특별담화를 통해 잔여 임기를 채우지 않고 빠른 시일 내에 헌법을 개정할 것이라고 밝혔다. 그는 또 김대중의 가택연금을 해제하여 정치활동을 재개하도록 하였고 긴급조치 9호를 해제함으로써 유신체제의 법적인 탄압장치를 해소하였다.

이러한 정치적 자유화의 분위기 속에서 기존의 정당들이 활발하게 움직이기 시작했다. 공화당은 그동안 박정희와 일정한 거리를 두어온 덕에 정치적 타격을 크게 입지 않았던 김종필을 총재로 선출하여 재집권의 꿈을 키웠고 신민당은 10.26 후 곧 김영삼 체제로 복귀하였다. 양당은 모두 정상적인 정치과정을 존속시키는 데 중점을 두었고 군부를 자극하지 않으려고 조심하였다.

그러나 군 내부의 사정은 달랐다. 10.26과 같은 권력의 공백기에 보안사령관 겸 합동수사본부장을 맡아 급속히 힘이 실리고 있었던 전두환 소장 중심의 새로운 군부세력이 독자적인 힘으로 부상하였다. 유신체제에서 박정희의 비호 아래 정치화되어 있던 이들 신군부는 육사 11기부터 각 기수별로 소수의 인원을 선발하여 조직한 하나회를 중심으로 군내 주요 보직을 서로 넘겨주면서 강력한 세력을 형성하고 있었다.

이들은 박정희의 피살에 분개하면서 급격한 정치변동이 가져올 수 있는 기득권의 상실과 3김에 대한 우려, 5.16 선배들과 같은 권력에의 의지 등을 공유하고 있었다. 이들의 잦은 회합에 대한 경고가 미국이나 군 내부에서 계속되자 정승화는 전두환을 동해경비사령관으로 전보하려 하였으나 그 사실을 알게 된 신군부들이 먼저 12월 12일 군을 동원하여 육군본부에 침입하여 김오랑 소령 등 3명을 사살하는 총격전 끝에 정승화를 체포하였다.

신군부는 이를 박대통령 암살 사건 당시 궁정동 안가에 있었던 정승화를 수사해야 했기 때문이라고 주장하였다. 물론 이에 대해 정승화는 사전에 전혀 인지한 바 없으며 잘 아는 사이였던 김재규가 보자고 하여 간 것뿐이라고 일관되게 자신의 입장을 밝혔다. 또한 신군부는 최대통령의 재가를 받았기 때문에 적법하다고 주장했으나 대통령 재가의 사실 여부는 끝내 밝혀지지 않았다.

(이러한 논란에 대해 김영삼 정부 시절 법원이 12.12는 하극상에 의한 쿠데타라고 정리함으로써 신군부의 논리를 부정한 바 있다.)

12.12 쿠데타는 전두환과 신군부에게 집권을 위한 긴 과정의 출발점이 되었다. 12.12를 통해 그들은 계엄 상황만 관리하고 복귀하려 했던 군부 내 온건파를 진압하고 자신들의 권력의지를 다졌으며 정치적,

사회적 반대파들을 진압하기 위한 5.17 쿠데타를 계획했다.

그러나 그들의 집권 명분은 너무 허약했다. 5.16 쿠데타는 나름의 논리와 그에 대한 찬반 논란이라도 있었지만 12.12와 5.17은 그것조차 없었다. 그렇기 때문에 12.12와 5.17은 강력한 저항과 유혈의 희생을 딛고서야 '성공한 쿠데타'가 될 수 있었다.

12.12를 계기로 정치적 공백상태가 일단락되고 신군부가 가장 강력한 정치 행위자로 등장하게 되었다. 미국과 일본의 언론들은 한국의 실력자로 전두환 장군을 소개했다. 그러나 계엄 하의 국내 언론들은 그런 사실을 제대로 알리지 못했다.

일반 국민에게 신군부는 정치적으로는 낯선 존재였으며 신군부 역시 아직 자신들을 드러내려 하지 않았다. 외신을 통해 상황을 어느 정도 파악하고 있었던 민주화운동 세력은 딜레마에 빠졌다. 정당 정치인들은 되도록 신군부를 도발하지 않으려 했고 그들이 정치일정을 잘 관리해 주기 바란다는 메시지를 보내고 있었다.

그러나 학생과 재야 세력은 신군부의 정치적 의도를 국민들에게 폭로하고 투쟁해야 한다고 생각했다. 봄이 되면서 대학가에는 이원집정부제 개헌에 반대하며 전두환은 물러가라는 구호가 등장했다. 문제는 학생들이 왜 그런 요구를 하는지 국민들이 전혀 모르고 있었다는 점이다.

최규하 대통령은 1980년 연두 기자회견을 통해 개헌을 정부가 주도할 것임을 명백히 하였다. 당시 헌법 개정 문제가 가장 중요한 정치적 쟁점으로 떠올랐는데 개헌의 시기와 주도 세력, 그리고 개헌 내용에 이르기까지 모든 분야가 정치적 쟁점이 되었다.

정부 주도의 개헌 내용이 분명히 드러나지 않은 가운데 학생과 재야 세력은 신군부가 국민에게 인기 있는 허수아비 대통령과 실권을 가진

총리로 이원화되는 방식의 개헌을 꾸미고 있다고 주장하며 대통령 중심제를 골자로 한 국민 주도의 즉각적인 개헌을 요구하였다. 정당들도 대통령 중심제를 선호하면서 국회가 주도하는 조속한 개헌을 원하였다.

그런 가운데에도 신군부의 권력 장악 구도는 착착 진행되고 있었다. 1980년 4월에는 전두환 합수부장이 중앙정보부장직까지 겸직하게 됨에 따라 실질적인 최고 권력자가 되었고 최 대통령 이하 정부는 신군부의 하수인에 불과한 존재로 전락하게 되었다.

정부의 무력화와 신군부의 권력 공고화는 정치일정의 투명성을 더욱 어렵게 만들었다. 항간에는 각종 개헌설과 친여 신당설 등의 풍문들이 떠돌았고 언론에서는 이를 안개 정국이라고 불렀다.

안개정국 이전에 언론은 유신이 끝난 당시의 상황을 '서울의 봄'이라고 불렀다. 겨울공화국이 끝나고 민주화가 진행될 것이라는 낙관과 희망이 반영된 말이었다. 유신독재 아래서 잃어버렸던 대통령 직선제 회복은 너무도 당연한 일처럼 보였고 그에 따라 민주화 운동의 지도자로 국민적 지지를 받고 있었던 김영삼, 김대중과 공화당 지지자들의 기대를 받고 있었던 김종필 등 3김씨는 대통령 선거를 의식한 활발한 정치적 행보를 보이고 있었다.

이들은 각 지방이나 대학으로 다니며 강연회 등을 하면서 조속한 개헌을 촉구하고 있었다. 그러나 이들, 특히 김대중과 김영삼 두 야권 지도자의 경쟁은 막강한 적을 눈앞에 둔 민주세력의 분열을 의미했다. 물론 이들이 단결하였다고 신군부의 권력 장악을 막을 수 있었을 것이라고 보기는 힘들지만 최소한 신군부의 구도대로 끌려가지는 않았을 것이라고 생각해 볼 수는 있다.

국민들은 김대중이 신민당에 입당함으로써 두 사람이 단결하기를 원했지만 신민당의 총재로 있던 김영삼이 당내에서 유리한 위치를 선점하고 있었고 따라서 김대중은 결국 입당을 포기한 채 재야 세력을 규합하여 독자세력을 형성하게 되었다.

10.26 이후 학생과 재야 세력은 효과적인 정치세력으로 동원되지 못하였을 뿐 아니라, 양김의 분열에 따라 내분을 겪음으로써 제한된 힘의 자원을 그나마 소진시켰다. 재야의 분열은 민주화의 방법론과도 관련되어 있었다.

제도정치를 중심으로 민주화를 이루고자 한 온건파들과 사회운동에 더 비중을 둔 강경파들은 민주화의 방법에서 서로 차이를 나타내고 있었다. 교수, 성직자, 정치인들로 구성된 전자는 신민당 중심의 제도적 개혁을, 학생운동 출신의 젊은 세대로 구성된 후자는 대중 운동을 통한 민주화를 주장했다.

학생운동도 재학생 지도부의 단계적 투쟁론과 복학생들을 중심으로 한 전면적 투쟁론으로 분열되었다. 그러나 이들은 공통적으로 현 단계의 운동이 중간계급에 토대를 둔 반독재 민주화운동이라는 점에서는 별로 인식이 다르지 않았다. 동시에 이들은 미국 정부가 민주화를 지원해 줄 것이라고 기대하고 있었다.

이런 점에서 1970년대 민주화운동세력의 인식은 민중민주주의와 반미사상이 중요한 내용을 이루었던 1980년대 운동권의 인식과는 다소 차이가 나는 것이었다.

학생운동은 유신체제 아래서 학도호국단으로 개편되어 정권의 통제 아래 있던 학생회들을 자율적인 학생회로 부활시키기 위한 노력부터 시작되었다.

이들은 초기에는 과격한 투쟁을 지양하고 정치적 집회와 시위를 자제했다. 국민 대중의 준비가 부족하고 조직력이 미약했으며 사회운동 및 정치권과의 연대를 이루기에 시기상조라는 판단 때문이었다. 특히 신군부에 반격의 구실을 주지 않기 위한 점도 있었다.

그러나 5월 13일경에는 강경파 학생들의 주도로 다시 가두시위가 시작되었다. 시위 지도부들 사이에서는 쿠데타가 임박했다는 위기감이 팽배하였다.

5월 15일 서울시내 대학생 7만여 명은 비상계엄 해제와 유신잔당 타도, 언론자유 보장, 정부 개헌 중단, 노동3권 쟁취 등의 구호를 외치며 서울역과 시청 앞을 점거하고 시위를 벌였다. 시민들의 호응은 우호적이지 못했다. 언론이 철저히 통제된 가운데 시민들은 신군부에 의한 쿠데타 위기설을 외치는 학생들의 주장을 이해하지 못했다. 또한 경제성장의 과실을 향유한 도시 중간계급들은 더 이상의 혼란보다는 정국의 안정을 원했다.

시민들의 지지 획득에 실패한 학생들은 자신들의 행위가 오히려 쿠데타에 빌미를 줄 수 있음을 감지하고 학교로 복귀할 것을 결의하였다. 그러나 이미 신군부 세력은 정치권력 장악을 위한 본격적인 행동에 착수하고 있었다.

업주의 횡포와 저임금에 시달렸던 사북탄광 노동자들의 폭력적 시위에 이은 학생들의 대규모 가두시위를 사회 혼란으로 규정하며 이를 구실로 5월 17일 비상계엄이 전국으로 확대되었다.

국회는 폐쇄되었고 모든 정치활동은 금지되었으며 대학에도 휴교령이 내려졌다. 파업을 금지하고 언론 검열을 강화했으며 주요 대학 학생회 간부 전원에 대한 검거령이 떨어졌다.

국민들에게 영향력이 큰 3김씨는 가장 위험한 존재였다. 계엄 당일 신군부는 김종필을 부정축재 혐의로, 김대중은 대중선동과 민중봉기에 의한 정부 전복 기도 혐의로 체포하고 김영삼은 가택 연금시켰다. 그렇게 쿠데타는 성공하는 것처럼 보였다. 그러나 부마항쟁과 마찬가지로 이번에도 저항의 불길은 한반도의 남단에서 타올랐다.

2. 5.18민주화운동(광주항쟁)

5.17에 의해 광주에서도 비상계엄군이 각 대학을 장악하고 학생들의 등교를 저지하는 상황이 벌어졌다. 5월 18일 등교를 저지당한 전남대 학생들이 계엄군에게 항의하다 시내 중심지인 금남로로 진출하여 계엄 철폐 등을 외치며 시민들과 합세하여 시위를 전개하였다.

그러자 다음날 계엄군은 광주에 11공수여단을 증파하여 시위 진압에 나섰다. 이들은 시위대에 대해 폭행과 구타 등으로 무자비한 진압을 계속하였고 이에 광주 시내 기관장 및 유지들이 나서서 시위진압 방식의 완화를 건의하기도 하였다.

5월 20일에는 가톨릭센터 앞에서 남녀 30여 명이 속옷 차림으로 구타당하는 상황이 발생했다. 분노한 시민들은 점점 더 집결하여 시위대는 20만 명에 이르렀다. 시위대가 불어나는 만큼 시위대에 대한 진압도 폭력적이 되어갔고 그런 만큼 시위도 더욱 격화되어 시위대가 버스를 굴려 보내고 공수부대가 곤봉과 대검을 휘두르면서 시민과 진압군 모두 사상자가 발생하는 상황이 되었다.

5월 21일 시외전화가 두절되고 금남로에는 전날 시위의 희생자인 시민 시체 2구가 놓였다. 시민들의 분노는 확산되었고 사실보도조차 하지 않는 KBS, MBC 건물이 방화의 대상이 되었다. 시위대는 투입된 20사단 병력과 충돌했고 계엄군은 공수부대원을 전진 배치하여 시위대를 향한 조준 사격을 시작했다.

선두에 섰던 청년들이 공수부대의 무차별 발포로 쓰러지는 모습을 본 시위대는 아시아자동차 공장에서 군용트럭, 장갑차 등을 획득하고 경찰서와 예비군부대 등의 무기고와 탄약고에서 총과 화약을 입수하여 본격적인 무장을 시작했다. 그에 따라 도청 앞 등지에서 시민군과 계엄군의 시가전이 벌어지는 상황이 전개되었다.

그러자 계엄군은 도청에서 철수하여 외곽으로 이동하였고 광주 시내는 시민군에 의해 장악되었다.

5월 22일부터 5월 26일까지는 공권력이 없는 무정부상태가 지속되었으나 시민들은 자발적으로 질서를 지켜 나갔다. 이 기간 동안 광주에서는 단 한 건의 범죄도 보고되지 않았을 정도다.

시민들은 도청 광장과 금남로에 집결했다. 적십자병원의 헌혈차와 시위대 지프가 헌혈과 참여를 호소하고 다니는 가운데 도청 옥상에는 태극기가 검은 리본과 함께 내걸렸고 광장에는 40여 구의 시체가 안치되었다. 시민, 학생들은 수습대책위원회를 구성하였고 대표자 8명이 상무대 계엄분소를 방문하여 계엄군 철수, 연행자 석방 등 7개항 수습안을 전달했다.

그러나 정부와 계엄사는 무장해제와 자수를 요구하는 경고문을 살포했다. 도청 광장에서는 연일 민주수호 범시민 궐기대회가 개최되었고 사망자 명단과 인상착의 벽보가 게시되었다.

그런 가운데에도 주남마을 앞에서 공수부대가 소형버스에 총격을 가해 17명이 사망했고 저수지에서 수영하던 소년들에게도 총격이 가해졌다는 소식들이 들려왔다.

김승용 신부를 비롯한 재야인사들이 구속자 석방, 무장 해제 등의 수습안을 마련하여 계엄군과 협상하고 있는 가운데 학생수습대책위원들은 총기를 회수하고 범죄 발생 예방과 식량 공급 문제 등을 논의했다.

그러나 초기에 수습 방안에 관심을 보이던 계엄군은 다시 강경책으로 돌아섰고 시민군 가운데에서도 대책 없는 무장 해제에 반대하는 입장들이 나타남으로써 상황은 해결의 실마리를 보이지 않고 있었다.

그런 가운데 5월 26일 계엄군이 농촌진흥원 앞까지 진출했다는 소식을 듣고 시민수습대책위원들이 계엄군의 시내 진입 저지를 위해 도로에 드러눕는 죽음의 행진을 감행했으며 학생수습위원회 대변인은 외신기자들에게 광주상황을 브리핑했다.

시민군은 계엄군의 도청진입작전이 시작될 것을 예상하고 어린 학생과 여성들을 귀가시켰다. 시내전화가 두절된 가운데 5월 27일 새벽 탱크를 앞세운 계엄군이 시내로 진입하기 시작했고 "계엄군이 쳐들어옵니다. 시민여러분, 우리를 도와주십시오"라는 애절한 가두방송에도 불구하고 계엄군 특공대는 도청 안에 남아 있던 시민군에 무차별 사격을 가하여 대부분을 사살 또는 체포하면서 진압작전은 종료되었다.

광주항쟁 또는 5.18 민주화운동은 6.25 전쟁 이후 한국에서 가장 많은 사상자를 낸 비극적 사건이었다. 이는 군부에 의한 개발독재체제로의 복귀냐, 민간에 의한 민주정부의 구성이냐 하는 정치적 쟁점을 둘러싸고 신군부와 민주화운동 세력 간에 벌어진 전면투쟁이었다.

5.18 진압을 통해 신군부는 민주화운동 세력에게 단기적으로는 결정적 승리를 거둔다. 그러나 그것이 엄청난 희생을 치르고 이루어진 것이기 때문에 이후 그 승리에 대한 강력한 저항이 지속되었다. 저항

의 강도가 셀수록 정권의 폭력적 탄압도 강화되었고 권력의 정당성은 더욱 부족해졌다. 그치지 않는 진상규명 요구는 그들이 치러야 할 당연한 대가였다.

5.18이 광주에서 터져 나온 것은 계엄 확대 이후 광주에서 가장 먼저 학생시위가 일어났고 그에 대한 공수부대원들의 지나치게 무자비한 진압방식이 시민들을 분노하게 했기 때문이다. 당시까지 호남인들이 겪었던 심한 차별의식과 호남 출신 지도자 김대중에 대한 신군부의 탄압도 크게 작용하였다. 부마항쟁이 그랬듯이 지역 출신 정치인들이 부당하게 핍박받으면 그 지역 주민들이 가장 먼저 항의하는 것은 인지상정이기 때문이다.

문제는 5.18이 전남 광주의 좁은 지역에 국한되어 다른 지역으로 확산되지 못했다는 것이다. 광주를 알리려는 탈출 학생과 시민들의 노력에도 불구하고 계엄 하의 엄격한 보도통제 속에서 다른 지역의 주민들은 초기에는 그런 일이 있었다는 사실조차 몰랐으며 다음에는 일부 폭도들의 난동에 군이 대응하고 있다는 보도를 보며 불안하게 생각하고만 있었다.

한편 5.18은 조직되지 않은 대중의 자연발생적 저항이라는 1960~70년대 민주화운동의 형태와 한계를 그대로 보여 주었다. 지도력, 조직력, 이념과 전략 전술을 갖추지 못한 방어적이며 일시적인 투쟁이었던 것이다. 이러한 반성은 운동세력으로 하여금 운동의 과학화를 고민하게 만들었다.

운동의 과학화는 이후 다양하고도 복잡한 형태로 전개되었지만 그 핵심은 현 시기의 사회구성이 어떤 단계이며 어떤 모순이 주요 모순이고 어떤 계급이 주적이며 어떤 계급이 동맹군인지, 운동(혁명)의 목표는 무엇이고 그것을 위한 전략과 전술은 어떤 것이어야 하는지 하는 문제들이었다.

그런 논의를 아주 단순화시켜 보면 크게 두 가지 입장이 존재해 왔다고 볼 수 있다. 첫째는 현 단계 한국사회는 식민지이며 따라서 주요 모순은 민족 모순이고 주적은 미국이며 민족자본까지를 동맹세력으로 삼고 민족해방투쟁에 나서야 한다고 보는 민족해방(National Liberation. NL)론이고, 둘째는 현 단계를 국가독점자본주의로 보고 계급모순이 주요 모순이며 따라서 독점자본과의 계급투쟁이 우선되어야 한다고 보는 민중민주(People's Democracy. PD)론이 그것이었다.

이 두 가지 입장이 운동권에서 혁명의 논리로 가장 강력한 흐름을 유지해 왔고 동시에 이론에서나 실천에서나 가장 오랫동안 영향력을 행사해 왔다고 볼 수 있다.

그리고 그 흐름은 지금도 이어져 진보 세력 내에 이른바 자주파와 평등파의 논리와 세력으로 연결되어 내려오고 있다.

5.18 민주화운동에서의 미국정부의 역할 역시 격렬한 논쟁의 초점이 되었다. 당시 광주 시민들은 자신들의 투쟁이 국내에서는 보도되지 않았지만 국제적으로는 보도될 것이고 그렇다면 국제적인 대응이 있을 것이라고 믿었다. 따라서 항쟁 도중 미국의 항공모함이 한반도 해역에 나타났다는 소식에 희망을 가지기도 했다.

그러나 미국이 20사단의 투입을 묵인했고 항공모함은 오히려 북한의 오판을 막기 위해 신군부를 지원하러 온 것이었다는 사실이 알려지면서 한국의 민주화에 대한 미국의 입장을 새롭게 인식하게 되었다. 그에 따라 반미투쟁의 불모지였던 한국에도 처음으로 반미운동이 나타나게 되었다. 1982년 부산의 대학생들에 의한 부산 미문화원 방화

사건, 1985년 대학생연합세력에 의한 서울 미문화원 점거농성, 1986년 NL계열 서울대생 김세진, 이재호 분신사건 등 일련의 반미투쟁이 바로 그것이었다.

미국 정부는 민주화 이후인 1988년 국회 광주특위의 청문회에서 공수부대의 이동과 신군부의 지원에 대한 미국의 개입을 공식적으로 부인하였다. 그러나 1996년 미국의 유력 일간지 「저널 오브 커머스 JOC; Journal of Commerce」지가 공개한 비밀문서에 따르면 5.18 당시 미국은 특전사의 광주 투입 계획이나 무력진압을 사전에 인지하고도 묵인했다는 정황이 나타난다.

이 자료에 의하면 1980년 5월 7일 미국 정부는 시위세력을 진압하기 위해 군부대를 투입하려는 한국정부의 계획을 글라이스틴 대사로부터 보고받고 이에 대한 어떤 반대도 하지 않았다.

또한 5월 22일 백악관에서 열린 국가안전보장회의 고위정책조정위원회에서는 오키나와에 있는 조기경보기 2대와 필리핀 수빅 만에 정박 중인 코럴시 항공모함을 한국 근해에 출동시키기로 결정하면서 한국정부가 최소한의 병력을 사용해 광주의 질서를 회복하는 것이 중요하며 한국정부를 단기적으로 지지하되 장기적으로는 정치발전을 이루도록 압력을 행사해야 한다는 방침을 정했다. 그리고 그 내용은 글라이스틴 대사를 통해 한국 정부에 전달되었다.

그러나 미국 정부는 미국이 끝까지 배후에서 평화적인 해결 방법을 모색하였고, 20사단의 광주 투입 승인은 질서 회복과 공수부대의 재투입으로 인한 과잉 진압을 막기 위한 것이었으며, 20사단 투입 승인 후 진압 작전이 이틀 연기된 것도 미국의 노력 덕분이었다는 것을 들어 미국이 5.18 민주화운동에 대해 책임질 입장이 아니라고 주장했다.

어쨌든 미국 정부가 5.18을 계기로 신군부의 행위를 묵인 내지 지지하는 쪽으로 가게 된 것은 확실했다. 근본적인 이유는 안보 우선의 정책 방향 때문이었다. 즉 미국 정부는 한국 정부의 강경노선이 민주주의의 발전과 인권에 어긋나는 것은 틀림없지만 안보상의 공백보다는 덜 나쁜 것으로 인식하였고, 민주화를 위한 과격 행동보다는 확실한 안보를 보장할 통치력의 회복을 바랐기 때문에 광주의 진압작전을 불가피한 것으로 인정했던 것이다.

5.18 민주화운동의 희생자는 민주화 이후 정부의 공식 집계로도 사망 191명, 부상 852명이었다. 민주화가 되자 폭도로 몰려 죽거나 다친 이들에 대한 명예회복이나 손해배상, 진상규명과 책임자 처벌에 대한 시민의 요구가 이어졌다. 이에 노태우 정부 때는 여소야대 국회의 광주특위에서 5.18을 민주화운동으로 자리매김했으며 김영삼 정부 때에 특별법이 제정되어 희생자에 대한 보상과 묘역 성역화 등이 이루어졌다.

이어서 김대중 정부 때에 5.18이 국가기념일로 지정되면서 역사 교과서에 민주화운동으로 기록되었다. 그러나 아직도 광주 시민들이 가장 원하는 진상 규명이나 책임자 사과 등은 이루어지지 않았다. 광주의 상처는 아직도 다 아물지 않은 것처럼 보인다.

3. 억압통치와 고도성장

광주에서 일어난 항쟁을 힘으로 제압함으로써 신군부의 권력은 확고해졌다. 이제 남은 것은 정치권력 장악에 필요한 제도적 절차를 밟는 일이었다. 집권을 정당화하기 위하여 군부 세력은 김대중과 주요 재야인사들, 그리고 5.18 민주화운동 관련자들을 내란 기도 혐의로 구속하였다.

7월 14일 '김대중 일당 내란 음모사건'이 발표되었는데 이는 반공, 안보 이념을 활용한 신군부의 권력 공고화의 마무리 작업이었다.

김대중은 내란음모 혐의로 사형이 선고되었으나 레이건 대통령 등 미국 정부의 노력으로 무기징역으로 감형되었다가 다시 20년 형으로 감형되어 신병 치료 명목으로 사실상 미국 망명을 떠났다. 자택에 연금되어 있던 김영삼은 정계 은퇴를 선언하였으며 김종필을 비롯한 구 여권 인사들은 부정 축재 혐의로 모든 공직에서 사퇴하였다.

그와 함께 대규모의 정치, 사회 정화 조치와 숙정을 단행하여 다수의 공무원, 언론인, 교수, 공공기업체 직원들을 현직에서 몰아냈다. 여기에는 물론 무능력자들도 포함되어 있었으나 정권에 대해 비판적인 인사들이 많이 들어가 있었다. 이밖에 신군부는 과외금지 조치 등 교육 개혁을 단행하고 172개 정기 간행물들의 등록을 취소하였다.

5.16 때와 유사하게 불량배 소탕을 앞세워 3만여 명을 체포하고 이들 중 많은 수를 인권이 전혀 보장되지 않았던 삼청교육대로 보냈다. 이러한 작업을 추진하고 과도기의 각종 입법과 행정을 맡을 기구로 5월 31일 국가보위비상대책위원회가 출범했다. 상임위원장은 물론 전두환이었다.

어느 정도 준비가 갖춰진 신군부는 8월 16일 개헌을 늦추고 있던 최규하 대통령을 하야시키고 이미 대장으로 승진해 있던 전두환을 퇴역시켜 8월 27일 통일주체국민회의 선출로 제11대 대통령에 당선시켰다.

전두환 대통령은 정치적 숙청과 통제 제도의 강화 정책을 계속하여 권력을 공고히 하고자 하였다. 주로 김대중 계와 김영삼 계인 정치인

800여 명의 정치활동을 금지시켰다. 신아일보 등의 신문사와 동양방송 등의 방송국을 포함한 일부 언론기관을 통폐합하였고, 나아가 언론기본법을 제정하여 언론 통제를 강화하였다.

언론사에는 안전기획부 요원들이 상주하였으며 보도지침이라는 문건을 통해 언론을 철저히 검열하였다. 중앙정보부를 국가안전기획부로 개칭하여 이미지를 새롭게 하는 한편 국군보안사령부의 기능과 권한을 확대하여 대민사찰업무도 담당하게 하였다.

대공관계 법규도 정비하여 반공법을 폐지하고 이를 국가보안법에 흡수시켰다. 전국 각 지역과 기관, 기업들에 사회정화위원회를 만들어 의식개혁교육을 추진함으로써 사실상의 감시와 통제 기능을 수행하게 하였다. 또한 집회와 시위에 관한 법률을 개정하여 학생, 재야 세력의 집단행동을 규제하고자 하였다.

그런 한편 헌법 개정안을 만들어 10월에 국민투표를 통과하게 하였다. 제5공화국의 헌법은 유신헌법을 약간 완화하기는 하였으나 기본적으로 박정희와 유사한 권력을 대통령에게 부여한 독재에 가까운 헌법이었다. 통일주체국민회의는 폐지되었으나 대통령은 그와 유사한 대통령 선거인단에 의한 간접선거로 선출되었다.

대통령이 여전히 국회 해산권을 가졌으며 유신정우회를 폐지하는 대신 국회 의석 3분의 1은 계속 전국구로 두고 지역구의 제1당이 전국구의 3분의 2를 가져가게 함으로써 집권당이 크게 이익을 볼 수 있도록 했다.

가장 눈에 띄는 조치는 대통령 임기를 7년 단임으로 못 박은 것이었다. 이는 사실상 전두환이 내세울 수 있었던 유일한, 그러나 국민들의 눈에는 매우 빈약했던 정당성의 원천이었다. 효율적인 정치 사회의 장악을 위해 집권 세력은 모든 정당을 해산한 후 여당인 민주정의당과 야당인 민주한국당, 한국국민당들을 새로 구성하였다.

그러나 3김 세력들을 모두 정치규제로 묶어 놓은 가운데 나머지 인사들로 이루어진 야당은 야당이라기보다는 준여당의 성격이 강하였다. 야당의 구성 자체를 안기부와 청와대가 담당하여 구정치인과 일부 지식인 중에서 순응적인 인사들이 야당을 구성하도록 하였다.

이로써 정부에 대해 야당이 진정한 반대를 행사할 가능성은 처음부터 차단되어 있었다.

신헌법에 의해 전두환 민정당 후보가 선거인단 90% 이상의 득표로 대통령으로 당선되어 1981년 2월 25일 제12대 대통령으로 취임하였다. 두 야당도 각각 후보를 냈으나 미미한 득표에 그쳤다. 이어서 치러진 3월 25일의 국회의원 선거에서 민정당은 지역구와 전국구를 합쳐 총 276석의 의석 중 151석을 차지하여 국회를 장악하였다. 제1야당이 된 민한당은 81석을 얻었고 국민당은 25석을 얻었다.

이렇게 통치의 제도적 장치를 확보한 신군부 세력은 집권 초기 억압적인 통치를 지속하였다. 1980년 5월부터 1983년 후반 유화 국면이 시작되기 직전까지 반정부 시위로 투옥되거나 구속된 학생 수는 유신 전기보다 많은 1,400여 명에 달했다.

국가의 노동 통제도 유신체제에서보다 더욱 강력해졌다. 1980년 7월부터 12월까지 시행된 정화조치의 일환으로 많은 노동운동 지도자들이 체포되거나 직장으로부터 추방당하였다. 12월에는 노사협의회 제도와 기업별 노조조직을 강요하는 노동관계 법률 개정으로 국가의 통제가 더욱 체계화되었다.

100여 개의 지역노조가 폐쇄되었으며 산별 노조는 허용되지 않았고 개별 기업 수준에서도 신규노조 인가 자격조건이 강화되었다. 그 결과 전국 노조원 수가 격감하여 1979년 110만 명에서 1981년 82만 명, 1983년에는 78만 명으로 줄어들었다.

더욱 중요한 사실은 회사와 국가의 통제로부터 자주적인 노조활동이 불가능해졌다는 점이었다. 결과적으로 조직 노동자에 대한 국가의 권위주의적 통제는 유신체제 아래서보다 가혹해진 것이었다.

권력의 정당성이 부족했던 만큼 전두환 정부 역시 권력의 효율성, 즉 경제성장을 통한 정당성의 보완에 필사적일 수밖에 없었다. 경제성장의 여건이라는 측면에서 전두환 정부는 초기에는 좋지 않은 여건을 물려받았으나 세계경기가 호황기로 들어가면서 중기 이후에는 성공적인 고도성장을 이루어냈다.

즉 1970년대 말 중화학공업의 과잉투자와 외채 누적으로 위기를 맞은 한국경제는 산업구조 조정과 물가안정 정책 등에 저임금 장시간 노동으로 인한 경쟁력, 거기에 1980년대 중반부터 시작된 저금리·저유가·저달러의 3저 호황'을 맞아 1980년대 초의 경제위기를 벗어나 자본축적 구조를 강화해 나갈 수 있었던 것이다.

한국경제는 1970년대 중화학공업에 대한 중복·과잉투자와 1979년 제2차 오일쇼크에 이은 세계경제의 침체로 1980년에는 최초로 마이너스 성장률을 기록하며 경제위기에 몰렸다. 이에 전두환 정권은 유신정부 말기 권력과의 유착으로 방만하게 전개되었던 중화학공업의 과잉 중복투자를 정리하는 산업합리화 정책을 실시, 부실기업을 정리하면서 경제위기에서 벗어나려고 했다.

이 같은 산업구조 조정은 재벌과 이미 유착되어 있었던 박정희 정부에서는 할 수 없었던 것으로 첨단산업화, 자동화 및 기술개발 투자의 확대를 통한 성장산업에서의 고부가가치화와 함께, 쇠퇴하는 산업의 업종 전환과 생산기지의 해외 이전, 그리고 생산 및 기업경영의 합리화 등을 내용으로 하고 있었다.

그러나 이 역시 재벌의 경제력 집중 완화를 통해 자원분배의 균형과 효율성을 높이는 방향이 아니라 여전히 재벌 중심으로 중소기업의 하청계열화를 통해 재벌의 비대화를 촉진하여 한국경제의 구조적 모순을 심화시켜 나갔다는 데 문제가 있었다. 게다가 산업구조 조정의 방법이 주로 친정부적 재벌에게 우호적인 방법으로 이루어져 국제그룹 등 신군부에 비협조적이었던 재벌들을 퇴출시키는 등 새 권력에 의한 재벌 길들이기의 성격도 강했다.

한편 전두환 정부는 박정희 정부 이래 계속 추진된 고성장 정책을 포기하고 물가 안정을 바탕으로 한 안정정책으로 기조를 바꾸게 된다. 개발도상국에서 물가를 잡으려면 공공부문의 축소와 통화량 남발 억제, 그리고 민간부문의 가격지도책이 필수적이다.

당시 전두환 정권은 강력한 지도력을 발휘하여 물가 안정을 위해 예산을 전년 대비 동결시켰고 통화량 관리도 해냈다.

게다가 2차 오일쇼크로 엄청난 오일머니를 챙기게 된 중동이 오일머니를 풀기 시작하고 세계 각국이 침체된 경기를 활성화시키기 위해 저금리 정책을 실시하면서 1980년대 중반에 불어 닥친 저달러, 저금리, 저유가의 3저 시대는 세계경제의 호황과 함께 한국경제에도 엄청난 호황을 가져왔다.

1979년에 1,500달러 수준이었던 1인당 GNP는 1988년에는 3,700달러로 뛰어올랐고 1980년대 연평균 경제성장률은 10%를 기록하였다. 게다가 1979년에는 수출 147억 달러, 수입 191억 달러로 경상수지

적자가 41억 달러를 넘었으나 1988년에는 수출 600억 달러, 수입 525억 달러로 경상수지도 138억 달러 흑자로 돌아섰다. 1979년에 20%대에 달했던 도매물가상승률 역시 80년대에는 연평균 2.7%를 기록했다.

이러한 고도성장을 바탕으로 한국사회에 중산층이 두텁게 등장했다. 80년대 말 자신이 중산층이라고 생각하는 사람들이 약 70%가 되었는데 이들이 이후 한국 민주화의 중심세력이 되었다.

고도성장으로 70년대에 비해 노동자들의 명목소득은 늘어났지만 재벌이나 상류층들의 소득 증가에 비해서는 증가율이 미미할 뿐 아니라 주택비, 교육비 등을 고려한 실질소득은 크게 나아지지 않았다.

거기에 한 달 순 근로소득이 30만 원 이하인 저소득 노동자가 여전히 전체 노동자의 40% 정도를 차지하고 있었다. 그럼에도 정부와 재벌들은 노동자들의 임금이 높기 때문에 국제경쟁력이 약화되었다는 논리를 전파하고 있었다.

그런데 급속한 산업화의 진전은 노동자의 양적 성장을 가져왔을 뿐만 아니라 그 구성에서도 큰 변화를 가져왔다. 70년대 중화학공업정책에 따라 섬유, 전자 부문 등의 미혼 여성노동자의 비율이 줄고 점차 중화학공업에 종사하는 기혼 남성노동자층이 증가했다.

이는 경공업 중심의 여성노동력에 의존하는 70년대 노동운동과 달리 80년대 노동운동이 중화학공업 중심의 숙련남성노동력에 의존하게 만듦으로써 노동운동의 질적 변화를 가져온 중요한 계기가 되었다. 또한 노동자의 대기업 및 일정한 지역으로의 집중현상이 가속화되었다. 그 결과 대규모 사업장을 중심으로 민주노조가 건설되는 등 노동조합의 형태에도 변화가 나타났다.

이에 반해 한국의 농업은 전면적인 농업개방정책으로 파탄에 직면

해 있었다. 70년대 고도성장의 희생자였던 농민은 80년대 들어 개방
농정과 그에 따른 농축산물의 수입개방으로 생존위기에 몰렸다. 여기
에다 농촌의 현실을 무시한 채 농가수입증대를 명분으로 실시된 상업
적 농업의 확대와 농업 기계화 등은 농가 부채만 늘려 놓았다.

　총인구 가운데 농업인구는 계속 감소하고 농가호수와 농가호당 인
구수도 전반적으로 줄어들었다.

　특히 농가경제의 악화는 많은 청장년들을 도시로 내몰아 농촌 노동
력의 고령화와 여성화라는 심각한 문제를 낳았다. 수입개방으로 더 이
상 지어 볼 만한 농사가 없는 상태에서 반복되는 과잉생산과 가격폭락
으로 전반적 농업위기가 예상되는 가운데 농민의 상당수가 다시 도시
빈민층으로 전락하는 악순환이 계속되고 있었다.

　제5공화국의 고도성장에 대한 논란은 계속 진행 중이다. 일부에서
는 전두환 정부의 강력한 지도력이 선행되었고 그 위에 3저 호황이라
는 조건이 부가되어 고도성장이 이루어진 것이라고 주장한다. 반면에
비판적인 입장에서는 3저 호황의 우연이 정권의 능력에 관계없이 고
도성장을 낳았으며 오히려 그런 좋은 조건에서 정부는 기업들의 체질
을 개선시키고 투명경영으로 경쟁력을 키워야 했는데 그렇지 못했던
것을 문제 삼는다.

　장영자 사건과 이후에 밝혀진 일해재단 모금 등에서 나타나듯이 당
시의 정경유착구조는 대기업들이 여유자금을 설비투자와 연구개발에
사용하기보다 부동산과 주식, 그리고 비자금 조성 등에 사용함으로써
이후 3저 호황이 끝났을 때 한국경제가 침체에 빠지고 큰 폭의 무역적
자를 맞게 되는 원인이 되었다는 것이다.

제6장

6월 항쟁과 민주화

제5공화국에서의 민주화운동

1. 유화 국면과 2.12 총선

1980년 5월 광주를 피로 물들이면서 집권한 전두환 정부는 국가안 전기획부, 사회정화위원회 등을 앞세워 억압통치를 수행했다. 야당 정 치인들은 정치활동을 금지 당했고 일부 인사들에게만 어용야당을 할 수 있는 권한이 주어졌다. 언론은 검열되었고 학생과 지식인, 노동자 와 재야 운동세력들은 억압과 감시 아래 놓여 있었다.

이러한 정치적 암흑기는 1983년 하반기에 시작된 이른바 '유화국 면'을 계기로 변화하기 시작하였다. 유화국면이란 전두환 정부가 반대 파에 대해 유화적인 대응을 하기 시작한 것을 말한다. 7년 단임제의 전 대통령으로서는 임기 내내 강압 국면을 유지할 수는 없었다.

게다가 1985년에는 총선거가 있었고 1986년 아시안 게임에다 1988 년 올림픽과 같은 국제행사를 유치해 놓은 입장에서 국제사회에 억압 적인 정부의 모습을 보일 수는 없었다.

이에 따라 전두환 정부는 미얀마에서 발생한 북한의 폭탄 테러로 부총리를 비롯한 십여 명의 각료가 죽은 아웅산 사태에도 불구하고 1983년 말부터 정치적, 사회적 유화조치들을 단행하기 시작했다.

1984년 초의 구속자 석방과 사면 복권 등 피규제 정치인들 일부에 대한 해금과 제적생 복교, 대학 내 경찰의 철수, 해직교수 복직 등의 학원 자율화 조치도 그 일환이었다.

이 조치들로 2차에 걸쳐 200여 명의 피규제 정치인들에 대한 해금이 이루어졌으며 학원 사태와 관련하여 제적된 대학생 1,300여 명의 복교가 허용되었고 공안사범 300여 명이 일반 사범들과 함께 사면, 복권되었다.

그러나 강압적이었던 정부가 취한 유화 조치는 그 동안 잠복해 있던 정치적 저항을 활성화시키는 계기가 되었다. 이것은 특히 1985년 2월 12일의 총선에서 극적인 모습으로 드러났다.

전두환 통치 초기 정치권, 특히 야권이 지리멸렬한 상태에 놓여 있던 1983년 5월, 광주항쟁 3주년을 맞아 당시 자택연금 상태에 놓여 있었던 야당 지도자 김영삼은 정치규제에 반대하는 단식 농성을 벌였다. 언론 통제에 의해 일반인들에게는 거의 알려지지 않았으나 20여 일 동안 지속된 김영삼의 단식은 정치활동을 금지 당하고 있었던 과거의 민주화운동 세력들을 한 자리에 불러 모으는 효과를 낳았다.

주로 김대중과 김영삼 지지자들인 이들은 1년 뒤인 1984년 5월 18일 민주화추진협의회(민추협)를 발족시키고 본격적인 민주화운동에 착수하였다. 민추협은 민주화운동의 큰 줄기였던 양김 정치세력이 결합했던 유일한 사례로 이후 많은 국민들이 갈망했던 민주연합론의 모델이 되었다.

민추협을 모체로 하여 총선을 불과 한 달 앞둔 1월 18일 신한민주당이 창당되었다. 신한민주당은 당시 어용야당으로 불리고 있었던 민한당과 국민당을 대체할 진정한 야당을 표방하며 민주개헌과 정권교체를 달성하려는 반정부 세력의 구심체임을 자임했다.

아직 양 김씨와 직계 정치인들은 해금되지 않았지만 그들을 지지하는 많은 정치인들이 유화국면으로 규제가 풀리자 총선에 뛰어들었다. 언론이 막혀 있던 당시의 상황에서 양김 지지자들이 자유롭게 연설하는 합동연설회장으로 유권자들은 물밀듯이 모여들었고 그 결과는 신당 돌풍이라는 형태로 나타났다.

2.12 총선은 민정당 88석(전국구 포함 149석), 신한민주당 50석(67석), 민한당 26석(35석), 국민당 14석(19석)의 결과를 낳았다. 집권 민정당은 제1당의 자리를 유지하기는 했으나 실질적으로는 충격적인 패배를 맛본 반면 불과 한 달 전에 창당된 신생 신한민주당은 서울 등 대도시에서 돌풍을 일으키며 압승을 거두고 제1야당으로 부상하였다.

그러자 민심의 향방을 확인한 민한당과 국민당 소속의 당선자들마저 어용야당을 탈당하여 대거 신민당에 입당함으로써 신민당의 의석은 곧바로 100석을 넘기게 되었다.

이 선거를 초기 치적에 대한 평가로 보고 여당의 승리로 집권 후반기를 밀고 나가려 했던 전두환 정부는 선거 한 달 전 자신 있게 김대중, 김영삼 세력 중 일부를 정치규제에서 해금시켰다.

그러나 1구 2인의 중선거구제, 지역구 1당에게 3분의 2의 의석이 배정되는 전국구제 등 여당에 유리한 선거제도와, 3개 이상이 난립한 야당의 분열에도 불구하고 신한민주당이 엄청난 선거 돌풍을 불러일으킴으로써 정부가 민심을 오판했음이 증명되었다.

특히 20~30대의 젊은 유권자 층과 전문직 종사자 등 화이트칼라들이 광범위하게 형성되어 있었던 도시지역을 중심으로 군부 권위주의 체제에 대한 '중산층의 반란'이 일어나고 있음이 명백해졌다.

선거 결과는 전두환 정부의 정통성에 대한 국민의 불만이 적지 않으며, 제5공화국 아래서 터져 나온 장영자-이철희 사건, 명성그룹 사건 등 계속된 기업과 정계의 부정부패 추문에 대해 많은 사람들이 분노하고 있고, 궁극적으로는 정치적 민주화를 바라는 열망이 널리 퍼져 있음을 잘 보여 주고 있었다.

따라서 2.12 선거를 기점으로 전두환 정부는 급격히 통치의 동력을 상실해 갔다. 선거 결과, 보다 투쟁적인 야당이 정치사회의 핵심적 행위자로 등장하면서 전 대통령은 정치과정의 주체에서 객체로 변화해 나갔다. 선거 이전의 정치가 전 대통령의 권력 공고화와 개발독재 정책 중심으로 이루어졌다면 이후의 정치는 단임 약속 이행과 민주화 문제로 방향이 바뀌었던 것이다.

저항 세력의 구심체로 새로운 야당이 출현함으로써 권위주의 체제에 대한 반대는 일단 거리에서 국회의사당으로 옮겨지게 되었다. 총선 이후의 정치적 쟁점은 자연히 전두환 대통령의 임기 만료를 전제로 한 헌법 개정에 맞추어지게 되었다.

그러나 집권 여당은 여전히 신민당을 개헌을 위한 협상 상대자로 받아들일 준비가 되어 있지 않았다. 전두환 정부는 1986년 1월 국정연설을 통해 1988년 서울올림픽이 끝날 때까지는 기존 헌법으로 대통령을 선출하고 이후 새 헌법에 대해 논의하자는 '89년까지 개헌논의 유보' 입장을 천명하였다.

이렇게 되자 국회 내에서의 개헌 활동에 한계를 느낀 신민당은 1986

년 2월 12일 민추협과 함께 1천만 개헌 운동을 시작함으로써 장외 정치로 전환하였다.

2. 사회운동의 전개

5공 당시 재야 운동권 세력은 민주통일민중운동연합(민통련)을 중심으로 노동자·농민 중심의 민중노선에 입각한 운동을 전개하고 있었다. 학생운동은 민족, 민주, 민중 등 '삼민주의'에 입각한 투쟁조직에 의해 미문화원 점거농성 등 정치투쟁을 벌여 나가고 있었고, 노동운동은 구로연대파업을 계기로 서울노동운동연합(서노련)과 인천지역노동운동연합(인노련)과 같은 반합법적 노동자 대중정치조직들이 활성화되고 있었다.

전두환 정부의 강력한 억압정책 속에서 혁명 외에는 현실을 변화시킬 수 있는 길이 없다고 판단한 이들은 정치권의 직선제 개헌운동과 별도로 민중봉기를 통한 민족해방, 민중민주주의 실현, 제헌의회 구성 등을 주장하고 있었다. 그러나 이들은 공권력과 정면으로 충돌한 5.3 인천사태 이후 입장을 다소 완화하여 직선개헌운동에 동참하였다.

제5공화국의 학생운동은 광주항쟁 이후 운동의 과학화가 필요하다는 자각과 전두환 정부의 강력한 억압정책으로 현실이 암담하다고 느낀 정서에 의해 이전과는 근본적으로 다른 내용으로 발전해 갔다.

이념적으로 급진화되었고 행동은 과격해졌으며 대학 간 연대와 전투적 조직체계를 갖추게 되었다. 초기의 학생운동 조직은 전국학생총연합(전학련)과 그 전위조직인 민족통일 민주쟁취 민중해방 투쟁위원회(삼민투)가 주도했다. 이들은 1984년 11월에는 민정당사를, 이듬해 5

월에는 서울의 미국 문화원을 점거하여 정가에 충격을 주었다.

이들의 조직과 이념은 정국이 유화국면으로 접어들면서 급속히 활성화되었다. 이들은 1986년에 반미반파쇼민족민주투쟁위원회(민민투)와 반미자주화반파쇼민주화 투쟁위원회(자민투)로 분화되었는데 이것이 이후 각각 PD(민중민주)파와 NL(민족해방)파의 모태가 되었다.

학생운동에서 NL파가 주도권을 잡게 되면서 반미 운동과 반전반핵 운동이 본격화되었고 이를 위한 공개적인 분신자살 등 극단적 행동이 속출하였다.

앞에서 보았듯이 5.18 민주화운동은 개발독재체제의 배후에 미국이 있다는 신념을 강화시킨 결정적인 계기가 되었다. 또한 광주의 학살을 경험한 운동권에서는 이제 더 이상 현 체제는 개량의 대상이 아니라 타도의 대상이 되었고 미국은 민주화의 친구가 아니라 제1의 적으로 변모하게 되었다.

여기에는 종속 이론과 다양한 종류의 마르크스주의적 혁명 이론들의 폭발적인 유입이 이론적 기초를 제공했다. 또한 전두환 정권과 미국의 보수적인 레이건 행정부의 밀착 관계도 한 원인을 제공하였다. 당시 새 대통령으로 취임한 레이건은 취임 직후 전 대통령을 워싱턴으로 초대하였고 1983년에는 한국을 방문하여 양국 간의 우호를 강조함으로써 전두환 정부와의 밀착관계는 더욱 강화되었다.

미국의 대한 정책은 동북아 안보의 목적을 위해 개발독재와 민주주의의 후퇴를 당연시하는 쪽으로 굳어진 것처럼 보였다.

이러한 상황에서 진보적인 학계와 운동권에서는 한국사회가 아직도 식민지반봉건사회이며 따라서 현재의 기본과제는 미 제국주의에 맞서는 민족해방운동이라는 논리가 주도권을 잡아 갔다.

이 논리의 연장선상에서 학생 운동권에서는 '강철서신'이라는 문건을 통해 주체사상에 입각한 민족해방론까지도 등장하였다. 물론 그에 대한 비판적인 논리와 운동도 나타났다.

현 단계의 한국사회는 식민지반봉건사회가 아니라 신식민지 국가독점자본주의사회이며 따라서 노동계급을 중심으로 국가와 독점자본에 대한 혁명투쟁이 기본과제라는 민중민주주의(PD) 노선이 그것이었다.

이와 같은 내용의 이론적 논쟁들이 활발하게 전개되면서 운동권 내부의 노선 투쟁도 강화되었다. 이런 의미에서 1985~1986년은 학생운동과 재야 운동권의 한 전환점으로 간주될 만하다. 이제 더 이상 운동권은 반공, 분단의 논리에 얽매이지 않고 주체사상에 입각한 사회주의 혁명까지도 공공연히 천명하게 된 것이었다.

운동권에서 보다 더 많은 세력을 확보한 것은 민족해방론이었다. 1986년 10월 전국반외세애국학생투쟁연합(애학투) 발족식과 건국대에서의 대규모 농성은 반미자주화투쟁의 정점이었다. 그러나 그들이 보수언론과 다수 국민들의 외면 속에 정부에 의해 무력 진압되면서 학생운동은 한때 침체된 분위기를 맞이하였으나 6월 항쟁이 일어나면서 학생들은 다시 선도투쟁을 담당하는 역량을 보여 주었다.

재야운동권 또한 학생들에 비해 늦게 활동을 시작했으나 1983~1984년 이후 기층 민중으로 기반을 확대하고 민중운동을 주도해 나갔다. 전체적으로 볼 때 학생운동과 마찬가지로 이전에 비해 전투성과 이념적 급진성이 고조되었다.

이 중 노동운동권이 가장 큰 변화를 보였다. 학생운동에서 '투신'한 노동자들과 추방된 전직 노조지도자들에 의해 주도된 비제도권 노동운동이 등장하여 이들 중 상당수가 공단지역, 특히 경인지역에서 파업을 주도하는 새로운 양상을 보였다. 이에 따라 노사분규는 1980년대 초 약 100건에서 1985년 256건으로 증가했다.

이러한 변화는 전두환 정부 아래서 노동운동이 지닌 정치적 의미를 보다 중요한 것으로 만들었다. 이제 노동운동은 학생 및 재야 운동과의 밀접한 연계 아래 이전까지의 주변적 역할을 탈피하여 핵심적인 부분으로 변모하게 된 것이었다. 노동운동은 여전히 경제 투쟁이 주류를 이루고 있기는 했으나 투쟁의 전투성이 지닌 정치적 여파는 매우 컸다.

운동권에서의 급진성과 과격성이 처음으로 대규모로 나타난 것은 1986년 5월 3일의 인천사태였다. 인천사태는 신한민주당이 주도한 인천지역 직선제개헌추진대회 행사로 시작되었으나 당의 의도와는 달리 재야 운동세력이 대거 참여함으로써 혁명적 대중 시위로 전환되었다. 자민투, 민민투, 서노련, 인노련 등 학생운동과 노동운동의 모든 조직들이 총동원되어 '반미반제반파쇼 민족통일의 혁명적 변혁을 향한 최초의 민중 봉기'를 시도한 것이었다.

직선개헌 행사장은 운동권의 구호와 유인물, 화염병이 난무하였으며 경찰들은 최루탄을 발사하고 사복 체포조를 투입하여 이들을 강압적으로 해산시켰다. 시위 과정이 보수 언론과 방송에 크게 보도되면서 국민들은 이들의 급진성과 과격성에 우려를 나타냈고 신민당도 이들과의 거리를 유지하려고 하였다.

이렇게 되자 운동권에서도 반성의 목소리가 나타났다. 5.3 인천사태는 급진적인 재야운동권이 제도권 야당으로부터 분화되어 독자적인 실체로 국민들 앞에 등장하는 계기가 되었던 것은 분명했다.

그러나 동시에 이 사태로 재야운동권이 그 급진성과 과격성에 의해 직선개헌을 요구하는 다수 국민들과 분리되어 있다는 사실도 확인되었다. 이에 운동권은 자신들의 주장을 일단 유보하고 야당과 결합하여 직선개헌운동에 동참하게 되었다.

3. 호헌조치

신민당과 재야 운동권이 결합한 1986년 직선제개헌추진대회는 70~80만에 이르는 시민들을 동원하였고 교수들의 시국선언, 종교계의 서명운동으로 확산되었다. 그 결과 여야 간에 개헌을 위한 협상이 시작되었다. 대통령 단임 약속을 지킬 수밖에 없는 상황이라면 집권세력의 입장에서는 전 대통령이 물러나더라도 민정당이 국회에서 다수 의석을 차지하여 권력을 계속 유지할 수 있는 내각제 개헌을 선호하였다.

대통령 직선제의 경우 김대중과 김영삼이라는 두 야당 지도자들이 갖는 대중적 지지로 보아 민정당에서 누가 나가더라도 패배할 가능성이 높다고 보았다.

내각제가 안 된다면 적어도 권력을 반씩 공유할 수 있는 프랑스식 이원정부제라도 해야 한다는 것이 집권세력의 생각이었다.

그러나 직선제에 자신 있는 양김 진영의 인사들은 대통령 직선제 개헌을 강력히 요구하고 있었다. 이들로서는 내각제나 이원정부제를 받아들여야 할 아무런 이유가 없었기 때문이다.

다만 이들 외의 일부 야당인사들은 군부 강경파의 개입 위험을 없앤다는 명분으로 양김 외에도 권력을 나눠 가질 수 있는 내각제를 수용하려는 움직임을 나타냈다.

집권세력이 내각제 개헌 입장을 확고히 하자 한국의 정치적 안정을 우선시하는 미국이 릴리 대사 등을 통해 야당에게 내각제 개헌의 수용을 권유하였고 이에 신민당 내 일부 분파들은 이민우 총재를 앞세워 내각제 수용 의사를 밝히기도 했다.

창당 당시 양 김씨가 정치 규제된 상태에서 신민당을 위임 통치했던 김영삼 계의 이민우 총재는 1986년 12월 그가 제시한 민주화 조치들(양심수 석방, 언론자유 보장, 김대중 복권 등 7개항)이 받아들여지면 내각제 개헌을 수용하겠다는 소위 이민우 구상을 정부여당과의 타협안으로 발표하였다.

그러나 신민당의 실세이면서 강경노선을 견지하던 양 김씨는 이를 수용하지 않았다. 그들은 대통령제와 내각제 중 하나를 선택할 국민투표를 실시할 것과 그들과 전 대통령 간의 직접적인 대화를 요구했다. 이민우 총재를 비롯한 몇몇 의원들이 자신들의 입장을 고수하자 이들은 자신의 지지자들과 함께 신민당으로부터의 탈당을 선언하고 1987년 5월 1일 김영삼을 총재로 하는 통일민주당을 창당함으로써 신민당을 와해시켰다.

이로써 여당과 타협하려던 일부 세력들은 정치 전면에서 사라지게 되었고 정국은 강경 투쟁으로 내달았다. 이렇게 되자 전 대통령은 합의개헌 실패의 책임을 양김에게 돌리면서 1987년 4월 13일 '4.13 호헌조치'를 발표하였다. 4.13 조치는 개헌 논의를 올림픽 이후로 유보하고 현행헌법을 통해 정부를 이양하며 그를 위한 대통령 선거를 연내에 실시하겠다는 내용으로 되어 있었다. 개헌논의 자체를 원천적으로 봉쇄하려는 것이었다.

이어서 집권세력은 김대중 가택연금, 야당의원 구속, 폭력배를 동원한 통일민주당 창당 방해, 통일민주당의 통일정강정책 수사 등 일련의 억압조치를 취했다. 5월 하순 박종철 고문치사 사건이 일반에 공개될 때까지 정부의 강경책은 고수되었다.

그러나 그러한 조치들은 집권세력의 의도와는 달리 개헌논의를 억압하기는커녕 야당과 재야운동세력을 결집시켜 반정부투쟁에 나서게 하는 역작용을 낳았다. 시민항쟁이 시작된 것이었다.

한편 직선제 개헌 요구가 정당성을 의심받은 집권세력에 대한 논리적 저항이었다면 집권세력의 부도덕성에 대한 국민들의 정서적 저항을 불러일으켰던 사건들이 정권 말기에 연속으로 터져 나옴으로써 정권을 곤경에 몰아넣었다. 1986년의 부천 경찰서 성고문 사건과 1987년의 박종철 고문치사 사건이 그것이었다.

이들은 군부 권위주의 체제의 폭압적 성격을 적나라하게 드러냈을 뿐만 아니라 인권유린과 조작, 은폐 등 구조적인 모순이 극적이고 상징적으로 표출되었던 사건이다. 특히 개헌 정국과 맞물려 진행된 고문치사 및 은폐사건은 전 국민적 공분을 야기함으로써 6월 항쟁을 가능케 한 중요한 뇌관이 되었다.

부천서 성고문 사건은 1986년 6월 노동운동을 위해 위장취업 중이었던 한 운동권 여자 대학생을 연행하여 동료들의 행방을 묻던 부천경찰서 문귀동 형사가 저항할 수 없는 상태에 있는 여성을 성고문한 사건이었다. 이 여학생은 다른 여성 노동자들에게도 이러한 일들이 벌어졌다는 사실을 알고 엄청난 수치심을 무릅쓰고 변호사를 통해 이 사실을 폭로하고 문귀동을 고소하였다.

공안 당국은 즉시 성고문 사실을 강력히 부인하고 무고 혐의로 맞고소하는 한편 철저한 보도통제 아래 놓여 있던 언론들을 동원하여 '운동권에서는 성까지도 혁명의 수단으로 사용한다'고 비난하고 나섰다. 검찰은 문귀동에 대해 불기소 결정을 내렸고 대한변협이 낸 재정신청은 서울고법에 의해 '이유 없다'고 기각되었으나 국민들은 정권에 대한 의심의 눈을 거두지 않았다. 결국 6월 항쟁 이후인 1988년 2월에야 대법원은 재정신청을 받아들였고 문귀동은 징역 5년을 선고받았다.

박종철 고문치사 사건 역시 운동권 수배자 박종운의 소재를 파악하기 위해 후배인 대학생 박종철을 고문하는 과정에서 발생한 사건이었다. 1987년 1월 하숙집에서 영장 없이 박종철을 강제 연행한 경찰은 이튿날 조사를 받던 박종철이 조사 도중 '책상을 탁 치니 억 하고 쓰러져' 자기압박에 의해 충격사 했다고 발표했다.

그러나 부검의였던 중앙대병원 오연상이 고문치사일 가능성이 높다는 증언을 하자 치안본부장은 사망 원인을 물고문에 의한 질식사라고 수정하며 고문수사관 2명을 구속하는 선에서 사건을 급히 마무리하려 하였다.

그런데 구속된 수사관으로부터 간부들의 회유과정 사실을 전달받은 천주교정의구현사제단과 박종철 가족들의 끈질긴 노력과 국립과학수사연구소 황적준 과장의 부검 소견서 조작 증언에 의해 고문치사 사건이 총체적으로 은폐, 조작되었음이 드러나면서 국민들을 충격에 몰아넣었다.

결국 고문과 조작에 관여했던 강민창 치안본부장을 비롯한 박처원 치안감 등 다수의 경찰간부가 구속됨으로써 이 사건은 마무리되었다.

그러나 이 사건은 무고한 학생을 고문 치사시키고 그것을 끝까지 은폐, 조작하려 했다는 점에서 국민들의 공분을 불러일으켰고 전두환 대통령의 4.13 호헌조치와 시기적으로 맞물리면서 6월 항쟁이 전개되는데에 촉매제 역할을 했던 것으로 보인다.

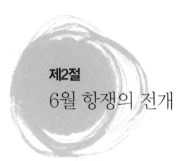

제2절
6월 항쟁의 전개

1. 국민운동본부 조직 : 항쟁의 주체

4.13 호헌조치가 발표되자 지식인과 종교계 인사들을 중심으로 반대운동이 시작되었다. 48개 대학 1,510명의 교수들이 호헌조치를 비판하고 개헌을 촉구하는 성명을 발표했다. 민주주의민족통일운동연합 같은 운동권 단체는 말할 것도 없고 대한변호사협회, 한국기독교교회협의회, 여성단체연합회 등의 제도권 단체들도 반대성명을 발표했다.

언론인, 해직교사, 문화예술인, 의료인 등의 시국선언이 이어지는 가운데 특히 광주교구 신부들의 단식기도를 시작으로 전국 각지의 재야인사, 신부, 목사, 청년, 학생들로 확산된 단식투쟁과 기도회는 호헌조치에 대한 반대를 전국적으로 확산시켰다. 심지어 미국에서도 상원외교위원회에서 '4.13 조치의 재고를 촉구하는 대한결의안'이 통과되었다.

이러한 상황에서도 집권 민정당은 강경책을 고수하여 4.13 조치에 따른 후속조치로 현행 헌법에 의한 대통령 선거를 치르기 위해 6월 10일 잠실체육관에서 전당대회를 갖고 차기 대통령후보로 노태우 민정당 대표를 선출하기로 하였다.

그러나 5월 17, 18일에 명동성당의 김승훈 신부와 천주교정의구현 사제단이 박종철 고문치사사건이 축소 은폐 조작되었다는 성명을 연이어 발표하고 검찰조사에서 사실로 확인되면서 사태는 급박하게 전개되었다. 특히 5월 23일에 재야인사 134명이 '박종철고문살인은폐조작규탄 범국민대회 준비위원회'를 발족하여 6월 10일에 규탄대회를 갖기로 결의하면서 정국은 본격적인 대결 국면으로 접어들게 되었다.

통일민주당 등 정치권은 임시국회에 '4.13 조치 무효화 결의안'을 제출하는 등 제도권 내부에서의 문제 해결을 시도함으로써 정권과의 즉각적인 정면대결을 유보하는 것 같은 태도를 보였다.

그러나 일련의 시국선언과 기도회 등을 통해 호헌조치 철회와 직선제 개헌 요구가 대중적으로 확산되었다는 사실을 깨닫게 된 이들은 재야 등 사회운동세력과 함께 고문치사은폐조작사건에 대한 국민적 공분을 직선제 개헌이라는 현실적인 대안과 결합시킬 수 있는 방법을 찾게 되었다.

이에 통일민주당 등 제도권 야당과 종교계, 노동계, 학생운동 등 사회운동세력이 총 연대하여 5월 27일 한국정치사에서 가장 강력하고 광범위한 정치운동조직체였던 '민주헌법쟁취국민운동본부(국본)'가 출범하게 되었다. 이들 중 특히 1986년 후반기부터 온건대중노선으로 변화하고 있었던 재야 운동권의 선도적 역할은 6월 항쟁에서 대단히 중요한 것이었다.

학생운동의 경우 민족해방 그룹이 중심이 되기 시작하면서 대중노선은 더욱 활성화하였는데 이들은 학원민주화투쟁을 기치로 총학생회를 강화하고 지역별로 대학 간 연합조직을 건설하여 6월 항쟁을 전국적으로 확산시켜 나가는 데 중요한 계기를 마련했다.

재야 운동권의 구심체인 민통련 역시 호헌조치 이후에는 범민주세력의 연대를 강조하여 국민운동본부 발족 시 제도권 정당의 참여문제에 여타 세력들이 개방적인 태도를 취하게 하는 데 결정적으로 기여하였다.

2. 국민대회 : 항쟁의 과정

국민운동본부는 5월 30일 4.13 조치 철회와 민주개헌 쟁취를 요구하며 고문치사사건 관련자 처벌과 민정당 6.10 대통령후보 지명 전당대회의 취소를 요구했다. 동시에 6.10 전당대회를 강행할 경우 같은 날 서울 등 전국 대도시에서 호헌철폐 대중 집회를 개최하겠다고 발표하였다. 이에 대해 정부는 내무, 법무장관의 합동담화를 발표하고 전국 경찰에게 갑호비상령을 내린 가운데 각 대도시에 수만 명의 경찰을 투입하여 6.10 집회를 원천봉쇄하였다.

6월 9일의 대학생 시위과정에서 다시 국민들의 분노를 일으킨 사건이 발생했다. 시위에 참여했던 연세대 이한열 군이 최루탄에 맞아 병원으로 실려 갔으나 며칠 후 사망하게 된 사건이었다. 여론은 극도로 나빠지고 있었으나 6월 10일 민정당은 예정대로 전당대회를 열어 노태우 대표를 차기 대통령후보로 선출하였다.

전두환 대통령에게서 후보 지명과 동시에 민정당기를 전달받은 노태우 후보는 감격의 눈물을 흘리고 있었다. 그러나 바로 그 순간 국본이 주도한 '박종철 군 고문치사조작·은폐 규탄 및 호헌철폐 국민대회'가 경찰의 삼엄한 봉쇄진압작전에도 불구하고 전국 22개 지역에서 40여만 명이 참가한 가운데 동시다발적 시위투쟁으로 전개되었다.

경찰의 봉쇄로 대회 자체는 무산되었지만 각 지역에서의 산발적인 시위는 계속되었다. 시위대는 학생뿐 아니라 화이트칼라 회사원과 자영인 등 중산층 넥타이부대들이 적극적으로 참여함으로써 순식간에 엄청난 규모로 늘어났고 이러한 사실은 정국과 민심의 흐름에 분수령과 같은 역할을 하였다.

서울에서는 학생과 시민 6백여 명이 경찰의 진압에 밀려 명동성당으로 들어가 6월 15일까지 농성을 계속하였다. 이들은 6월 항쟁의 상징이 되었을 뿐만 아니라 전국적으로 민주화운동의 불씨를 지속시켜 나가는 중요한 역할을 하였다.

정부여당은 이날 대회와 관련하여 양순직 민주당 부총재, 박형규 목사 등 국민운동본부 핵심간부 13명을 전격 구속하고 전국적으로도 220명을 체포하는 등 탄압정책을 강화하였다.

6.10 이후에도 서울은 물론 부산, 광주, 대전, 대구 등지에서 학생, 시민들의 연합가두시위가 연일 벌어졌다.

6월 18일에는 전국 16개 지역에서 150만 명이 참여한 가운데 '최루탄 추방을 위한 범국민투쟁'시위가 있었다. 전국 주요 도시에서 심야까지 시위가 계속되었으며 시위의 구호도 자연스럽게 '호헌철폐', '독재타도'로 압축되었다.

부산의 경우 연인원 30~40만 명의 시민들이 참여하여 서면 로터리에서 범내골 로터리까지의 차도를 완전 점령하고 수백 대의 차량을 앞세운 철야시위를 벌이는 등 이미 경찰병력으로 진압하기에는 불가능한 단계에 도달하였다. 더구나 시위대를 향해 주변의 노점상과 시민들이 김밥과 떡을 던져 주는 모습은 이미 민심이 전두환 정부로부터 완전히 떠났음을 잘 보여 주고 있었다.

강경론으로 대처하는 한 경찰로 막아지지 않으면 군을 동원하는 것 외에는 방법이 없었다. 정부여당은 안보장관과 군, 치안 관계자 회의 등 고위 시국대책회의를 소집하여 군 개입 등 비상조치를 취하는 방안을 검토하기 시작했다.

6월 19일 전 대통령은 비상조치를 전제로 한 병력파견 계획을 시달했는데 이 지시에 따라 6월 20일 새벽 4시까지 전국 주요 도시와 대학, 언론사를 장악하기 위한 병력 출동 작전이 진행되기도 하였다.

이와 같은 강경론을 막은 것은 미국인 것으로 알려져 있다. 6월 19일 오후 릴리(James Lilly) 주한 미국대사가 전 대통령을 면담하고 레이건 대통령의 친서를 전달하면서 군 출동의 위험성을 경고했다. 연이어 방한한 더윈스키(Edward J. Derwinski) 미 국무차관도 군부 개입은 적절한 해결책이 아니며 백악관과 국무성은 평화적 해결을 원하고 있다는 입장을 전달했다.

한국에 대한 정확한 정보를 가지고 있었던 미국은 유혈사태로 발전할 군사적 개입보다는 직선제 개헌을 원했다. 직선제로 가더라도 미국이 원치 않는 좌파나 진보세력의 집권 가능성은 없었고 그렇다면 구태여 독재정권을 돕는다는 비난을 자처할 이유가 없었기 때문이다.

이후 정부여당의 입장은 온건론으로 선회하여 통일민주당이 제의한 여야 영수회담을 수용하는 등 협상에 나서게 되었다. 통일민주당은 국본에 참여하여 시위를 함께하면서도 한편으로는 정치권에서의 협상에 의한 타결방안을 병행하여 모색해 왔다. 현실정치세력으로서의 통일민주당은 민주화운동의 강경화가 군부를 불러들이거나 정치판 자체를 깨는 상황을 바라지 않았던 것이다.

따라서 김영삼 총재는 여당이 여야 영수회담을 받자 국본에게 평화 행진 자제를 요청하였다. 그러나 6월 24일의 전두환-김영삼 회담에서 도 전 대통령이 4.13 조치의 철회를 선언하였을 뿐 직선제 개헌에 대한 확실한 언급이 없자 통일민주당과 국민운동본부는 이를 협상결렬로 선언하고 영수회담으로 연기했던 '국민평화대행진'을 26일부터 개최하기로 하였다.

평화대행진은 국본 주도 아래 전국 34개 시, 4개 군, 270여 개 지역에서 총 140여만 명이 참여하였다. 이날 경찰은 전국적으로 10만의 병력을 배치하였으나 시위대들을 막기에는 역부족이었다. 경찰력이 집중적으로 배치되었던 서울, 광주, 부산 등 대도시의 일부 지역을 제외하고는 전국 대부분의 지역에서 시위대에 의해 경찰병력이 무력화되는 상황이 발생했다.

마침내 6월 29일 노태우 민정당 대표는 8개항의 특별선언을 발표하였다. 6.29 선언으로 불린 그 주요 내용은 1) 대통령 중심 직선제 연내 개헌, 2) 대통령 선거법 개정, 3) 김대중 사면 복권, 모든 시국사범 석방, 4) 언론자유 창달, 5) 국민기본권 신장, 6) 지방자치 실시와 대학 자율화, 7) 정당의 자유로운 활동 보장, 8) 과감한 사회정화 조치 추진 등이었다.

민주화운동이 요구하던 거의 모든 조치들이 망라되어 있었던 선언이었다. 이 가운데에서 특히 대통령직선제의 수용은 가장 핵심적이고도 가시적인 타협안이었다. 국본과 야당은 6.29 선언을 환영한다고 밝혔다. 다음날 전 대통령은 노 대표의 8개항을 전폭 수용하는 특별담화를 발표함으로써 6월 항쟁은 막을 내리게 되었다.

6.29 선언은 발표 당시 노태우 대표가 아무와도 의논하지 않은 자신의 고독한 결단임을 강조하였지만 실제로는 전 대통령과 사전협의를 거친 합작품으로 알려져 있다. 6월 항쟁을 비상계엄을 통해 진압하려는 시도가 무산되면서 미국은 직선제 개헌을 권유했고 이에 따라 전 대통령이 노 대표를 불러 직선제를 받을 것을 종용했다는 것이다.

노 대표는 펄쩍 뛰었지만 이미 아무런 대안이 없는 가운데 전 대통령이 선거자금을 충분히 제공해 줄 것이며 양김이 모두 출마한다면 승산이 있다는 논리로 노 대표를 설득시켰다. 그런 과정을 거쳐 노 대표는 6.29라는 극적인 선언을 하게 되었고 실제로 그 선언으로 인해 노태우의 인기는 천정부지로 치솟게 되었다.

결국 6.29는 집권세력 내 양심적인 분파에 의한 대국민 항복 선언이라기보다는 국민적 저항에 부딪힌 집권세력이 일시적인 타협으로 자신의 지배 권력을 유지하기 위해 그람시(Antonio Gramsci)가 말한 수동적 혁명(passive revolution)을 감행한 것으로 일시적 기만책에 지나지 않았다고 볼 수 있다.

그러나 그럼에도 불구하고 6.29 선언과 함께 한국의 민주화는 이행을 위한 첫걸음을 내딛게 되었으며 정치지형은 새로운 국면으로 접어들었다. 통일민주당 등 정치세력은 정치활동으로 복귀하여 개헌과 대통령 선거를 준비했고 가장 중요한 동력이었던 도시의 중간계급은 일상의 삶으로 돌아갔다.

재야 운동세력은 새로운 상황에서 새로운 전략을 모색해야 했다. 6월 항쟁에 참여하였으나 주도하지는 못했던 노동운동세력은 민주화라는 열려진 공간에서 스스로의 힘으로 자신의 요구를 표출해야 했다.

3. 노동자 대투쟁

6월 항쟁이 끝난 1987년 7월부터 9월에 걸쳐 3개월 간 집중적으로
나타난 노동자 대투쟁은 노동자의 생존권 요구에서 민주노조 건설에
이르기까지 독재정권에 의해 억눌려 있었던 노동자들의 요구가 분출
된 노동운동사의 획기적 사건이었다. 이 기간에 무려 3,500여 건에 가
까운 쟁의가 발생하였으며 모두 120만 명에 가까운 노동자들이 투쟁
에 참가하였다.

노동자들은 임금인상과 노동조건을 개선하라는 요구와 함께 노동
조합을 새롭게 설립하고 회사 쪽 앞잡이 노릇을 하던 어용노동조합을
민주노조로 바꾸었다. 1987년 한 해 동안 노동조합이 2,675개에서
4,103개로 늘어났으며 노동조합 조직률도 12.3%에서 13.8%로 늘어
났다.

노동자 대투쟁은 한국전쟁 이후 벌어진 노동투쟁 가운데 규모가 가
장 큰 것이었다. 더구나 1960~70년대 노동운동이 중소영세사업장의
미숙련 여성 노동자들 중심이었다면 1987년 노동자 대투쟁에는 대기
업 숙련 남성 노동자들이 앞장서 참가했다. 노동자 1천 명 이상이 일
하는 대규모 사업장 가운데 75.5%가 쟁의에 참가하였다. 쟁의는 대기
업에서 중소기업으로, 중화학공업에서 경공업으로, 광공업에서 운수,
부두, 선원, 사무직, 전문직, 판매서비스직 같은 모든 산업으로 퍼져 나
갔다.

또한 이 투쟁은 1970년대나 1980년대 초의 노동운동과는 달리 정치

적이고 계급적인 성격이 부각되기 시작한 노동운동이었다. 쟁의 발생 사업장의 70% 이상에서 어용노조 퇴진과 노조 민주화 문제가 제기되었다. 표면적인 쟁점은 임금 인상과 근로조건 개선이었으나 배경에는 노조 설립의 자유와 어용노조 타도라는 보다 분명한 정치적 성격의 쟁점이 숨어 있었다. 이는 명백히 6월의 민주화운동에 직접적인 영향을 받은 것이었다.

노동자 대투쟁은 7월 3일 울산에 있는 현대엔진과 15일 현대미포조선 노동자들이 어용노조 퇴진과 임금인상을 요구하면서 자율적인 노동조합을 결성한 것으로부터 시작했다. 이는 현대그룹 다수 계열사들의 민주노조 결성운동으로 파급되었으며 8월 8일에는 10만 현대노동자들의 자치의결기구인 '현대그룹 노동조합협의회'가 조직되었다. 울산지역 노동자들의 투쟁은 창원, 부산, 인천 등 공단지역으로 급속히 확대되어 나갔다.

7월 27일 태광산업, 동양나이론 등의 노동자들도 파업을 단행했다. 투쟁은 대기업뿐만 아니라 중소기업체로 확대되어 전국적 현상으로 확산되었다. 8월 8일 옥포 대우조선 노동자 파업에서 시작하여 8월 중순경에는 하루 평균 150여 개 사업장에서 파업과 쟁의가 발발했다. 신규로 결성된 노동조합 수는 4백여 개에 달했으며 경인지역, 구미지역, 충청 및 강원지역에까지 투쟁이 확대되었다. 533건의 파업 중에서 80%가 3백인 미만의 중소기업에서 터져 나왔다.

8월 말에 절정에 달했던 노동투쟁은 정부와 자본가의 공동 개입 및 탄압으로 이후 하강국면에 들어갔다. 전 대통령은 8월 21일 기자회견에서 노조 설립과 불법 노동운동에 대하여 강경하게 대응할 것을 경고하였고 9월 4일 현대중공업과 대우자동차 농성장에 경찰을 투입함으로써 공권력에 의한 탄압을 본격화하였다.

정부와 자본가들은 노동조합 설립신고서를 탈취하고 경찰과 폭력배를 동원하여 노동자들을 강압적으로 해산시켰다. 그 과정에서 거제도 옥포에 있는 대우조선 노동자 이석규가 최루탄을 맞고 목숨을 잃기도 했다. 이 시기에 구속된 노동자 수는 5백여 명에 달하였는데 이러한 강력한 공권력 개입과 언론의 편파보도로 9월 10일 전후로 노동자 투쟁의 열기는 급속히 냉각되었다.

1987년 노동자 대투쟁은 30년 가까이 이어진 개발독재 아래서 고도성장의 가장 중요한 기여자였으나 동시에 가장 큰 희생자였던 노동자들의 인간선언이었다. 이들은 한국경제가 성장한 만큼 이제 더 이상 저임금의 굴레를 용인하지 않겠다고 선언하였으며 그것을 위해 독재정부나 자본가들에 대해 맞서 싸울 민주노조를 건설하겠다고 천명한 것이었다. 노동자들은 투쟁을 통해 스스로 노동자라는 의식을 높이고 연대할 수 있는 조직을 만들면서 좀 더 나은 세상을 만들 수 있다는 희망을 얻었다.

노동자 대투쟁 이후 노동조합 활동에서 민주노조운동이 주된 흐름으로 자리 잡으면서 연대조직 건설이 확산되는 계기가 되었다. 1987년 12월 마산 창원 지역 노동조합연합(마창노련)을 시작으로 각 지역노조협의회(지노협)를 만들었으며, 사무전문직 노동자들은 1987년 11월 전국사무금융노동조합연맹을 시작으로 업종노조협의회(업종협)를 건설하여 연대조직을 확대하였다.

이들이 이후 전국노동조합협의회(전노협)를 만들었고 현재의 한국민주노동조합총연맹(민주노총)으로 이어지게 되었던 것이다.

그러나 노동자 대투쟁은 여전히 반공 이데올로기 속에서 살아가고 있었던 많은 국민들에게 위기의식을 불러일으켜 시민 부문과 노동(민중) 부문을 분리시키는 역할도 했다. 실제로 6월 민주항쟁을 적극 지지했던 중산층은 정치적 민주화가 어느 정도 달성된 6.29 이후 더 이상의 집회와 시위, 그리고 노동투쟁에 지지를 보내지 않았다.

민주화를 위한 연합전선은 깨졌고 민주화의 목표와 방향에 대한 견해 차이가 점점 드러나기 시작했다. 개발독재를 무너뜨리고 정치적(절차적) 민주화를 이룬 다음 자유민주주의적 발전방향으로 나아가고자 했던 야당과 중산층에 반해, 정치적 민주화를 이룬 다음 사회경제적(실질적) 민주화까지 나아감으로써 사회 민주주의적 발전방향을 지향하고자 했던 재야와 운동권의 이념적 차이가 표출되기 시작했던 것이다.

6월 항쟁의 결과와 의미

1. 불완전한 민주화

6월 항쟁은 한국정치사에서 한 획을 그은 사건이라고 할 수 있다. 한국의 정치와 사회는 6월 항쟁을 전후해서 질적으로 달라진 변화를 겪었고 6월 항쟁으로 만들어진 '87년 체제'는 아직도 현재진행형이다.

6월 항쟁 이후 만들어진 6공화국 헌법과 정부들은 2공화국 헌법과 장면 정부를 제외한 어떤 헌법과 정부보다 민주적이었다. 그러나 이러한 민주화는 지역주의 정치를 포함하여 수많은 개혁과제를 내포한 불완전한 민주화였다. 왜 그렇게 되었을까.

개헌정국 아래서 첨예하게 대립했던 여야 정치세력은 6.29 선언으로 긴장이 해소되자 일단 제자리로 돌아갔다. 전두환 정부는 김대중을 포함한 2,335명의 시국사범을 사면 복권시켰고 김대중은 7년 만에 정치인으로 돌아왔다.

노태우 민정당 대통령후보가 미국을 방문하여 레이건 대통령과 회담하는 등 연말의 대선을 위한 행보를 하고 있는 가운데 야당은 통일민주당을 맡고 있는 김영삼을 대선후보로 미는 당권파와 복권된 김대중을 대선후보로 미는 비당권파 간에 대립이 나타나고 있었다.

민정당과 통일민주당은 개헌 협상을 위한 8인 회담을 가동시켜 대통령 직선제 개헌안을 서둘러 국회에서 통과시켰고 이 개헌안은 10월 27일 국민투표에 회부되어 78% 투표율에 93%의 찬성을 얻어 헌법으로 확정되었다. 이 헌법이 지금 현재의 제6공화국 헌법이다.

새 헌법은 민주화 투쟁의 산물답게 기본권을 강화시켰다. 기본적 인권의 불가침성을 천명하였고 폐지되었던 구속적부심사를 부활시켰으며 체포, 구속, 압수, 수색에는 적법한 절차에 따라 법관이 발부한 영장을 제시하도록 규정하였다. 그 밖에도 노동자를 위한 최저임금제를 실시하고 여자의 근로를 특별히 보호하여 고용, 임금 및 근로조건에 있어서 부당한 처벌을 받지 아니하도록 하였다.

통치구조에서는 대통령 단임제를 유지하면서 임기를 7년에서 5년으로 줄였고 직선제를 부활시켜 국민의 기본적 참정권을 확보하였다. 대통령의 비상조치권과 국회해산권을 삭제하고 국회의 국정감사권을 부활시킴으로써 대통령과 행정부에게로 집중되었던 권력을 분산시켰다. 또한 지방자치에 대한 유보조항을 없애 지방자치제의 즉시 실현을 보장하였다. 대법관과 헌법재판소 소장의 임명 동의권을 국회가 가지게 되었으며 일반 법관은 대법관회의의 동의를 얻어 대법원장이 임명하도록 하였다.

6공 헌법과 그 이후의 정치과정에서 보다시피 6월 항쟁 이후 한국사회는 군부정권에 의한 개발독재시대를 끝내고 민주화운동세력이 주도하는 민주화의 시대로 이행되어 갔다. 기본권 신장이나 삼권분립의 측면에서 제2공화국의 제도적 민주주의를 회복하였으며 권력의 운영에 있어서도 이전의 공화국에 비해 현저히 민주적인 의사결정구조를 가지게 되었고 선거, 의회, 정당 등이 정치의 중심이 됨으로써 군부의 정치개입 가능성은 차단되었다. 시민사회도 조직화, 활성화되었으며 민중 부문도 제도정치권의 진입까지 이루게 되었다.

그러나 6월 항쟁은 그 결말이 6.29 선언에 의해 종결됨으로써 이후의 민주화가 불완전한 민주화가 되게 하는 분명한 한계를 가지게 되었다. 이때의 불완전성은 두 가지 의미를 갖게 된다.

하나는 정치적 민주화 자체가 구 지배세력에 대한 청산과 함께 이루어진 것이 아니고 구 지배세력과의 타협에 의해 이루어졌기 때문에 불완전한 모습을 갖게 되었다는 것이며, 다른 하나는 정치적 민주화에 급급해 사회경제적 민주화의 과제는 엄두도 내지 못했다는 의미에서도 불완전하다는 것이다. 두 번째 의미에 대해서는 후술하기로 하고 일단 정치적 민주화의 불완전성에 대해 먼저 논의해 보자.

6.29 선언은 집권세력이 야당과 중산층의 요구를 수용함으로써 자신들도 살아남는 타협적 방식을 선택한 것이었다. 따라서 6월 항쟁은 과거의 비민주적 잔재를 일소하는 혁명이 되지 못하고 구 지배세력을 그대로 존속시킨 상태에서 권력의 극히 일부만 민주화세력이 차지하는 형태로 귀결되었다.

이후의 정치과정에서 드러나듯이 그나마 6월 항쟁으로 힘들게 마련한 정치적 공간마저도 민주화세력의 분열과 지역주의 정치구도에 의해 신군부세력의 일부인 노태우 정부에 의해 접수 당함으로써 이후의 민주화가 계속해서 불완전한 민주화로 나아갈 가능성을 높였다.

실제로 이후의 정부들은 민주화운동세력이 단독으로 집권하지 못하고 구 지배세력과 어떤 형태로든 일정한 관련을 맺으며 집권해야 했다.

6월 항쟁이 구 지배세력과의 타협을 통한 대통령 직선제로 종결되자 이제는 야당의 후보단일화가 최대의 관심사로 떠올랐다. 후보단일화가 이루어져 민주화운동세력이 대선에서 이기는 것이 그나마 6월 항쟁의 성과를 지키고 민주화를 완성시킬 수 있는 기회가 될 것이기 때문이었다.

그러나 통일민주당 내 소장파 의원들과 재야인사들의 단일화 압력에 의해 양김은 몇 차례 회동하면서 단일화 원칙을 확인하였으나 단일화의 방향은 모두 자기 쪽으로 향해 있었다. 6월 항쟁을 같이하였던 재야 세력조차도 김영삼 지지인 후보단일화론과 김대중 지지인 비판적 지지론으로 나누어졌다. 결국 국민의 여망에도 불구하고 단일화 협상은 결렬되었고 두 사람은 각각 후보 출마를 선언했다.

이와 같은 야권의 분열은 6.29 선언 당시부터 집권 여당이 계산했던 바였고 간절히 바랐던 바였다. 예상대로 선거 결과는 민정당 노태우 후보(36.6%)가 김영삼 후보(28%), 김대중 후보(27%), 김종필 후보(8.1%)를 누르고 당선되는 것이었다.

단일화 실패로 6월 항쟁의 불완전성이 대선을 통해 극복되지 못하고 민주화 자체의 불완전성으로 이어지게 되었다. 뿐만 아니라 단일화의 실패는 이후 전개된 지역주의 정치를 촉발시킨 주요 원인이 되었고 지역주의 정치 역시 민주화를 불완전하게 만드는 요인으로 작용했다.

대선에 출마한 각 후보들이 대구 경북(노태우), 부산 경남(김영삼), 호남(김대중), 충청(김종필) 등 지역적으로 뚜렷이 나누어졌던 것은 지역주의 정치를 예고하는 것이었다. 실제로 노태우 후보는 대구 경북에서 압도적 지지를 받았고 김영삼 후보는 부산과 경남에서만 1위를 차지했으며 김대중 후보는 호남에서 90%에 가까운 몰표를 받았고 김종필 후보조차도 충남에서는 1위를 차지하였다.

그러나 무엇보다도 김영삼과 김대중의 단일화 실패는 경상도와 전라도를 중심으로 하는 지역주의 정치를 완화시킬 수 있는 중요한 계기가 될 수 있었다는 점에서 뼈아픈 일이었다.

유신체제와 5공화국을 거치면서 손잡고 함께 민주화투쟁을 전개했던 영남과 호남의 민주세력과 그 지지자들은 이후의 정치과정에서 다시는 하나가 되지 못하고 분열된 채로 남게 되었으며 그것은 이후의 민주화를 완성시키지 못하는 핵심적인 이유가 되었다.

이처럼 불완전한 민주화가 진행되는 동안 건재했던 구 지배세력은 정치, 행정, 경제, 교육, 언론 등 사회 각 분야에서 개발독재 시절에 만들어진 법과 관행의 청산과 민주화 진전을 방해했다. 이들은 막강한 각 분야의 권력들을 동원하고 결합시켜 자신들의 기득권 유지를 위해 한국사회의 민주적인 발전을 가로막고 저항하였다.

특히 이 과정에서 구 지배세력은 냉전논리를 대체하는 새로운 지배 이데올로기로 지역주의를 최대한 활용하였다. 그리고 그 결과 이후의 민주화는 개혁과 그에 대한 저항 사이에서 참으로 험난한 과도기적 길을 걷게 되었다.

제6공화국에서 구 지배세력이 얼마나 강고하였고 반면 분열된 민주화세력이 얼마나 허약했는지는 역대 정부의 성립과정에서 잘 나타난다. 3당 합당이라는 태생적 한계를 갖고서야 집권할 수 있었던 김영삼 정부, DJP라는 권위주의 산업화 세력과의 연합에 의해서 겨우 집권한 김대중 정부, 재벌 출신 후보와의 후보단일화에 의해 힘들게 집권한 노무현 정부 등은 바로 그 태생적 한계에 의해 지지 기반이 허약했고 따라서 민주화의 완성을 위한 강력한 개혁을 추진해 나갈 수 없었던 것이다.

2. 시민운동과 민중운동의 분화와 발전

6월 항쟁의 결과이자 의미인 또 다른 하나는 넥타이부대로 대표되는 시민세력들이 한국정치의 전면에 등장하였다는 것이다. 6월 항쟁을 진두지휘한 국본 조직의 구성을 살펴볼 때 발기인 총 2,191명 가운데 중간계급에 속하는 종교인, 재야단체, 지역, 여성계, 문화예술계 등의 대표들이 대부분을 차지했고 노동운동과 농민운동을 대표하는 발기인은 210명에 불과하였다.

중산층 또는 중간계급으로 불릴 수 있는 이들이 6월 항쟁의 중심이 됨으로써 항쟁의 목표는 직선개헌 등 정치적 민주화가 중심이 되었다. 이들의 목표는 시민민주주의 혁명 정도의 정치적 변화였을 것으로 판단된다.

그러나 앞에서 살펴본 불완전한 민주화 때문에 그러한 목표조차도 제대로 이루어지지 않음으로써 시민사회는 이후 합리적 개혁을 위한 투쟁에 나서게 되고 그것을 위해 스스로를 조직화하기 시작하였다.

경실련을 필두로 환경연합, 참여연대 등 현재 한국사회의 중심적인 시민운동단체들이 이 시기에 대거 등장하였고 이들은 이후 시민 민주주의적 요구를 주창해 나간 것으로 보인다.

과거 한국의 시민운동은 극우이념과 보수적 사상에 기반을 둔 관변운동이 대부분이었다. 그들과 달리 다른 한편에서는 유신체제와 5공

체제에 저항했던 운동권 일부가 시민운동에 투신하면서 1980년대에는 전투적 성격을 가진 민중주의적 시민운동의 단초가 생겨났다.

그러나 본격적인 시민운동은 6월 항쟁 이후부터 조직화되었다고 볼 수 있다. 1980년대 말부터 중간계급의 조직화라고 할 수 있는 자유주의적 시민운동단체들이 나타나고 개혁이 사회적 담론이 되면서 시민운동은 개혁주의적인 성향을 중심으로 급속히 활성화되었다.

소비자운동으로 출발하였으나 조세정책, 통일운동에 이르기까지 다양한 분야에 걸쳐서 독자적인 운동을 전개하고 있는 경제정의실천연합이 1989년 이들 중에서는 최초로 조직화되었다.

이후 1990년과 1991년 환경운동을 주도하며 녹색정당 창당에까지 활동영역을 넓히고 있는 환경운동연합과 민중주의적 시민운동에 기초하여 재벌개혁, 의정감시 등 정치적 활동을 전개하고 있는 참여자치시민연대에 이르기까지 다양한 형태의 시민운동의 조직화가 이루어져 시민사회의 정치적 역할을 상시적인 것으로 만들어 왔다.

특히 2000년 이들 시민단체들이 연대하여 만든 총선시민연대의 낙천낙선운동은 시민운동의 영역이 정치영역까지 확대되었음을 잘 보여주는 것이었으며 동시에 그렇게 되었을 때의 한계까지를 함께 보여주었다.

물론 시민운동이 개혁주의적인 시민운동만 있는 것은 아니다. 시민단체의 이념적 스펙트럼은 다양하며 소규모이기는 하지만 급진주의적인 성향을 나타내는 단체들도 있고 극우·보수적 성향의 단체들도 있다.

그러나 6월 항쟁으로 조직화되기 시작한 시민사회를 주도해 왔던 시민운동의 주류는 개혁지향적인 시민운동이라고 할 수 있다.

개혁지향적인 시민운동은 기층 민중운동이 포괄하지 못하는 다양한 공공 의제들을 중심으로 한국사회 일상의 민주화에 기여해 왔으며 특히 대의정치의 취약성을 보완하는 권력 감시 운동을 통해 제도권 정치와는 다른 시민정치공간을 확보해 왔다.

특히 불완전한 정치적 민주화는 근대적 의미의 정책정당 발전을 지체시키고 반봉건적 지역주의 정당체제를 온존시켰기 때문에 시민운동은 근대적 정당의 부재를 보완하는 준정당적인 감시활동과 소통 및 참여 활동을 전개해 왔다.

현재 전국에서 1만여 개가 넘는 시민단체가 결성돼 활동하고 있는 것을 보면 6월 항쟁 때보다는 시민사회의 규모가 커지고 조직화도 많이 이루어졌다는 사실을 알 수 있다. 그럼에도 불구하고 여전히 시민의 참여는 부족하고 시민단체의 힘은 미약하다. 민주화의 수준이 높아지지 않는 중요한 이유일 것이다.

한편 6월 항쟁과 6.29 선언으로 인해 열려진 정치적 공간은 개발독재 시대의 최대 피해자인 노동자들의 조직적인 등장을 가능케 했다. 7~9월 노동자 대투쟁은 임금 인상 외에 민주노조 결성, 어용노조 민주화 등의 조직적인 과제들을 주로 제기하였다.

당시 노동운동이 폭발적으로 활성화되었음에도 사회경제적 민주화를 요구하는 정치적 투쟁으로 진전되지 못하고 경제적, 조직적 투쟁에 머물렀던 것은 노동계층이 조직화되어 있지 못했기 때문이었다.

한국노총이라는 단체가 있었지만 어용성의 논란에 빠져 있었으며 관행적으로 정치적 투쟁에 대해서는 쟁점회피 노선을 취하고 있었다. 따라서 노동자들은 6월 항쟁에 개별적으로 참여할 수밖에 없었고 7~9월 대투쟁에서 민주노조 설립 운동부터 벌일 수밖에 없었다.

그런데 노동자 대투쟁의 성격이 주로 임금인상 등 경제적 투쟁을 중심으로 한 것이었고 민주노조 설립 역시 사회경제적 민주화 요구를 목표로 하는 것이었기 때문에 직선개헌 등 정치적 민주화에 주로 관심을 가지고 있었던 중산층과 연대를 이루기가 쉽지 않았다. 이후 시민운동과 민중운동은 각각 분화하여 발전해 나가게 되었다.

노동운동이 지노협과 업종협을 거쳐 1990년 전노협, 1995년 민주노총 등으로 조직적 발전을 이루어가는 가운데 민중운동은 시민운동과 달리 독자적인 정치세력화도 추진하였다.

13대 대선에서 재야인사 백기완 후보 추대위원회 설립으로부터 시작된 진보정치세력화는 민중의 당, 민중당, 국민승리21, 진보정당추진위원회 등으로 이어지다 민주노동당에 이르러 의회 진출을 이루어내기도 하였으나 이후 분열과 정체를 되풀이하고 있다. 보수화의 물결은 거센데 진보정치는 경직되어 대중과의 소통에 실패하고 있다는 지적도 나온다.

노동운동이 침체하고 민중운동의 정치적 진출이 크게 성공하지 못하고 있는 상황에서 진보의 재편이라는 화두는 시민운동과 민중운동의 분리 이유를 점차 모호하게 만들고 있다.

3. 87년 체제와 이후의 대립구도

6월 항쟁으로 형성된 이른바 '87년 체제'가 이제 한계점에 달했고 개헌 등에 의한 새로운 체제가 필요하다는 인식이 퍼지고 있다.

'87년 체제'를 무엇이라고 보는지는 관점에 따라 다르겠지만 대체로 5년 단임의 대통령 직선제, 불완전한 민주화로 인한 구 지배세력과 개혁세력의 대립구도, 지역주의 정치, 시민운동과 민중운동의 분리,

신자유주의와 반신자유주의의 대립 등으로 규정할 수 있다.

그렇다면 87년 체제의 한계란 무엇을 말하는가. 이 역시 여러 관점에서 볼 수 있겠지만 하나의 관점은 정치적 민주화의 불완전성과 사회경제적 민주화의 불완전성으로 나누어 보는 것이다.

정치적 민주화의 불완전성으로 인한 87년 체제의 한계는 지역주의 정치와 전근대적 정당정치, 그리고 5년 단임제 권력구조의 불합리성 등이 대표적이다. 또 사회경제적 민주화의 불완전성으로 인한 87년 체제의 한계는 민주화 이후 진정한 민주주의가 제대로 진행되지 않을 뿐 아니라 오히려 후퇴하고 있다는 진단이 대표적이다.

전자의 경우는 정당 민주화와 권력구조 개헌 등의 정치개혁 작업을 통해 극복해 나가야 할 과제들이며 후자의 경우는 이념정당체계의 정착과 분배 및 경제민주화와 복지국가정책 등을 통해 극복해 나가야 할 과제들이다.

거칠게 단순화시키면 전자를 자유 민주주의적 지향, 후자를 사회 민주주의적 지향을 갖는 과제들이라고 볼 수 있다.

87년 체제의 극복 과제를 절차적 민주주의와 그에 기반을 둔 자유주의적 개혁으로 보는 것이 더 일반적이지만 한국사회가 정치적, 절차적 민주주의를 완성하고 나아가 경제적, 내용적 민주주의로 발전해 나가야 한다고 보는 것이 더 이상적일 수 있다.

87년 체제의 발전적인 극복을 위해서는 한국정치구도를 합리적 보수와 합리적 진보의 대결구도로 나아가게 할 필요가 있다. 그렇게 보았을 때 6월 항쟁 이후의 한국정치는 합리적 보수를 만드는 작업에 치중해 왔다고 볼 수 있다.

그러나 아직도 그 작업은 끝이 나지 않았고 오히려 후퇴의 기미마저 나타나고 있다. 그렇다면 87년 이후 한국정치를 움직여 왔던 기본적인 대립구도는 과연 무엇이었을까?

6월 항쟁이 과거를 청산한, 적어도 정치적으로라도 완전한 민주화로 귀결되었다면 아마도 이후의 한국정치는 서구의 정치적 대립구도와 유사하게 보수와 진보의 구도로 이행되었을지도 모른다. 그러나 불행히도 그렇게 되지 못했기 때문에 87년 이후의 한국정치는 또 다른 대립구도를 만들어 나가게 되었다.

문제는 그것이 하나가 아니라는 것이다. 다시 말해 1987년 이후 현재에 이르기까지의 한국정치는 그 이전의 시기와는 달리 분명한 하나의 대립구도로 설명할 수가 없고 적어도 두 가지 대립구도로 함께 설명되어야 할 것 같이 보인다는 것이다.

우선 하나는 지역주의 정치구도다. 1987년 이후의 한국정치가 민주화되었다는 말 속에는 한국정치가 정상적으로 제도화되었다는 의미를 내포한다. 다시 말해 정치가 더 이상 전쟁이나 쿠데타와 같은 비제도적인 방식이 아니라 선거와 정당과 같은 제도적 방식을 통해 이루어진다는 것이다.

따라서 이후의 정치적 대립구도는 주로 선거와 정당정치가 어떤 대립구도 속에서 전개되느냐가 중요한 것이었는데 그런 점에서 1987년 13대 대선 이후 현재까지의 모든 선거와 정당정치는 뒤에서 자세히 보겠지만 예외 없이 지역주의 정치구도로 전개되어 왔다. 그렇기 때문에 적어도 현상적으로는 1987년 이후의 한국정치에서 가장 중요한 대립구도는 지역주의 즉 영남과 호남의 대립이었던 것으로 보인다.

두 번째는 개혁과 저항의 구도라고 볼 수 있다. 이것은 표면적으로는 지역주의 정치구도가 1987년 이후의 한국정치를 규정짓는 대립 구도이기는 하지만 그것은 어디까지나 표면적인 현상일 뿐 본질적인 대립구도는 아니라고 보는 입장이다. 지역주의 정치구도 자체가 너무도 원시적인 연고주의적인 정치구도이기 때문이다.

그런 입장에서는 1987년 이후 노무현 정부에 이르기까지의 역대 정부들은 과도기인 노태우 정부를 제외하고는 모두 민주화운동세력이 집권한 정부이며 따라서 이들은 모두 과거의 개발독재체제에 의한 각종 정치적, 경제적, 사회적 비리와 문제들을 합리적 수준에서 바로 잡고자 하는 의미의 개혁정책을 추진했다고 본다. 그리고 이들의 개혁정책에 대해 그 개혁의 대상이 되었던 구 지배세력들은 강력히 저항하였다. 따라서 바로 이와 같은 개혁의 추진과 그에 대한 저항이 1987년 이후 한국정치의 본질적인 대립구도라고 보는 것이다.

다음 장들에서는 바로 이러한 두 가지 대립구도를 중심으로 1987년 이후 2007년 대선까지의 한국정치를 각각 살펴볼 것이다. 먼저 지역주의 정치구도로 이 시기를 정리해 본 다음 다시 개혁과 저항의 대립구도로 설명해 볼 것이다. 2007년 이후의 한국정치에 대해서는 각각의 대립구도 속에 간략히 그 내용을 첨부함으로써 그것이 어떤 의미를 갖는지 파악해 볼 것이다.

제3부
지역주의 정치

지역주의 정치구도의 전개

지역주의 정치의 개념

1. 개념과 의미

1987년 이후 지금까지의 한국정치에서 지역주의의 문제를 배제한 어떤 분석도 무의미하다는 것을 우리는 잘 알고 있다. 그러나 지역주의 또는 지역주의 정치가 정확히 무엇을 의미하며 어떻게 측정할 수 있는지, 원인은 무엇이고 대안은 무엇인지 등에 대해서는 연구자들 간에도 합의점을 가지고 있지 못한 듯하다.

최근에는 각종 선거에서 나타나는 정치적 편향을 지역주의라고 하는 것은 그로부터 이익을 보는 기득권자들이 전파하고 있는 하나의 이데올로기이며 잘못된 인식으로 사실은 광주항쟁, 지역불균형, 소득격차, 인사정책 등에 따라 나타나는 편향적 선택이라는 관점도 제시되고 있다.

따라서 지역주의란 개념은 단순한 것 같으면서도 사용자에 따라 다양한 의미와 내용을 갖는 단순하지 않은 개념이다. 우선 지역주의란 개념의 사전적 의미도 아직 없다. 다만 '사고와 행위의 가치기준이 지역인 생각체계'를 포괄적으로 지역주의라고 이해할 수 있을 뿐이다.

인간을 포함한 모든 동물의 귀소본능 같은 것을 생물학적으로 인정한다면 자기가 태어나고 자랐던 곳, 즉 고향에 대한 설명 불가능한 그어떤 감정은 당연한 것일는지 모른다. 따라서 그런 감정을 지칭하는 애향심, 지역일체감, 지역연고주의 등은 이성적이라기보다는 감성적인 것이라는 점에서 비합리적이기는 하지만 그렇다고 부정적으로 볼수 없는 정서적인 어떤 것이라고 생각할 수 있다.

그러나 문제는 그런 정서가 배타적이거나 타 지역에 대한 경멸과 같은 형태로 발전하여 지역 간에 비이성적인 갈등과 대립상태가 조장되고 마침내 지역 적대감의 수준으로 나아가게 되었을 때는 그것은 더 이상 자연스러운 인간 정서의 하나라고 넘어가기 힘들 게 된다는 것이다.

더구나 그러한 지역주의가 정치적으로 의미를 가지게 된다면, 즉 정치적인 대표자를 선출하거나 그 대표자들이 행동하는 데 있어서 지역을 가장 중요한 문제로 생각하게 된다면 그것은 사회 전체의 문제가 된다.

물론 정치적 행위에서 어느 정도의 지역주의가 나타나는 것은 어느 사회에서나 있을 수 있는 일이라고 볼 수 있다. 문제는 지역주의가 다른 모든 변수들을 무력화시키면서 가장 중요한 정치적 결정요인으로 나타날 때다.

소득이나 연령, 교육 등과 아무 관계없이 오로지 출신 지역만이 가장 중요한 정치적 선택의 기준이 되고 그런 정치적 행위자가 다수가 될 때 그 사회의 정치는 지극히 비합리적인 것으로 될 가능성이 많다.

게다가 그런 지역주의를 이용하여 특정 지역이 그 사회의 정치권력을 장악하고 자기 지역의 경제적, 사회적, 문화적 이익을 배타적으로,

심지어 타 지역의 이익을 침해하면서까지 계속 확보하려 든다면 그것은 바로 지역주의가 지역패권주의로 발전하였다는 것으로 사회 전체적으로 대단히 위험한 상태에 도달했음을 의미한다.

그 동안 지역주의 정치는 세 가지 요소가 하나의 구조를 이루어 왔다. 우선 각종 선거에서 특정 지역을 대표하는 지역 맹주, 즉 지역 출신 정치지도자가 있었다. 다음으로 그 지도자를 중심으로 주로 그 지역 출신의 정치인들이 모인 지역정당이 있었다.

지역정당은 공천권과 자금, 그리고 지역대표성을 독점하고 있는 지역 맹주에게 구성원들이 충성을 다하는 비민주적 구조의 사당(私黨)이며 정책경쟁보다는 지역주의에 의해 선거를 치르려는 정당이다. 그리고 그 지도자나 지역정당에게 무조건 투표하는 지역의, 또는 그 지역 출신의 유권자들이 있었다.

즉 지역맹주, 지역정당, 지역주의적인 선거 행태를 보이는 유권자 등이 맞물려 어느 것이 먼저인지 구별할 수 없는 악순환의 구조로 지역주의 정치를 형성시켜 왔다.

이 중 가장 핵심적인 것은 지역주의 선거다. 출신지역에 의존하는 정치지도자나 정당도 물론 문제지만 그들이 정치적 영향력을 갖느냐 마느냐를 결정하는 것은 선거를 통한 것이기 때문이다. 지역주의 선거란 후보자나 정당이 지역주의에 입각한 선거운동을 하고 유권자들이 지역주의 투표행태를 나타내는 것을 말한다.

그 중에서 보다 중요한 것은 지역주의 투표행태라고 할 수 있다. 지역주의 투표행태란 투표할 때 출신지역의 후보나 정당, 정치지도자들을 배타적으로 지지하고 그들에게 투표하는 현상을 가리킨다.

그러나 사실 어떤 사회에서나 어느 정도의 지역주의 투표 행태는 나타날 수 있다. 따라서 문제는 지역주의 선거의 결과 특정 지역에 특정 정당이나 후보가 의석을 거의 완전히 석권하거나 타 후보들보다 월등히 많은 몰표를 받는 패권적 선거구도가 형성되는 경우다.

어느 정도의 몰표나 의석 석권을 패권적 선거구도로 볼 것인가 하는 문제가 있다. 이것에 대한 정확한 기준은 어디에도 없기 때문에 1987년 이후의 선거 경험을 통해 임의로 규정해 볼 수밖에 없다.

그랬을 때 대통령 선거의 경우 특정 후보자가 특정 지역에서 70% 이상의 득표를 하는 경우가 두 지역 이상에서 나타날 때, 또 국회의원 선거에서 특정 정당이 특정 지역 의석의 90% 이상을 석권하는 경우가 두 지역 이상에서 나타날 때 우리는 이를 패권적 선거구도라고 불러도 틀리지 않을 것이다. 불행히도 우리의 경우 1992년 14대 총선과 14대 대선 이후 대부분의 대선과 총선은 이러한 조건을 충족시키고 있다.

그렇다면 이와 같은 패권적 지역주의 정치가 가지고 있는 의미, 즉 폐해는 무엇인가.

한 국가가 보유하고 있는 자원을 최대한 적정하고 정의롭게 배분하여 개인 간의 분쟁을 막고 국가발전을 추구해 나가는 것이 그 사회 내에서 정치권력이 수행해야 할 기능이라면 그러한 정치권력을 담당하는 인적 구조는 합리적이고 공정한 기준에 의해 민주적으로 구성되어야 한다는 것이 근대정치의 기본 이상이다. 따라서 우리는 선거나 정당의 발전을 바라고 그를 통한 국가발전을 기대하는 것이다.

그런데 그러한 국가권력 담당구조가 합리적이지도 않고 이성적이지도 못한 지역주의에 의해 이루어진다면, 그리하여 그 권력구조가 특정 지역의 이익을 유지하기 위해 활동한다면 그로 인해 현저한 불이익을 당하는 사람들은 말할 것도 없고 그러한 불합리한 기준에 동의할 수 없는 많은 사람들이 마찬가지로 비합리적인 방법을 동원해서라도 저항하게 될 것이고 그런 사회에서 국가발전을 기대하기는 어려울 것이다.

그런 점에서 지역주의 정치는 정치적으로 한국사회의 발전을 가로막는 결정적 요인이 되고 있다.

첫째, 민주화 이후 과거와 같은 금권선거, 관권선거가 다소 약화되면서 이제 선진국과 같은 비교적 공정하고 합리적인 정책선거가 치러지는가 하는 순간 지역주의라는 전근대적인 연고주의가 괴력을 발휘하면서 한국정치 수준을 원시적인 수준으로 떨어뜨려 버렸다.

과거와 같은 여촌야도 현상도, 학력이나 소득, 연령, 성별, 직업 등에 따른 차이도 모두 지역주의 앞에서는 아무런 의미가 없어져 버렸다. 따라서 정책개발을 통한 차별성도, 지지기반과 가치관의 차이에 따른 이념 설정도 실제 선거에서 그다지 중요한 요인이 되지 못하게 되었다.

선거가 계속되면서 자연히 모든 정치인들은 지역주의에 호소하지 않으면 안 된다고 생각하게 되었고 지역주의를 이용하는 방법에 전력을 다하게 되었다. 정책도 이념도 다음 순위가 되어 버리는 정치풍토에서 지역적 기반을 지키는 일에 전념하는 정치인과 정당에게 지역을 버리고 다른 수단으로 경쟁하라고 할 수는 없었다.

둘째, 지역주의 선거는 대개 그 지역을 대표하는 정치지도자와 연결되어 나타났기 때문에 정치인들은 그 지도자에 대해 도전하거나 저항하려는 생각을 아예 포기하게 되었다. 한국과 같이 공천권이 보스에게 집중되어 있는 정당구조 속에서 정치인들은 다음 선거를 위해 지역보스에게 충성을 서약하는 것이 당연한 일처럼 보였다.

한국정당의 암적 요소이면서 한국정치의 원시성을 지속시키는 가장 중요한 요인 중의 하나인 사당화 현상의 근원도 지역주의에 뿌리박고 있는 것이다.

셋째, 지역주의 정치는 사회적 균열을 심화시키는 원인도 되고 있다. 지역갈등의 정치는 사회에 객관적으로 존재하는 갖가지 균열을 봉합하고 조정하는 기능을 하는 것이 아니라 오히려 사회적 균열을 강화시키고 악화시켜 전체 사회의 통합성과 국민통합성을 해체시키는 방향으로 진행되고 있다.

말하자면 지역갈등에 의해 지역보다 훨씬 중요하고 보다 본질적일 수 있는 다른 모든 사회적 갈등요인들이 정치적 표출 기회를 차단당함으로써 잠복하거나 악화되어 오히려 사회갈등을 심화시킬 수 있다는 것이다.

끝으로 지역주의 정치는 남북통합에도 대단히 불리한 요소로 작용할 것이다. 남한 내의 지역통합도 이루지 못하면서 어떻게 분단 50년을 전쟁을 치르며 상호 적대국으로 존재해 온 남북한 간의 통합을 이룰 수 있을 것인가.

동서독이 통일되고서도 동독인에 대한 서독인의 우월감으로 진정한 통합이 지연되고 있는데 영호남 지역갈등을 해결하지 못한 남한 주민들이 북한 동포들을 존중하면서 통일의 길로 갈 수 있을 것인가.

2. 형성 요인

그렇다면 이러한 지역주의 정치의 기반이 되는 지역주의는 대체 어떻게 형성되었으며 어떤 요인들로 이루어져 있을까. 즉 지역주의 투표행태는 왜 나타나는가, 또는 지역주의 선거의 원인은 무엇인가.

투표행태의 원인을 찾기 위해서는 유권자들을 대상으로 설문조사를 해 보는 것이 가장 빠른 방법일 것이다.

그러나 지역주의 투표 행태를 나타내는 이유를 설문조사 등을 통해 파악한다는 것은 쉬운 일이 아니다.

유권자들은 자신이 지역주의 투표를 한 경우에도 그랬다고 응답하지 않을 것이며 나아가 지역주의 투표를 한 이유에 대해서는 더욱 응답하지 않을 것이기 때문이다. 실제로 많은 설문조사 결과를 살펴보면 자신의 투표행위가 지역감정 중심의 투표였다는 것은 고사하고 지역연고나 지역발전을 위해 투표했다는 비율도 지극히 낮았다.

따라서 우리는 유권자들의 지역주의 투표행태의 원인을 다양한 이론과 현상을 통해 유추해 볼 필요가 있다.

어느 시대, 어느 사회에서나 나타날 수 있는 지역주의의 보편적 요인은 애향심, 일체감, 연고주의 등이다. 근대화 이론에 의하면 전통사회에서는 혈연, 지연, 학연 등에 의한 연고주의가 사고나 행위의 기준이 되는 경우가 많다고 본다.

물론 근대화 이론은 연고주의가 전통적이며 비합리적인 가치기준에 의한 것이기 때문에 근대화가 진행됨에 따라 극복될 것으로 보고 있지만 어떻든 연고에 의한 지역주의를 전통사회에서 보편적으로 나타나는 현상으로 간주하고 있다는 사실은 분명하다.

특히 혈연, 학연, 지연 등의 연고가 인간관계의 가장 중요한 자원이되는 한국의 정치문화에서 후보자들이 유권자를 동원할 수 있는 가장 중요한 자원이 연고이듯이 유권자들 역시 지연이라는 연고에 따라 투표하게 되는 경우가 많다고 볼 수 있다.

지역주의의 보편적 요인으로 들 수 있는 또 다른 것은 지역 출신 인사들의 성공을 통해 자기 지역의 발전을 기대하는 지역발전 기대감이다. 정치인이나 유권자들의 지역주의 선거행태를 자신의 이익에 부합되는 합리적인 선택이라고 보는 합리적 선택이론에 의하면 지역주의 투표행태가 합리적인 이유 중의 하나가 지역의 유권자들이 지역개발 인센티브를 위해 지역주의 투표를 한다는 것이다.

　즉 지역 출신의 대통령을 뽑거나 지역정당을 다수당으로 만드는 것이 그 지역이 재화의 분배나 인사에서 이득을 보는 방법이라는 계산을 한 결과 지역주의 투표를 한다는 것이다. 합리적 선택이론의 전제에 대한 동의 여부와 관계없이 지역발전 기대감에 의한 지역주의 역시 대부분의 사회에서 나타나는 보편적인 현상이라고 볼 수 있다.

　그런데 문제는 1987년 이후 한국에서 폭발적으로 나타난 지역주의는 이러한 보편적 요인만으로 설명할 수 없다는 점이다.

　"언어, 인종, 종교가 상이하지 않는 조건에서… 세계에서 유례가 없다"고 할 정도로 심각한 한국의 지역주의는 보편적 의미의 지역주의가 극단적으로 변형된 것으로 지역패권주의라고 불러도 좋을 정도로 특수한 지역주의다.

　특수한 지역주의란 우선 그 발생 원인이 연고주의나 지역발전 기대감뿐만 아니라 지역감정이나 지역편견, 특수한 역사적 상황, 사회구조적 요인 등 보다 특수한 내용을 가지고 있는 것을 말한다.

　여기서 지역감정 또는 지역편견이란 주로 영남지역의 반호남, 반DJ 정서를 의미하는 것이고 특수한 역사적 상황이란 1980년 광주민주화운동을 말하는 것이며 사회구조적 요인이란 박정희 정부 이래 지속되어 온 불평등한 지역발전구조를 가리키는 것이라고 보아야 한다.

즉 한국 지역주의의 원인에는 연고주의나 지역발전 등의 보편적 이유도 있지만 지역감정이나 역사적 상황이라는 특수한 이유도 있다는 것이다. 그리고 이 특수한 이유야말로 한국 지역주의를 특별하게 만든 원인이라고 보아야 한다는 것이다.

지역감정이나 지역편견의 핵심은 영남인들의 반호남, 반DJ 정서라고 할 수 있다. 이 중에서 반DJ 정서의 가장 중요한 이유는 김대중이 말 바꾸기에 능한 믿을 수 없는 정치인이라는 것이다. 그런 인식의 바탕에는 김대중이 전두환 정부 말기 직선제 개헌을 하면 대통령에 출마하지 않겠다고 했다가 6월 항쟁 이후 개헌이 이루어지자 결국 출마함으로써 정권교체를 하지 못하게 만들었다는 비판이 깔려 있다.

물론 김대중 측은 국민의 희생 없이 전두환 정부가 스스로 직선제 개헌을 하면 출마하지 않겠다는 말이었는데 정부는 그에 아랑곳하지 않고 호헌 조치를 단행했고 결국 6월 항쟁이라는 국민적 저항을 통해 개헌이 된 것이기 때문에 불출마 번복을 한 것은 아니라고 해명했다.

그러나 이후 김영삼 정부 수립 직후의 정계은퇴 선언도 얼마 못가 번복함으로써 반DJ 정서는 그대로 지속되었다. 그런 이유들 외에도 반DJ 정서는 기본적으로는 그가 호남인이기 때문에 받는 편견이 바탕에 있었다고 할 수 있다. 따라서 결국 반호남 정서가 문제였다.

타 지역의 반호남 정서가 후백제에 대한 고려 태조의 경계(훈요십조) 등과 같은 역사적 연원을 가진 것인지 아니면 지역감정을 정치적으로 이용하려 한 일부 인사들에 의해 날조된 것인지는 분명치 않다.

다만 언제 어떻게 생성된 것인지는 확실치 않지만 비호남인들 사이에는 호남인들에 대한 불합리한 편견이 널리 유포되어 있었던 것은 사실인 듯하다. 이러한 편견은 과거 군대생활 등의 개인적 경험들에서도 확인되며 서울생활에서 출신지역 때문에 하숙집 구하기가 힘들었다는 1950~1960년대 호남인들의 회고에서도 나타난다.

가장 설득력 있는 분석은 사회적 이동의 결과로 보는 것인데, 즉 역사상 한 번도 지배지역이 되어 보지 못했던 호남 지역에서는 생활이 어려워 고향을 떠난 하층민들이 상대적으로 많았고 따라서 그들의 행동양식이 타 지역에서 호남인에 대한 편견을 강화시키는 역할을 하였을 것이라는 설명이다.

이처럼 비호남 지역, 특히 영남 지역의 반DJ, 반호남 정서는 합리적인 근거나 이유가 없기 때문에 정확한 원인 진단이 어렵고 따라서 그에 대한 처방도 어렵다. 영남의 지역주의를 극복하기가 어려운 이유다.

왜 호남이 싫은가. 왜 DJ가 싫은가. 그 이유로 제시하는 내용이 과연 합리적인 것인가. 그렇다면 어떻게 해야 하는가.

이렇게 따지고 들어가 보면 반호남, 반DJ의 논리가 약해지기 때문에 타 지역에서는 영남의 지역주의를 호남에 대한 편견에서가 아니라 실제로는 영남의 패권을 계속 유지하고 싶어 하는 심리상태의 발현으로 보기도 한다.

반면에 호남 지역에서 나타나는 지역주의적인 정서나 지역주의적인 투표행태는 역사적 상황과 조건에 기반을 둔 것이라고 볼 수 있다. 가장 중요한 것은 1980년 광주다. 왜 그래야 하는지도 모르고 그 해 광주는 계엄군에 포위되었고 폭력적 진압에 죽거나 다쳤고 깊은 상처를 입어야 했다. 시민들은 폭도로 몰려 감옥에 갇힌 반면 발포 책임자들은 최고의 권력을 향유하였다.

제5공화국의 억압 속에서는 숨죽이고 살았지만 6월 항쟁 이후 열려진 공간 속에서는 신군부와 그 후예들에 대한 나름대로의 응징을 정치적으로 표현했고 자신들의 한을 대표하는 지도자와 정당에게 90% 이상의 몰표를 던졌다.

호남의 특수성에서 가장 중요한 5.18 민주화운동은 김영삼, 김대중 정부에서 어느 정도 명예회복과 보상이 이루어졌다. 그러나 그것은 피해자들끼리의 격려와 보상에 불과했다. 가해자들이나 그 정치적 후예들은 아직도 호남의 가장 절실한 요구인 진상규명과 사과에 응답하지 않고 있다. 따라서 광주는 아직 해결되지 않은 채 남아 있는 셈이다.

이것은 영남의 지역주의처럼 이유도 원인도 모르는 지역주의가 아니다. 분명히 원인을 아는 지역주의이고 따라서 그것을 극복하기 위해서 누가 어떻게 해야 하는지도 명백하다. 그러나 풀어야 할 가해자는 말이 없고 피해자끼리 스스로 풀 수 있는 문제가 아니기 때문에 상당한 기간 동안 미완의 문제로 남을 가능성이 많다.

영남을 제외한 다른 지역에서 지역주의의 또 다른 특수성으로 제기되는 것이 사회구조적 요인으로 지적되는 지역불평등구조라고 할 수 있다. 박정희 이후 김영삼에 이르기까지 40여 년 동안 정치와 경제, 교육, 문화 등 사회 전 부문에서 영남의 인적, 물적 자원은 한국사회의 헤게모니를 장악하였고 지속시켜 왔다.

예컨대 건국 이후 영남 출신 장차관은 이승만 정부에서 20.4%였던 것이 박정희 정부에서 28.3%로 약간 늘었다가 전두환, 노태우 정부에서는 41.2%로 급속히 상승하였고 김영삼 정부에서도 그대로 유지되었다. 1992년 정부 각 부처 실세 국장급 125명의 출신지역 조사에 따르면 영남이 58명으로 압도적이며 나머지 지역이 모두 합쳐 67명을 이루고 있었다. 1996년의 한 조사에 의하면 대기업 대표이사의 출신지역은 영남 39%, 서울 32%, 충청 7%, 호남 6%, 경기 5% 등으로 나타나고 있었다.

　이러한 사례는 부분적이기는 하지만 정치, 경제, 군, 언론 등에서의 영남패권을 나타내고 있다. 물론 여기에는 인구비례에 의한 차이도 고려되어야 할 것이고 권력 실세기관의 경우는 대통령이 믿을 수 있는 사람들을 배치할 수밖에 없다는 사실도 인정되어야 할 것이다.

　그러나 영남 집권기간 동안 호남과 다른 지역들이 인구에 비례한 대우를 받지 못했으며 나중에 김대중 정부의 인사편중이 문제되었을 때 권력 실세기관을 호남이 차지한 것에 대한 비난이 컸던 것을 생각하면 그러한 이유들이 변명 이상이 되기는 힘들 것이다.

　인사뿐만 아니라 지역발전에 있어서도 박정희 정부 이래 영남 편중 현상은 두드러졌다. 개발독재 아래의 고도성장 과정에서 개발의 중심축은 경부고속도로를 중심으로 한 영남 지역이었다. 중화학공업 발전기에 산업단지가 들어섰던 곳도 구미, 포항, 울산, 창원, 마산 등 대부분 영남 지역이었으며 1995년 기준으로 영남과 호남의 지역 총생산량의 비율도 3대 1 정도였다.

　물론 여기에 대해서도 호남보다는 영남이 산업단지로서의 입지조건이 좋았다거나 고도성장 기간 동안 실제로 발전한 지역은 서울과 수도권이지 영남이 아니었다는 반론도 가능하다. 그러나 적어도 영남과 호남을 비교해 볼 때는 1946년 해방 당시 전체 인구에서 차지하는 두 지역의 인구비율이 19%대 16%였던 것이 1970년에는 30%대 20%로 되었다가 1995년에는 28%대 12%가 되었다는 점에서도 지역개발의 편중성은 분명히 드러난다고 보아야 할 것이다.

　5.18과 지역불평등 등에 의한 사회적 저항이 독재 권력에 의해 억압되어 있었던 시기를 지나 정치적 민주화가 시작되자 우리 사회의 다른

모순구조와 함께 지역 편중의 문제도 분출되기 시작했다. 특히 계급적 계층적 모순의 표출이 분단 상황과 반공이데올로기라는 벽에 막혀 제대로 드러나지 못하는 동안 각 정치지도자와 정당이 지역적으로 분열되어 있었던 13대 대선과 총선을 계기로 지역주의 정치구도가 폭발적으로 터져 나왔다.

호남은 자신의 특수한 과제 해결을 위해 김대중과 평민당에 표와 의석을 몰아주었고 그것은 부메랑이 되어 다른 지역의 지역주의 선거행태를 강화시켰다.

따라서 한국의 지역주의는 특수한 역사적 경험 위에 사회구조적 패권체계와 그에 대한 저항이라는 구조적 요인, 그리고 패권 체계의 유지, 방어를 위한 지역감정의 동원과 그에 대한 정서적 대응의 악순환에 의해 강화되어 온 것으로 보인다.

그리고 그것이 각 지역을 대표하는 정치지도자와 정당을 갖는 3김 시대라는 한국의 특수한 정치상황과 연결되어 13대 대선 이후 정치적으로 표출되고 강화되어 온 것으로 보인다.

제2절
지역주의 정치의 시작 : 13대 대선과 총선

　한국의 선거와 정당을 본격적인 지역주의 정치구도로 몰아넣은 것은 양김이 후보단일화에 실패한 13대 대선의 결과라고 보아야 할 것이다. 지역갈등이 구조화되는 시기는 민주-반민주 구도가 아직 깨어지지 않았던 13대 대선부터가 아니라 그 이후인 13대 총선부터로 보아야 한다는 주장도 있으나 '13대 대선부터'라는 말을 '13대 대선이 계기가 되어'라는 말로 본다면 두 주장은 서로 다른 주장이 아니다.

　그러나 실제로는 13대 대선 이전에도 지역주의 정치의 전조는 나타나고 있었던 것으로 보인다. 5.16 이후 영남 패권이 본격적으로 형성되기 시작하는 시기인 1971년 대선에서 호남 출신 김대중이 영남 출신 박정희와 맞섰던 것은 역사의 우연이자 지역주의의 전조였다.

　이 선거에서 지역주의 정치가 시작되었다고 할 수는 없다. 박정희와 김대중의 득표율은 경남북 69 : 27, 전남북 33 : 59로 어느 정도의 몰표 현상은 있었으나 당시 박정희나 김대중은 한 지역의 맹주가 아니었으며 공화당과 신민당이 지역 정당이었던 것도 아니다.

그러나 선거과정에서 최초로 지역주의를 정치적으로 이용하려는 시도는 있었다. 당시 국회의장이었던 이효상 의원이 "전라도는 뭉치는데 경상도는 뭐 하냐"는 식의 지역감정 선동 발언을 했다는 보도가 있었다.

이 선거 이후 박정희 정부와 전두환 정부는 역설적으로 김대중을 민주화운동의 상징이자 지역패권에 맞설 대안으로 만들어 갔다. 유신 정부에 의해 납치되어 죽기 직전에 구출되었고 신군부에 의해서는 내란죄로 사형 선고를 받음으로써 독재정권에 의해 가장 철저하게 탄압받은 김대중은 자연스럽게 민주화운동의 상징이 되었다.

광주항쟁에 대한 잔인한 진압으로 독재정권에 대해 깊은 한을 안게 된 호남인들에게는 자기 지역 출신이면서 동시에 민주화의 상징인 정치인 김대중은 당연히 가장 확실한 정치적 대안이 되었다.

그런 점에서 선명야당의 총재로 유신 정권과 맞서 싸웠고 5공 때 단식투쟁으로 민추협과 신민당을 탄생시켰던 김영삼이라는 민주화의 지도자가 영남 출신이었다는 사실은 또 하나의 역사적 우연이자 지역주의 정치의 원인이었다.

김대중 지지자들은 민주화운동의 경력이나 인물, 정책의 측면에서 볼 때 김영삼은 상대가 되지 않는다고 생각했으나(비판적 지지론) 호남을 제외한 대부분의 지역에서는 그런 생각에 동의하지 않고 오히려 김대중에 대한 급진적 이미지나 출신지역을 들어 비토그룹이 없는 김영삼으로 단일화해야 한다고 주장했다(후보단일화론).

13대 대선에서의 분열과 그로 인한 정권 획득 실패는 양김을 민주화의 지도자에서 호남과 영남의 지역맹주로 주저앉혔다. 민주 대 반민주의 구도가 사라진 정치 영역에는 지역주의가 급속히 자리 잡았다.

통일민주당과 평화민주당은 민주화세력들에 의한 정당임에도 불구하고 제왕적 총재를 중심으로 한 사당, 출신지역을 근거지로 하는 지역정당이 되었으며 민주화운동을 지지했던 사람들을 포함한 영호남의 유권자들과 각 지역 출신 수도권 유권자들은 1988년 총선 이후 자기 지역 정당을 한결 같이 지지하였다.

1. 13대 대선

6월 항쟁의 결과로 전두환 정부가 대통령 직선제를 받아들이면서 개헌과 대통령 선거는 당연한 정치 일정이 되었다. 그에 따라 여야는 실질적으로 대권 경쟁에 돌입하였다.

여권은 이미 6.10 민정당 전당대회에서 노태우 후보를 지명함으로써 제5공화국에 이은 또 한 번의 신군부에 의한 집권을 시도했다. 민정당과 노태우는 조직과 자금이라는 여권의 프리미엄을 최대한 활용하면서 노태우의 친인척인 박철언 안기부 특보 등을 통해 막강한 권력과 재력을 바탕으로 월계수회와 같은 친위 외곽조직을 전국적으로 확산시켰다.

문제는 야권이었다. 6.29 선언 직후 김대중이 바로 사면복권 조치되었다. 이는 민주화운동의 당연한 귀결이기도 하지만 동시에 야권 분열을 노린 여권의 치밀한 계산에 따른 것이기도 했다.

일반 국민들 중 양김의 지지자들은 후보단일화를 간절히 염원했다. 그러나 대선을 눈앞에 둔 양김과 그 직계세력들의 생각은 달랐다. 복권된 김대중이 김영삼이 총재였던 통일민주당 고문직을 수락함에 따라 한때 후보단일화의 가능성을 보여 주기도 하였으나 표면적인 단일화 의지와는 달리 이들은 각각 출마를 위한 독자적인 조직 작업을 확대해 나갔다.

이에 9월 말까지 통일민주당 내 소장파 의원들과 재야 등의 단일화 노력에 따라 수차례의 단일화 회동이 이어졌으나 결국 결렬되고 10월 10일 김영삼이 먼저 대통령후보 출마를 공식 선언하였다. 김영삼의 출마선언 이후에도 양김 측은 당내외의 압력에 따라 전당대회에서의 경선 등 단일화 방안을 두고 최종 담판을 벌였다.

그러나 당시의 대의원 분포로 보아 당내 경선으로는 힘들겠다고 생각한 김대중은 10월 28일 대통령 출마를 공식 선언하고 자파의원과 함께 통일민주당을 탈당하여 평화민주당을 창당했다. 오랜 개발독재에서 벗어나 국민들의 민주화 여망에 의해 시행되는 16년 만의 직선제 대통령 선거에서 그 민주화운동의 지도자들은 끝내 국민들의 염원을 저버리고 독자출마의 길로 들어섰던 것이다.

야권의 분열 요인은 몇 가지 측면의 갈등에 기인한다.

첫째, 양김은 개발독재체제 속에서 힘든 정치역정을 걸어오며 서로 다른 인맥과 관계를 형성해 왔다. 따라서 두 후보의 직계세력들은 어느 한 쪽도 불확실한 미래를 기대하며 실현가능한 것으로 보이는 눈앞의 기회를 양보하려고 하지 않았다.

둘째, 하필 이들 두 지도자의 출신 지역과 지지기반이 영남과 호남이었다. 이 두 지역은 역대 개발독재 정권에 의해 조성된 정치경제적, 지역적 불균형을 대표하는 지역이었기 때문에 한쪽의 양보가 쉬운 일이 아니었다.

셋째, 각자의 계산이 달랐다. 김영삼 측은 김대중 측이 양보하면 김대중 지지표는 모두 김영삼에게로 오겠지만 김영삼 지지표는 반드시 김대중에게로 간다고 보장할 수 없다고 주장하며 자신으로의 단일화를 요구했다. 김영삼의 지지기반이 영남인 데다 김대중 지지자들보다는 다소 보수적이라는 것이 이유였다.

반면 김대중 측은 두 사람의 인물 면에서 김대중이 훨씬 낫다는 인물론을 내세웠으나 실제적으로는 후보단일화 자체에 소극적이었다. 왜냐하면 노태우와 김영삼, 거기에 김종필까지 모두 나오면 영남, 보수 표가 분열되기 때문에 오히려 김대중의 당선가능성이 높아진다고 보았기 때문이다. 이른바 4자구도 필승론이었다.

양김이 끝내 후보단일화에 실패하고 독자 출마함에 따라 그 동안 민주화운동에 전력을 다해 왔던 재야와 학생세력도 양김에 대한 지지와 반대로 분열되었다. 당시 재야 명망가들은 주로 김영삼을 중심으로 하는 후보단일화론자들이었고 민통련과 학생단체들은 김대중을 지지하는 비판적 지지론자들이었으며, 재야의 백기완을 후보로 하는 독자적인 민중후보론자들도 있었다.

6월 항쟁 과정에서 보인 범야권세력의 단결은 깨지고 말았으며 후보단일화에 의한 평화적 정권 교체와 군정종식의 염원은 실현 가능성이 줄어들고 있었다.

12월 대선은 국민적 관심도가 매우 높아 당시에 실시된 야외의 후보연설회에는 각 후보마다 100만 명의 인파가 몰리는 양상을 보여 주었다. 물론 각 후보들마다 전국적으로 지지자들을 동원한 결과이기도 하였으나 16년 만에 재개된 대통령 선거에 대한 열망을 보여 주는 것이기도 했다.

문제는 그 당시에도 이미 영남과 호남, 그리고 충청지역을 대표하는 분위기와 감정이 어느 정도 표출되어 지방색이 두드러지게 나타나기 시작했다는 것이었다. 그것은 당시의 유력 후보들이 모두 출신지역이 달랐을 뿐만 아니라 하필이면 대구 경북(노태우), 부산 경남(김영삼), 목포 호남(김대중), 부여 충남(김종필)으로 영호남에다 충청까지 정확히 구분되어 있었기 때문이기도 하였다.

당시 2,300만 유권자의 89.2%가 투표함으로써 국민들이 직접 대통령을 뽑는 것을 얼마나 기대해 왔는지를 잘 보여 주었다. 선거 결과는 예상대로 민정당 노태우 후보가 830만 표(36.6%)를 얻어 630만 표(28%)를 얻은 통일민주당의 김영삼 후보나 610만 표(27%)를 얻은 평화민주당의 김대중 후보보다 2백만 표 정도의 차이를 내며 승리했다. 신민주공화당의 김종필 후보는 180만 표(8.1%)의 득표를 했다.

김영삼과 김대중의 표를 합산하면 1,200만 표(55%)가 넘음으로써 후보단일화 실패가 더욱 뼈아프게 느껴지는 결과였다. 물론 그런 단순 합산처럼 결과가 나오지는 않았겠지만 단일화했을 경우 정권교체의 가능성은 충분히 있었다는 것을 잘 보여주는 결과였다.

그런데 이때의 네 후보가 모두 자신의 출신지역에서 1위 내지는 몰표를 기록함으로써 지역적 편중성을 두드러지게 나타내기 시작했다. 노 후보는 TK지역인 대구, 경북에서 압도적 지지(68%)를 받았고, 통일민주당의 김영삼 후보는 아성인 부산과 경남에서만 1위(54%)를, 평민당의 김대중 후보는 호남 지역에서 91%의 득표를, 공화당의 김종필 후보조차 충남에서 1위(45%)를 차지하였다.

그러나 상대후보의 지역에서는 다른 지역에 대비한 최소한의 표 획득에도 실패함으로써 극심한 지역편중 현상을 보여 주었다.

2. 13대 총선

후보단일화 실패로 13대 대통령 선거에서 패배한 야권은 그에 대한 책임을 지고 김영삼, 김대중 총재들이 2선으로 물러난 가운데 1988년 4월의 총선에서 야당 단일후보를 내기로 합의하였으나 대선 실패의 책임을 둘러싼 논란으로 다시 실패하였다. 결국 13대 총선에서도 대선 때와 마찬가지로 주요 4당 간의 접전이 불가피했다.

국회의원 선거법 개정 논의에서 여당은 여야가 동반 당선될 수 있는 종전의 중선거구제를 고수하려고 하였으나 민주화의 명분을 앞세운 야당들에 의해 지역대표성이 강한 1구 1인의 소선거구제가 부활하였다.

1988년 4월 26일에 실시된 총선거는 75.8%의 투표율을 보여 1985년 12대 총선의 84.6%보다 저조한 투표율을 보여 주었다. 12대 총선이 신당 돌풍이 불었던 선거였던 탓도 있었으나 대선에서의 후보단일화 실패와 민정당 승리에 실망한 민주화운동 지지자들이 투표를 많이 하지 않았던 이유도 있었다.

그러나 이 선거에서는 역대 국회의원 선거와 다른 예상하지 못한 의외의 결과가 나타났다. 전국 224개 선거구에서 민정당이 87명, 평민당 54명, 통일민주당 46명, 공화당 27명, 한겨레민주당 1명, 무소속 9명이 당선되었고 지역구 의석수에 비례했던 전국구 75석은 민정 38, 평민 16, 민주 13, 공화 8로 배분되었다.

따라서 지역구와 전국구 의석을 합치면 전체 299석 가운데 야당인 평민당이 71석(한겨레민주당 1명 입당), 민주당이 59석, 그리고 공화당이 35석을 차지함으로써 집권당인 민정당이 과반수에서 24석이 미달하는 125석을 차지하게 되는 일이 벌어졌던 것이다.

즉 세 야당의 의석을 합치면 과반수를 훨씬 상회하여 의회정치 사상 초유의 여소야대 국회가 탄생하였던 것이다. 이러한 여소야대의 상황은 9장에서 보게 될 개혁정치 국면에서 중요한 역할을 수행하게 된다.

1988년 총선이 낳은 또 하나의 결과는 지역주의 정치구도의 확인이었다. 13대 대선에 이어 13대 총선에서도 민정, 평민, 민주, 공화 네 당은 자신의 지역에서 각각 25/29(대구 경북), 14/15(부산), 21/22(호남), 13/18(충청)석을 차지함으로써 정당지도자의 출신지역 정당이 그 지역 의석의 대부분을 석권하는 현상이 벌어졌다.

13대 대선에서의 특정후보 몰표 현상에 이어 각 지역의 의석을 특정 정당이 '싹쓸이'해 버리는 현상이 나타난 것이었다. 이와 같은 몰표와 의석 석권 현상은 이후의 대선과 총선에서 거의 예외 없이 되풀이되어 나타남으로써 결국 13대 대선과 13대 총선이 지역주의 선거, 지역주의 정치를 출발시킨 선거들이 되고 말았던 것이다.

13대 총선이 갖는 또 하나의 특징은 평민당의 제1야당 부상과 통일민주당의 약화, 공화당의 입지 구축이었다. 대선에서 3위를 하여 후보 단일화 실패에 상대적으로 더 시달리던 김대중과 평민당은 호남 표와 서울에서의 선전을 바탕으로 제1야당으로 부상함으로써 통일민주당을 향해 야권통합을 요구할 수 있는 우위를 확보하였다.

반대로 대선에서 2위 하였으나 영남표의 분열과 서울에서의 실패로 사실상 부산 경남을 제외하고는 참패한 김영삼과 민주당은 야권에서의 입지가 약화되었으며 따라서 특별한 조치가 취해지지 않으면 차기 대선에서도 승리를 자신할 수 없는 입장에 놓이게 되었다.

제5공화국에서 사실상 정치은퇴 상태였던 김종필과 공화당은 민주화에 편승하여 대선에 출마하여 입지를 닦은 다음 지역주의 바람이 거세계 분 총선에서 충청도를 기반으로 확실한 원내 발판을 마련하였으며 나름대로 힘과 실리에 의한 캐스팅 보트의 역할을 할 수 있게 되었다.

13대 총선의 결과와 같은 여당의 참패와 야권의 승리는 역대 총선거에서 초유의 일이었다. 과거 같으면 여당의 승리로 이후 1당 독주 내지는 1당 우위의 정치적 행태를 보여 주는 것이 총선이었으나 여당이 과반수를 확보하는 데 실패함으로써 여권 중심의 정국 운영이 어렵게 되었고 나아가 민정당은 자신들이 원하지 않았던 5공 청산과 광주문제 해결 등에 나서야 했다.

따라서 민정당은 집권 초부터 이에 대한 대처방안을 3당 합당과 같은 극단적인 방법을 포함하여 다양하게 모색하게 되었던 것이다.

제3절
지역주의 정치의 심화 : 3당 합당과 김영삼 정부

1990년 3당 합당은 영남과 충청이 손을 잡고 지역 구도를 호남 대비호남 구도로 만들었던 대표적인 사건이었다. 이러한 호남 소외 구도는 1992년 대선과 총선을 통해 '우리가 남이가'를 외쳤던 영남세력이 TK정권을 PK정권으로 바꿔 계속 집권하는 데 성공함으로써 더욱 강화되었다.

영남 패권에 대한 호남의 저항은 1992년 대선에서 김대중 후보에 대한 95%대의 지지를 낳았다. 그러나 그러한 몰표와 초원복국집 사건 같은 대형 호재에도 불구하고 200만 표의 차이로 다시 대선 승리가 좌절되자 호남의 민심은 절망했다.

김영삼 정부가 들어선 뒤 5공 청산, 5.18 민주화운동 복권 등의 조치와 사정, 금융실명제 등의 개혁정책이 추진되면서 정부 지지도는 호남을 포함하여 90%에 달했다.

그러나 태생적 한계에 따른 집권세력 내의 갈등이 TK 편파 사정, PK 중심 인사 등을 통해 표출되고 개혁에 대한 저항이 나타나면서 김영삼 정부의 지지도는 급격히 하락했다.

지지도의 하락은 개혁의 부진으로 이어졌고 개혁의 부진은 여야 간 뚜렷한 이념, 정책 차이가 없는 상황에서 지역주의 정치의 강화 현상을 낳았다.

1. 3당 합당

1988년 총선이 만든 여소야대의 정국 아래서 야당들은 5공특위나 광주특위를 구성하여 5공 비리나 광주책임자 조사 등 5공 청산 작업을 시작하였고 그런 과정에서 여당인 민정당이 수세에 몰리는 상황이 계속되었다. 이에 따라 1988년 후반부터 여권에서는 야당과의 통합 내지 양당체제로의 개편이라는 정계개편설이 계속 흘러 나왔다.

민정당이 지역감정 극복 차원에서 평민당과 접촉했다거나 구집권당이었던 공화당과 합당한다는 설 등이 그것이었다. 물론 정계개편설의 또 다른 한편은 지난 대선을 통해 분열되었던 전통야당 평민당과 통일민주당의 통합을 들 수 있었다.

그러나 민정당과 평민당의 합당은 광주문제가 해결되지 않는 한 실현이 불가능한 일이었고 평민당과 통일민주당의 통합 또한 양김의 희생적 결단이 없이는 어려운 일이었다.

그런 가운데 1990년 1월 22일 민정당의 노태우 대통령, 민주당의 김영삼 총재, 공화당의 김종필 총재가 전격적으로 3당 합당을 선언했다. 3당 합당으로 새로 만들어진 민주자유당(민자당)은 원내 의석 3분의 2를 넘는 218석을 가진 거대여당이 되었다. 여소야대 국회에서 야당 연합을 통해 막강한 정치력을 행사하던 의석 70석의 평민당은 유일 야당이기는 하지만 소수 야당이 되어 버렸다.

5공 세력이었던 민정당과 3공, 4공 세력이었던 공화당은 어떤 의미에서 뿌리가 같다고 할 수도 있으나 통일민주당은 이들과 싸웠던 민주화운동 세력의 한 부분이었다. 따라서 통일민주당 내에서는 이기택, 노무현 의원 등이 민정당과의 합당을 야합이라고 반대하며 합당을 거부하고 무소속 의원들과 함께 새로 민주당을 창당하였다.

합당 직후 한 지붕 세 가족이 된 거대 민자당은 총재를 중심으로 한 집단지도체제를 채택하여 노태우 총재 아래에 대표 최고위원으로 민주계의 김영삼, 최고위원으로 공화당계의 김종필, 그리고 민정당계의 박태준을 지명했다. 합당 당시 각 계파의 의석수는 민정계 127석, 민주계 54석, 공화계 35석이었다.

수적으로는 민정계가 압도적이었으나 이후의 정치과정에서 나타난 바와 같이 유력한 대선후보가 없는 민정계는 사분오열 되었던 반면 김영삼을 중심으로 한 민주계는 일치단결함으로써 민주계가 오히려 정국을 주도하는 상황이 되었다.

국민들이 선택한 여소야대의 정국구도를 정치인들 간의 합의로 일순간에 여대야소로 뒤바꾸어 놓은 3당 합당은 어떠한 이유로 추진되었을까. 당시 이들이 내세웠던 합당의 명분은 정국의 안정이었다.

그러나 각 당별로는 계산이 달랐다. 우선 민정당은 노태우 대통령의 잔여임기 동안 정국을 안정적으로 운영하기 위해서는 적어도 국회 내에 다수를 확보해야 할 필요성이 절실했다.

뿐만 아니라 5년 단임 이후 김영삼과 김대중에 맞설 만한 정치지도자가 없는 상황에서 재집권을 위한 방안 마련 역시 절실하였다. 이에 노 대통령 측에서는 사실상 내각제 개헌전략을 마련하고 국회 내 개헌안 통과에 필요한 3분의 2 의석을 확보하기 위해 3당 합당을 추진하였던 것으로 알려져 있다.

반면 민주당은 제3당으로서 제2당인 평민당에 정국의 주도권을 빼앗긴 채 끌려가고 있는 상황이었다. 더 곤란한 것은 김영삼 총재가 차기 대권 경쟁에서 제3당의 위치에서 민정당 후보, 김대중 후보와 경쟁해야 하는 불리한 위치에 있었다는 점이다.

게다가 민정당 후보가 영남 출신이 되면 영남 표가 분열됨으로써 반드시 승리한다는 보장을 할 수 없는 상황이었다. 이에 김영삼 측은 우선 합당을 통해 집권당의 2인자가 되고 난 후 어떤 방식으로든 대통령 후보가 되겠다는 판단을 했던 것으로 보인다.

이들에 비해 김종필과 공화당은 제4당에서 졸지에 집권당이 될 뿐만 아니라 자력으로 대권이 힘든 상황에서 잘 하면 내각제이고 못 해도 김영삼을 밀어 2인자는 될 수 있을 것이라고 판단했을 것이다.

이와 같은 이유로 실현된 3당 합당은 한국정치사에서 몇 가지 중요한 의미를 갖는다. 첫째 3당 합당은 과거 권위주의 체제 아래서 가장 중요한 정치구도로 작동해 왔던 민주와 반민주 구도가 깨어졌다는 의미를 갖는다.

1987년 민주화 이후 사실상 민주와 반민주 구도는 깨어지는 것이 당연했다. 그러나 6월 항쟁의 불완전성으로 인해 권위주의 세력이 그대로 집권한 상황에서 정치구도는 여전히 민주 반민주 구도가 유효한 실정이었다. 그런데 민주화운동의 중요한 한 축이었던 김영삼과 통일민주당이 민정당, 공화당과 합당을 해 버림으로써 그 결과물인 민자당을 반드시 반민주세력으로 볼 수 없게 되었다는 문제가 생겼다.

민주화운동이 자연스럽게 반민주세력을 척결한 결과가 아니라 민주세력과 반민주세력이 섞여 버림으로써 민주와 반민주의 구도가 희석되어 버렸던 것이다. 이것이 이후의 한국정치에서 민주주의의 문제가 여전히 중요한 이슈가 되는 이유가 된다.

둘째로 들 수 있는 3당 합당의 의미는 그것을 통해 당시의 한국 정당이 이념이나 정책에 있어서 구별되지 않는 동질성을 가지고 있다는 사실을 확인할 수 있다는 것이다. 13대 대선 이후 4개의 주요 정당들이 각 선거에서 치열하게 경쟁했으나 사실상 그 정당들은 어느 날 갑자기 한 정당으로 합당해도 이념이나 정책적으로 별 문제가 없었다는 사실이 확인된 것이었다.

물론 합당하지 않은 평민당이 있었으나 사실은 평민당이 먼저 합당 제의를 받고 거부했던 것으로 알려졌다. 그리고 그 이유가 반드시 이념이나 정책의 차이에 의한 것이라기보다는 광주문제가 해결되지 않는 한 가해자인 민정당과 같이 할 수 없다는 것이었으니 당시 정당들의 동질성이 어느 정도였는지 알 수가 있다.

이들 정당들은 모두 자유민주주의를 내세우고 자본주의 경제체제에서의 성장과 분배를 지향하며 강력한 대북반공정책을 표방하고 미국을 비롯한 자유우방과 군사동맹을 유지할 것을 주장하였다. 또한 이들은 특정 사회계층이나 유권자의 이익을 대변하는 것이 아니라 모든 유권자의 이익을 대변하려는 포괄정당적인 성격을 가지고 있었다.

그렇다면 이들 정당들은 도대체 무엇 때문에 서로 나뉘어서 치열하게 경쟁했을까. 그 해답은 역시 이들이 각 지역들을 대변하는 지역주의 정당이었다는 점에서 찾아볼 수 있을 것이다.

그런 점에서 3당 합당의 가장 중요한 세 번째 의미가 드러난다. 즉 3당 합당은 각 주체들이 원했든 원하지 않았든 지역주의 정치를 강화시키는 결과를 낳았다.

3당 합당이 영호남의 결합이 아니라 대구 경북과 부산 경남이라는 영남간의 결합을 낳고 거기에 충청이 같이 결합함으로써 졸지에 호남 대 비호남 구도의 정치지형이 만들어졌던 것이다.

그렇지 않아도 박정희 정부 이래의 영남 패권주의를 경계하고 있었던 호남은 민주화 이후 광주문제 등이 해결되는 것이 아니라 영남과 충청의 결합으로 호남을 '왕따' 시키는 구도가 전개됨에 따라 더욱 더 강력히 저항하게 되었다. 지역주의 정치구도가 더욱 강화되어 갔던 것이다.

3당 합당에 대해 평민당을 비롯한 반대세력은 유권자들이 선택한 여소야대 국회를 정당 지도자 간의 야합으로 유권자들의 의사와 상관없이 여대야소로 바꾼 것이기 때문에 13대 국회를 해산하고 총선거를 실시하자고 요구하였다. 특히 이들은 민자당의 내각제 개헌안은 장기집권을 위한 음모라고 비판하며 보수대연합이라는 명분 아래 호남세력을 소외시키려는 정치적 음모가 있다고 비판하였다.

이에 대해 민자당은 3당 합당이 정치안정을 통해 지속적인 경제발전을 도모하기 위한 보수대연합이라고 주장하며 국회의원들은 임기 중에 국민의 의사를 묻지 않고 정치적 선택을 할 수 있으며 이러한 선택에 대해 유권자들이 다음 선거에서 심판하면 된다고 반박하였다.

3당 합당의 위력은 1991년 3월과 6월에 치러진 기초의회와 광역의회 선거에서 드러났다.

지방자치제 부활은 노태우 대통령이 6.29 민주화선언 당시 약속한 것이었는데 6공 성립 이후 여소야대 정국이 전개되면서 차일피일 미뤄지고 있다가 3당 합당으로 정국 상황이 반전되자 그나마 자치단체장은 임명제로 둔 채 지방의회 의원 선거만 실시하게 되었다.

3월 26일 실시된 기초의회 의원선거는 정당공천이나 정당의 선거개입이 금지되어 있었기 때문에 각 정당들은 공식적 선거활동을 하지 않았다. 그러나 총원 4,304명의 기초의원을 뽑는 선거에서 493개 무투표 당선 선거구를 제외하고 3,069개 선거구에서 투표가 실시된 결과 친민자당계 당선자가 75%에 달하는 것으로 알려졌다.

또한 6월 20일 치러진 광역의회 의원 선거에서는 총 866석 중 민자당이 65.1%인 564석을 차지한 가운데 평민당이 재야인사들을 영입하여 이름을 바꾼 신민당이 19%인 165석을 차지했고 그밖에 통일민주당 잔류자들인 민주당이 21석, 운동권 정당이었던 민중당이 1석, 무소속이 115석을 차지하였다.

3당 합당 이후 야당들은 특히 지방선거를 앞두고 통합운동이 활발하게 전개되었다. 통일민주당에서 3당 합당을 거부하고 잔류했던 민주당 인사들은 재야의 이부영이 이끄는 민주연합과 통합하였고 평민당도 13대 대선 당시 김대중에 대해 비판적 지지를 보냈던 재야세력들과 결합하여 신민주연합당(신민당)을 발족시켰다.

이후 지방선거에서의 분열과 참패를 겪은 후 두 당은 다시 민주당으로 통합했다. 민주당은 신민당 67명, 민주당 7명 등 총 74명의 국회의원으로 원내 2당이 되었다. 3당 합당 이후 복잡한 전개 끝에 정국은 민자당과 민주당이라는 양당 체제로 재편되었는데 그 본질은 역시 호남 대 비호남의 지역구도였던 것이다.

한편 3당 합당으로 출발한 민자당 역시 3계파 간의 갈등이 나타났다. 무엇보다도 민정계와 공화계가 강력히 요구했으나 민주계가 받아들이지 않고 있었던 내각제 개헌 문제가 있었다. 1990년 10월 민자당이 출범한 이후 줄곧 소문으로 나돌던 내각제 합의각서가 민정계에 의해 언론에 공개되었다.

이 비밀각서의 주요 내용은 3당 합당 전당대회 후 1년 이내에 의원 내각제로 개헌하기 위해 1990년 중에 개헌작업에 착수한다는 것이었고 노태우, 김영삼, 김종필 세 최고위원이 자필 서명한 것이었다. 합당을 위해 내각제에 합의했으나 합당 후 이에 반대하고 있던 김영삼 대표는 합의각서가 공개되자 즉각 내각제 완전 포기, 대표권한 강화 등의 요구조건을 내걸고 당무를 거부하며 마산으로 내려가 버렸다.

민정계와 공화계는 격렬히 반발했으나 합의를 파기한 김영삼에 대한 여론보다 내각제 개헌에 대한 여론이 더 좋지 않았기 때문에 더 이상 할 수 있는 일이 없었다.

더구나 노 대통령으로서는 김영삼 대표와 민주계의 이탈에 의한 분당은 정국을 3당 합당 이전으로 돌리는 것이었기 때문에 결국 내각제를 포기하고 김영삼 대표의 손을 들어줄 수밖에 없었다.

이에 민정계는 김영삼을 대체하는 대안을 찾기 위해 포철 사장 출신의 박태준이나 독립운동가의 후손인 이종찬 의원 등을 최고위원과 대통령후보 로 내세웠으나 정국을 바꾸지는 못했다.

2. 92년 총선과 대선

3당 합당 후 치러진 1992년 4월의 총선은 애초 민자당과 민주당의 양당 구도로 예상되었으나 재벌그룹 현대의 정주영 회장이 갑자기 정계진출을 선언하며 현대의 인맥과 자금을 바탕으로 국민당을 창당함으로써 졸지에 다당제 구도를 형성하게 되었다. 거기에 이재오, 김문수 등의 재야 운동권 출신 인사들이 합법정당운동을 벌이며 창당한 민중당도 선거에 참여하였다.

3월 24일 실시된 선거에서 71.9%의 투표율을 보인 가운데 민자당이 전체의석의 과반수에 1석이 모자라는 149석을 얻어 제1당이 되었다. 국회의 여대야소 의석을 확보했다는 점에서는 3당 합당의 효과를 본 것이라고 볼 수 있으나 합당 당시의 218석에 비해 의석이 무려 69석이나 줄어들어 3당 합당에 대한 국민들의 평가가 그다지 긍정적이지 못했다는 것을 알 수 있었다.

반면 야권을 통합한 민주당은 97석을 차지하여 13대보다 19석이 늘어나는 결과를 낳았다. 특히 13대 총선에서 평민당이 영남에서 얻은 득표율에 비해 부산과 대구에서 10배가 넘는 신장세를 보였고 경기와 인천에서는 득표율이 30%를 넘어 민자당과 크게 차이가 나지 않아 야권통합의 위력을 실감할 수 있었다.

국민당은 신생정당임에도 현대의 지원에 힘입어 원내 교섭단체 구성에 필요한 20석을 능가하는 31석을 차지하였고 기타 무소속이 21석을 차지하였다. 민중당은 1석도 얻지 못함으로써 진보세력의 제도권 진출을 막는 벽이 여전히 높음을 실감하였다.

문제는 여전한 지역주의 선거구도였다. 민자당이 영남 의석 71석의 76%를 차지하는 54석을 석권한 가운데 나머지 의석도 국민당과 무소속에게 갔을 뿐 민주당은 단 1석도 차지하지 못했다. 민주당 역시 호남의석 39석 중 38석을 석권함으로써 거의 100%에 가까운 싹쓸이를 하게 되었다. 나머지 1석은 진안 무주 장수군에서 당선된 관료 출신의 민자당 황인성 의원이었다.

총선 직후 민자당의 김영삼 대표는 선거결과에 대한 인책론에서 벗어나기 위해 일찌감치 차기 대통령후보 경선에 출마하겠다고 공식적으로 선언하였다. 이에 대해 민정계와 공화계는 반발하였으나 별다른 대안이 없어 결국 5월 19일 대통령후보 선출을 위한 전당대회를 열기로 합의하였다.

민주계는 오랫동안 김영삼과의 인간관계로 뭉쳐져 있었기 때문에 일사분란하게 움직인 반면 민정계와 공화계는 개인적 소신과 이해관계에 따라 분열되었다. 이들은 대안 부재를 이유로 김영삼을 지지하는 파와 그에 대한 불신 때문에 이종찬 또는 박태준을 대통령후보로 추대하는 파로 나누어졌다.

노 대통령의 지지가 있었느냐 아니냐 하는 이른바 노심을 둘러싼 논란 끝에 민정계와 노 대통령의 명시적 지지를 얻지 못한 박태준, 이종찬은 차례로 후보를 사퇴하였고 결국 김영삼은 민자당 대통령후보로 선출되었다.

민주당도 전당대회를 열어 김대중 총재를 대통령후보로 선출하였고, 국민당도 역시 정주영 당 대표를 대통령후보로 선출하고 대선 준비에 나섰다.

민자당 내에서의 대권 갈등은 민정계와 민주계의 대립에 의한 것이었으나 그 내부에는 박정희 정부 이래 오랫동안 한국정치의 핵심을 이루어 왔던 이른바 TK사단, 즉 대구 경북 세력과, 김영삼을 중심으로 새로운 집권세력이 되고자 하는 이른바 PK세력, 즉 부산 경남 세력 간의 대립구도가 자리 잡고 있었다.

특히 박정희, 전두환, 노태우로 이어지는 역대 대통령과 그 측근들을 배출한 대구 경북 세력은 이 시기에 이르러 노태우 대통령을 정점으로 정호용, 김복동, 박철언 등이 중심 역할을 하면서 자신들의 권력을 유지하고자 노력하였다. 그것이 내각제 각서 유출 파동과 포항제철 사장 박태준의 영입과 후보 추대 노력 등으로 다양하게 전개되었으나 결국은 김영삼과 민주계에 의해 좌절되었다고 볼 수 있다.

민자당 대통령후보가 결정된 날 노태우 대통령은 대선에서의 중립을 지키기 위해 민자당 총재직을 사퇴하고 당적을 떠나 중립내각을 구성하겠다고 발표하였다. 대통령후보 선출 과정에서의 민정계와 민주계 갈등, 김영삼 후보와 민주계의 전권 요구 등이 빚어낸 결과였다.

12월 18일 대통령 선거가 실시된 결과 민자당의 김영삼 후보가 998만 표를 획득하여 41.4%의 득표율로 당선되어 32년 만에 문민정부가 탄생하게 되었다. 2위를 한 민주당 김대중 후보는 804만 표, 33.4%의 득표율로 1위와 8%라는 비교적 큰 차이를 기록하였고, 국민당의 정주영 후보는 388만 표를 얻어 16.1%의 예상보다 낮은 득표율을 기록하는 데 그쳤다. 선거가 끝나자 김대중 후보와 정주영 후보는 모두 패배를 인정하고 정계은퇴를 선언하였다.

14대 대선에서도 선거 결과를 결정지은 것은 지역주의 정치였다. 김영삼 후보는 부산 경남 투표자로부터 72.8%의 몰표를 받았으며 대구 경북을 합친 영남 전체로도 68.8%를 득표하였다. 김대중 후보 역시 호남 지역에서 92%의 몰표를 받았다.

14대 대선에서의 지역주의 투표행태는 선거 직전에 폭로된 초원복국집 사건에서 잘 나타났다. 이 사건은 막강한 정보력을 자랑했던 현대의 국민당이 부산 지역 기관장들이 복국집에 모여 김영삼 후보를 지원하기 위한 선거운동 방안을 논의했던 대화를 도청하여 언론에 공개함으로써 촉발되었다.

부산시장, 경찰청장 등 선거에서 엄정 중립을 지켜야 할 공무원들이 노골적으로 선거에 개입하는 현장을 생생이 들려준 이 사건은 집권당 후보였던 김영삼에게 치명적인 상처를 입힐 수도 있는 사건이었다.

그러나 결과적으로는 이 사건으로 인해 위기감을 느낀 영남 지역의 김영삼 지지자들이 더욱 결집해 투표장에 나감으로써 김영삼 후보의 표가 더 늘었다는 것이 당시의 분석이었다. 지역주의 정치의 위력 앞에 관권선거 같은 선거부정도 별로 문제가 되지 않았던 가치관의 전도 현상을 잘 보여준 사건이었다.

3. 95년 지방선거와 96년 총선

3당 합당을 통해 집권한 김영삼과 민자당 민주계는 호랑이를 잡기 위해 호랑이굴로 들어간다고 주장했던 자신들의 논리에 따라 집권 초반 부패 정치인, 관료에 대한 사정과 하나회 숙정 등 9장에서 보게 될 과감한 각종 개혁정책들을 추진해 나갔다. 김영삼 대통령은 높은 인기를 누렸고 지지도는 90%에 육박할 정도였다.

초반 개혁정책들에 대해 호남 지역 역시 7~80%의 지지를 보냈다. 그런 분위기 속에서 재야 일각에서는 민주연합을 권고하는 목소리가 나왔다. 개혁의 칼날이 어차피 과거의 기득권 세력, 그중에서도 민자당 민정계를 겨눌 수밖에 없는데 민자당 내에서 소모전을 벌이기보다 이제 정권을 잡았으니 그들과 결별하고 과거의 민주화 동지인 김대중계와 결합하는 것이 보다 강력하고 지속적인 개혁을 해 나갈 수 있는 방법이라는 것이었다.

개혁을 위한 민주연합론은 상당한 설득력을 가지고 있었으나 집권 초반에는 단독 개혁에 자신이 있었던 김영삼 대통령과 민주계가 귀를 기울이지 않았고 집권 후반에는 가라앉는 김영삼 대통령과 연합할 생각을 할 수 없었던 민주당이 적극 나서지 않음으로써 실현되지는 못했다.

당시에 민주연합론이 실현되지 않았던 것을 아쉬워하는 사람들이 많았다. 왜냐하면 이후 기득권 세력들의 강력한 저항을 받으며 좌초하게 되는 김영삼 정부의 개혁 과정을 살펴볼 때 실제로 민주연합이 이루어졌더라면 개혁이 보다 힘을 받지 않았을까 하는 것과, 또 하나는 민주연합이 영남의 일부와 호남이 손을 잡는 구도였기 때문에 지역주의 정치를 극복하는 데도 상당한 의미가 있었을 것이라고 보기 때문이었다.

결과적으로 민주연합론은 실현되지 못했고 김영삼 정부의 개혁은 1년이 지나면서 여러 요인들에 의해 약화되기 시작하였다.

지역주의 정치라는 측면에서 볼 때 영남에 정치적 기반을 둔 김영삼 정부는 말로는 망국적 지역주의를 극복해야 한다고 외치며 영호남 축제 등의 몇 가지 상징적인 조치를 취하기는 했지만 실제로는 별다른 뚜렷한 노력을 하지 않은 채 집권 중후반의 여러 선거들을 치렀다. 수적 우세를 확보하고 있는 영남인들에게는 지역주의 극복이 그렇게 중요한 이슈가 되지는 못했던 것이다.

김영삼 정부 출범 이후 정주영이 이끌었던 국민당은 해체되었고 정치구도는 사실상 민자당과 민주당의 양당구조로 좁혀졌다. 반면 김영삼 정부의 개혁정책에 의해 민자당 내부에는 민정계와 민주계의 계파 간 갈등이 심화되었다. 민정계의 기반인 대구 경북 세력의 일부는 민자당을 이탈하였고 김종필 역시 충청을 기반으로 하는 추종세력들과 함께 탈당하였다.

이러한 지역 구도로의 분열은 김영삼 정부의 지지 기반을 더욱 약화시켰고 개혁 정책의 추진을 제약하는 요인으로 작용하였다.

1994년 8월 노태우 정부의 황태자로 불리던 박철언 의원이 도박 산업과의 유착 의혹으로 구속됨으로써 치러졌던 대구 보궐선거에서 민자당 후보를 누르고 박 의원의 부인인 현경자 무소속 후보가 당선되는 이변이 일어났다.

개혁의 표적이 되고 있었던 민정계와 그들의 지지기반인 대구 경북 지역의 반김영삼, 반민주계 정서를 잘 보여 주는 사건이었다.

그런 가운데 민주계와 공화계의 갈등도 지속되었다. 김영삼에 이어 민자당 대표최고위원을 맡고 있었으나 이념과 정책상 개혁정책에 미온적이었던 김종필을 민주계는 민자당의 중심으로 인정하지 않았을 뿐만 아니라 대표 사퇴에 대한 압력을 넣고 있었다.

김종필로서는 내부 분란과 지지율 하락을 겪고 있는 민자당에 계속 남아 있어야 할 것인지 공화계를 이끌고 탈당하여 충청을 기반으로 하는 새로운 정당을 만들 것인지 고민해야 할 시점이었다.

마침내 김종필은 자치단체장까지 직선하는 형태로 완전히 부활하는 지방자치 선거를 앞두고 1995년 2월 민자당을 탈당하여 충청권과 일부 경북권 의원들을 포함하여 자유민주연합(자민련)이라는 신당을 창당하였다. 자민련의 출범으로 3당 합당에 의해 시작된 호남과 비호남의 대립구도는 크게 약화되었고 집권 민자당은 이제 영남세력의 연합으로 축소되었다.

그런 상황에서 1995년 6월 27일 지방선거가 실시되었다. 정당공천제가 아니었던 기초의원 선거를 제외한 나머지 지방선거의 결과는 집권 민자당의 참패와 지역주의 정치의 심화로 나타났다.

15개 광역시도 단체장 중 민자당은 부산, 인천, 경기, 경북, 경남에서 5명을 당선시켜 각각 4명씩을 당선시켰던 민주당과 자민련에 앞섰으나 지방선거 승패의 가장 중요한 척도가 되었던 서울시장 선거에서 민주당에게 패했다. 민주당은 서울시장을 포함하여 호남 지역을 석권하였고 자민련도 충청과 강원 지역에서 4명을 당선시켰으며 대구와 제주는 무소속이 당선되었다.

230개 시장, 군수, 구청장을 뽑는 기초단체장 선거에서도 민자당은 70석을 차지하여 84석을 차지한 민주당에 뒤졌다. 특히 서울에서는 민자당과 민주당이 2대 23으로 민주당이 압승을 거두었다. 자민련은 23석을 차지했으며 무소속이 53석이었다. 광주 전남(27/29)과 대전 충남(19/20)은 민주당과 자민련에 의한 석권 현상이 나타났고 부산 경남(24/37)은 외견상 많이 완화된 것처럼 보였으나 사실은 나머지 13명이 다른 당이 아니라 주로 민자당 공천탈락자였던 무소속 당선자라는 점에서 지역주의 정치 현상이 강고함을 보여주었다.

광역의원 역시 875명 중 민자당이 284명이었던 반면 민주당이 353명으로 앞섰고, 자민련과 무소속도 각각 86명, 152명이 당선되었다. 각 정당의 지역 석권 구도는 단체장 선거와 유사하였다.

이 선거에서 지역주의 바람을 불러일으키는 데 가장 중요한 역할을 한 것은 정치생명을 걸고 신당을 창당한 김종필이 충청도는 핫바지가 아니라고 했던 이른바 '충청도 핫바지론'이었다. 영호남의 지역주의에 맞서 충청도 지역주의를 선동했던 김종필에게 충청인들이 적극 호응한 셈이었다.

지난 대선에서 패배하고 일시 영국에 체류하다 귀국했던 김대중은 정치에 전면적으로 나서지는 못했지만 여전히 민주당의 사실상의 지도자였다. 따라서 6.27 지방선거에서 여당이 패배하고 민주당이 선전하자 이에 고무된 김대중은 지지자들의 간곡한 요청에 응하는 형식으로 정계 복귀를 선언하고 이에 반대하는 이기택 등 일부 인사들을 제외한 나머지 인사들과 함께 새정치국민회의(국민회의)라는 신당을 창당하였다.

자민련과 국민회의 창당으로 한국의 정당구조는 결국 3당 합당 이전과 같은 3김 체제와 3당 체제로 복귀하였고 정당들의 지역성은 이전보다 더욱 강화되었다.

이들의 경쟁은 이듬해 있었던 총선에서 다시 한 번 뒤집어졌다. 지방선거에서의 패배를 뼈아프게 생각한 김영삼 대통령은 민자당의 당명을 신한국당으로 바꾸고 민정계를 중용하여 민주계와 화합을 이루게 하는 등 지지 세력의 재규합을 시도하였다. 뿐만 아니라 직접 인재영입 작업을 지휘하여 김영삼 정부 출범과 함께 대법관에서 감사원장으로 영입되었다가 국무총리까지 지냈던 이회창과 깨끗한 정치인으로 알려졌던 박찬종 등 참신한 인사들을 영입함으로써 신한국당에 대한 수도권과 젊은 층의 호응을 유도하였다.

판사 시절 소수 의견을 많이 냄으로써 대쪽 판사로 불렸던 이회창은 총리로서의 적법한 권한행사 요구가 청와대와 갈등을 빚자 4개월 만에 물러났다. 하지만 오히려 그것 때문에 대쪽 총리로 불리는 등 국민들로부터 인기가 높아졌는데 총선에서의 활약을 발판으로 유력 대권 후보로 부상하였다.

김영삼 정부가 1995년 12월 역사바로세우기란 이름으로 전두환, 노태우 전직 대통령을 뇌물수수와 군사반란 및 내란 등의 죄목으로 구속한 것도 지지자들을 다시 모으는 역할을 하였다. 민주당 박계동 의원의 노태우 비자금 폭로로 시작된 부정축재 처벌이 국회의 5.18특별법 제정으로 12.12와 5.18에 대한 단죄로 이어진 이 사건은 떨어지고 있던 김영삼 정부의 지지도를 일시적으로 끌어올리기도 하였다.

그런 노력의 결과 지방선거가 치러진 지 불과 1년 뒤의 선거였음에도 불구하고 1996년 4월 11일 실시된 15대 국회의원 선거에서는 신한국당이 지역구 121석, 전국구 18석을 얻어 모두 139석을 차지함으로써 각각 79석과 50석을 얻은 국민회의와 자민련을 누르고 크게 승리하였다. 특히 서울에서 신한국당은 27명을 당선시킴으로써 18명을 당선시킨 국민회의를 누르고 1년 전의 지방선거 참패를 만회하였다.

15대 총선에서도 지역주의 구도는 여전히 재현되었다. 신한국당은 전북과 충남에서 각각 단 한 명의 후보를 당선시켰을 뿐 광주와 대전, 전남에서는 전멸했다. 국민회의는 수도권과 호남지역 의석만으로 제2당의 지위를 유지해 거의 완전한 호남당이 되었고 자민련 역시 대구와 경북에서 각각 8석, 2석을 추가하기는 했지만 대전과 충남북에서 대부분의 의석을 채웠다.

정계에 복귀한 김대중의 입장에서 15대 총선이 주는 메시지는 분명했다. 현재와 같은 지역구도 아래서는 어떤 방법을 사용하더라도 국민회의의 단독 집권은 불가능하며 집권을 위해서는 다른 지역과의 연대가 불가피하다는 것이었다. 비록 그 지역을 대표하는 정치세력이 자신과 정책이나 이념이 다르다 하더라도 집권을 위한 방법은 그 길밖에 없다는 것이었다. 실제로 15대 총선 이후 김대중과 국민의회는 그 길을 선택하였다.

제8장

지역주의 정치구도의 변화 모색

김대중 정부 성립과 동진정책

1. DJP와 김대중 정부 수립

1995년 지방선거 직전 민자당을 탈당한 뒤 '충청도 핫바지론'을 외쳤던 김종필의 자민련은 지방선거에서 충청지역을 석권하였다. 또한 대선 이후 정계를 떠났던 김대중은 영남의 패권에 대항해 타 지역의 균등발전을 요구하는 지역등권론을 들고 나와 수도권 지방선거에서 민주당의 승리에 기여하면서 정치에 복귀하였다.

각 정당들은 선거 때마다 이름을 바꾸고 외부 인사들을 수혈했으나 김영삼당, 김대중당, 김종필당을 벗어나지 못했고 호남-비호남의 지역구도나 영남-비영남의 지역구도가 선거를 좌우하면서 자민련이 캐스팅보트를 쥐는 상황이 계속되었다.

1997년이 되자 12월에 있을 15대 대통령 선거를 앞두고 각 당은 대통령후보 경선 과정에 돌입하였다. 사실상 후보가 정해져 있었던 국민회의와 자민련이 각각 5월과 6월에 당내 경선과정을 거쳐 김대중 총재와 김종필 총재를 대통령후보로 선출하였다. 이어 7월에는 총리나 당 대표 출신을 비롯한 9명이 경합을 벌린 신한국당도 비교적 치열한 당내 경합을 거쳐 이회창 당대표를 후보로 선출하였다.

일단 대선 후보들이 결정되자 대선 승리를 위한 정당간의 합종연횡 작업이 본격화되었다. 15대 대선을 앞두고 반신한국당 진영에서는 대선 전략을 둘러싸고 치열한 논쟁이 벌어졌다. 이른바 지역등권론과 3김 청산론이 그것이었다.

1995년 지방선거 이후 김대중의 정계복귀와 함께 호남과 김대중 세력의 새로운 이론으로 등장하였던 지역등권론은 군사정권 이래 지속된 영남 패권주의의 강화 의도가 지역갈등의 주요인이기 때문에 그것을 극복하기 위해서는 비영남 각 지역이 지역등권론을 통해 연합하여 영남 패권을 무너뜨리고 정권교체를 이루어야 한다는 것이었다.

이에 따르면 영호남 지역갈등의 원인은 5.16 이후 영남의 패권적 지역주의가 관철되면서 타 지역이 내적 식민지화되었고 광주항쟁을 거치면서 저항적 지역주의의 대표로 부각된 호남과 정면으로 충돌하게 되었다는 것이다. 따라서 대선 전략은 비영남 지역이 연대하여 지역 간의 정권교체를 통해 영남 패권을 종식시키고 각 지역 간의 등권에 의한 민주화를 이룩하여야 한다는 것이었다.

이에 대해 3김 청산론은 3공 이래의 군사정권이 정통성의 보완을 위해 지역감정을 동원하였고 그것이 결과적으로 영남 패권으로 나타난 것은 인정하면서도 영호남의 지역갈등이 궁극적으로 악화된 것은 1987년 대선에서의 양김의 분열 때문이라고 본다.

당시 양김이 분열하지 않았더라면, 그래서 어느 한 쪽이 다른 한 쪽의 손을 들어주었더라면 영남과 호남이 그 이후와 같은 격심한 분열을 겪지는 않아도 되었다는 것이다. 그 뒤로 3당 합당을 통해 지역갈등은 더욱 강화되었지만 문민정부 수립 직후 김대중 은퇴 시기에는 오히려 지역갈등이 약화되었다고 본다. 약화되어 가는 지역갈등에 다시 불을 붙인 사람은 지역주의의 희생자이면서 동시에 수혜자였던 김대중 세력이라는 것이다.

따라서 대선의 전략으로는 김대중이 아닌 다른 제3의 인물을 후보로 내세워야 한다는 것이었는데 문제는 그 제3의 후보가 적당한 인물이 없다는 점이었다.

15대 대선국면에서 지역패권정치 또는 지역주의 정치에 대한 대안으로 제시되었던 정권교체론과 3김 청산론의 대립은 일단 선거결과가 정권교체로 나타남으로써 지역 등권을 통한 정권교체론이 보다 설득력이 있었던 것으로 확인되었다. 게다가 3김 청산론은 중요한 보조논리였던 김대중 당선 불가능론의 예측이 빗나감으로써 설득력이 더욱 떨어지게 되었다.

그러나 김대중 정부 이후 영호남 지역갈등은 정권교체론이 예측했던 바와 같이 약화되는 것이 아니라 더욱 악화됨으로써 3김 청산론의 예측이 오히려 들어맞는 결과를 낳았다.

1996년 총선 이후 집권에 성공하기 위해서는 지역등권론이 주장하는 바와 같이 자민련과 손을 잡는 수밖에 없다고 생각한 김대중과 국민회의 쪽은 집요하게 김종필과 자민련에게 협력을 요청하였다. DJP 연합 구상이었다.

민자당에서 뛰어나온 김종필로서는 신한국당과 다시 손잡을 수는 없었고 또한 단독으로 정권을 잡을 수도 없었기 때문에 국민회의와 손잡고 정권을 창출하는 것이 나쁠 것이 없었다. 그러나 김종필이 김대중의 손을 들어준 것은 신한국당 이회창 후보가 아들의 석연찮은 병역 면제 문제로 논란에 휩싸여 지지율이 떨어지기 시작하던 7~8월이 되어서였다.

국민회의와 자민련 간의 후보 단일화 협상이 시작되었고 정권교체만이 야당과 국민이 살 길이라고 확신한 국민회의 쪽은 대통령후보 직을 제외하고는 모두 준다는 생각으로 협상에 임했다. 그리고는 내각제 개헌 추진과 대통령 김대중, 총리 김종필이라는 권력분점에까지 합의하였다.

민정당 시절 김영삼 후보에게 반기를 들었던 박태준 전 포철 사장까지 자민련에 입당하여 가세함으로써 그야말로 DJP연대가 완성되었다. 호남과 충청 그리고 영남의 일부까지 손잡은 이 DJP는 정국의 구도를 호남 대 비호남에서 일거에 영남 대 비영남으로 바꿔 놓은 것이었다. 그러나 이러한 DJP조차도 그것만으로는 영남 우위의 지역 구도를 뒤집기 힘들었다. 그것이 가능했던 것은 그 밖의 여러 변수들이 모두 조각그림처럼 합쳐지고 난 다음이었다.

선거전은 신한국당 이회창 후보의 일방적 우세 속에 시작되었다. 아들 병역 문제가 제기되기 전의 모든 여론조사에서는 3김 청산론을 내세운 이회창 후보가 수평적 정권교체론을 내세운 김대중 후보를 거의 두 배 차이로 앞서고 있었다.

그러나 7~8월경 국민회의 쪽에 의해 이회창 후보 두 아들의 병역면제 판정에 문제가 있다는 논란이 불거지면서 그에 대해 이회창 후보 쪽이 적절히 대처하지 못하자 의혹은 증폭되었고 이 후보의 지지도는 급락하기 시작했다. 이회창 후보 쪽도 이른바 DJ 비자금 문제를 제기하고, 김대중 후보와 밀입북한 오익제 천도교령과의 불분명한 관계 등을 제기했으나 병역 문제를 덮지는 못했다.

이회창 후보의 지지율이 10%대까지 내려가자 신한국당 내에서도 후보교체론이 제기되었다. 특히 당내 경선에서 차점자였던 경기지사 출신 이인제는 후보 교체의 필요성을 공개적으로 제기하다 여의치 않자 신한국당을 탈당하여 국민신당을 창당하고 독자적으로 대선에 출마하였다.

이회창 후보 쪽은 끝내 이인제 후보를 주저앉히지 못했고 김영삼 계였던 이인제 후보는 부산 경남 표의 상당 부분을 잠식함으로써 결과적으로 김대중 후보를 도와주게 되었다.

그러나 1997년 대선에서 무엇보다도 중요한 변수는 외환위기였다. 1997년 내내 풍문으로 돌던 경제위기설이 사실로 밝혀지면서 외환보유고가 바닥상태로 드러난 한국정부가 11월 21일 국제통화기금 IMF에 구제 금융을 신청한 것이었다.

외환위기를 막지 못한 책임은 김영삼 정부에게 있을 수밖에 없었고, 집권당인 신한국당과 그 당의 대통령후보인 이회창 역시 책임으로부터 자유로울 수가 없었다. 선거가 다가오면서 겨우 아들 병역으로 인한 지지율 하락을 어느 정도 만회하고 본격적으로 선거운동을 하고 있던 이회창 후보에게 경제파탄 책임론은 변명의 여지가 없는 악재였다.

이에 이 후보 쪽은 외환위기 책임론에다 아들인 김현철의 국정 개입 사실까지 드러나 지지도가 한 자리 수로 내려앉은 김영삼 대통령과의 결별을 선언하며 김 대통령의 탈당을 요구하였다. 동시에 이회창 후보는 소수 정당인 조순의 민주당과 합당하여 당명을 한나라당이라고 바꾸면서 당에서 김영삼 색채를 지우고자 하였다.

이러한 변수들이 모두 작용하였던 1997년 12월 18일의 15대 대통령선거는 마지막 순간까지 예측을 불허하는 치열한 접전을 펼쳤으나 결국 국민회의의 김대중 후보가 1,033만 표로 유효투표의 40.3%를 획득하여 994만 표로 38.7%를 얻은 신한국당의 이회창 후보를 39만여 표 차이로 누르고 대통령에 당선되었다.

국민신당의 이인제 후보는 493만 표를 얻어 김대중 당선의 1등공신이 되었고 진보정당인 민주노동당의 권영길 후보는 31만 표를 획득하는 데 그쳤다.

선거 막판까지 학계나 언론계에서 김대중 후보의 승리를 점친 사람은 거의 없었다. 그만큼 김대중 후보의 승리는 그야말로 기적 같은 것이었다. 수평적 정권교체론을 내세운 호남과 충청이 아무리 합쳐도 이회창을 앞세운 영남을 당할 수 없다는 것이 가장 중요한 필패의 이유였는데 그것은 결코 잘못된 분석이 아니었다.

앞서 본 바와 같이 거의 모든 변수들이 김대중 후보를 도와주었음에도 불구하고 결과적으로 그 표차는 40만 표가 못 되는 것이었다. 따라서 김대중 후보의 승리는 DJP연합과 이회창 후보 아들 병역문제, 이인제 후보의 탈당과 독자출마, 외환위기 중 어느 하나라도 빠졌다면 결코 가능하지 않았을 결과였다.

DJP연합은 지역주의 정치를 극복한 것이 아니라 다른 형태로 바꿔놓은 것에 불과했다. 여전히 호남은 김대중 후보에게 90% 이상의 지지를 보냈고 대구 경북은 이회창 후보에게 60~70%의 지지를 보냈다. 부산 경남의 이회창 득표율은 50%대였으나 그것은 김대중 후보 때문이 아니라 이인제 후보가 표를 잠식했기 때문이었다. 역 3당 합당이라 할 수 있는 DJP연합의 구도는 결국 행정수도 충청 이전을 공약으로 내건 노무현 정부 수립에 이르기까지 지속되었다고 할 수 있다.

2. 동진정책과 그 한계

선거에 의한 최초의 평화적 정권교체라고 할 수 있는 김대중 정부의 집권은 그러나 두 가지 점에서 불안한 정권교체였다. 첫째는 이념과 정책이 다른 두 정치집단 간의 권력분점의 약속에 의한 정권교체였고, 둘째는 여전히 야당이 국회를 지배하고 있는 구조 속에서 39만 표라는 적은 표차에 의한 정권교체라는 점이었다.

이러한 정권교체의 불안정성은 김대중 정부로 하여금 강력한 개혁 드라이브에 의한 지역주의 극복 정책을 펴지 못하고 집권기간 내내 의원 영입과 선거에 의한 다수의석 확보에 매달리게 만드는 결과를 초래하였다.

불안하게 출발한 정권이었지만 지역주의에 의해 누구보다도 많은 피해를 입었던 김대중 정부가 들어섰을 때 망국적 지역감정이 완화되거나 그렇게 되기 위한 정책이 최우선적으로 시행되기를 기대한 사람들이 많았다. 아니 당선되기 전부터 김대중 후보가 당선되어야만, 그래서 수십 년 쌓였던 호남의 한이 풀려야만 이 땅에서 지역주의 정치가 단락을 짓고 한국정치가 다음 단계로 넘어갈 수 있을 것이라고 믿었던 사람들이 많았다.

물론 그것은 호남이 한풀이 정치를 해야 한다는 의미가 아니라 일단 한 지역의 한이 풀린 다음 제대로 개혁정치를 해 나가면 두 지역의 개혁세력을 중심으로 상호 합리성에 입각한 주장과 양보가 이루어질 수 있을 것이라는 생각에서였다. 그러나 상황은 그렇게 이상적으로 전개되지 않았다.

대선에서 김대중 후보가 승리하자 호남의 민심은 "이제 원도 한도 없다. 전라도 대통령이 아닌 대한민국의 대통령이 되어 영호남 지역주의를 타파하는 훌륭한 대통령이 되어 주었으면 좋겠다"는 것이었다. 그런 희망에 답하듯이 김 대통령도 취임사에서 "다시는 무슨 지역 정권이니 무슨 도의 차별이니 하는 말이 없도록 하겠다"고 말하는 등 지역주의 해결을 위한 의지를 표명하였다.

김 대통령은 당선되면서 바로 전두환, 노태우 전 대통령 사면부터 실현시켰다. 동시에 비서실장에 민정당 국회의원을 지낸 경북 출신의 김중권을 영입했다. 영남인들의 불안감과 거리감을 완화시키려는 노력이었다.

그러나 문제는 권력실세기관 인사로부터 나왔다. 김대중 대통령은 오랫동안의 야당생활과 호남 지도자로서의 위치 때문에 호남 인력은 상대적으로 풍부하였으나 다른 지역의 인재는 극히 빈곤한 상태였다. 따라서 믿고 맡겨야 할 권력실세기관은 거의가 호남 인력이 장악하는 상황이 벌어졌다.

안기부 1, 2차장과 기조실장, 법무부 검찰국장, 국세청 조사국장, 육참총장, 기무사령관, 경찰청장 등의 각 부서 핵심요직을 호남 인력이 차지하였는데 이들 자리에 호남 출신들이 앉은 것은 거의 사상 최초라고 볼 수 있었다.

이렇게 되자 인사에 대해 지역편중 시비가 일어났고 이에 청와대는 정부 고위직의 출신지역을 자세히 분석한 자료를 공개하였다. 장관급은 호남 8명, 영남 7명이나 차관급은 호남 5명, 영남 11명이었고 1급의 경우도 호남 27명, 영남 46명으로 영남 출신이 여전히 많다는 것이었다. 그러나 그렇다 하더라도 그 전의 영호남 비율에 비하면 호남 출신의 진출이 많아진 것으로 영남 출신들로서는 상대적 박탈감을 느낄 수 있는 것이었다.

권력실세기관의 호남 우세현상은 호남 정권이 들어섰으니 당연한 것이며 고위직 비율의 차이 감소도 그 전의 영남의 일방적 우세현상이 시정되어 가는 것으로 보아야 할 것이나 선거에 져서 허탈감에 빠진 영남 민심과 그것을 자극하는 야당과 일부 언론들의 적극적인 활동에 의해 김대중 정부는 초기 인사에서부터 벌써 지역주의 비판에 직면해야 했다.

아직 정권교체의 여운이 남아 있던 1998년 6월에 치러진 6.4 지방선거는 김대중 정부 초기의 외환위기 극복 분위기에 힘입어 공동여당이었던 국민회의와 자민련의 우세로 나타났으나 지역적으로는 철저한 동서 분할 현상이 재현되었다.

예컨대 광역단체장은 강원, 경북, 대구, 경남, 울산, 부산 등 동부 라인을 한나라당이 석권하였고 반면에 서울, 경기, 전북, 전남, 광주, 제주 등 서부 라인은 국민회의가 석권하였다. 대전과 충남, 충북은 당연히 자민련의 차지였으며 인천도 자민련이 차지했다.

기초단체장 역시 한나라당은 영남의 68%, 국민회의는 호남의 70%, 자민련은 충청의 68%를 차지했으며 나머지도 다른 당이 아니라 거의 무소속이 차지하는 구도였다.

지방선거를 통해 영남에 교두보를 확보함으로써 지역주의 해결의 발판을 마련하려 했던 김 대통령은 선거결과에 실망했고 곧 이어서 지역 구도를 깨기 위한 방법으로 의원 개별영입을 통한 정계개편을 추진하였다.

문제는 그것이 15대 대선에서 한나라당이 국세청을 이용하여 대선자금을 모집했던 사건('세풍')과 안기부가 관여한 휴전선 총격 사건('총풍') 등에 대한 정치권의 사정과 함께 진행되었다는 점이었다.

몇몇 의원들이 당적을 변경하여 여당으로 넘어 왔는데 이것이 집권 세력의 협박과 공작에 의한 인위적 정계개편처럼 보였고 따라서 정권 교체 후 어쩌면 당연히 해야 할 작업인 정치인의 불법 행위에 대한 사정 작업마저 비판을 받게 되었다. 사정 작업의 주 대상이 될 수밖에 없었던 구 집권세력, 즉 한나라당은 연일 편파사정, 야당 탄압으로 공격하였고 그에 따라 영남 민심은 악화되었다.

1998년 8월 이회창이 한나라당 총재로 선출되자 곧바로 세풍의 주역으로 지목되고 있었던 서상목 의원 출국금지를 시작으로 각종 비리 사건들에 대한 정치인 사정이 시작되었다. 그와 함께 유용태, 박종우 의원 등이 한나라당을 탈당하여 국민회의로 들어갔다.

이회창 총재와 한나라당은 즉각 야당 탄압을 통한 의원 빼가기, 이회창 죽이기로 규정짓고 영남지역에서의 대규모 장외투쟁을 시작하였다. 1만여 명씩이 동원된 부산, 대구 등지의 집회에서는 "경상도 공장은 다 망하고 전라도는 일자리가 넘친다"는 등의 지역감정을 부추기는 온갖 연설과 유언비어들이 나돌았고 그것들은 일부 언론을 통해 여과되지 않고 그대로 국민들에게 전달되었다. 외환위기와 실업사태로 격앙되어 있었던 영남의 민심은 정권 초기의 기대감을 거둬들이면서 반DJ 정서가 다시 불붙기 시작했다.

사태의 심각성을 깨달은 김대중 정부는 영남의 민심을 잡기 위한 이른바 동진정책을 추진했다. 동남권 지역 발전을 위한 특별위원회(동남특위) 구성, 부산 선물거래소 유치, 대구 밀라노 프로젝트 등을 통해 부산과 대구 경제 지원책을 강구하고 기념관 건립으로 박정희 기념사업을 지원하는 등이 그것이었다.

김영삼 정부에 의해 정치적으로 결정되었다가 경제성과 IMF사태로 위기에 빠진 삼성차 문제도, 결과적으로는 부산 민심을 더 악화시킨 계기가 되어 버리긴 했으나, 대우와의 빅딜을 추진하는 등 살리기 위한 나름대로의 노력을 다하였다.

그러나 의도와는 달리 동진정책들은 크게 성공하지 못했다. 정부와 지역사회의 역량도 문제가 있었으나 주민들의 정부에 대한 불신이 더욱 일을 어렵게 만들었다.

밀라노 프로젝트는 '대구지역 섬유산업 육성방안'으로 경쟁력을 상실한 섬유산업을 정부의 지원에 의해 패션산업 등 고부가가치형 산업으로 재편함으로써 대구 경제를 살려 보고자 하는 것이 목적이었다. 이를 위해 정부는 1999년부터 인프라 구축과 하드웨어 설비를 위한 초기 투자를 시작했다.

그러나 연간 1천억 원대 자금이 투입되었음에도 불구하고 이 프로젝트는 사업기획 부재, 추진주체들의 사업비 유용, 나눠먹기식 예산 배정 등의 문제가 드러나면서 크게 성과를 내지 못한 채 2003년 1단계를 마감했다. 프로젝트의 취지는 좋았으나 가시적 성과가 나타나지 않음으로써 김대중 정부가 의도했던 만큼의 정치적 효과는 없었다고 보아야 할 것이다.

삼성차 문제도 마찬가지였다. 삼성자동차의 설립과 부산 유치는 자동차 산업에 진출할 꿈을 가지고 있었던 이건희 회장이 김영삼 정부 때에 자동차 산업 진출권을 따내기 위해 김 대통령의 정치적 고향인 부산에 공장을 짓겠다고 나서면서 본격화되었다. 부산은 지가나 임금 등에서 다른 지역보다 나은 곳이 아니었고 또한 기존 자동차 업체들이 수출과 내수의 과포화 현상을 지적하며 삼성차 자체를 반대하고 있었으나 김영삼 정부는 1994년 12월 결국 삼성차 설립을 허용했다.

삼성은 부산 신호공단에 본격적으로 공장을 지어 생산을 시작했으나 바로 외환위기를 맞게 되었다. 엄청난 초기 투자가 필요한 자동차 산업을 그대로 끌고 가기에는 삼성의 능력도 한계에 부딪히게 되었고 결국 삼성이 손을 떼고 나가는 시점에서 정권이 교체된 것이었다.

김대중 정부는 나름대로 삼성차를 살리고 실업을 최소화시키기 위해 가능한 방안을 찾고자 했다. 그러나 결국 삼성차를 살리기 힘들다는 판단 아래 1998년 12월부터 삼성자동차와 대우 가전과의 빅딜이 추진되었다.

부산 시민들은 빅딜에 강력히 반대하면서 삼성차 살리기 운동을 펼쳤다. 부산시와 관련단체들은 국고 지원과 채권기관에 대한 영향력 행사 등을 통해 정부가 삼성차를 그대로 살려 주기를 원했다. 그러나 그런 특혜를 줄 수는 없었기 때문에 결국 1999년 6월 삼성은 자동차에 대해 법정관리를 신청했다.

대우와의 빅딜이 본격적으로 추진되었으나 그 해 말 대우의 부도 때문에 성사되지 못했고 결국 2000년 4월 삼성자동차는 고용 승계를 조건으로 프랑스의 르노에게로 넘어갔다.

정부로서는 최대한 노력한 결과였으나 삼성자동차를 온전히 살리고 싶었던 부산 시민들에게는 아쉬운 결론이었다. 부산 시민들은 호남 정권이 들어섰기 때문에 삼성자동차가 살아남지 못했다고 생각했다. 그리고 한나라당은 각종 집회 등을 통해 은근히 그런 인식을 전파하고 있었다. 당연히 김대중 정부에 대한 부산의 민심이 좋아질 리가 없었다.

김대중 정부에게 보다 결정적인 타격은 1999년 한 해를 뒤흔들었던 옷 로비 사건이었다. 이 사건은 당시 외화밀반출 혐의를 받고 있던 신

동아그룹 최순영 회장의 부인이 남편의 구명을 위해 검찰총장 등 고위층 인사들의 부인들에게 고가의 옷 로비를 한 데서 시작되었다.

천만 원짜리 호피무늬 반코트를 주었다, 받지 않았다는 부인들 간의 폭로와 명예훼손 고소에 의해 알려지기 시작한 이 사건은 검찰 수사와 국회 청문회 과정에서 부인들의 엇갈린 진술과 거짓말 등으로 언론들의 집중적인 조명을 받음으로써 마침내 사상 최초로 특별검사에 의한 수사까지 가야 했던 사건이었다.

이 사건의 파장으로 법무장관과 청와대 법무비서관이 옷을 벗어야 했으나 이후 관련자들은 대개 무죄선고를 받았고 부인들이 청문회에서의 위증죄로 집행유예를 받은 것이 모두였다. 결국 특검 수사결과 발표로도 '밝혀진 것은 옷을 만든 앙드레 김의 본명뿐'이었다는 우스갯말이 나올 정도로 내용이 없었던 '실패한 로비'사건이었다.

이 사건은 사안 자체의 중요성에 비추어 볼 때 과도할 정도로 엄청난 파장을 불러일으켰다. 고위층 부인들이 관련된 로비에 각종 거짓말이 난무하는 등 언론에 의해 선정적으로 보도될 만한 요소도 많았으나 한나라당과 보수 언론들의 집중적인 공세도 한몫을 했다.

결국 이 사건은 정권의 도덕성 문제로까지 비화되었고 민주화 이후 보다 높은 도덕적 기준을 요구하는 국민들의 기대에 부응하지 못한 김대중 정부를 곤경에 빠뜨리는 결과를 낳았다.

이런 가운데 2000년 4.13 총선이 다가오자 김대중 대통령은 여소야대 정국을 바꾸기 위한 마지막 승부수를 띄웠다. DJP 연합을 공고히 한다는 명분으로 추진했던 자민련과의 합당이 대통령의 지지도 하락으로 결국 무산되자 김 대통령은 이재정 성공회대 총장 등 참신한 외부 인사들을 영입하여 새천년민주당을 창당하였다.

측근 중의 측근인 권노갑에게 불출마 선언을 하도록 하고 호남 물갈이를 시도하였으며 김중권 비서실장, 김정길 정무수석, 노무현 의원 등 영남의 중진급 인사들을 지역구에 전면배치하였다. 그리고 화룡점정으로 선거 3일 전 6.13 남북 정상회담 합의사실을 발표하였다.

이에 맞서 이회창 총재도 386세대 영입 등 과감한 공천 물갈이와 영남 수성 전략으로 맞섰다. 그러나 공천에서 탈락한 한나라당의 중진 인사들은 이 총재의 정치력 부족과 밀실공천을 비판하며 부산 경남을 중심으로 민국당을 창당하여 한나라당에 도전함으로써 김 대통령으로서는 기대를 걸 만한 선거가 되는 듯했다.

게다가 이 선거에서는 시민단체들이 총연대하여 불법 비리 정치인들에 대한 낙천낙선운동을 전개하였는데 그 주 대상자들은 당연히 구집권세력이었던 한나라당 인사들이 많았다. 낙천낙선운동은 민주화 이후 꾸준히 성장해 왔던 시민단체들의 정치적 역량을 한꺼번에 보여준 초유의 사건이었다.

2000년 초 경제정의실천연합이 부패 연루, 개혁법안 반대, 지역감정 유발 등 자체적인 낙천기준을 마련하여 167명의 낙천낙선 대상자 명단을 발표한 데 이어 참여자치시민연대 등 460여 시민단체가 참여한 총선연대도 공천반대자 기준과 명단을 공개했다.

때마침 유행했던 '바꿔'라는 노래가사와 함께 국민들의 관심이 집중되는 가운데 총선연대는 최종적으로 86명의 낙선운동 대상자 명단을 확정 발표하고 그중 22명을 전략적 집중 낙선운동 대상으로 선정하여 낙선운동에 나섰다. 이로 인해 일부지역에서는 해당 후보들과 물리적 충돌을 빚기도 했다.

결과적으로 총선연대가 선정한 86명의 전체 낙선 대상자 가운데 낙선자는 59명(68.6%)이었고 22명의 집중낙선대상자 중에서 낙선자는 15명(68.2%)으로 낙천낙선운동은 국민들 간에 상당한 공감대를 형성하면서 실제적인 성과를 낳기도 했다. 특히 수도권의 경우 20명의 낙선대상자 중 19명이 무더기로 낙선했다.

그러나 낙천낙선운동은 시민단체들이 지나치게 깊이 정치에 관여한다는 점에서 비판을 받기도 했으며 지속적인 제도화가 어렵고 일회성에 그칠 가능성이 많다는 점에서 한계가 지적되기도 하였다.

이러한 과정을 겪고 치러진 16대 총선의 결과는 외환위기에 의해 26석이 줄어든 전체 의석 273석 중 한나라당이 지역구 122석을 포함하여 133석을 차지함으로써 여전히 제1당의 위치를 지켰고 총력전을 펼친 새천년민주당은 지역구 96석을 포함, 115석에 머물렀으며 자민련은 17석(지역구 12석)으로 오히려 의석이 크게 줄어든 것으로 나타났다.

이 밖에 무소속이 5석, 한국신당이 1석을 차지한 가운데 관심을 끌었던 민주국민당은 지역구 1석을 포함 2석을 얻는 데 그쳤다. 이 선거에서 처음 창당하여 의석에 도전했던 민주노동당은 1.2%의 득표율로 1석도 얻지 못했기 때문에 당을 해산하고 재창당해야 했다.

낙천낙선운동이 수도권에서는 다소 의미가 있었으나 지역에서는 전혀 의미를 갖지 못했고 비장의 무기였던 남북정상회담 발표는 8년 전의 초원복국집 사건처럼 오히려 영남 지역의 위기감을 조성해 영남 표의 결집을 더욱 공고하게 만들었다.

게다가 부산의 이기택, 신상우, 김광일 외에 경북의 김윤환, 전남의 김상현, 서울의 장기표 등 상당한 거물급들이 포진했던 민국당은 "이인제를 찍으니 김대중이 되더라"는 이른바 이인제 학습효과에 의해 부산 경남 지역에서조차 외면당함으로써 김 대통령에게는 깊은 패배감을, 이회창 총재에게는 확실한 영남 확보의 자신감을 심어 주었다.

16대 총선 결과 나타난 지역주의 정치구도는 한층 더 참담했다. 영남과 호남은 철저히 갈려 제각기 자기 지역정당에게 의석을 몰아주었다.

한나라당은 대구 경북 27개 의석을 모두 싹쓸이하였고 부산 울산 경남 38개 의석도 울산 동구의 무소속 정몽준을 제외하고는 모두 차지했다. 새천년민주당이 오히려 광주 전남 전북 29개 의석 중 25개 의석만 차지하여 싹쓸이를 하지 못한 것처럼 보였으나 나머지 4석 역시 민주당 공천탈락자들이 무소속으로 나선 지역이었다. 한나라당과 민주당에 의한 동서분할 구도가 확실하게 나타난 최악의 지역주의 선거였다.

특히 이 선거에서는 1998년 국회의원 재·보궐 선거에서 서울 종로구에 민주당 후보로 출마하여 당선된 노무현 의원이, 낙승이 예상되는 종로구를 버리고 지역주의와 맞서겠다며 고향인 부산의 북·강서을구에 출마하여 전국적인 관심을 끌기도 하였다. 그러나 노무현 역시 한나라당 허태열 후보에게 패배함으로써 지역주의 정치의 위력을 보여 주었다.

16대 총선 이후 6월부터 진행된 남북정상회담으로 김 대통령이 다시 정국의 주도권을 쥐어가고 있던 상황에서 터져 나온 한빛은행 불법 대출 등 대형 권력비리사건은 한나라당에게 다시 장외투쟁과 대여투쟁의 빌미를 주게 되었다. 기세가 오른 한나라당은 '김대중 정권 호남 편중 및 낙하산 인사 실태'라는 부제가 달린 자료집을 내어 영남 민심에 가장 호소력을 갖는 인사편중 문제를 다시 들고 나왔다.

그에 의하면 2000년 9월 현재 10대 권력요직에 5명, 장관급 28명 중 9명(영남 7명), 청와대 수석급 9명 중 6명, 국정원 요직 8명 중 4명, 군 장성 11명 중 5명, 검찰요직 4명, 경찰요직 9명 중 5명, 국세청 요직 7

명 중 5명 등이 호남 인사들이라는 것이다. 게다가 정부 산하단체에 낙하산으로 임명된 사람들 중에는 압도적으로 호남 인사들이 많았다.

이에 대해 김대중 정부는 중앙인사위원회를 통해 정부인사 실태조사 결과를 발표함으로써 맞대응하였다. 이에 따르면 1~3급 공무원의 출신지역은 호남이 23.9%이나 영남은 32.9%로 여전히 많으며 영남 출신들이 다른 지역 출신들에 비해 각 부처의 선호직위를 가장 많이 차지하고 있다는 것이다.

다만 선호직위를 차지한 호남 출신의 비율이 전 시기에 비해 11%에서 27%로 늘어난 반면 영남 출신들은 42%에서 38%로 줄어들었다. 다시 말해 영남의 박탈감은 결코 절대적 박탈감이 아니라 상대적 박탈감이라는 것이다.

그러나 영남의 민심은 이러한 상대적 박탈을 정권교체 이후에 충분히 있을 수 있는 현상으로 받아들여 주지 않았고 김대중 대통령의 정치역정상 호남인력 외에 믿고 쓸 인재가 부족할 것이라는 점을 이해해 주지도 않았다. 오히려 하위조직에서 나타나는 호남인들의 진출 사례들을 들어 박탈감을 강화시켜 갔다.

경북 출신 한나라당 국회의원에 의하면 정부 산하단체에서 구내식당을 운영하거나 사무용품을 납품하다 정권이 바뀐 다음 호남 사람에게 밀려 고향으로 내려온 지역구민들이 있는 자기 지역의 경우 온 마을이 DJ와 전라도 사람 욕을 해 대더라는 것이었다.

2001년 2월부터 시작된 언론사 세무조사를 둘러싸고 조선, 동아, 중앙 등 거대 신문 및 한나라당 연합과 김대중 정부와의 대결은 호남 외의 다른 지역 민심을 악화시켰다. 보수 신문들의 줄기찬 대정부 비판을 견디다 못한 김대중 정부가 말기에 이르러 마침내 언론사 세무조사에 나섬으로써 그 동안 제대로 세금을 내지 않고 있었던 거대 신문사들을 궁지에 몰아넣었다.

그러나 거액의 세금 체납액을 내고 사주들이 검찰에 불려 다녀야 했던 거대신문사들은 즉각 반격에 나서 언론자유 침해라고 비난하며 한나라당과 함께 맹렬히 저항하였다. 보수 언론들은 김대중 정부 동안 터져 나왔던 진승현, 이용호 게이트 등 각종 권력형 비리들, 즉 국정원, 대통령 친인척, 동교동계 실세 등의 비호로 불법대출, 주가조작, 이권 개입 등의 부정행위를 저질렀던 사건들을 추적하여 대서특필해 왔다.

그런데 2002년 다시 김 대통령의 아들들이 관련된 최규선 게이트 등이 터져 나왔다. 언론과 한나라당의 공격은 더욱 격해졌고 결국 김대중 대통령도 김영삼 대통령처럼 아들의 문제로 대국민 사과 성명을 발표해야 했다.

김대중 정부에서의 비리사건들은 그 이전 정부에서의 그것들에 비해 결코 규모가 크거나 건수가 많았던 것은 아니었다. 그럼에도 보수 언론과 한나라당은 김대중 정부를 부패정권이라 공격했고 다수의 국민들은 부패정권 퇴진론을 지지하였다. 이는 옷 로비 사건에서 보았듯이 보수 언론과 한나라당이 서로 주고받으며 사건을 키운 경향도 있지만 민주정부에 대한 국민들의 기대 수준이 높아진 탓도 있었을 것이다.

그런 가운데 치러진 6.13 지방선거에서 민주당은 참패할 수밖에 없었다. 특히 수도권 광역단체장 선거에서 3곳을 모두 한나라당에게 빼앗겼으며 기초단체장 선거에서도 한나라당 출신이 54명 당선된 반면 민주당은 9명을 당선시키는 것에 그쳤다.

정권 재창출 가능성이 희박해졌던 민주당은 김 대통령이 총재직 사퇴와 탈당이라는 카드를 빼든 가운데 정당개혁과 국민경선이라는 무기를 사용하여 영남 출신 노무현 후보를 극적으로 등장시켰다.

노무현 후보는 초기에 이회창 후보를 누르는 지지도를 보이며 이른 바 노풍을 불러일으켰으나 후보가 된 직후 김영삼 대통령을 찾아간 사실과 김대중 대통령 아들들의 비리사건이 터져 나옴으로써 지지율이 급락하였고 16대 대선에서 어려운 국면에 놓이게 되었다.

국민들, 특히 영남의 반김대중 정서는 민주당이 영남 출신 노무현을 대통령후보로 선출하자 김대중의 양자 노무현이라는 논리까지 만들어 낼 정도로 심각해졌다. 영남의 민심은 노무현이 영남 출신이냐, 아니냐 또는 이회창이 어디 출신이며 대통령이 되어 무엇을 할 것인가 하는 것이 문제가 아니었다. 김대중이 싫고 그가 만든 민주당과 동교동계도 싫고 따라서 그들이 내세운 후보도 싫고 그들을 심판할 수 있고 영남 정권을 다시 세울 수 있는 한나라당과 이회창 후보의 집권만을 유일한 대안으로 생각하고 있었던 것이다.

영남의 정서가 그런 만큼 역으로 호남의 정서는 김대중 정부와 자신들이 그만큼 노력해도 돌아서지 않는 영남 민심이 야속하고 남북정상회담과 김대중 대통령의 노벨평화상 수상까지 로비에 의한 것으로 치부하고 싸늘한 시선으로 바라보는 데에 절망감을 느꼈다. 그런 만큼 영남의 지역주의 민심을 악화시키는 한나라당과 이회창 후보, 그리고 일부 언론들이 불만스럽고 그들이 집권했을 경우의 결과가 우려스러웠을 것이다.

따라서 노무현이냐 이인제냐 정몽준이냐가 아니라 한나라당의 집권을 막을 수 있는 후보가 가장 진보적인 후보라는 것이 호남의 정서였던 것으로 보인다.

3. 국민경선과 노무현 정부 성립

각종 여론조사에서 한나라당 이회창 후보의 지지도가 부동의 1위를 달리고 있던 2001년 후반기에 정동영, 천정배 등을 중심으로 하는 새천년민주당의 소장파 의원들은 이대로는 당의 미래가 없다고 선언하며 당 개혁운동을 전개했다.

그들은 동교동계 당권파들이 어떤 여론조사에서도 이회창을 이겨 보지 못한 이인제를 지지하며 현상 유지에 급급하다고 비판하며 특히 동교동계 1인자인 권노갑 의원의 퇴진을 주장했다. 또한 제왕적 총재제 등을 비판하며 당내 민주화와 대선 후보 국민경선제 등을 새로운 대안으로 제시했다.

차기 정권 창출이 가장 중요했던 민주당으로서는 달리 선택의 여지가 없었다. 약간의 진통 끝에 소장파의 안들은 받아들여졌다. 권노갑 최고위원은 사퇴했고 김대중 대통령은 총재직을 내놓았다가 결국 탈당하였으며 국민경선제가 채택되었다.

미국의 개방형 예비선거(open primary)를 모델로 한 민주당의 국민경선제는 크게 성공했다. 당 대통령후보 선출권을 국회의원들의 영향력 아래 있는 당 대의원들이 아닌 일반 국민들에게 개방하겠다는 생각은 정치에 신선한 바람을 불러일으켰다. 그 바람을 강풍으로 만든 것은 노무현 후보였다.

민주당 대선후보 경선이 발표되면서 일찌감치 후보로 등록했던 노무현 후보에게는 당선이 확실한 종로구를 마다하고 부산에 출마하여 낙선하자 '바보 노무현을 대통령으로'라는 구호를 외치며 모여든 '노사모(노무현을 사랑하는 사람들)'라는 열렬한 지지모임이 있었다. 이들은 자기들 돈으로 모임을 가지며 주위 사람들에게 민주당 대선후보 경선 선거인단에 참여할 것을 적극적으로 권유했다.

동교동계를 등에 업고 이인제 대세론에 안주해 있는 민주당에게 실망했던 많은 반한나라당 성향의 지지자들이 노무현이라는 참신한 후보에게 희망을 갖기 시작했다.

2002년 3월 제주도부터 시작된 당내 경선에서 호남정당의 영남후보로 지역주의 극복을 제1의 공약으로 제시한 노무현이 당권파의 압도적 지지를 받던 이인제를 누르고 민주당의 대통령후보가 되었다. 국민경선제와 노사모가 만들어낸 극적인 승리였다.

비슷한 시기에 국민들에게 별로 관심을 받지 못했지만 나름의 국민경선제로 당내 경선을 치른 한나라당에서는 이회창 후보가 압도적인 표차로 당선되었다.

당내 경선을 치르는 동안 노무현의 여론 지지도는 이회창 후보의 그것을 넘어설 정도로 절정에 달해 있었다. 그러나 경선 직후 노 후보가 평소의 소신이었던 민주연합론, 즉 김영삼계(영남)와 김대중계(호남)의 연합을 위해 김영삼 전 대통령을 찾아가 지지를 호소하였을 때부터 지지도는 내려가기 시작했다.

민주연합의 의도는 좋았으나 이미 시대는 바뀌었고 노 후보를 지지한 젊은 층에게 김영삼은 민주화운동의 지도자이기보다 외환위기를 낳은 실패한 대통령이었던 것이다. 게다가 김대중 대통령의 아들이 연루된 최규선 게이트가 터져 나오자 노 후보의 지지율은 더욱 떨어졌고 앞에서 보았듯이 민주당은 6월의 지방선거에서 참패했다.

9월이 되면서 민주당 내에서 일부의 동교동계 의원들을 중심으로 후보교체론이 고개를 들기 시작했다. 이들은 후보단일화협의회를 구성하여 울산의 4선 의원이자 축구협회장으로 월드컵 4강의 바람을 타고 무소속 대선후보로 떠오르고 있었던 현대 재벌 출신 정몽준 의원을 지지하거나 그와 노 후보와의 후보단일화를 종용하였다.

　노무현 후보 쪽은 국민경선을 통해 선출된 여당 후보의 정통성을 내세우며 후보단일화에 반대하였으나 이회창 후보와의 지지율 격차가 점차 벌어지고 정몽준 의원과의 격차가 줄어들기 시작하자 11월 10일 전격적으로 단일화 제안을 받아들이는 모험을 감행하였다. 여론조사를 통해 후보를 가리는 진기한 과정을 통해 노 후보는 46.8%대 42.2%의 차이로 정몽준 의원을 누르고 단일후보가 되었다.

　개혁 지향적인 노무현 후보와 보수 지향적인 정몽준 후보와의 단일화는 마치 DJP처럼 또 한 번의 불편한 연대가 될 가능성이 많았다. 그러나 선거 전날 연설회에서 노 후보가 정 의원 쪽의 차기 대통령 주장에 동조해 주지 않자 정 의원은 바로 노 후보 지지를 철회해 버렸다. 노 후보 지지자들은 위기의식을 느꼈으나 그런 만큼 더욱 결집하였고 결과적으로는 불편한 혹이 저절로 떨어져 나간 셈이 되었다.

　그렇게 치러진 16대 대선은 3김의 영향력이 거의 소멸되어 가는 상황에서 치러진 선거였다. 노무현 후보는 당내 계보나 특정 계파의 지지 없이 국민경선제를 통해 민주당 후보로 선출되었다. 김대중 대통령은 민주당을 탈당한 후 대선 기간 동안 중립을 지켰고 동교동계 의원들 역시 중립을 지키거나 오히려 노 후보를 흔들었다.

　한나라당 이회창 후보 역시 지지도가 노무현 후보에 뒤지고 있을 때도 자당 출신 김영삼 전 대통령의 지지를 요청하지 않았다. 자민련은 후보를 내지 못했고 김종필 총재는 중립을 선언했다.

　이렇게 3김이나 그들의 계보, 계파가 영향력을 잃어가는 선거에서 지역주의 구도는 어떻게 변화할 것인가 하는 것은 16대 대선이 갖는 중요한 의미 중의 하나였다.

대부분의 언론이나 학자들은 16대 대선의 가장 중요한 변수로 세대 간의 대결구도를 들었다. 실제로 노무현 후보는 20~30대의 압도적 지지를 받았고 이회창 후보는 50~60대의 압도적 지지를 받았다.

당시의 한 출구조사 자료에 의하면 노무현 후보는 20대의 62.1%, 30대의 59.3%, 40대의 47.8%, 50대 이상의 39.8%로부터 지지를 받은 반면 이회창 후보는 20대의 31.7%, 30대의 33.9%, 40대의 48.0%, 50대 이상의 58.3%로부터 지지를 받았다. 그렇다면 1987년 이래 한국정치의 고질적인 병폐가 되어 왔던 지역주의 정치, 지역주의 선거는 세대 변수에 밀려 퇴장했던 것일까.

선거 직후 대부분의 언론들은 16대 대선 역시 지역주의 정치가 여전히 강력하게 나타난 것으로 보았다. 비록 영남 출신이기는 하지만 한나라당 후보와 맞서는 민주당 노 후보에 대해 호남 지역은 김대중 후보에게 보냈던 지지 이상의 압도적 지지(93%)를 보냈다.

또한 영남 지역 유권자들도 이회창 후보에 대해 지난 대선과 다름없는 일방적인 지지(70%)를 보냈다. 대구 경북은 그렇다 하더라도 부산 경남 지역은 그 지역 출신이 유력한 여당 후보가 되었음에도 불구하고 노 후보에게 30%가 못 되는 지지를 보냈을 뿐이었다.

그러나 한편 외형적으로는 지역주의가 여전히 견고하게 보이나 내용상으로는 상당한 정도의 변화가 나타나고 있는 것으로 보는 시각도 있었다.

호남의 몰표는 과거와 같은 호남 지도자에 대한 정치적 충성에 의한 것이라기보다는 영남정당인 한나라당 집권 시의 불안감에 의한 것이라고 보아야 하며, 영남의 표 쏠림은 민주당 후보가 영남 출신이라는 사실과 세대 변수의 중요성이 커짐에 따라 과거보다 오히려 약화된 것이라고 본다.

따라서 16대 대선을 계기로 지역주의 정치는 조금씩 약화되어 갈 조짐을 보이고 있고 선거의 갈등구도도 세대나 이슈, 정책 중심으로 변화해 갈 가능성이 크다는 것이다.

원했든 원하지 않았든 지역주의 정치의 핵심을 이루고 있었던 3김이 정치 전면에서 퇴장하고 뒤를 이을 뚜렷한 지역맹주들이 보이지 않는 상황에서 지역주의 정치의 성격과 강도가 과거와 조금씩 달라질 것이라는 논리는 설득력을 가지고 있었다.

16대 대선에서 노무현 후보는 지역주의의 문제를 정면으로 제기했다. 노 후보는 영남 출신인 자기가 민주당 대통령후보가 된 사실 자체가 지역주의 극복이고 정치개혁이라고 주장했다. 그와 함께 지역주의의 원인이었던 중앙집권적 권력구조 아래서의 지배엘리트의 편중 현상이나 불균등한 지역발전, 그리고 비민주적 지역정당의 문제 등이 해결되어야 한다고 역설하며 그 방법으로 지방분권, 균형발전, 정당개혁 등을 주요 공약으로 제시하였다.

이에 대해 한나라당 이회창 후보도 지역주의 극복이나 지방분권, 정당개혁 등을 원론적 차원에서 제기하였으나 노 후보에 의해 이슈 선점이 이루어진 상황에서 크게 공감대를 형성하지 못했던 것으로 보인다.

대선의 결과는 지역주의 극복을 주장했던 노무현 후보의 승리로 나타났다. 그러나 그 투표결과는 여전히 16대 대선이 지역주의 구도에 의해 치러졌음을 잘 보여 주는 것이었다.

우선 영남의 경우 이회창 후보는 지난 15대 대선에서 대구 경북의

67%, 부산 경남의 54%를 획득했던 반면 16대 대선에서는 각각 76%, 67%를 획득하였다. 지지표가 10% 이상 늘어난 것이다.

물론 지난 대선에서 이인제 후보가 가져간 영남 표를 이번 대선에서는 독식할 수 있었기 때문이라고 볼 수도 있지만 지난 대선과는 달리 민주당 후보가 영남 출신인 노무현임에도 이회창의 지지표가 늘어난 것은 지역주의를 제외하고 설명하기가 힘들다.

반면 노무현 후보는 대구 경북에서 20%, 부산 경남에서 28%의 지지를 받음으로써 1997년 대선에서 김대중 후보가 받은 지지율 13%에 비해 2배 이상 올랐다. 그러나 노 후보가 다른 지역도 아닌 부산 출신이며 선거운동에서 부산 경남 지역에 승부를 걸고 상당한 노력을 했던 것에 비하면 28%라는 득표율은 결코 좋은 성적이라 할 수 없다. 노 후보와 민주당이 선거운동 과정에서 비빌 언덕이 없었던 대구 경북에서도 20%의 지지가 나왔기 때문이다.

결국 노무현 후보의 표는 전통적 민주당 지지표에 젊은 세대들의 표가 합산된 이상은 아니었던 것으로 보인다. 역시 영남에서는 한나라당의 구호였던 노무현=DJ양자론이 먹혀 들어갔으며 노무현이 아무리 영남 출신이라도 결국 민주당 후보이며 민주당은 DJ당이라는 인식에서 벗어나지 못했던 것이다.

호남의 투표결과도 지역주의 약화 현상을 나타내고 있지는 않았다. 1997년 대선에서 김대중 후보를 91%(전북), 93%(전남), 96%(광주) 지지했던 호남은 16대 대선에서도 노무현 후보에게 92%, 93%, 95%의 표를 몰아줌으로써 후보에 관계없이 거의 비슷한 정도의 지지를 보냈다.

물론 앞서 살펴본 바와 같이 호남의 지역주의적인 투표행태의 원인은 5.18로 거슬러 올라가야 할 것이다.

그러나 김대중 정부 이후에는 그 외에도 다른 원인도 있다고 보아야할 것 같다. 즉 호남의 지역주의는 공격적 지역주의라기보다는 방어적지역주의라고 보는 편이 맞을 것이다.

김대중의 집권으로 한이 풀렸다고 생각했던 호남인들은 김대중 정부 아래 지역주의가 완화되기를 기대했으나 어떤 방식으로도 풀리지않는 영남의 민심에 절망하면서 영남의 재집권에 따른 문제를 심각하게 받아들였다.

따라서 과거 5.18에 대한 강력한 의사표시로 나타났던 저항의 지역주의가 이제 영남의 지역패권주의에 대한 방어적 지역주의로 변화하여 다시 결속한 것이라고 볼 수 있다.

제2절
노무현 정부와 그 이후의 지역주의 정치

1. 지역주의 완화 방안과 노무현 정부의 시도

1987년과 1988년의 13대 대선과 총선에서 지역주의의 심각성을 느 낀 여야 정치인들은 여소야대 국회가 열리자 바로 지역감정해소특별 위원회를 구성하였고 1991년 2월 최종보고서가 제출되었다.

그 보고서에 의하면 지역감정의 해소방안으로 ①사회문화적 방안 : 제도권 교육에서의 지역편견 해소교육과 표준어 교육 강화, 군대교육 활용, 국민운동과 의식개혁운동, 민간단체나 학생들의 지역 간 교류프 로그램 개발, 자매결연, 영호남 혼인 장려, 감시와 계도의 언론문화 정 착, 지역문화 활성화 등 ②경제적 방안 : 지역 간 균형개발, 지방산업 육성, 수도권 성장 억제와 기능 분산, 농촌경제 활성화, 지역 간 경제 교류, 영호남 간 교통, 통신체계 확충 ③정치적 방안 : 민주화의 실현, 인사의 공정성 확보, 광주문제 해결, 지방자치제 실시, 행정구역 개편, 선거제도 개선, 정치인의 각성 및 정치풍토 개선 등을 들고 있다. 가히 나올 수 있는 모든 대안들이 총괄된 것으로 보인다.

그러나 방안은 방안이었을 뿐 한 번도 제대로 실천되지 못했고 오히려 3당 합당, DJP 등으로 지역주의는 더욱 심화되어 갔다. 지역주의를 깨고자 하는 노력은 의식개혁이나 동진정책 등의 형태로 추진되었으나 영남 정권은 절실하지 않았고 호남 정권은 성공하지 못했다.

사실 그 동안 제안되어 왔던 많은 지역주의 해소방안들이 현실적으로 실현되기가 쉽지 않다는 지적 역시 대안 모색의 초기 단계에서부터 이미 나오고 있었다.

예컨대 영호남 간의 학생교환, 운동경기, 축제초대, 결혼장려 등 교류를 통해 지역감정을 해소시켜 보겠다는 것은 부분적 효과는 있을지 모르나 전체적인 흐름을 바꾸지는 못할 것이며, 서해안 개발 등의 지역균등발전은 제대로 이루어진다면 꽤 많은 효과가 있겠으나 타 지역이 그에 따른 상대적 불이익을 인정하려 않을 것이기 때문에 거의 불가능에 가깝고, 지역 간의 균형인사정책도 정치권력이 희생과 불이익을 감수하려 하지 않는 한 비현실적이며, 지방자치제의 정착과 지방분권화도 중요한 대안임에는 틀림없으나 중앙권력이 스스로 이를 수용할 이유가 없고, 행정구역 변경 등은 혁명적 실천 의지가 없이는 안이한 발상밖에는 되지 않는다는 것이었다.

앞에서 보았듯이 지역주의의 핵심에는 호남의 반 민정당, 영남의 반 DJ 정서가 놓여 있다고 한다면 5.18 해결이나 3김 청산은 지역주의 완화의 중요한 방법임에 틀림없다. 이 중 하나인 3김 청산이 2002년 16대 대선과 2004년 17대 총선에서 확실하게 이루어졌다.

김영삼, 김대중은 정계에서 물러났고 김종필도 17대 총선에서 비례대표에 낙선함으로써 사실상 은퇴하였다. 그에 따라 16대 대선에서는 지역주의의 고리를 끊어보려는 시도들이 각 정당의 공약으로 나타났다.

그 중에서도 노무현 후보는 개혁을 외쳤던 앞의 정부들이 미처 못했던 정치개혁의 깃발을 들고 나왔는데 노 후보의 정치개혁 공약의 상당 부분은 그 자체가 지역주의 극복 방안이기도 했다. 지역주의 극복이야말로 가장 중요한 정치개혁이었기 때문이다.

정치개혁의 내용에 대해서는 10장에서 또 보게 될 것이니 여기서는 지역주의와 관련된 부분만 간략히 보기로 한다.

우선 중앙집권적 권력구조를 깨기 위한 민주화와 지방화가 있다. 노무현 정부에 의해 추진된 당정분리, 청와대 역할 축소, 검찰 등 권력기관 중립화, 지방분권 확대 등은 민주화와 지방화를 지향하는 정치개혁이면서 동시에 지역주의 정치의 완화 방안이기도 했다.

지역주의 정치는 주로 지방에서 나타나는 것이지만 그 본질은 강력한 중앙권력을 차지하기 위한 지방간의 무한 경쟁이라고 볼 수 있기 때문이다. 따라서 민주화와 지방화의 확대는 사실상 지역주의 완화 효과를 가질 수 있다.

문제는 이러한 노력이 성과를 내기 위해서는 많은 시간과 인내가 필요하다는 점이다. 즉 구조적 문제의 해결방안은 되지만 단기적인 방안은 되지 못한다는 것이다. 이에 비하면 공정한 인사시스템과 지역 간 균형발전의 추진 등은 정치개혁 과제이면서 동시에 지역주의 완화를 위한 보다 단기적인 처방이기도 했다.

노무현 대통령은 취임과 동시에 정부의 인사부터 최대한 객관적이고 균형적으로 할 수 있는 시스템을 만들려고 했고 동시에 각 지역마다 균형적인 발전을 할 수 있는 방안을 만들고자 했다.

우선 청와대 내부적으로 민정수석은 영남, 인사수석은 호남이라는 원칙을 정하고 그를 통해 정부의 인사 균형을 지키려 노력하였고 국가 균형발전위원회를 대통령 직속으로 설치하여 지역 간 균형발전을 위한 로드맵을 작성하고 추진하게 하였다.

지역 균형발전은 수도권 중심 발전에서 벗어나야 하는 것이기에 노무현 후보가 내세웠던 공약이 행정수도 이전이었다. 행정수도 이전은 정부 수립 후 야당인 한나라당과 서울 시민들의 반대에도 불구하고 추진되었으나 2004년 헌법재판소가 이를 '관습헌법'에 따라 위헌 판정을 내림에 따라 행정부의 기관들만 이전하는 현재의 행정복합도시(세종시) 건설로 대폭 축소되었다.

이후 노무현 정부는 정부 산하 공공기관들을 각 지방으로 분산 배치하고 혁신도시를 조성하는 정책을 추진하여 이전계획까지 완료했으나 이명박 정부 수립 이후 실천의지가 약화되어 지지부진한 상태가 계속되고 있다.

정치개혁이면서 동시에 지역주의 극복을 위해 대선에서 제시된 또 하나의 공약은 정당개혁이었다. 정당개혁의 핵심은 진성당원에 의한 정당 민주화인데 정당이 민주화되면 자연히 지역주의 선거행태는 약화될 것이라는 생각이었다.

그러나 이 역시 지역주의 완화를 위해서는 너무 장기적인 방안이었다. 이에 노무현 대통령을 포함한 민주당의 개혁파들은 단기적인 방안으로 민주당을 전국정당화하고자 하였다. 전국정당화의 방법은 민주당과 유시민의 개혁당, 영남의 개혁인사들을 포괄하여 정당 민주화에 입각한 개혁적인 전국정당을 만들고자 하는 것이었으나 진성당원에 의한 공천을 시기상조라고 반대하는 민주당 고수파들에 의해 결국 분당의 길을 택하게 되었고 2003년 11월 불과 47명의 국회의원들이 전국정당화, 민주정당화를 표방하며 열린우리당을 창당하였다.

결과적으로 열린우리당의 실험은 성공하지 못했다. 가장 중요한 이유는 노무현 대통령과 그를 지지하는 영남 인사들이 입당했음에도 불구하고 영남의 민심이 열린우리당을 전국정당으로 인정하지 않고 여전히 호남당으로 보았기 때문이다. 그에 따라 호남에서도 그렇다면 왜 민주당을 깬 것이냐는 불만의 목소리가 높아졌다.

더구나 진성당원제와 상향식 공천제가 당비를 내고 공천권을 행사하려는 진성당원의 부족으로 실패하게 되면서 정당개혁의 명분도 약화되었다. 전국정당화를 통한 지역주의 해소는 일단 무산된 것으로 보였다.

정당개혁보다 더 단기적으로 지역주의 완화 효과를 볼 수 있을 것으로 기대하여 김대중 정부와 노무현 정부가 모두 줄기차게 요구했던 것은 중대선거구제의 도입이었다. 한 지역구에 2~5명의 국회의원을 선출하는 중대선거구제는 그것이 가진 많은 결함에도 불구하고 호남에 한나라당이, 영남에 열린우리당 또는 민주당이 의석을 가질 수 있는 제도라고 보았던 것이다.

물론 그보다 더 진전된 안으로는 지역구와 전국구 의석을 2분의 1씩으로 하고 정당득표율에 따라 의석수를 배분하는 독일식 정당명부제도 있으나 중대선거구제 도입 정도라도 해 보자는 것이 열린우리당의 입장이었다.

그러나 중대선거구제로의 전환은 2005년 7월 노무현 대통령이 지지자들의 극렬한 반대를 무릅쓰고 한나라당에게 대연정(연합정부)을 제안하면서까지 성사시켜 보려 하였으나 소선거구제를 선호하는 한나라당의 반대로 국회에서는 진지하게 논의되지도 못하고 말았다.

2. 변화의 가능성과 한계

노무현 정부의 지역주의 해소 노력은 다양하게 전개되고 있었으나 여러 이유들로 인해 뚜렷하게 성과를 내지 못하고 있는 가운데 2004년 17대 총선이 다가왔다. 그런데 그 전해에 정치개혁의 일환으로 시작된 대선자금 수사가 한나라당 이회창 후보 쪽이 기업들로부터 현금을 실은 차를 통째로 받았던 차떼기 사건으로 이어지면서 한나라당은 서청원 전 대표 등이 구속되는 등 궁지에 몰리게 되었다.

이에 한나라당은 열린우리당의 분당으로 졸지에 야당이 된 민주당과 공조하여 행정수도 이전 등에 의한 국정혼란과 열린우리당 지지 의사 표명으로 인한 정치적 중립 상실 등을 이유로 노대통령에 대한 탄핵소추를 의결하였다.

그러나 대통령 탄핵이 국회에서는 3분의 2 이상의 의석을 확보할 정도로 상식적이었을지 모르나 대통령 선출권을 가진 국민들로부터는 강력한 역풍을 맞게 되었고 그런 가운데 17대 총선이 치러졌다.

노무현 대통령에 대한 탄핵 발의 한 달 만인 4월 15일에 치러진 17대 총선은 여당의 대통령 탄핵 심판론과 야당들의 거대여당 견제론 등이 주요한 이슈가 되었으나 결과적으로는 탄핵 역풍이 강하게 불어 열린우리당이 졸지에 152석이라는 과반수 의석을 확보하는 결과를 낳았다.

차떼기 사건에 탄핵 역풍까지 불어 참패가 예상되었던 한나라당은 구원투수로 등장한 박근혜 대표가 대선자금 상환을 위한 당사 매각과 천막당사 집무 등의 이미지 정치에 성공함으로써 121석의 의석을 확보하여 거대야당의 위치를 지켰다.

처음으로 비례대표를 정당명부제로 바꿔 별도로 투표하는 1인 2표제로 치러진 이 선거에서 민주노동당이 지역구 2석, 비례대표 8석을 확보하여 최초로 진보세력의 원내진출을 성사시킨 성과를 낳았다. 열린우리당이 빠져 나간 민주당과 김종필 총재가 비례대표에서 탈락한 자민련은 각각 9석과 4석을 얻어 겨우 존립하는 정도에 그쳤다.

이러한 선거 결과는 17대 총선이 다음과 같은 세 가지 의미를 갖게 하였다.

첫째, 1987년 이후 행정 권력에 이어 최초로 의회권력이 교체되었다. 특히 그것이 전국정당, 개혁정당을 표방하며 민주당을 깨고 나온 열린우리당을 통해 이루어짐으로써 반지역주의와 개혁이 우위의 가치임이 입증되었다.

둘째, 자민련 비례대표로 나섰던 김종필 의원이 낙선함으로써 한국정치에서 3김 시대가 확실히 종료되었다. 이로써 민주화 이후의 정치개혁에 중요한 걸림돌이었던 보스정치나 지역주의 정치에 변화가 생겨날 중요한 단초가 만들어졌다.

셋째, 사상 최초로 진보세력이 국회에 입성했으며 원내 제3당으로 부상했다. 물론 진보세력의 부상은 1인 2표 정당명부제의 효과가 결정적이기는 했으나 어쨌든 한국정치의 지형이 지역 구도에서 보수와 진보의 구도로 변화할 가능성을 보여 주게 되었다.

그렇다면 이러한 정치적 변화 속에 치러진 17대 총선에서 지역주의는 어떻게 되었는가. 17대 총선에서도 특정정당이 특정지역을 석권하는 지역패권구도는 계속되었다.

영남 지역은 68석 중 60석을 한나라당이 석권했으며 호남에서도 31석 중 25석을 열린우리당 후보들이 차지했다.

한나라당이 울산을 제외한 영남의 전 지역에서 의석을 100% 석권했던 16대 총선에 비하면 영남의 지역패권구도에 다소 균열이 생겼다고 할 수도 있다.

그러나 노동자 밀집지역으로 민주노동당이 강세였던 울산과 민노당 대표의 지역구인 창원을 제외하고 열린우리당이 당선된 곳은 노 대통령의 고향인 김해의 두 선거구와, 공천 탈락한 한나라당 후보가 무소속 출마하여 한나라당 표를 크게 잠식했던 부산 사하을뿐이라는 사실을 고려하면 지역주의 정치가 지난 선거들과 큰 차이가 있었다고 보기는 힘들었다.

열린우리당은 승산 있는 반한나라당 후보에게 표를 모아주는 호남인들의 전략투표에 의해 호남 지역을 석권했다. 스스로 호남당을 표방했던 민주당은 전남에서 5석을 얻었을 뿐이었다. 충청 지역에서도 열린우리당은 24석 중 19석을 석권했으나 이것은 지역구도에 의한 것이라기보다는 행정수도 이전 공약에 대한 충청인들의 적극적인 호응으로 보아야 할 것이었다. 충청당이었던 자민련은 충남에서 겨우 4석을 얻었다.

열린우리당이 전국정당으로 인정받기 위해서는 호남과 충청 지역의 석권보다는 영남 지역에서의 선전이 필요했는데 결과는 거꾸로 나와 끝내 호남당의 이미지를 탈피하지 못하는 결과가 되었다.

노무현 정부 후반기에 치러진 2006년 지방선거나 2007년 17대 대선, 2008년 18대 총선 등에서도 동서분할의 지역구도는 여전히 지속되었다.

다만 국회 과반수를 차지한 열린우리당의 지리멸렬함, 한나라당과의 대연정과 부동산 가격 폭등 등 노무현 정부의 정책적 실책과 잦은 말실수, 보수 언론들의 집요한 공격 등의 요인이 겹쳐 노 대통령과 열린우리당의 지지도가 급격히 하락하면서 호남과 충청 지역마저도 흔들리는 모습을 보인 것이 달라진 것이라 할 수 있다.

한나라당의 '무능좌파정권' 심판론이 맹위를 떨치던 2006년 지방선거에서는 광역단체장 중 호남에서만 열린우리당 1명, 민주당 2명이 당선되었을 뿐 영남을 포함한 나머지 12개 전 지역은 한나라당이 석권하였다(제주는 무소속).

기초단체장 역시 열린우리당이 호남 9명, 충청 7명 등 19명의 당선자를 내고 민주당이 호남에서만 20명의 당선자를 냈을 뿐 230명 중 155명의 당선자를 낸 한나라당의 압승이었다.

지역주의 정치구도가 지속된 것은 분명하였으나 너무 일방적인 결과가 나와 정권심판론 외에 다른 변수로 분석할 필요가 없을 정도였다.

2007년의 17대 대선에서도 한나라당 이명박 후보가 1,149만 표로 48.6%의 득표를 하여 617만 표로 26.1%의 득표를 한 통합민주당(열린우리당의 후신) 정동영 후보를 압도적인 표차로 누르고 당선되었다. 선거전 내내 이명박 후보가 크게 앞서고 있었고 결과도 그러했기 때문에 이 선거에서도 지역주의 정치구도는 별로 중요하지 않아 보였다.

그러나 17대 대선에서도 정동영 후보는 호남 지역에서 80% 이상의 지지를 받았고 이명박 후보는 영남 지역에서 60~70%의 지지를 받았다. 게다가 충청 지역을 연고로 창당한 자유선진당의 이회창 후보도 충청 지역에서 30% 이상의 득표를 함으로써 다시 충청 지역주의 정치의 불을 지폈다.

학생운동 경력자로 현대건설에 입사, 평사원 출신 회장이 됨으로써 유명해졌던 이명박은 재선 의원 때 선거법 위반으로 의원직을 잃었으나 사면 복권된 후 서울시장에 당선되어 청계천 복원 등의 업적을 쌓은 후 대권에 도전했다.

그는 박정희의 딸이라는 후광으로 장·노년층의 막강한 지지를 업고 차떼기 사건으로 위기에 빠졌던 한나라당을 구함으로써 당내 기반이 강했던 박근혜를 물리치고 한나라당 후보가 되었다.

도전자는 인기 방송앵커 출신으로 새천년 민주당의 정풍운동을 주도했던 소장개혁파 의원이자 노무현 정부에서 통일부 장관을 지냈던 정동영이었다. 하필 영남(경북) 후보와 호남(전북) 후보가 정면으로 부딪힌 모양새였지만 실제 선거를 주도한 이슈는 지역이 아니라 경제일꾼 대 도덕성이었다.

한나라당은 외환위기 이후의 양극화로 어려워진 서민경제를 살리지 못한 책임을 노무현 정부에게 물었고 건설회사 회장 출신인 이명박이 경제를 살리겠다고 공언했다.

이에 대해 정동영은 금융 파생상품 투자회사로 사기 혐의를 받고 있었던 BBK라는 회사의 실제 소유주가 이명박인데 본인은 아니라고 거짓말을 하고 있다고 공격했다. 또한 민주당은 이명박 후보의 경제 살리기에 대해 노무현 정부가 경제를 못 살린 게 아니라 후환을 남길 거품경제를 일으키지 않았을 뿐이며 실제 노 정부 기간은 연 평균 4.3%의 경제성장률을 보였고 1인당 소득도 외환위기 이후 1만 달러를 회복한 뒤 지속적으로 증가했다고 반박했다.

그러나 외환위기 극복과정에서 김대중 정부와 노무현 정부가 받아들였던 IMF의 신자유주의적 처방으로 심화된 양극화와 실업, 비정규직 양산 등은 다수 국민의 삶을 힘들게 했고 따라서 국민들은 여러 차례의 전과나 BBK로 인한 도덕성 문제에도 불구하고 이명박의 경제 살리기 구호에 전폭적인 지지를 보냈고 그 결과가 이 후보의 압승으로 나타났던 것이다.

그렇다면 이 선거는 지역주의와는 별 관련이 없었을까. 앞에서 본 바와 같이 선거기간 내내 지지율 격차를 좁히지 못했던 정동영 후보에 대한 실망감으로 호남의 몰표 현상은 많이 완화되었으나 영남은 별로 그렇지도 않았다. 그리고 그 내면에는 도덕성 문제까지도 넘어서는 영남인들의 정권탈환의 의지가 자리 잡고 있었다.

3. 지역주의 성격 변화와 일당독점구조의 지속

이명박 정부가 들어선 직후에 치러진 2008년 4월의 18대 총선에서 한나라당은 내각과 청와대 인사에서 빚어진 고소영(고려대, 소망교회, 영남) 인사 파문과 친이명박계와 친박근혜계의 공천 갈등 등으로 지지율이 다소 떨어져 비례대표 포함 153석을 얻어 겨우 과반수를 넘겼다.

그러나 한나라당 공천에서 탈락한 친박계가 한나라당에 있는 박근혜의 이름을 따 만든 정당인 친박연대와 그 외 친박 무소속을 합친 범한나라당 의석은 170석에 달했다.

통합민주당은 81석밖에 얻지 못하여 약체야당이 되었고 그 밖의 정당들은 이회창의 자유선진당 18석, 민주노동당 5석, 지난 대선에서 제3후보로 나섰으나 성공하지 못했던 기업인 출신 문국현의 창조한국당 3석 등이었다.

이 선거에서도 지역구도는 여전히 재현되었는데 통합민주당은 호남의 지역구 31석 중 25석을 차지하였으나 친민주당 성향의 무소속을 합치면 사실상 전체 의석을 석권하였고 한나라당 역시 외견상으로는 영남 지역구 68석 중 부산, 경남에서 4석(민주당 2석, 민주노동당 2석)을 잃으며 46석밖에 가져오지 못한 것처럼 보였으나 나머지 의석도 친박연대 5석, 친박 무소속 11석이었기 때문에 사실상 영남 의석을 거의 석권한 셈이었다. 자유선진당마저도 충청 지역 24석 중 14석을 차지했다.

이명박 정부는 출범하자마자 광우병이 우려되는 미국산 쇠고기 수입반대 촛불집회를 만나 소통 부재를 사과하고 대책 마련을 약속해야 했다. 그러나 상황이 수습되자 정부는 집회 주모자 색출 등 강경책으로 전환하고 대통령 직속의 방송통신위원회를 설치하여 KBS, MBC 사장을 친정부 인사로 교체하고 압력을 행사했으며 검찰을 동원해 노무현 전 대통령과 가족들을 금전수수 혐의로 조사하려다 2009년 5월 23일 노 전 대통령이 스스로 목숨을 끊는 일까지 불러왔다.

노무현 전 대통령 빈소에 5백만 명이 다녀가고 이명박 정부의 부자 감세 정책과 4대강 사업 등에 대한 국민들의 비판이 거세지는 가운데 2010년 6월 지방선거가 실시되었다.

이명박 정부 심판론을 내세운 민주당과 민주노동당 등 야권이 야권 연대와 후보단일화로 힘을 모으고 있는 가운데 선거 직전인 3월에 해군 군함인 천안함이 백령도 부근에서 침몰하여 40여 명의 병사들이 죽는 사태가 벌어졌다. 이명박 정부는 즉시 북한 잠수정에 의한 폭침이라고 규정하고 대북 공격에 나서는 한편 지방선거를 천안함 분위기로 치르려 했다.

그러나 국민들은 많은 의문이 해소되지 않은 천안함 사건보다는 진보 진영의 의제였고 야권이 적극 수용한 무상급식 같은 생활의제들을 이슈로 받아들였다.

정부 심판론이 위력을 발휘하고 단일화한 야권 후보들이 선전한 가운데 선거결과는 광역단체장의 경우 한나라당 6명, 민주당 7명, 자유선진당 1명, 무소속 2명이었고, 기초단체장은 한나라당 82명, 민주당 92명, 자유선진 13명, 민주노동 3명, 무소속 36명으로 야권의 승리로 규정되었다.

그러나 지역주의 정치는 여전히 계속되었다. 야권이 끝내 단일화에 실패했거나 너무 늦게 단일화했던 서울과 경기를 포함한 영남 단체장은 경남에서 야권연대로 무소속 출마한 민주당 출신 김두관 외에는 모두 한나라당이 차지했다. 반면 충청과 호남은 모두 민주당이 차지했다. 기초단체장의 경우 호남에서 한나라당이 한 석도 없는 가운데 영남은 노 전 대통령 출신지인 경남 김해 한 지역에서 민주당 후보가 당선되었다.

지방선거 이후 이명박 정부의 지지도가 더욱 떨어지는 가운데 무상급식 반대 주민투표 실패로 오세훈 서울시장이 물러나고 보궐선거가 치러졌다. 지지부진했던 민주당이 대안세력으로서의 희망을 보여주지 못하고 있었기 때문에 새로운 정치세력에 대한 국민들의 욕구가 처음에는 안철수 바람으로, 안철수가 양보한 다음에는 박원순 바람으로 거세게 표출되었다.

의사이자 교수이자 컴퓨터 백신발명가이자 벤처사업가로 젊은이들의 우상이었던 안철수는 자신의 의지와 무관하게 서울시장 후보로 등장하여 50%에 가까운 지지를 받았으나 변호사 출신으로 참여연대, 아름다운 가게 등 시민단체에서 왕성한 활동을 보였으나 대중에게는 잘 알려져 있지 않았던 박원순에게 기꺼이 시장 후보를 양보하였고 박 후보는 민주당의 박영선 후보와의 단일화 끝에 서울시장에 당선되었다.

이명박 정부의 인기 하락에 안철수, 박원순 바람까지 맞은 한나라당은 결국 차기 대권후보였던 박근혜를 불러냈고 그에 의해 당명을 새누리당으로, 당색을 빨간색으로 바꾸고 야당의 정책의제였던 경제민주화와 복지국가 구호까지 가져다 쓰는 노력 끝에 다수가 지리라고 예상했던 2012년 4월 19대 총선에서 승리하였다.

비례대표를 포함하여 새누리당이 과반의석인 152석을 얻은 반면 민주당은 127석에 그쳤고, 민주당에서 떨어져 나간 유시민의 국민참여당과 민주노동당, 민주노동당에서 떨어져 나간 진보신당의 일부 등이 합친 통합진보당은 13석을, 자유선진당은 5석, 무소속이 3석을 얻었다.

지역주의적 석권 현상도 여전히 나타났는데 새누리당은 부울경에서 40석 중 36석을, 대구경북에서는 27석 전석을 석권하였고, 민주당은 호남 의석 30석 중 25석을 차지했다.

호남의 나머지 5석 중 3석은 야권연대에 의한 통합진보당이 차지했고 2석은 친민주당 인사였으며 새누리당이 놓친 부울경 4석은 친새누리당 무소속 1석을 제외하면 부산의 대선 후보 문재인과 3선의 조경태 지역구, 그리고 경남 김해 등이었다.

각 정당들은 바로 12월의 18대 대선 준비로 들어갔다. 새누리당과 민주당이 경선을 통해 각각 박근혜와 문재인을 후보로 선출한 가운데 안철수가 무소속 출마를 선언하고 민주노동당계의 패권주의를 비판하며 국민참여당과 진보신당 출신들이 탈당한 통합진보당도 이정희를 대선 후보로 내세웠다.

지난 총선에 이어 가장 중요한 정책의제였던 경제 민주화와 복지국가가 새누리당의 선점과 물 타기로 희석되어 버린 탓에 문재인과 안철수의 단일화가 최대쟁점이 되었다.

결국 안철수의 또 한 번의 양보로 단일화는 이루어졌으나 그 과정과 결과가 지지자들에게 감동을 줄 정도는 되지 못했기 때문에 단일화를 통해 서로가 얻은 것은 상당히 제한적이었다. 이어서 이정희도 사퇴했지만 박근혜를 떨어뜨리려 나왔다던 이정희의 공격이 역설적으로 박근혜 지지자들을 더욱 결속시켰다는 평을 들었다.

어쨌든 대선은 사상 최초로 두 후보 간의 대접전이 되었다. 선거 막판 두고두고 박근혜 정부의 정통성 논란을 불러일으킨 국정원 댓글 사건이 터진 가운데 박근혜 후보가 51.6%를 얻어 48.0%를 얻은 문재인 후보를 누르고 당선되었다. 이 대선에서도 문재인의 출신지인 부울경은 62%, 대구경북은 80%의 몰표를 박근혜에게 보냈고 호남은 89%의 몰표를 문재인에게 보냈다.

일별해 본 바와 같이 노무현 정부 이후의 모든 선거에서 각 선거별 정책의제와 이슈의 차이에도 불구하고 거의 예외 없이 지역주의 정치의 양상이 나타나고 있었다.

지역주의 정치 현상이 김대중 정부 수립까지는 5.18에 기반을 둔 호남의 동력에 의한 것이었다면 이명박 정부 수립까지는 정권탈환 의지에 기반을 둔 영남의 동력에 의한 것으로 볼 수 있다.

그렇다면 이명박 정부 이후의 지역주의의 동력은 무엇일까. 이명박 정부 이후에는 여당도 야당도 언론이나 학계도 더 이상 지역주의에 대한 논란을 크게 벌이지 않는다. 대신 서로를 수구보수, 종북진보 등으로 비판하고 있다. 그렇다면 지역주의 정치구도는 이제 보수 진보의 정치구도로 전환하였을까.

어쩌면 그럴지도 모른다. 한나라당은 스스로 보수를 자임하고 있으며 민주당도 자신을 진보 또는 진보개혁라고 하고 있다. (보수와 진보에 대한 논의는 10장 참조.) 그러나 그 이후의 선거에서도 영호남의 몰표와 의석 석권 현상은 여전히 지속되고 있다.

이 두 가지를 묶어보면 영남의 다수 주민은 보수적이고 호남의 다수 주민은 진보적이라는 결론이 나온다. 어떻게 그럴 수가 있을까. 원래부터 영남은 보수가 많고 호남은 진보가 많아 거기서 지역주의가 시작된 것이라고 보기는 힘들다. 그렇다면 5.18이 계기가 되어 나타난 민주화에 대한 인식의 차이가 오랜 지역주의 정치를 거치면서 보수와 진보(또는 진보개혁)의 정치적 성향으로 변화한 것으로 보아야 할 것이다.

그렇다면 하나의 국가 내에서 한 지역이 유독 보수적이고 다른 지역은 유독 진보적인 상황이 자연스러운 것일까. 만약 그것이 자연스럽지 않다고 본다면 그 이유는 보수와 진보 이전에 내면화되어 있는 어떤 정서가 존재하기 때문이라고 보아야 하지 않을까.

그것을 현재로는 지역주의라고 볼 수밖에 없을 것 같다. 지역주의 정치가 오래 지속되면서 정치지도자는 바뀌었지만 지역정당과의 일체감은 공고화되고 그에 따라 정치적 성향도 어느 정도 영향을 받은 것으로 보아야 하지 않을까. 그런 점에서 지역주의 정치는 현재 각 지역의 일당독점구조로 자신을 드러내고 있기 때문에 의식개선이나 지역발전보다도 선거제도나 정당제도 등 제도적 장치에 의해 그 구조를 약화시켜 나가야 할 것으로 보인다.

제4부
개혁과 저항

제9장

수동적 개혁과 사정개혁

제1절
개혁의 의미

　앞에서 살펴본 바와 같이 1987년 민주화 이후 현재까지의 한국정치에서 가장 중요한 대립구도는 지역주의 정치구도라고 볼 수 있다. 그러나 영남 지역과 호남 지역의 대립 같은 것을 현대적인 정치의 내용물로 보기는 힘들다는 점에서 보다 본질적인 대립구도가 그 안에 존재하고 있을 것이라고 생각할 수 있다.

　그런 관점에서 하나의 대안으로 제시할 수 있는 것이 개혁과 저항의 구도다. 민주화 이후인 제6공화국의 초기 네 정부는 정권 출범 시에 모두 개혁을 표방했다. 그리고 각자 역량과 상황에 따라 조금씩 다른 형태이기는 했으나 여러 가지 개혁정책들을 수행했다.

　군부독재의 후신이었던 노태우 정부조차도 초기에 개혁을 하겠다고 했고 김영삼 정부는 호랑이(개혁)를 잡기 위해 호랑이 굴(3당 합당)로 들어간다고 주장했다. 김대중, 노무현 정부도 모두 개혁 정부임을 내세웠다. 물론 각 정부가 수행했던 개혁의 내용은 모두 조금씩 달랐다.

개혁이란 무엇인가. 개혁은 문자 그대로 잘못된 과거를 혁신적으로 바꾸는 것이다. 그렇다면 민주화 이후의 역대 정부가 청산해야 할 잘못된 과거는 무엇이었을까.

제6공화국은 제5공화국을 승계한 체제가 아니었다. 6월 항쟁의 불철저성으로 구 지배세력이 그대로 살아남았을 뿐 아니라 민주화세력의 분열에 의해 그 일부가 다시 집권하는 상황까지 되었지만 그래도 6공화국은 민주화운동 세력이 개발독재 세력을 물리치고 민주화에 성공하면서 등장한 체제였다.

따라서 특히 민주화세력이었던 김영삼이 집권한 이후부터는 과거 자신들이 맞서 싸웠던 개발독재체제의 잘못된 문제들을 혁신적으로 고쳐 나가는 일이 시급하다고 보았다.

더구나 6월 항쟁으로 불완전한 민주화가 이루어졌고 그에 따라 구 지배세력과 더불어 그들의 방식과 관행이 그대로 존재하고 있었기 때문에 그런 것들을 신속히 개혁해 나가지 않으면 안 된다고 생각했다. 그런 다음에라야 보수와 진보든, 자유민주주의와 사회민주주의든 사회발전방향을 둘러싼 합리적인 대립구도가 가능할 것이라고 본 것이다.

개발독재체제의 문제들은 크게 관치경제(개발)에 의한 것과 독재에 의한 것으로 나누어 볼 수 있다.

관치경제에 의한 것이란 주로 경제가 공정한 경쟁이 되지 못했기 때문에 발생한 문제들, 즉 정경유착에 의한 부패와 비리, 거기서 비롯된 각종 특혜와 반칙에 의한 문제들이었다. 정치인과 관료들의 부패와 비리, 재벌과 일부 언론들의 특혜와 반칙 등이 그것이었다. 이들을 개혁하기 위해서는 과감한 사정작업이 선행되어야 했다. 그런 다음 그것을 방지하기 위한 정치적, 경제적 제도개혁이 이루어져야 했다.

　개발독재의 문제 중 독재에 의한 것으로는 권력의 집중 문제와 냉전체제의 문제가 있었다. 정치적으로나 경제적으로나 권력이 집중되었기 때문에 나타나는 제왕적 대통령과 보스정당, 재벌구조, 언론독점 등의 폐해와 중앙정부로의 권력 집중 등의 문제가 있고, 그런 독재 권력을 유지하기 위해 필요 이상으로 강화되어 온 반공이데올로기와 냉전적 대북정책, 지나치게 종속적인 대미관계 등의 문제도 있었다.

　이런 문제들을 해결하기 위해 사정개혁, 사회경제개혁, 정치개혁이 시도되었다. 개혁의 결과는 평가자의 시각에 따라 다를 수 있다. 어느 정도라도 성공했다고 보는 입장도 있을 것이고 좌절 내지 실패했다고 볼 수도 있다. 각 정부의 역량과 상황에 따라 개혁의 내용과 성과도 다르다고 보아야 할 것이다.

　그러나 어느 개혁에나 그에 대한 저항들은 항상 존재했다. 개혁이 마음에 들지 않은 정당, 재벌, 언론 등이 저항연합을 이루어 각 정부의 개혁에 대해 줄기차게 반대했다.

　저항세력이 주장하는 바가 무엇인지는 분명치 않았다. 다시 개발독재로 회귀하자는 것인지 아니면 개혁과 다른 새로운 길이 있다는 것인지 논리가 정확하지 않은 상태에서 다만 개혁이 피로하다거나 지나친 과거 집착이라거나 방법론이 문제라거나 하는 식의 비판이 따라 다녔다.

　사실은 개혁을 반대하고 싶지만 그에 대한 명분이나 대응논리가 뚜렷하지 않았기 때문이었던 것으로 보인다. 이들은 김대중, 노무현 정부의 경우에는 좌파정권, 부패정권, 무능정권 등으로 공격했다. 부패나 무능 등의 경우에는 그런 평가 자체에도 문제가 있지만 그것의 반명제인 반부패, 유능 등이 대안적 내용이 될 수는 없었다.

따라서 결국 개혁세력을 좌파로 놓고 그에 대한 반명제로 보면 저항세력은 우파라는 논리가 성립한다.

그렇다면 민주화 이후의 정치적 대립구도는 다시 좌우대립 구도로 돌아간 것일까. 민주화 이후의 정부, 특히 김대중 정부와 노무현 정부를 과연 좌파 정부라고 볼 수 있을까.

이에 대한 자세한 논의는 본문 중에 나오겠지만 김대중 정부와 노무현 정부의 정책들을 아무리 살펴봐도 중도적이라고 할 수는 있겠지만 좌파라고 하기는 어려운 것이 사실이다. 특히 민주노동당의 노선을 같이 놓고 보면 더욱 그렇다.

따라서 개혁에 반대한 저항세력을 우파로 보고 이 시기를 좌우 대립의 시기로 볼 수는 없기 때문에 저항세력들의 노선에 대한 보다 적절한 개념이 만들어질 때까지는 이 시기의 대립구도를 개혁 대 저항의 구도로 보기로 한다.

제2절
노태우 정부에서의 개혁

1. 5공 청산

노태우 정부는 6.29 선언과 양김 단일화 실패에 힘입어 1987년 12월 대선에서 37%의 지지로 28%와 27%를 득표한 김영삼, 김대중을 누르고 힘들게 출범한 정부였다. 노태우 자신이나 집권 민정당의 성분으로 보면 제5공화국과 구별이 모호하였으나 6월 항쟁을 겪고 민주화 개헌을 한 후에 출범한 노태우 정부가 전두환 정부와 같을 수는 없었다.

따라서 노태우 대통령은 집권 초기 국무회의 자리를 원탁 형으로 바꾸고 와이셔츠 차림으로 회의를 주재하는가 하면 외국 방문 시 직접 서류가방을 들고 비행기에 오르는 모습을 보이는 등 과거의 권위주의적 행태를 탈피하려는 시도를 하면서 나름대로 개혁을 표방하였다.

그러나 제5공화국 지배세력들이 주도하는 노태우 정부가 강력한 개혁정책을 펼 수 없으리라는 것은 명백했다. 문제는 비록 불완전하기는 해도 민주화운동에 의해 들어선 정부로서 과거 정권의 갖가지 문제들이 터져 나올 때 어떻게 할 것인가 하는 것이었다. 노태우 정부로서는 가능한 한 조용히 덮고 싶었겠지만 민주화의 힘을 보여 준 것은 행정부가 아니라 국회였다.

1988년 4월의 13대 총선에서는 민정당이 125석을 얻어 1당이 되었지만 평민당(71), 민주당(59), 공화당(35) 의석을 합치면 과반수가 되는 여소야대 국회가 이루어졌다. 정국의 고삐는 국회와 야당이 잡게 되었고 민정당과 행정부는 강력하게 저항하지 못하고 끌려 다니는 형태로 몇 가지 개혁조치들이 취해졌다.

가장 대표적인 것이 국회에서 조사특위가 만들어져 13대 국회 초반을 격론으로 몰아넣었던 5공 청산, 광주항쟁 책임문제 등이었다.

제6공화국 헌법은 1972년 유신헌법이 없애버렸던 국정감사권을 16년 만에 부활시켰고 국회는 국정감사·조사를 보다 효율적으로 하기 위해 청문회 제도를 도입했다.

국정감사권은 국정 전반에 관하여 소관 상임위원회가 매년 20일 간 감사하는 것으로 효율성에 대한 많은 논란이 있음에도 불구하고 국회가 행정부를 견제할 수 있는 가장 강력한 수단 중의 하나이기 때문에 이것이 부활했다는 자체가 개혁이라 할 수 있었다.

그러나 더 중요한 것은 청문회 제도의 도입이었다. 청문회란 국회가 관심을 가진 사안에 대해 해당 관련인을 증인으로 소환하여 질문하고 증언하게 하는 것을 의미하는데 당시에 도입된 것은 입법과 조사 청문회였지만 바로 그 조사청문회를 활용하여 국회는 5공 청산 작업을 온 국민들에게 알리며 추진할 수 있었다.

13대 국회는 개원하자마자 전두환 정권에 대한 각종 의혹과 비리를 여야 합의 아래 청산한다는 데 동의하고 '5.18 광주민주화운동진상조사 특별위원회'와 '제5공화국에서의 정치권력형 비리조사 특별위원회'를 비롯한 7개의 조사특위 구성에 합의했다.

5공 청산의 구체적 내용은 광주민주화운동 진상규명, 군부책임자 처벌, 김대중 내란음모사건 진상규명, 전두환 대통령 친인척 비리 척결, 각종 정경유착 규명, 1980년 언론사 통폐합 및 기자해직, 공직자 숙정문제 등 야당이 요구해 왔던 5공의 문제가 총망라되어 있었다.

5공 비리 특위와 5.18 조사특위, 그리고 언론통폐합에 대한 조사를 맡은 문공위원회 등은 청문회를 열고 TV로 그 장면을 생중계함으로써 국민의 이목을 집중시켰다.

5공 비리 특위에서는 전두환 대통령을 위해 만들어진 일해재단의 설립과정에 대한 조사에서부터 새세대육영회, 새마을운동본부 등의 강제모금 여부에 대한 조사가 이루어졌고 5.18 조사 특위에서는 광주항쟁 발포 명령자와 민간인 피해상황, 김대중 내란음모사건의 조작 등에 대한 조사가 이루어졌다.

그 밖에도 5.17 비상계엄 확대 조치의 배경, 국보위 설치과정, 1980년의 언론사 통폐합의 강제성 여부, 언론인 숙정작업 내용 등에 관한 조사도 이루어졌는데 그 과정에서 당시의 정부 고위관리, 재벌총수, 군 장성, 언론사 사장, 해직기자, 사건 관련 민간인 등 1백 명에 가까운 인사들이 증언하여 많은 새로운 사실들이 밝혀졌다. 또한 조사 과정에서 날카로운 질문으로 증인들의 답변을 끌어낸 노무현 등 몇몇 의원들이 이른바 청문회 스타로 등장하기도 하였다.

특위가 시작되자 권력 주변에 대한 제보가 쏟아졌다. 조사과정에서 나타난 비리로 결국 사법 처리된 전두환 전 대통령의 동생 전경환 새마을본부회장, 장인 이규동 노인회장, 처삼촌 이규광, 처남 이창석 등에 의한 친인척 비리는 5공 비리의 상징적 존재였다.

그러나 많은 증인들은 증언을 거부하거나 위증과 변명 등으로 일관하여 조사는 기대만큼의 성과를 거두지 못하였고 국민들의 분노만 자아낸 경우가 많았다. 이에 야당은 전두환, 최규하 등 두 전직 대통령의 국회 출석과 증언을 요구했고 5.18 당시 특전사령관으로 광주에 공수병력을 사전에 출동시킨 정호용, 보안사 준위로 언론 통폐합을 주도했던 이상재, 금융계의 황제로 불렸던 이원조, 문공부장관으로 언론통폐합을 처리했던 허문도, 보안사에서 김대중 내란음모사건을 조사했던 이학봉 등 5공화국 핵심인물들의 공직 사퇴와 처벌을 요구했다.

학생들을 비롯한 재야운동권에서는 전두환, 이순자 구속처벌 투쟁이 벌어져 정호용 의원 사무실 점거농성, 민정당 전남도지부 농성, 전두환 전 대통령 집 앞 초소 타격 등 각종 집회와 시위가 전개되었다.

상황의 악화에 따라 노태우 정부에서는 전두환 전 대통령 쪽에 일시 서울을 떠날 것을 권고하였고 전 대통령은 처음에는 이를 거부하였으나 결국 11월 23일 5공 비리에 대한 책임과 사과, 그리고 해명 등을 발표하고 연희동을 떠나 백담사로 향했다. 그는 삼청교육대 사건, 공직자와 언론인 해직, 인권침해 사례 등과 광주항쟁에 대한 자신의 잘못을 포괄적으로 인정하고 친인척 비리에 대해 사과했으며 일해재단, 새세대육영회 문제 등에 대해서는 이러저러한 해명을 한 다음 자신의 재산을 국가에 환원하겠다고 발표하였다.

이에 대해 야당은 내용과 방법에 있어 형식적이고 알맹이 없는 해명에 불과하고 감정적 호소로 일관한 것이라고 비난하며 5공 비리를 추적하기 위한 특별검사제를 설치할 것을 요구하였다.

1989년 봄 중간평가 문제가 본격적으로 제기되었다. 중간평가는 노태우 대통령이 선거공약으로 자신이 취임하면 적당한 시기에 국정 전반에 걸쳐 국민들의 신임을 묻기 위해 국민투표를 실시할 것을 약속한 데서 비롯되었다. 노 대통령은 각 정당의 의견을 들은 후 결정하겠다고 했는데 이는 정당들이 중간평가 실시 여부와 실시 시기, 방법 등에서 서로 차이를 보였기 때문이다.

민정당 내에서도 중간평가에 이기는 경우 과거청산 문제에서 탈피하는 계기를 마련할 수 있다는 이유로 실시파가 더 많았으나 당시 이미 합당을 통한 정계개편을 모색 중이던 노 대통령은 중간평가 실시를 유보하고자 하였다.

여소야대 상황에서 제1야당으로 정국을 주도하고 있었던 평민당은 현재의 정국이 중간평가 정국으로 바뀌는 것은 바람직하지 않다고 보았기 때문에 5공 청산과 악법 개폐가 우선되어야 하며 중간평가는 연기되어야 한다고 주장하였다. 다만 평민당은 공약이었던 중간평가를 유보하는 대신 조속히 지방자치를 실시하라고 촉구하였다. 소수지만 여소야대 국회에서 캐스팅 보트를 쥐고 있었던 공화당도 중간평가 실시에 적극적인 입장이 아니었다.

반면 어정쩡한 제2야당이었던 통일민주당은 정국의 변화를 초래하게 될 중간평가 실시를 적극 찬성하고 나섰다. 결국 1989년 6월 3당 합당을 준비 중이었던 노 대통령이 지방자치 조기 실시와 중간평가 유보 입장을 발표하고 그에 대해 김영삼 총재가 다른 야당들과 공조하기로 함으로써 중간평가 문제는 일단락이 지어졌다.

중간평가 문제는 일단락되었으나 5공청산 문제는 여전히 정치적 쟁점으로 남았다. 민정당과 청와대 내에는 노 대통령 자신을 포함하여 청산의 대상인물들이 여전히 정치적 영향력을 행사하고 있었기 때문에 5공 청산조치를 적극적으로 추진할 수 없었다.

그러나 동시에 노 대통령은 전두환 전 대통령의 정치적 영향력을 막기 위해 5공 세력에 대한 일정한 견제도 필요하다고 보았기 때문에 야당이 주장하는 5공 청산에 소극적이면서도 거부하지는 않는 수동적 입장을 고수하고 있었다.

1989년 내내 노태우 정부와 전 대통령 측은 그 전해에 있었던 대국민 사과와 재산 139억 원 헌납 발표, 백담사 은거로 모든 문제를 일단락 짓고자 하였으나 야당들은 전 대통령의 국회 출석과 증언, 비리 핵심인사들에 대한 처리를 재차 요구했다. 결국 노 대통령은 야당의 안을 대부분 수용했고 전 전 대통령 측은 발끈했으나 별 방법이 없었다.

그러나 12월 31일 TV로 생중계되는 국회 특위 청문회에 증인으로 나온 전두환 전 대통령은 12.12는 쿠데타가 아니며 시해사건 수사의 일환으로 이루어진 정승화 계엄사령관의 체포는 정당한 것이었고, 광주항쟁은 초동 진압단계에서의 계엄군의 강경진압도 있었으나 출처를 알 수 없는 악의에 찬 유언비어에 자극받은 일부 시민들의 과격시위에 책임이 있으며, 일해재단 설립은 취지에 찬동한 기업인들의 정당한 출연에 의한 것이었다고 주장했다.

이미 밝혀진 자신의 입장을 그대로 되풀이한 전두환 전 대통령의 국회특위 증언은 답변 내용의 불성실성이나 일부 민정당 의원들의 충성 경쟁, 야당 의원들의 격렬한 항의 등으로 결국 도중에 중단되는 파행을 맞았다.

그러나 곧 이어 1990년 1월 3당 합당이 진행되었고 그 결과 5공 특위는 해체되었다. 여당이 되어 버린 통일민주당이나 공화당은 말할 것도 없고 전 대통령 증언과 5공 조사 종결을 연계시켜 합의한 평화민주당 역시 더 이상의 행동을 하지 않았다. 제1공화국의 반민특위에 이어 또 한 번의 과거청산 작업도 흐지부지 끝나게 되었던 것이다.

5공 청산 문제는 노태우 정부가 처한 상황과 한계를 잘 보여 주는 것이었다. 6월 항쟁 이후 성립된 노태우 정부는 민주화와 개혁을 추진해야 하는 입장이었지만 인적, 물적 기반을 5공에 두고 있는 상태에서 결정적 한계를 갖고 있었다. 그나마 여소야대 국회에 의해 마지못해 5공 청산 작업에 동참하였으나 가능하면 축소시키려 노력하였다.

따라서 그 결과도 전 대통령을 비롯한 5공 세력들로 봐서는 상당한 타격을 입은 조치였지만 민주화세력들이 볼 때는 용두사미로 그친 개혁이 되었다. 철저하게 끌려 다니면서 했던, 그러나 하지 않을 수는 없었던 수동적 개혁이었던 것이다.

2. 지자제 실시와 북방정책

제헌헌법 이래 6공화국 헌법까지 지방자치제도는 헌법 속에 항상 명문화되어 있었다. 그러나 노태우 정부 때까지 실시되지 못했다.

1공화국 때 이승만 대통령이 직선제 개헌에 반대하는 국회를 공격하기 위해 지방의회 의원선거를 실시하였지만 단체장은 대통령이 임명하는 반쪽 지방자치였고 2공화국 때 단체장 선거까지 본격적으로 실시되었으나 곧 5.16으로 중단되었다. 이후 지방자치는 현실 정치에서 사라졌고 유신 때는 통일될 때까지, 5공화국 때는 재정자립이 될 때까지 무기한 연기되었다.

민주화 이후의 6공 헌법에서는 조건 없는 지방자치 실시가 명문화되었으나 여소야대 정국에서 국회만으로도 머리가 아팠던 민정당과 노태우 정부는 가능한 한 실시 시기를 늦추려 하였다. 이를 눈치 챈 야당들은 조기 실시를 강력히 요구하였으나 차일피일 늦춰지다 결국 1990년 3당 합당으로 집권당이 확실한 우위를 차지한 이후에야, 그것도 단체장 선거를 제외한 지방의원 선거만이 실시되었다.

여야는 지방자치 실시 타결 과정에서 실시 범위와 정당 관여 문제를 둘러싸고 많은 논란을 벌였다. 여당은 단체장 선거까지는 시기상조이니 지역 주민들이 자치의 경험을 쌓을 때까지 유보하고 지방의회만 우선 구성하며 지방자치가 정쟁에 물들 우려가 있으니 모든 선거에서 정당을 배제해야 한다고 주장했다.

반면 야당들은 단체장 선거 없는 지방자치는 알맹이 없는 빵이니 주민 역량을 믿고 같이 실시하는 게 맞고 책임 있는 정당정치를 위해 모든 후보를 정당이 공천해야 한다고 주장했다.

결국 우선 지방의회 선거만 실시하기로 하고 광역 단위에서는 정당이 공천하고 기초 단위에서는 정당을 배제하는 것으로 절충되었다. 또한 혼란을 줄이자는 여당의 주장대로 광역과 기초 의회 선거를 따로 실시하기로 하였다.

이에 따라 실시된 선거 결과는 앞에서 살펴보았듯이 3당 합당의 위력을 발휘한 민자당의 압승으로 나타났다. 1991년 3월 26일에 실시된 기초의원 선거는 당선자의 75%가 민자당 출신이거나 친민자당 무소속이었고 6월 20일 실시된 광역의원 선거에서도 민자당이 65.1%의 의석을 차지하여 19%에 그친 신민당을 눌렀다.

30여 년 만에 지방자치를 부활시킨 것은 노태우 정부의 중요한 개혁 성과라고 할 수 있다. 그러나 내막을 들여다보면 이것 역시 노태우 정부가 적극적으로 실시하고자 하였다기보다는 여소야대 정국에서 야당들의 강력한 실시 요구에 의해, 그것도 대통령 중간 평가를 대체해서, 3당 합당으로 여대야소가 된 후에야, 그나마 반쪽짜리 지방자치를 겨우 실시한 것이었다. 수동적 개혁의 또 다른 사례라고 볼 수 있다.

한편 1988년 서울올림픽과 1989년부터 시작된 소련과 동구의 개혁개방 정책은 노태우 정부로 하여금 종래의 한미일 동맹정책에만 매달리는 대외관계에서 벗어나 사회주의 국가와의 관계 개선을 통해 소련과 동구로의 진출을 추진할 수 있는 기회를 제공하였다.

1970년대 초 서독의 브란트 수상이 동독과의 관계개선을 위해 소련과 동구 국가에 대해 추구한 개방정책인 동방정책(Ostpolitik)에서 이름을 따 북방정책(Nordpolitik)이라 불렀던 공산권 진출 정책은 노태우 정부가 자랑했던 업적 중의 업적으로 남북 관계를 진전시키고 냉전 해소에 중요한 역할을 했다는 점에서 개혁정책이라 할 만한 것이었다. 그런 개혁정책이 가능했던 데에는 우선 세계사적인 배경이 있었다.

1989년부터 1991년에 걸쳐 국제정세를 바꾼 역사적인 대격변이 진행되었다. 내부 개혁과 대외 개방을 통해 공산당 치하에서의 누적된 모순을 제거하고 소련을 한층 더 발전시키고자 한 소련 공산당 서기장 고르바초프의 정책은 의도와는 달리 소련의 해체와 몰락 그리고 동구 사회주의권의 붕괴를 가져왔다.

1989년 8월 폴란드에 비공산당 정부가 들어선 것을 시작으로 11월 동서독을 가로막고 있던 베를린장벽이 무너졌고 12월에는 루마니아에서 공산당 정권이 민중봉기에 의해 붕괴되었다.

1991년 7월에는 소련과 동구의 안보조약이었던 바르샤바 조약이 해체되었고 8월에는 고르바초프의 개혁개방 정책에 반대하는 공산당 보수파의 쿠데타가 있었으나 옐친 러시아 대통령이 이끄는 시민들의 저항에 부딪혀 실패함으로써 공산국가 소련은 해체되고 대신 러시아 공화국 중심의 독립국가연합이 탄생하였다.

이러한 공산국가의 격변은 그 동안의 경제성장과 88올림픽의 성공적 개최로 자신감을 얻은 한국에게 소련과 동구로 진출할 수 있는 기회를 제공하였다.

노태우 정부는 사회주의권 외교관계 개선에 적극 나섰다.

정부는 우선 소련 동구 진출에 앞서 북한과의 관계개선에 나서 1988년 7월 7일 '민족자존과 통일번영을 위한 특별선언'을 발표하였다. 이 7.7선언은 남북한 간의 경쟁과 적대 관계를 종식시키고 북한을 국제사회의 일원으로 받아들여 북한과 선의의 동반자 관계를 가질 것을 선언한 것으로 그것을 바탕으로 중국, 소련 및 동구 국가 등 북방국가들과 정치, 경제, 외교 관계를 맺기 위한 것이었다.

동구 사회주의권의 붕괴와 소련의 몰락으로 고립무원의 처지에 빠진 북한은 1991년 9월 그 동안 영구분단 안이라고 반대했던 남북한 UN 동시가입에 동의하였다.

이 과정에서 남북 간의 고위급 회담이 진행되어 1991년 12월 남북관계에 새로운 획을 긋는 '남북 사이의 화해와 불가침 및 교류·협력에 관한 합의서'가 체결되었고 이어 한반도 비핵화가 선언되었다.

지구상의 유일한 냉전 지대인 남북 간에 모처럼 해빙 무드가 조성되기 시작했다. 남북한 관계의 진전을 바탕으로 노태우 정부는 1988년 말 헝가리와의 수교를 시작으로 폴란드, 체코를 거쳐 1990년 10월에는 소련과 수교하였고, 마침내 1992년 8월에는 한국전쟁에서 총을 겨눴던 중국과도 국교를 수립하기에 이르렀다. 대우 그룹을 비롯한 수출업체들은 활발히 소련과 동구로 진출하기 시작하였고, 중국과의 교역도 확대되기 시작하였다.

노태우 정부의 북방정책은 냉전구조의 해소에 기여하였다는 점에서는 분명히 개혁적 조치였다고 볼 수 있다.

그러나 그 조치도 노태우 정부의 개혁의지에서 출발했다기보다는 소련 동구의 사회주의 붕괴라는 역사적 상황에 의해 조성된 기회를 최대한 활용하여 그동안의 경제성장으로 축적된 재력을 바탕으로 새로운 투자처를 찾던 국내 자본들의 요구가 반영된 측면이 있었다.

물론 그렇다고 북방정책의 의의를 폄하할 이유는 없겠으나 문제는 대외적으로 이러한 개방정책을 추진했던 노태우 정부가 대내적으로는 수차례의 공안 정국을 조성하며 냉전적 조치들을 취했다는 점이다.

노태우 정부가 북한을 동반자 관계라고 발표한 7.7선언이 있었던 다음 해인 1989년 통일운동가였던 재야의 문익환 목사(3월), 전대협 대표 임수경 학생(6월), 농민운동가 출신의 평민당 서경원 의원(8월) 등이 통일운동의 기폭제 역할을 한다는 차원에서 구속을 각오하고 비밀리에 북한을 방문하는 사건이 연이어 발생하였다. 그런 가운데 그 해 5월에는 민족 민주 인간화 교육 실천을 주장하는 교사들 수천 명이 전국교직원노동조합을 결성하였다. 이들에 대해 노태우 정부는 대외적인 북방정책과는 달리 엄격한 냉전논리로 대응했다.

정부는 좌경용공세력의 색출을 표방하며 국가보안법의 적용범위를 확대하고 안기부와 검찰, 경찰로 구성된 공안합동수사본부를 설치하여 재야와 학생운동에 대한 전면적인 수사와 대규모 검거를 단행하는 이른바 공안정국을 조성하였다.

정치권에서도 당시 평민당 문동환(문익환 목사의 동생) 부총재와 김대중 총재가 각각 문익환 목사와 서경원 의원 방북사건에 관련되어 검찰

기소 직전까지 가는 등 정치권도 얼어붙고 있었고 전교조 교사 1,500여 명이 전원 해직되는 상황까지 발생했다.

이러한 사실은 노태우 정부의 북방정책을 냉전 해소라는 철학에 입각한 민주 개혁 조치라고 보기 어렵게 만드는 이유가 되었다.

6월 항쟁 이후의 불완전한 민주화에 의해 탄생된 노태우 정부는 개혁의 대상들이 시대정신인 민주화와 개혁을 추진해 나가야 하는 모순을 안고 있었던 과도기 정부였다. 이들의 권력기반은 5공 세력이었기 때문에 스스로가 개혁의 주체가 될 수는 없었다.

그렇다고 개혁에 저항하기 위해 독재적인 권력을 행사하기에는 노태우 대통령의 리더십이 그렇게 강성 리더십이 아니었고 민주화에 대한 국민들의 열망이 뜨거웠으며 조직화되기 시작했던 시민사회의 목소리도 만만치 않았다.

그러나 무엇보다도 중요했던 것은 역시 여소야대의 국회였다. 개혁을 주도한 것은 야당과 국회였고 거기에 저항한 것은 민정당과 5공 세력들이었다. 시대정신을 읽은 보수언론과 재벌들은 개혁에 적극적인 저항은 하지 못하고 적절한 정도의 5공 청산이라는 해결방안을 내놓았다. 개혁세력과 저항세력에 끼어 끌려 다니던 노태우 정부가 개혁에 대한 적절한 물 타기 방안으로 발견한 것이 3당 합당이었다.

3당 합당은 내각제 등의 방식으로 5공 청산 등의 개혁을 적당히 무마하려던 것이었으나 김영삼은 그렇게 호락호락하지는 않았다. 우여곡절 끝에 대통령이 된 김영삼과 민주계는 권력 획득 방식에서 오는 많은 한계와 실패가 있었으나 나름대로의 개혁을 시작했다.

김영삼 정부의 사정개혁

1. 개혁정치의 전개

1990년 3당 합당으로 집권당인 민자당의 대표가 되었던 김영삼은 내각제 각서 파동과 일부 민정당 의원들의 탈당을 겪으면서도 강인한 단결력을 과시한 민주계의 지원 아래 1992년 14대 대통령선거에서 41.4%의 득표율로 당선되었다.

대선을 앞두고 3당 합당 때 김영삼을 따라가지 않고 잔류했던 민주당과 합당한 신민당은 당명을 민주당으로 바꾸고 김대중을 후보로 내세웠으나 33.4%를 득표함으로 대권 도전에 실패하였다.

국민당의 정주영 후보가 현대 그룹의 막강한 자금력과 실물경제 전문가로서의 경력을 바탕으로 한때 선풍을 일으키기도 하였으나 16.1%를 득표하는 데 그쳤다.

김영삼 정부의 출범은 제2공화국이 군부 쿠데타로 붕괴된 이후 32년 만에 선거를 통해 순수한 민간정부가 수립되었다는 점에서 적지 않은 의미를 갖는 일이었다.

　이러한 의미를 살리기 위해 김영삼 정부는 스스로를 문민정부라고 하여 앞의 군부권위주의 정부와 구별하고자 하였다. 김영삼 정부의 정치적 과제는 군부권위주의 정부의 잔재를 청산하는 동시에 노태우 정부에서 시작되었던 민주화를 심화시키는 일이었다.

　이와 더불어 군사정권 아래서 고착되었던 정경유착과 부패구조, 그리고 각종 사회적, 행정적, 사법적 병폐들을 개혁해야 할 과제를 안게 되었다. 노태우 정부와는 달리 과거 개발독재 시절에 민주화운동 세력이었던 김영삼 대통령과 민주계 인사들은 보다 강력한 개혁정치를 표방하고 나섰다. 초기 개혁은 전 방위적으로 전개되었으나 가장 중요했던 것은 과거의 병폐를 척결하고자 하는 의미에서의 사정개혁이었다고 볼 수 있다.

　김영삼 정부는 군부 권위주의의 유산을 청산하고 민간정부를 완성하기 위한 작업으로 군부의 개혁에 나섰다. 김 대통령은 박정희 정부 이래 군부 내 대표적인 사조직이었던 하나회의 핵심 멤버 김진영 육군 참모총장과 서완수 기무사령관을 전격 경질하는 것을 시작으로 12.12 관련 장성들과 하나회 출신 및 각종 비리 연루자들에 대한 대규모 숙군을 단행하였다.

　이로 인해 군부나 정계의 막후에서 막강한 실력을 행사했던 하나회가 해체되었고 여기에 가담했던 장교들은 승진에서 누락하는 등 불이익을 당하게 되었다. 숙군은 전군에 걸쳐 나타나 뇌물수수 혐의로 해군장성 5명과 대령 2명이 구속되었고 공군 장성들도 비리 관련으로 구속되었다. 한국사회의 발전 정도로 보아 군의 정치 개입은 이미 어려운 상황이기는 했으나 김영삼 정부의 군부 개혁은 거기에 쐐기를 박는 역할을 했다.

군정 유산의 청산은 전직 대통령들인 노태우와 전두환의 구속 수감으로 절정에 달하였다. 김영삼 정부는 처음 이들에 대한 사법 처리를 꺼렸다. 이들이 여전히 대구 경북 지역을 중심으로 상당한 지지 세력을 가지고 있어 이들에 대한 처벌이 정치적 저항을 유발할 수 있었고 3당 합당을 한 대통령과 집권세력 자신들이 이들과의 정치적 인연으로부터 자유롭지 못하였기 때문이다.

따라서 김영삼 정부 초기에 피해자들의 고발에 따라 12.12 사건을 수사한 검찰은 성공한 쿠데타는 처벌할 수 없다는 취지의 논리로 이들을 불기소 처분하였다.

그러나 신군부 세력에 대한 처벌 요구는 특히 5.18 민주화운동을 매개로 끊임없이 제기되었고 김영삼 정부는 이에 대해 상당한 부담을 느끼고 있었다.

그러던 중 1995년 당시 민주당의 박계동 의원이 터뜨린 노태우 비자금 사건은 이러한 소극적인 정책을 일시에 뒤바꾸는 계기를 제공했다. 노태우 대통령이 집권 당시 기업체들로부터 받아들인 각종 뇌물과 성금들이 비밀계좌에 은닉되어 있다는 사실이 폭로되었다. 이는 분명히 정경유착과 부패 고리를 실증할 수 있는 내용이었으며 당시 실행된 지 얼마 되지 않은 금융실명제 위반사항이기도 했다.

이를 계기로 이전 정권에 대한 재조사가 불가피하게 되었고 노태우 전 대통령은 1995년 11월 집권 중 통치자금으로 5천억을 모았다는 사실을 인정하고 구속되었다.

또 이를 계기로 전두환 전 대통령의 비자금도 수사대상에 올랐고 전전 대통령은 연행되어 가는 도중 골목길에서 성명서를 발표하는 등 나름대로 강력히 저항했으나 대통령 재임 중 기업체들로부터 수천억 원의 불법 정치자금을 받은 혐의로 역시 구속 기소되었다.

이렇게 되자 국회는 과거 청산을 위한 법적 조치의 일환으로 5.18특별처리법을 통과시켜 차제에 12.12와 광주문제까지 처리범위를 넓히기로 하였다. 이에 두 전직 대통령들은 반란수괴 등의 혐의가 부가되어 결국 전두환은 무기, 노태우는 징역 17년, 기타 공범들도 죄과에 상당한 처벌을 선고받았다.

김영삼 정부는 과거 정권에 대한 이러한 단죄를 '역사바로세우기'로 이름 지었다. 이런 정책들은 과거청산을 위해 반드시 필요한 조치라고 할 수 있었지만, 그것이 집권 초기가 아니라 김영삼 정부의 개혁이 많은 공격을 받으며 좌초되기 시작했던 시점에 등장함으로써 보다 강력한 과거청산으로 이어지지 못했다. 더구나 김대중 대통령이 당선되면서 영남 민심에 대한 정치적 고려에 의해 두 전직 대통령이 모두 사면을 받는 불철저한 개혁으로 되고 말았다.

이와 같은 군부 권위주의 청산에 이어 김영삼 정부는 정치인과 공직자에 대해서도 대대적인 사정작업에 착수하였다. 김 대통령은 취임 직후 청와대 출입기자들과의 대담에서 자신은 재직 중 단 한 푼의 정치자금도 받지 않겠다고 선언했다.

그와 동시에 18억 원에 상당하는 개인 재산을 공개했다. 이후 언론과 여론의 무언의 압력에 의해 민자당 국회의원, 장차관 및 청와대 수석 비서관들의 재산공개가 이루어졌으며 그 여파는 사법부에 이어 야당인 민주당 국회의원에까지도 이어지게 되었다.

그런 와중에 공직자로서의 지나친 재산 규모와 부동산 투기 의혹 등 재산형성상의 문제들에 의해 입법부와 사법부의 수장이었던 박준규 국회의장, 김덕규 대법원장 등이 옷을 벗었으며 행정부에서도 박양실 보사부장관과 허재영 건설부장관, 그리고 김상철 서울시장 등이 부도덕한 축재 시비에 휘말려 임명된 지 얼마 되지 않아 물러나게 되었다. 또 민자당 의원들의 재산이 공개되면서 막대한 부의 축적과정에 대한 의문들이 계속되어 김재순, 김문기, 정동호 의원 등이 사퇴하거나 당에서 제명되었다.

이와 같은 재산공개가 법적 근거 없이 이루어졌다는 점에서 법치가 아닌 인치라는 비난이 제기되자 국회는 5월 20일 그 동안 유명무실했던 공직자윤리법을 개정하여 주요 공직자 재산공개의 법적 기반을 정비했다.

개정된 공직자윤리법에 따라 4급 이상 공직자 9만여 명이 재산을 등록했으며 이 중에서 1급 이상 공무원들의 등록재산이 공개되었다. 이후 1994년 3월에 다시 법령을 개정하여 재산등록의 범위를 9급 이상의 세무공무원 전원으로 확대하고 공개범위도 지방의회 의원까지로 확대하였다.

공직자 사정에서는 특히 그 동안 기능을 제대로 발휘하지 못했던 감사원에 대법관 출신의 이회창이 원장으로 부임함에 따라 제 역할을 찾아 사정을 주도하였다. 무기 도입에 관한 율곡사업에 대한 특감, 평화의 댐 사업에 대한 특감, 감사의 성역이었던 청와대 및 안기부에 대한 실지 감사 등이 그것이었다.

이 중 특히 율곡사업 부정사건은 큰 반향을 일으켰다. 1993년 5월 감사원은 노태우 정부 때의 차세대 전투기 기종 변경 과정에 대한 특별감사를 착수했다. 이는 이전 정부 아래서는 이루어지지 못한 일로 그만큼 군의 위상이 약화된 결과였다.

감사 결과 이종구, 이상훈 전 국방장관, 김종휘 전 외교안보수석 등 군 관련 고위인사 7명과 현직 군 장성 수명의 뇌물수수 사실이 밝혀져 관련자들이 모두 구속 수감되었다. 또한 노태우 대통령의 인척으로 민자당 내에서 김영삼과 맞섰던 박철언 전 정무장관이 슬롯머신 뇌물사건에 연루되어 구속되었다.

문제는 재산공개나 감사 결과 구속된 이들이 거의 구정권의 실세들이거나 민정계 출신들로 주로 대구 경북 세력이었다는 점이다. 따라서 그들은 김영삼 정부의 사정개혁을 편파 사정, 표적 사정이라고 비난하며 강력히 반발하였고 이후 민자당이나 영남에서의 김영삼 정부의 정치적 기반을 약화시키는 데 중요한 역할을 하였다.

이러한 사정개혁과 관련하여 빠뜨릴 수 없는 김영삼 정부의 개혁 중의 하나는 금융실명제 실시였다. 1993년 8월 12일을 기해 대통령령으로 전격 실시된 금융실명제는 금융기관과 거래할 때 실명의 사용을 의무화하고 금융거래 정보의 비밀을 보장할 것을 주요 골자로 하는 것이었다. 이는 가차명 계좌를 사용한 검은 돈의 흐름을 차단함으로써 투명한 자금 흐름과 깨끗한 정치를 이루려는 의도를 반영한 것이었다.

경제 위축의 우려와 기득권 세력의 반발에 부딪혀 역대 정부들이 이루지 못했던 조치를 김영삼 정부가 해낸 셈인데 경제의 효율성보다는 정경유착과 부패 고리를 차단하는 사회정의를 더 중요시한 개혁 정책이었다고 할 수 있다.

전격적으로 실시된 금융실명제에 대한 비판과 저항도 만만치 않았다. 이 제도가 자금의 흐름을 왜곡하고 국민경제를 주름지게 하면서도 검은 돈의 차단에는 별 기여를 하지 못한다는 비판이 쏟아졌다.

그러나 금융실명제에 의해 노태우 전 대통령의 불법적인 정치자금이 드러나는 등 긍정적인 측면이 훨씬 많았기 때문에 이후 후속 조치들을 통해 실물 투기와 금융 불안 등 단기적인 부작용을 완화해 나간다면 김영삼 정부의 가장 중요한 업적이 될 수도 있었다.

그러나 김영삼 정부 말기의 외환위기를 맞아 금융소득 종합과세 실시가 유보되고 실명전환 자금에 대한 자금출처 조사의 면제범위를 확대한 실명제 대체 입법이 국회를 통과함으로써 실명제는 크게 약화되었다. 경제위기가 개혁 중의 개혁을 후퇴시킨 것이었다.

한편 김영삼 정부는 노태우 정부 때 도입을 검토했으나 실패했던 부동산실명제도 실시하기로 하고 1995년 7월 1일을 기해 부동산 실권리자 명의 등기에 관한 법률을 공포하였다.

주요 내용은 그 동안 부동산 투기와 조세포탈 및 재산 은닉의 수단으로 악용되었던 명의신탁제도를 금지하는 것으로 금융실명제 실시와 더불어 자금의 흐름을 투명하게 하여 부동산 투기 억제와 경제정의의 실현을 추구하기 위한 것이었다.

이와 같은 사정개혁 외에 김영삼 정부는 민주주의 정착을 향한 제도적인 조치들로서 선거법 개정과 지방자치제 확대 등도 추진하였다.

1994년 3월 국회는 공직 선거 및 선거부정 방지법(통합선거법)과 정치자금법 개정안을 통과시켰다. 이는 김영삼 정부가 제시한 돈 안 드는 선거, 깨끗한 선거를 위한 법적 조치였다.

통합선거법은 그동안 각각의 선거법이 따로 있었던 대통령, 국회의원, 지방자치단체장 및 지방의회의원 선거법을 한데 묶은 것으로 선거운동의 자유를 확대하고 신문, 방송 등 대중 매체를 통한 선거운동을 확대시켰다. 동시에 선거운동기간을 단축하고 법정선거비용을 축소시켰으며 선거법 위반에 대한 처벌을 강화하였다. 대체로 '입은 풀고 돈은 묶는'내용의 개정이었다.

정치자금법 개혁안은 정치자금의 모금방법으로 정액영수증제도를 도입하고, 후원회 제도를 강화하며, 정당에 대한 국고 보조금을 증액시키고, 정치 자금 규제를 위한 선거관리위원회의 권한을 확대하는 것을 내용으로 했다. 정치자금을 확대시키되 규제를 강화하는 내용이 초점이었다.

이러한 제도개혁에 의해 당장 선거의 투명성이 보장된 것은 아니었으나 적어도 제도적으로는 깨끗한 선거를 위한 장치가 어느 정도 마련되었다고 볼 수 있었다.

노태우 정부 아래서 지방의회 선거만 실시됨으로써 반쪽만 부활하였던 지방자치제는 김영삼 정부에 들어 자치단체장 선거가 실시되면서 완전한 모습을 갖추게 되었다. 개정된 지방자치법에 따라 1995년 6월 우리나라 선거 사상 최초로 15개 광역자치단체와 230개 기초자치단체의 단체장 및 지방의원을 동시 선출하는 지방선거가 실시되었다.

물론 지방자치의 내용을 보면 지방재정이 중앙정부에 예속되어 있고 지방정치인들이 중앙정당들의 보스정치에 종속되어 있는 등 실제적인 지방자치와는 거리가 있었으나 그럼에도 불구하고 지방자치의 전면 실시는 민주화를 위해 김영삼 정부가 이룬 중요한 성과의 하나라고 할 수 있다.

정치 영역에서 김영삼 정부가 개혁을 시도하려 했던 또 다른 부분은 대북 정책이었다. 대통령 취임사에서 '어느 동맹국도 민족보다 더 나을 수는 없다'는 취지의 발언을 하여 전향적인 대북정책을 예고했던 김 대통령은 통일부총리에 진보 인사인 한완상을 임명하고 장기수 이

인모를 조건 없이 북송하는 등 남북관계 진전에 획기적 전기를 마련할 수 있는 정책들을 쏟아 내었다.

그러나 이에 대해 국내의 보수 언론들과 보수 인사들은 북한에 이용만 당하는 일방주의라며 거센 비난을 퍼부었다. 결국 김 대통령은 진보적인 대북정책을 주도했던 한완상 장관을 경질함으로써 보수 세력에게 휘둘리는 모습을 보였다.

그러던 중 북핵 문제가 터지면서 남북관계는 소강상태에 빠졌다. 소련과 동구의 몰락으로 곤경에 빠진 북한은 자신들의 개방을 막고 있는 북미관계를 타개하기 위해 미국과 접촉하였으나 여의치 않자 핵무장을 준비하는 듯한 태도를 보이기 시작했다.

미국이 영변 핵시설 정밀사찰을 요구하자 북한은 이를 거부하면서 1993년 3월 핵무기방지조약 NPT 탈퇴를 공표하였다. 미국 내 강경론자들이 북한 폭격까지 검토하는 등 전쟁 일보 직전까지 갔던 북핵 위기는 1994년 6월 카터 전 미국 대통령이 북한을 방문하면서 해결의 실마리가 잡혔고 그 해 10월 미국과 북한은 북한이 핵 동결에 합의하는 대신 미국은 중유 지원과 경수로 건설, 북미관계 정상화 등을 실행한다는 내용의 제네바 합의에 서명하였다.

문제는 그 과정에서 남북관계는 급격히 얼어붙었다는 점이었다. 북핵 위기를 해소하기 위하여 북미가 접촉하는 과정에서 소외된 김영삼 정부는 남한을 배제한 대북 협상에 대해 강력히 반대하였다. 남한 정부의 방해에 대해 분노한 북한이 전쟁이 나면 서울은 불바다가 된다는 발언을 하면서 남북관계는 악화되었다.

이런 상황에서 북한을 방문했던 카터는 남북정상회담 개최를 요청하였고 이에 대해 북한이 화답하면서 남북관계는 새로운 전기를 맞는 듯했다. 그러나 남북정상회담의 준비가 한창이던 1994년 7월 8일 김일성 주석이 돌연 사망하였다.

　김일성에 대한 조문 여부를 놓고 남한 내부에서는 격렬한 논쟁이 벌어졌고 결국 김영삼 정부는 조문을 불허하는 쪽으로 결론을 내렸다. 북한은 남한의 이러한 조치를 강경한 어조로 비난했고 이후 남북관계는 얼어붙고 말았다. 북한문제에 대해 일관된 철학을 갖지 못했던 김영삼 정부의 대북정책은 이처럼 온·냉탕을 반복하고 있었다.

　남북관계만큼이나 냉온탕을 왔다 갔다 한 분야가 경제 분야의 개혁이라 할 수 있다. 경제개혁, 특히 재벌개혁에 대한 논의는 김영삼 정부가 등장하면서 이미 중요한 개혁과제로 제기되고 있던 문제였다.

　개발독재 시기에 정경유착과 국가의 특혜라는 보호막에 의해 급속히 성장하였던 재벌들은 민주화와 세계화 속에서 체질을 개선하지 않으면 안 되는 상황에 놓이게 되었다.

　따라서 김영삼 정부는 집권 초기 신경제 5개년계획을 발표하여 특히 재벌 부분에 있어서는 기업 분할명령제 도입, 주력업종 선정, 기업 공개, 소유 분산 등을 추진하려 하였다.

　그러나 신경제계획은 즉각 재계의 반발에 부딪쳤고 이에 김 대통령은 재계 총수들과 회동하면서 개혁의 고삐를 잡으려 했으나 개발독재에서의 급속한 성장 결과 이제 국가권력에 맞설 정도로 성장한 재벌들을 제대로 통제해 내기 힘들었다.

　더구나 김 대통령 자신이 재벌과 혼맥을 맺고 있을 뿐 아니라 민정계나 민주계 인사들도 다양한 인맥으로 얽혀 있는 상황에서 재벌 개혁의 추진은 쉬운 일이 아니었다.

　재벌들과 그들의 지지자인 보수 언론들의 비판이 강해지고 사정개혁의 강도가 약해지면서 1995년 이후 신경제는 사라지고 세계화와 그에 따른 국제경쟁력 강화가 김영삼 정부의 새로운 정책 목표가 되었다. 정부는 재벌의 해외투자와 해외 금융에 대한 규제를 완화시켰다. 재벌개혁을 위한 구조조정이나 재무구조의 개선, 정경유착과 부패 척결이라는 목표보다는 단기적인 국제경제력 강화에 초점을 맞춘 경제 지원 정책이 채택된 것이었다.

명분은 미국 등 선진 자본주의 국가들로부터의 시장개방 압력에 대처하고 경제 활성화를 도모하기 위해 적극적인 개방을 추진하고 사회 각 부문에서 보다 열린 체제로의 구조개혁을 단행해야 한다는 것이었다.

세계화 논의는 개혁의 지지부진과 지지도 하락에 따라 새로운 정책의 돌파구를 마련하고자 한 대통령의 의지에서 비롯된 즉흥적인 구상으로, 체계적인 논리의 뒷받침이 없었으며 이전부터 추구한 경제개혁의 기조와 배치되는 부분도 없지 않았다.

세계화 자체는 사회, 경제, 정치, 의식 등 모든 측면에서 개방체제로의 전환을 의미하는 것으로 국제 수준에 도달하기 위한 노력을 전제한다는 점에서 상당한 논리와 명분을 지닌 것이라고 볼 수 있었다.

그러나 그것이 정치적 목적에 의해 즉흥적으로 추진됨으로써 국제 기준에 맞추기 위한 재벌들의 개혁을 요구하기보다 그 기준에 맞추기 위한 특혜를 지속시키는 방향으로 나아가게 만들었던 것이다.

그런 상태에서 세계화 조치의 일환으로 정부는 1996년 선진국들의 모임인 경제협력개발기구 OECD 가입을 추진하여 성사시켰다. 이와 함께 당시의 고환율에 힘입은 것으로 보이는 국민소득 1만 불 시대를 선언했다. 해외여행과 조기유학 등에 의해 외화유출은 급증하였고 국제적인 투기자본이 본격적으로 유입되어 금융권을 통해 기업으로 흘러 들어갔다. 외환위기의 씨앗이 뿌려지고 있었던 것이다.

2. 개혁의 한계와 좌절

김영삼 정부의 초기 개혁은 국민들의 폭 넓은 지지를 받았다. 영호남을 가리지 않고 국민들은 문민정부의 공직자 재산공개와 그 과정에서의 불법 비리 정치인, 관료들에 대한 사정에 환호하였다. 하나회의 주요 장성들을 비롯한 정치군인들에 대한 과감한 숙청과 군부 내부의 비리 척결에도 박수를 보냈다. 전격적인 금융실명제 도입에도 전폭적인 지지를 보냈다.

개혁의 힘이 빠지던 후반기에 이루어져 빛이 바래기는 했지만 역사 바로세우기라는 명목으로 전직 대통령 두 사람을 법정에 세우는 거사가 단행되기도 하였다. 김영삼 정부의 개혁 중에서 이렇게 대체로 성공을 거둔 것은 모두 과거 청산적 의미의 사정개혁들이었다.

물론 30여 년 만에 군부독재체제를 종식시키고 문민시대를 맞은 상황에서는 이러한 사정개혁이 필수적인 것은 분명했고 김영삼 정부는 그런 역할을 상당한 정도 수행했다고 볼 수 있다.

그러나 사정개혁은 두 가지 문제에 부딪히게 된다.

하나는 사정개혁이 혁명적 인적 청산으로 나아가지 않는 한 반드시 광범위한 저항에 부딪히게 된다는 사실이고 또 하나는 개혁 주체들의 역량이 사정개혁과 정치적, 경제적 개혁을 연결시켜 내지 못할 정도면 개혁은 곧 한계에 부딪히게 된다는 사실이다.

김영삼 정부는 그 두 가지 한계에 모두 빠지게 되었다. 대부분 대구 경북 출신으로 민정당 인사들이거나 과거 정권의 실세들이었던 사정 개혁의 대상자들은 김영삼 정부의 사정을 편파사정, 표적사정이라고 비난하며 격렬히 저항하였다. 사정개혁의 대상이 주로 민자당 내부의 권력투쟁에서 김영삼에 반대했던 사람들에게 집중되었고 민주계는 물론 민정계 중에서도 김영삼의 집권에 도움을 준 사람들은 피해가는 느낌을 줌으로써 자의적이고 편파적이라는 저항의 빌미를 만들어 준 경향은 있었다.

그러나 그들이 개혁의 대상인 것은 분명했기 때문에 개혁에 힘이 실리던 초기에는 그러한 저항이 크게 부각되지 않았으나 시간이 갈수록 집권당 내부의 민정계를 중심으로 한 저항은 강화되고 대구 경북 지역의 민심은 악화되었다. 그렇다고 야당이 정부를 도와줄 수는 없는 것이었기 때문에 개혁은 점차 고립되어 갔다.

상황을 더욱 악화시킨 것은 금융실명제와 재벌개혁에 대한 대기업과 상류층들의 저항이었다. 그리고 이들 정치인, 관료, 재벌 등의 저항을 묶어 준 것은 과거청산 작업이 자신들에게 결코 유리하지 못하다고 판단한 보수 언론들이었다.

사정개혁이 어느 정도 진행된 1994년경부터 보수 언론들은 개혁 자체를 반대할 수는 없었기 때문에 국민들이 개혁에 피로감을 느끼기 시작했다고 주장하며 개혁의 속도 조절을 요구했다.

특히 보수 언론들은 김영삼 정부의 초기 대북정책에 대해 집중적으로 맹공을 퍼부었는데 그것은 결국 한완상 통일부장관을 중도 하차시키고 이후의 대북정책을 강경 일변도로 치닫게 만들었던 것이다.

개혁에 대한 지원세력이 없었던 것은 아니었다. 무엇보다 민주화의 영향으로 이전 정권들에 비해 많이 활성화되고 있었던 시민사회가 존재했다. 1987년 이후 급속히 진행된 시민사회의 성장과 조직화에 의해 환경연합, 경실련, 참여연대, 공선협 등의 시민단체들이 개혁의 우군으로 활발히 활동하고 있었다.

김영삼 정부 역시 초기에는 이들 중의 일부 인사들을 중용하고 이들의 의견을 적극 수용하려는 자세를 보였다. 시민단체의 지도자들과 재야 출신 인사들이 정부에 충원되기도 하였고 일부는 국회에 진출하기도 하였다.

그러나 이들은 개혁의 주도세력이 되지는 못했다. 정치권이나 관료로 들어간 소수의 사람들은 그 사회의 주류가 아니었기 때문에 별 역할을 하지 못했고 시민단체들은 정부를 비판하는 능력은 있었으나 개혁의 동반자가 되기에는 역량이 부족했다.

사회운동가와 전문 지식인들이 주도했던 시민단체들은 남미처럼 대중을 동원하여 개혁의 지지기반이 되어 줄 정도의 대중운동체로 뿌리내리지 못한 상황이었다.

게다가 재벌개혁의 실패와 우루과이 라운드에 의한 쌀 개방으로 김영삼 정부와 시민사회는 서로 등을 돌렸고 집권 후반의 노동법, 안기부법 날치기 개정으로 완전히 결별하였다.

물론 김영삼 정부는 노동계나 재야운동권을 정치적 지지 기반으로 삼은 것은 아니었다. 김영삼 정부는 1995년 6월 명동성당과 조계사에서 농성 중이었던 한국통신 노조 간부들을 경찰을 투입해 전격 연행하는 등 민주노총에 대한 불인정과 탄압 정책을 계속하였다.

그런 가운데 김 대통령은 1996년 4월 신 노사관계 구상을 선언하고 대통령 직속의 노사개혁위원회를 발족시켜 노동법 개정을 추진했다. 그러나 개정 노동법이 민주노총을 인정하지 않는 등 노동계의 요구와 거리가 있었기 때문에 야당과 노동계는 강력히 반대했다.

경쟁력 강화라는 기업들의 요구에 밀린 정부 여당은 결국 1996년 12월 안기부의 권한을 강화하는 내용의 안기부법과 함께 개정노동법을 날치기 통과시켰다.

즉시 파업에 나선 민주노총은 물론 야당과 시민단체들까지 날치기 통과를 비난하고 나서자 이미 힘이 다 빠졌던 김영삼 정부는 여야 영수회담에 의해 상급단체 복수노조 허용, 파업 시 사외 대체근로 금지, 정리해고 규정 2년 유예, 노동위원회 위상 강화 등을 골자로 한 재개정안을 통과시켰다. 제3자 개입 금지 등 아직도 노동계의 반대조항이 많이 남아 있었으나 상급단체 복수노조 허용으로 민주노총이 합법화되는 성과가 있었던 개정이었다.

민주화가 진행되면서 급진적인 재야운동권은 크게 약화되었다. 그러나 노동운동을 노동계로 넘기고 통일운동의 전위로 스스로를 자리매김한 전대협과 그 후신인 한총련 등의 급진적인 학생 단체들은 조직이나 숫자가 크게 약화되었음에도 여전히 강경투쟁을 지속하고 있었다. 이에 대한 김영삼 정부의 입장은 단호한 편이었다.

1996년 8월에 있었던 한총련의 연세대 점거 사태 때 경찰은 헬기까지 동원하여 강경하게 진압하였다. 급진적인 학생운동은 점차 일반 국민들의 지지를 얻지 못하고 위축되어 갔다. 그러나 이들의 강경한 대정부투쟁은 그것을 진압하든 안 하든 민주화운동 세력이었던 김영삼 정부에게는 부담스러운 것이었다.

이상과 같은 개혁의 외부적 조건 외에 내부적 조건, 즉 개혁 주체들의 역량도 대단히 중요한 변수였다. 원래 개혁은 성공하기 어려운 내재적 문제점을 지니고 있다. 즉 개혁대상자들의 반발은 강하고 조직적인 반면 개혁에 대한 지지는 느슨하고 흩어져 있을 수밖에 없다. 따라서 개혁정치는 언제나 강력한 반대에 부딪히는 상황을 대비해야 한다.

그런 점에서 개혁의 주체를 튼튼히 하는 치밀한 기획력이 무엇보다도 중요하다. 개혁의 집행자가 되어야 할 관료와 여당 정치인들은 많은 경우 그들 자신이 개혁의 대상이기 때문에 복지부동과 태업을 일삼기 쉽다. 국민들의 과도한 기대 상승을 정책성과가 따라가지 못하여 생기는 정치적 불만도 개혁 정부로서는 큰 부담이다. 따라서 개혁 정부에게는 비상한 역량이 필요한 것이다.

그러나 김영삼 정부는 이러한 개혁의 기획력과 추진력을 갖추지 못하였다. 민자당 민주계로 한정 지워진 개혁 주체들은 폭도 좁았고 역량도 뛰어나지 못했다. 따라서 개혁 자체가 체계적이고 일관된 철학과 논리에 따라 분명한 청사진과 기준을 가지고 진행되지 못하고 즉흥적, 임기응변적으로 이루어진 경향이 많았다.

대북정책과 경제정책의 혼선은 대표적인 사례이거니와 사정개혁에 있어서도 사정에 따른 후속인사가 공정하고 유능한 인사의 발탁이라기보다 김 대통령의 차남 김현철 등 비선조직의 추천에 의해 좌우되는 경우가 많아 개혁의 빛이 바래지기도 했다.

대통령 한 사람에 집중된 권력구조와 정치권의 파당적 정치 형태는 이러한 문제를 더욱 악화시켰다. 집권 초기 김영삼 정부의 개혁은 집권연합 내부의 합의에 의한 것이기보다는 여론의 압도적 지지를 받고 있었던 대통령의 개인적 인기에 기초한 것이었다.

따라서 개혁은 정치적 역량은 뛰어났으나 정책적 역량은 검증되지 않은 대통령과 그의 비선조직에 의해 주도되었고 개혁들을 실제로 수행해야 할 정치인들과 공무원들의 개혁 의지는 높지 않았다. 공무원은 복지부동했으며 정치인들은 개혁의 제도화를 위한 법령 정비에 적극 나서지 않았다.

그에 따라 사정개혁은 단순한 인적 청산으로 끝나 버리고 광범위한 정치적, 경제적 개혁으로 연결되지 못했다. 법제화와 제도화의 부족은 개혁의 지속성을 어렵게 만들었고 개혁의 범위를 사정과 공직자 재산 등록, 금융실명제 실시 이상으로 확대시키지 못했다.

이와 같은 환경적 요인과 내재적 요인에 의해 김영삼 정부의 개혁은 초기 사정작업을 제외하고는 큰 성과를 거두지 못하고 마감되고 말았다.

정부에 대한 국민의 지지도는 하락했고 그에 따라 정부의 개혁 능력은 더욱 하락하였으며 개혁의 의지도 감소하였다. 설상가상으로 개발독재 시절의 부실공사에 의한 것으로 김영삼 정부의 책임이라고 할 수 없는 성수대교 붕괴, 대구 가스 폭발, 삼풍백화점 붕괴와 같은 대형 사건들이 연이어 발생했다.

야당과 시민단체들의 공격과 국민의 신뢰 하락 속에 김영삼 정부는 더욱 고립되었고 정권의 안위와 재창출 과제에 매몰되면서 결국 정부의 개혁의지는 사라지고 말았다.

그런 가운데 1997년 1월 재계 순위 14위의 한보철강이 부도를 냈다. 그에 대한 수사가 진행되면서 김영삼 대통령의 심복이었던 홍인길 전 비서관 등 여야 정치인들이 부실대출의 배후로 구속되었고 소통령이라 불렸던 김현철의 연루 의혹이 짙어졌다.

때마침 터진 YTN 사장 인사 개입 파동에 대한 수사 결과 김현철의 국정 개입이 사실로 판명됨으로써 1997년 5월 마침내 김현철은 뇌물수수 및 권력남용으로 구속되었다.

김 대통령은 대국민사과 성명을 발표해야 했고 국정 장악력은 급격히 떨어졌다. 한보가 무너진 이후 연이어 삼미, 한신공영이 법정관리를 신청했다. 7월에는 급기야 재계 순위 8위의 기아가 부도를 냈다. 국민경제가 소리 없이 무너지고 있었던 것이다.

1997년 11월 21일 문민정부는 결국 국제통화기금 IMF에 정식으로 구제 금융을 신청했다. 문민정부의 무능이 국가를 부도 일보 직전까지 몰고 간 것이었다.

1997년 7월 실시된 신한국당의 대통령후보 지명 전당대회에서 김영삼은 아무런 영향력을 행사할 수 없었다. 아들이 비리로 구속되면서 국정운영이 불가능할 정도가 되었기 때문이다. 김영삼 정부의 지지도가 바닥을 헤매자 마침내 11월 7일 김 대통령은 당의 요구를 받아들여 신한국당을 탈당했다.

이회창은 신한국당을 한나라당으로 변신시키면서까지 사력을 다했으나 12월 18일 실시된 대통령 선거에서 김대중에게 패배하였다. 문민과 개혁의 깃발 아래 화려하게 출발했던 김영삼 정부는 좌초된 개혁과 외환위기를 남긴 정부, 역설적으로 그것 때문에 사상 최초로 정권교체를 시켜 준 정부로 기록되었다.

제10장

경제개혁과 정치개혁

제1절
김대중 정부의 경제개혁

1. 외환위기의 원인과 전개과정

1970~80년대 고도성장을 겪었던 한국경제는 민주화 이후 1990년대 들어 차츰 물가가 상승하고 그에 따라 부동산 투기가 재연되면서 재벌들은 3저 호황으로 벌어들인 돈을 연구개발에 투자하기보다 증권, 부동산, 기업 확장 등에 투자하기 시작했다. 그러면서 한국경제의 체질은 점점 더 약화되어 갔다. 김영삼 정부에서도 이 같은 흐름은 변하지 않았다.

1995년 1인당 GNP가 10,037달러를 기록함으로써 외관상 고도성장이 지속되는 것처럼 보였으나 내부에서는 경제위기의 조짐들이 나타났다. 물가는 연평균 5% 이상의 상승률을 기록했고, 경상수지도 1994년 45억 달러, 1995년 89억 달러, 1996년에는 사상 최대인 237억 달러의 적자를 기록했다. 그에 따라 외채도 1992년 439억 달러, 1996년 1,045억 달러, 1997년에는 1,208억 달러로 눈덩이처럼 불어났다.

삼성의 자동차산업 진출과 같은 재벌들의 과잉중복투자가 다시 만연하기 시작했고 그런 과정에서 재벌기업의 부실은 점점 더 심해졌다. 경쟁력 없는 재벌기업의 일부 업종들은 도태되는 것이 아니라 그룹 내 순환출자 등을 통해 이익을 남긴 동일 그룹의 다른 기업으로부터 자금 지원을 받거나 금융대출을 통해 명맥을 이어갔다. 그것은 전체 그룹의 경쟁력 약화로 이어졌다. 그에 따라 30대 재벌의 부채 비율은 1996년 말 386.5%에서 1997년 말 518.9%로 치솟았다.

1997년부터 기업들의 부도가 줄을 잇기 시작했다. 1997년 말 8개 시중은행의 무수익여신(돈을 빌려 주었다가 이자를 못 받게 된 대출금)은 총 여신의 14.2%인 35조 7,700억 원에 달했다. 그런데도 김영삼 정부는 저환율로 인해 고평가된 원화가치에 의한 1만 불 소득 달성 등의 외형적 수치에 매달려 1996년 12월 경제선진국의 모임인 경제협력개발기구OECD에 가입하였다. 외국 언론의 지적대로 '샴페인을 너무 빨리 터뜨린' 것이었다.

김영삼 정부가 처음부터 경제개혁을 시도하지 않은 것은 아니었다. 앞서 본 바와 같이 김영삼 정부는 출범 직후 신경제 5개년계획을 수립하고 경제개혁에 착수하였다.

그러나 개혁의 주 대상이었던 재벌기업들과 그와 유착한 정치인, 언론 등이 강력히 저항하면서 경제개혁도 힘이 빠지게 되었다. 이후 새로운 경제성장의 동인을 찾는 과정에서 나온 것이 1994년 이후의 개방화, 세계화였다.

그러나 1997년의 외환위기가 증명했듯이 세계화에 입각한 김영삼 정부의 경제개혁은 성공하지 못했다. 외환위기의 원인이 되었던 관치 금융과 정경유착, 대기업의 부당한 내부거래 및 재무제표의 불투명성 등이 한국기업의 지배적인 관례로 여전히 남아 있었다.

특히 제도적, 자율적 통제시스템을 채 갖추지 못한 상태에서 정부의 어설픈 개방화, 세계화 정책은 국내 금융기관들의 무분별한 외자도입 및 해외진출을 부추겼고 그 과정에서 정부와 재벌, 금융기관의 비효율적, 비합리적 역학관계는 더욱 심화되었다.

현상적으로 1997년 외환위기의 시발점은 1월에 발생한 한보철강의 부도였다. 건설 사업을 기반으로 급속히 성장하였던 한보그룹은 세계적으로 하강국면 추세에 있던 철강 산업에 투자하였다. 한보는 막대한 자금을 국내 은행으로부터 조달하였고 이 과정에서 정치인과의 비리, 그리고 부실 경영으로 엄청난 빚을 떠안게 되었다. 눈덩이처럼 증가하는 부채와 하강추세의 경제로 인해 한보는 1996년 중반부터 부도위기에 직면하였고 금융기관들은 한보에 비상용자금을 제공하였다.

그러나 한보는 끝내 도산하였는데 도산 직전 한보가 갚아야 할 부채는 약 5조 원에 달하였다. 한보 부도는 대기업들의 연이은 도산의 신호탄이 되었다. 3월에는 삼미그룹, 4월에는 진로그룹, 5월에는 대농과 한신공영이 잇달아 자금난으로 법정관리 및 화의신청에 들어갔다. 7월에 접어들면서 기아도 도산하였다.

재계 순위 8위인 기아의 부도는 국내외적으로 큰 파장을 불러왔다. 국제적으로 자동차 산업으로 상당한 명성을 지닌 회사였던 기아의 도산은 이제 국내 어느 기업도 부도로부터 안전할 수 없다는 불안감을 가져왔고 대외적으로 외국인 투자가 및 투자기관들이 한국의 국제신인도를 의심케 하는 계기가 되었다.

이러한 대기업의 연이은 도산으로 9월 말까지 국내 25개 일반은행과 6개 특수은행이 이자를 받지 못하거나 원금을 떼이게 된 무수익 여신은 무려 28조 원에 달했다. 정부의 느슨한 감독 아래 마구잡이 경영을 해 온 종합금융사들의 부실은 더욱 깊었다. 단기로 조달한 외화를 장기로 동남아시아에 투자한 종금사들은 7월 태국의 금융위기와 8월 인도네시아의 경제위기가 촉발되면서 부실기관으로 전락하였다.

위기를 느낀 외국투자기관들의 자금회수가 시작된 가운데 국책은행들마저도 신용등급 하락으로 인해 해외차입이 사실상 불가능해짐에 따라 외환시장에서는 극심한 달러 부족현상이 나타났다. 가용 외환보유고는 10월 말 223억 달러에서 11월 말 73억 달러로 급전직하했다. 환율을 방어하기 위해 정부는 11월 한 달 동안 150억 달러를 쏟아 부었지만 환율의 폭등과 외환의 고갈을 제어할 수 없었다. 이에 따라 정부는 11월 21일 결국 국제통화기금 IMF에 구제 금융을 요청할 수밖에 없게 되었다.

이와 같은 외환위기의 원인에 대해서는, 동남아시아 국가들의 외환위기로 인한 국제금융시장의 불안정성을 강조하는 외부 요인론, 정경유착에 의해 비효율적으로 성장한 재벌 중심의 국내 경제구조를 강조하는 내부 요인론, 외환위기의 징후에 무능하게 대처한 정부의 책임을 강조하는 정책 요인론 등의 분석이 있다.

물론 한국의 외환위기는 위의 3가지 요인들이 복합적으로 상승작용을 일으킨 결과일 것이다. 즉 한국경제의 구조적 부실이 외환위기의 배경적 요인으로 작용하였다면 국제금융시장의 충격은 외환위기를 부추기는 상황적 요인으로 작용하였으며 정부의 정책실패는 구조적, 상황적으로 나타나고 있는 외환위기를 막아내지 못한 역량적인 요인으로 작용하였다고 볼 수 있다.

이를 다시 정리해 보면 다음과 같다.

개발독재하의 한국경제는 정부 주도 및 재벌 중심의 압축적 산업화 과정을 밟아 왔다. 그에 따라 급속한 경제 성장은 이루어졌으나 동시에 경제 질서는 심각하게 왜곡되었다. 정부 주도의 대기업 중심 산업화 전략은 재벌 불패의 신화를 창조해 왔다. 이는 재벌들의 중복과잉 투자를 초래하는 요인이 되었고 동시에 한국경제의 체질을 허약하게 만들었다.

재벌의 도산을 우려한 정부에 의해 투자손실이 보전될 것이 확실하기 때문에 금융기관은 자금을 무한정 제공하였다. 은행 빚으로 외형을 확대한 한국의 대기업들은 부채비율이 기형적으로 높을 수밖에 없었다.

권위주의 정권 아래서는 이런 문제가 정부의 산업합리화 정책이나 금융기관 규제를 통해 어느 정도 억제되었으나 정부의 통제가 어려워진 민주화 이후에는 과잉중복투자에 따른 기업의 높은 부채비율과 금융기관들의 도덕적 해이는 더 심각해졌다.

여기에 외부적 충격이 가해졌다. 절대 망하지 않을 것 같았던 한보가 도산하자 대기업들에게 무분별하게 자금을 대주었던 금융기관들이 대출자금을 경쟁적으로 회수하는 악순환이 발생하였다. 그 위에 동남아시아 국가들의 금융위기로 인한 국제금융시장의 불안정은 국내 금융기관에 엄청난 충격을 주었다.

외국 금융기관들은 종금사들의 상환연장을 거부하고 자금을 서둘러 회수하기 시작하였다. 이와 동시에 한국기업의 과다차입 행태와 투명성 부족, 금융시스템 문제 등을 들어 국제금융기관들은 한국을 자금회수 대상국으로 지목하였고 그 결과 국책은행의 외화 차입마저 어렵게 되었다. 이로써 한국은 외환의 단기적인 수급 불균형 현상에 직면하게 되었다.

이러한 상황에서 김영삼 정부의 대응은 한심할 정도였다. 1997년 8~10월의 기간은 정부가 위기에 대처할 수 있었던 중요한 시기였다. 그러나 정부의 대응정책의 실패는 외환위기를 결정적으로 촉발시켰다.

우선 경제상황에 대한 정부의 효과적인 감독기능이 이루어지지 못했다. 외환위기가 발발하기 수개월 전부터 싱가포르, 홍콩, 동경 외환시장에서는 이미 한국의 외환위기가 공공연히 거론되고 있었다. 그럼에도 불구하고 한국의 정보기관을 포함한 관계부처들은 이를 적시에 감지하지 못했다.

뿐만 아니라 이들 정보기관들은 외환위기의 본질을 이루는 단기 외채의 규모 및 대기업들의 현지금융 및 상호지불보증 규모조차 제대로 파악하지 못하고 있었다. 당시 한국의 외채 규모가 1,500억 달러이고 현지금융 및 지급보증 규모가 약 500억 달러에 이르고 있음이 밝혀진 것은 김대중 정부가 들어선 이후였다.

경제위기의 징후가 나타나기 시작한 시점에서 대응책을 모색해야 할 재정경제원과 한국은행은, 증권감독원과 보험감독원 그리고 한국은행 산하의 은행감독원을 금융감독원으로 통합하여 이를 재정경제원 산하에 두는 금융감독기구설치법 제정을 둘러싸고 치열한 찬반양론의 밥그릇 싸움을 하고 있었다.

김영삼 대통령과 청와대 역시 경제위기에 대한 인식이 제대로 되어 있지 못했고 따라서 적절한 대응책을 마련하지 못했다. 한보철강의 파산과 그와 관련된 정치부패 실상이 한국의 국제신인도를 크게 하락시키고 있었던 상황에서 기아자동차 부도사건이 발생하였을 때 정부는 이를 3개월 이상 무결정 상태로 방치해 둠으로써 경제관리 능력에 대한 국제사회의 의구심을 심화시켰다.

당연히 한국의 국제신인도는 더욱 악화되었고 해외자본의 신규 유입은 고사하고 이미 들어와 있던 해외자본까지도 떠나게 하는 사태를 유발하고 말았다. 정책당국과 지도자의 신속하고 과감한 결단이 요구되는 상황에서 엉뚱한 일에 몰두하고 있거나 무지하고 우유부단했던 것은 외환위기를 낳는 결정적 원인으로 작용하였다.

2. 경제개혁 : 신자유주의의 본격화

IMF 구제금융 하의 경제위기는 김대중 정부에게 다른 무엇보다도 경제개혁에 앞장서야 할 책무를 안겨 주었다. 외환위기는 김대중 정부가 다른 개혁에 대해 신경을 쓸 수 없게 만들었다는 점에서 부정적인 측면이 있는가 하면 경제개혁에 대한 저항을 최소화시킬 수 있었다는 점에서 긍정적 측면도 있었다.

김영삼 정부에서 보았듯이 경제개혁은 첨예한 이해관계의 갈등 때문에 시간이 지날수록 피해가 예상되는 저항세력들이 결집하여 저항함으로써 실패하게 될 가능성이 높다.

이런 맥락에서 김대중 정부는 집권 초반 국민들의 강력한 지지와 시대적 명분을 갖춤으로써 경제개혁을 과감하게 시행할 수 있는 조건을 구비할 수 있었다.

그러나 동시에 시급한 경제개혁에 밀려 힘이 있는 집권 초반에 했어야 할 지역주의 극복을 위한 선거제도 개편과 같은 정치개혁에 적극 나설 수 없었다는 문제도 있었다.

김대중 정부는 IMF가 돈을 빌려 주는 대가로 제시했던 4개 부문, 즉 금융, 재벌, 노동, 공공 부문에 대한 개혁을 추진해야 했다. 이를 위해 우선 외국의 투기자본을 끌어들여 한국 기업과 동남아 기업들에게 투자했다가 외환위기의 직격탄을 맞았던 종합금융사 등 부실 금융기관들에 대한 구조조정을 단행하였다.

한화, 쌍용, 신한 등 10개 종금사가 인가 취소되었고 대동, 동남, 동화, 경기, 충청 은행 등이 폐쇄되었으며 조흥, 상업, 한일, 보람은행들도 다른 은행들과 통폐합되었다. 제일은행은 외국 기업에 매각되었고 고려, 국제, 태양, BYC 등 4개의 생명보험사가 영업 정지되었으며 이어 동아, 태평양 등 5개 생보사는 공개 매각되었다. 퇴출과 통폐합은 대량해고와 실업으로 이어졌고 은행들도 구조조정 될 수 있다는 충격을 국민들에게 안겨 주었다.

한편 김대중 대통령은 당선 직후 재벌 총수들과의 면담을 통해 기업 구조조정의 5원칙, 즉 기업경영의 투명성 제고, 상호지급보증 해소, 재무구조의 획기적 개선, 핵심 부문 설정, 지배주주 및 경영진의 책임 강화 등을 논의하여 핵심주력사업을 선정하고 계열사를 대폭 축소한다는 데 합의하였다.

우선 5대 재벌은 사업교환, 합병, 매각, 계열분리 등을 통해 3~5개의 핵심주력 사업을 선정하고 계열사를 264개에서 130여 개로 대폭 축소하기로 했다. 또한 재무구조 개선으로 상이한 업종 간의 채무보증 12조 7천억 원을 연내에 해소하고 나머지 보증도 대출금 출자전환 등으로 점진적으로 해소하여 2000년 3월까지 완료하기로 하고, 5대 그룹은 1999년 말까지 평균부채비율을 200% 이내로 내리기로 했다.

그 외에 경영투명성의 제고를 위해 1999년부터 결합 재무제표를 작성하도록 준비하고 이사회 중심의 경영체제로 전환하며 부당내부거래행위를 근절하기로 했다.

이어서 김 대통령은 재벌 개혁의 후속조치로 상호출자 제한, 재벌의 금융 산업 지배 규제, 변칙상속 규제 등을 발표했다. 한 마디로 과거 재벌기업이 드러내 온 족벌경영, 선단식 경영의 폐습을 차단하고 수익성과 효율성을 갖춘 기업으로 변화시키겠다는 것이었다.

이를 위해 1999년 공정거래법을 개정, 출자총액제한제도를 도입하되 시행 시기는 2001년 4월로 하며 대규모 상장기업의 경우 사외이사 비중을 2분의 1로 확대하고 투신사의 자기계열 기업에 대한 주식투자 한도를 총자산의 7%로 축소하며 보험사 여신한도도 총자산의 12%로 축소하기로 하였다.

재벌 개혁과 함께 김대중 대통령은 노사관계의 개혁에도 나섰다. 김 대통령은 '민주주의와 시장경제의 병행 발전'을 강조하며 집권과 동시에 노사정위원회를 발족시킴으로써 경제위기 극복을 위한 새로운 형태의 사회합의 모델을 구축하는 듯이 보였다.

기업의 경영투명성 확보 및 구조조정 촉진, 사회보장제도 확충, 노동기본권 보장, 노동시장 유연성 제고 등 10대 의제로 구성되어 있는 이 사회협약에는 노동계와 재계, 그리고 정부 측이 제안한 중요한 정책현안이 대부분 포괄되어 있다.

민주노총이 도중에 뛰쳐나가는 등 여러 가지 우여곡절을 겪으면서도 노사정위원회는 본래 의도한 구조조정과 개혁의 동시 실시를 위해 노력하였다.

그러나 정부가 노동개혁을 통해 재계가 요구한 노동시장의 유연성 확보, 즉 해고 요건 완화에는 성공했으나 그에 대한 반대급부인 재벌 및 금융 개혁 등에서는 노동자들을 만족시킬 만한 충분한 성과를 거두지 못했다. 그에 따라 노동계는 경제개혁이 수많은 실업과 실직을 통해 노동자들에게 희생을 전담시키는 형태로 귀결되었다고 비판했다.

그 밖에 공공부분 개혁은 정부조직 개편, 정부운영시스템 개선, 공기업 민영화와 경영혁신 등으로 이루어졌는데 이 중 정부조직 개편과 정부운영시스템 개선은 대통령직 인수위원회에서 기획하여 전후 세 차례에 걸쳐 시행되었다. 또한 공기업 민영화는 기존 정부조직이 아닌 공기업민영화 추진위원회를 별도로 설치하여 한국중공업, 한국통신, 한국전력, 가스공사, 담배인삼공사 등 11개 공기업과 55개 자회사에 대한 민영화계획을 추진하였다.

그러나 외환위기라는 외부의 충격을 동력으로 삼아 한국중공업, 한국통신, 담배인삼공사, 대한송유관공사 등 8개사의 민영화에는 성공했지만 정권 후반기에 정책의 추진력이 떨어지고 노동조합 등 이해집단의 격심한 반발로 인해 한국전력, 가스공사, 지역난방공사 등 3개 공기업 민영화는 부분 민영화에 그치게 되었다.

이와 같이 김대중 정부는 IMF가 제시한 4개 부문에 걸친 구조조정을 이행함으로써 외환위기를 극복하는 데는 일단 성공했던 것으로 보인다. 가용 외환보유고는 1997년 말 89억 달러에서 1998년 말 457억 달러로 대폭 늘어났으며, 1999년 말 740억 달러, 2000년 말 962억 달러로 계속 증가하였다.

김대중 정부는 1999년 9월에 가장 비싼 금리로 빌린 IMF의 보완준비기금 SRF를 다 갚음으로써 한때 350억 달러를 넘보던 국제기구 차입액이 절반 수준으로 감소했다.

외환위기와 외채문제가 어느 정도 해결되면서 전반적인 산업동향도 개선되어 경제성장의 기조가 점차 개선되고 있었으며 실업률도 1998년 6.8%에서 2001년 3.7%로 현저히 감소했다.

그러나 김대중 정부가 추진한 IMF 경제개혁의 기조가 신자유주의적 정책들이다 보니 그에 따른 부작용이 만만치 않게 나타났다. 고용의 내용을 보면 정리해고의 합법화 등을 통한 노동시장의 유연화로 비정규직 노동자의 비중이 크게 늘었고(1997년 18만 명에서 1999년 96만 명) 새로운 고용의 경우도 대부분이 임시일용직이었다. 사회의 빈곤화와 양극화 현상 역시 심화되어 1999년의 경우 최하위 20%의 가구소득은 8.4% 감소한 반면 최상위 20%의 소득은 3.7% 늘어남으로써 점차 소득이 양극화되고 있었다.

김대중 정부의 경제개혁 성과에 대해 지지자들은 외환위기를 극복한 사실과, 이전의 어느 정부도 하지 못했던 재벌 개혁을 그 정도라도 해냈다는 점 등을 들어 긍정적 평가를 하였다.

그러나 반대로 신자유주의적 개혁으로 수많은 실업과 양극화를 초래한 것에 비해서는 그 정도의 재벌 개혁은 실망스럽다는 부정적 평가도 있었다.

재벌 개혁의 핵심은 재벌의 독점소유형태, 즉 재벌의 계열회사에 대한 소유경영독점체제를 청산하는 것인데 그것이 제대로 이루어지지 않았다는 것이다. 실제로 핵심 주력사업 선정을 내용으로 하는 빅딜은 부실계열사 정리에 의한 업종단순화, 경영합리화에 머물렀다.

5대 그룹이 전체 계열사 264개 가운데 절반 가까운 130개 정도를 정리하기로 했으나 계열분리로 감소되는 매출비중은 10% 미만에 불과했으며, 3~5개의 핵심 업종을 선정하고 계열사의 절반 정도를 줄이는 사업구조 재편을 단행했지만 경제력 집중 완화의 효과는 기대에 미치지 못했다.

출자총액제한제도를 철폐했음에도 재벌체제의 해체나 개선에는 크게 효과를 보지 못해 1998년 증권거래소가 10대 그룹을 대상으로 최대주주와 총수의 친인척 등 5% 이상 대주주의 지분변동현황을 조사한 결과 내부지분율이 1998년 30.4%에서 1999년에는 35.6%로 오히려 높아졌다.

또한 외형적인 변화에도 불구하고 전체시장지배 품목에서 5대 재벌이 차지하는 비중은 1997년의 41.9%에서 1999년 45%로 증가했고 시장지배 사업자에서 5대 재벌이 차지하는 비중 역시 1997년의 32.1%에서 1999년에는 33%로 늘어났다.

결국 김대중 정부가 추진한 재벌개혁은 기업지배구조상 중요한 제도개선 조치들을 도입하였고 사업구조조정이나 채무축소 부문에서 상당한 성과를 거두었으나, 동시에 상위 재벌들의 독과점적 위치를 더욱 강화하고 재벌들이 새로운 영역, 특히 금융부문으로 확장하는 것을 허용하는 결과를 낳았다.

재벌들의 경제력 집중은 더욱 가속화되었고 족벌경영은 그대로 유지되고 있으며 전반적으로 정부의 재벌 지원도 형태는 바뀌었을망정 더욱 늘어나는 경향을 보였다. 그렇게 된 가장 중요한 이유는 경제정책이 재벌의 구조조정을 통한 장기적 관점의 제대로 된 성장보다는 외환위기 해소와 단기적 경제 회복을 선호하는 방향으로 선회했기 때문이다.

그렇게 선회한 이유는 지역주의 정치구도 속에서 재벌개혁의 추진이 정치적 지지의 확대로 이어지지는 않았을 것이기 때문이었다. 점차 낮아지는 지지도 속에서 장기적인 개혁보다는 단기적인 처방 위주의 정책들을 추진할 수밖에 없었다는 것이다.

3. 대북포용정책

경제개혁 다음으로 김대중 정부가 수행한 중요한 개혁은 대북정책의 전환일 것이다. 이전까지의 대북 적대정책을 파기하고 햇볕정책, 또는 대북 포용정책이라고 하여 북한과의 화해와 공존을 추구한 김대중 정부의 대북정책은 과거 개발독재 시절에 정권 안보를 위해 악용되었던 냉전 논리와 반공 이데올로기를 약화시킴으로써 민주화에 필요한 합리적 정치를 가능케 하였다는 점에서 중요한 개혁 조치라고 할 수 있다.

물론 이에 대해 북한 정권의 붕괴가 통일과 북한 주민에게 바람직한 일이라고 생각하는 대북 강경파들의 저항과 반대는 계속되었다.

김대중 대통령은 취임사에서 '남북관계는 화해와 협력 그리고 평화 정착에 토대를 두고 발전시켜 나가야 할 것'임을 분명히 함으로써 정부가 추진할 대북정책의 기본방향을 천명하였다. 이 같은 기조 아래 김 대통령은 대북 포용정책 수행과 환경 조성을 위한 대내외적인 노력을 전개했다.

우선 김대중 정부는 국제적 공조에 힘을 기울여 미, 중, 일, 러 등에 대한 방문외교를 통하여 주변 강대국으로부터 대북 포용정책에 대한 이해와 지지를 받아내려 노력하였다. 김 대통령은 미국에 대해서는 대북 경제제재 철회를 요청하고 일본에게는 과거 식민지 통치에 대한 대북 배상금 지불을 주문하는 등 햇볕정책에 미국과 일본의 동참을 촉구하였다.

1998년 금창리 핵 의혹 시설 문제와 북한의 '인공위성 발사' 문제로 대북 포용정책에 대한 미국 공화당의 반대가 극심하여 클린턴 정부가 곤경에 처했을 때도 김대중 정부는 금창리 지하시설이 핵과 연결되어 있다는 증거가 없으며 실제 핵무기를 건설하려 하더라도 4~5년이 걸린다는 입장을 견지했다.

또한 국내적으로도 그 해 6월에 북한 잠수정이 동해로 침투하다 그물에 걸려 예인된 사건으로 국내의 대북 강경파들이 강력히 북한을 규탄할 때에도 김대중 정부는 대북 포용정책의 기조에는 변화가 없으며 정경분리 원칙은 고수되어야 한다고 하여 금강산 관광 등 남북경협을 지속시켰다. 이러한 원칙은 1999년 6월에 있었던 꽃게잡이 어선과 북한 함정의 북방한계선 NLL 월경으로 서해교전이 벌어졌을 때도 준수되었다.

이와 같은 김대중 정부의 노력에 대한 북한의 초기 반응은 부정적이었다. 김대중 정부의 대북정책 역시 형태만 바꾸었을 뿐 북침통일을 꾀하는 가짜 통일정책이자 영구 분열정책이라는 것이었다.

그러나 의혹과 불신의 입장에서 햇볕정책을 바라보던 북한 당국이 김대중 정부 1년이 지나면서 정부의 지속적인 대북정책 추진 의지와 노력을 긍정적으로 바라보기 시작했다. 북한은 미국과 북한에 대해 대북현안 일괄타결을 주장한 김대중 대통령 취임 1주년 기자회견 내용에 대해 '남조선 당국자의 기자회견을 보면 우리의 관심을 끄는 부분도 없지 않다'고 하여 처음으로 긍정적인 대남 메시지를 보냈다.

2000년이 되면서 김대중 대통령은 대북 포용정책에 대한 자신감과 낙관적인 전망을 보다 확신하면서 신년사에서 '남북경제공동체' 구성을 제안하였다. 이는 포용정책의 성과를 남북 간 경제협력으로 한 차원 높이고 햇볕정책을 구체적인 실행단계로 진전시키겠다는 구상이었다.

이러한 김 대통령의 대북구상은 독일 방문 중의 '베를린 선언'을 통해 보다 구체화되었다. 김 대통령은 민간차원에만 국한되어 온 남북 간 교류를 정부 차원으로 격상시키자는 메시지를 던지면서 구체적 사안으로 정부당국간 협력, 이산가족문제 해결, 특사교환 제의 수락 등을 촉구하였다.

이러한 김 대통령의 노력은 마침내 남북한 정상회담 성사로 이어지게 되었다. 오랜 실무접촉 끝에 2000년 6월 13~15일 실현된 남북정상회담은 노태우 정부 때의 남북기본합의서의 내용 확인과 낮은 단계의 연방제에 의한 통일방안에 접근하는 등의 내용을 담은 6.15 남북공동성명을 낳았다.

이후 후속회담과 접촉을 통해 정상회담의 합의를 담은 6.15 선언의 실천이 활발하게 이루어졌다. 특히 장관급 회담을 기본 축으로 하여 각 분야별 실무회담으로 당국 간 대화가 구체화되었고 북한 측이 그 동안 소극적이었던 긴장 완화와 평화 구축을 위한 군사회담도 이루어져 제주도에서 남북국방회담이 성사되기도 하였다.

북한은 정상회담과 장관급회담 등을 통해 대북지원을 요청하였고 김대중 대통령은 북한에 대한 식량 제공은 상호주의의 대상이 아니며 북한의 식량난이 해소될 때까지 인도주의에 입각해 대북식량지원을 계속해 나갈 뜻을 밝혔다.

이에 따라 남북은 대북 식량차관 50만t 제공 계약을 정식 체결했다.

그러나 이러한 햇볕정책에 대한 야당과 보수 언론들의 '일방적 퍼주기'라는 공격도 더욱 강해졌다. 이들에 의하면 상호주의에 입각해야 할 남북교류가 남한의 일방적 희생 위에 북한만 이득을 얻는 방식으로 진행되고 있다는 것이었다.

이와 같은 보수파들의 공격은 미국에서 대북 강경론자인 공화당의 부시가 대통령으로 당선되면서 더욱 강화되었다.

부시 행정부가 한미정상회담 과정에서 대북 불신감을 강도 높게 표출하자 북한도 5차 남북 장관급회담을 전격 연기하는 등 한반도에 냉전시대의 긴장이 재연되는 듯했다. 이에 따라 이후 남북 장관급 회담뿐 아니라 적십자회담과 체육회담 등도 모두 교착상태에 빠지게 되었다.

북한은 미국의 강경한 대북정책을 비난하면서 북한에 대한 미국의 테러지원국 지정과 한미일 공조체제, 그리고 미사일 방어체제 등에 대한 우려를 표명하였다. 김대중 정부는 이러한 상황에서도 인도적 차원의 대북지원으로 비료 20만t을 보냈으나 비료가 북한에 운송되는 기간 중에 북한 상선이 제주해협 일대와 서해 북방한계선 등을 잇달아 침범하여 곤경에 처하기도 하였다.

결국 대북 포용정책은 2001년 9.11 테러 이후 부시 행정부가 북한을 악의 축 국가 중의 하나로 규정하고 북미관계가 얼어붙으면서 심각한 난관에 봉착하였다.

남북정상회담과 대북 포용정책은 그에 대한 강력한 국내외의 반대에도 불구하고 오랜 기간 독재정권에 의해 악용되어 온 냉전구도와 반공 이데올로기의 약화를 가져왔다는 점에서 대단히 중요한 개혁 조치였다. 그것이 과연 올바른 대북정책인지는 가치관에 따라 다른 평가가 가능하겠으나 현재로서는 전쟁을 막고 평화적으로 남북문제를 해결하기 위한 방법으로는 별 다른 대안이 없는 것처럼 보인다.

4. 기타 개혁조치

김대중 정부에서는 그 외에도 몇 가지 중요한 사회적, 경제적 개혁

조치들이 취해졌다. 우선 대표적인 공적부조제도라고 할 수 있는 국민기초생활보장제가 실시되었다. 기초생활보장제는 1999년 9월 국민기초생활보장법의 제정, 공포에 따라 2000년 10월부터 시행되었는데 1961년에 제정된 기존의 생활보호법을 완전히 대체한 것이었다.

김대중 정부가 국민기초생활보장법을 만든 이유는 기존의 생활보호제도가 경제위기에 대응하는 데 한계가 있다고 판단했기 때문이다. 노인이나 장애인 등 근로무능력자에 대한 단순생계지원책에 그쳤던 기존의 생활보호제도는 외환위기 시대의 사회안전망으로서는 분명한 한계를 나타냈다.

IMF 구제금융 사태와 구조조정에 따른 대량실업으로 근로능력이 있는 빈민이 급증하고 자살자와 노숙자가 증가했으며 가족의 해체 등 사회문제가 확대됨에 따라 근로능력이 있는 빈민에 대한 최저생계비 지원책이 절실히 필요해졌던 것이다. 그에 따라 근로 능력에 관계없이 최저생계비 이하의 저소득층의 기초생활을 국가가 보장할 필요성이 대두되었다.

이를 위해 정부는 절대빈곤층이 기본생활을 할 수 있도록 1인 가구 32만 원, 2인 가구 54만 원, 3인 74만 원 등 가구 규모에 따라 최저생활비를 책정하고 가족의 소득과 다른 법에서 지원받는 돈을 뺀 나머지 액수를 지급하도록 하였다. 또한 자활계층에 대해 실업대책 프로그램에 따라 구직등록을 하게 한 뒤 기능을 보유하지 못한 이들에게는 건설일용직 등의 직업훈련을 실시하도록 하였다.

기초생활보장 외에도 김대중 정부는 외환위기로 인해 힘들어진 국민들의 삶을 보호하기 위한 사회복지의 일환으로 의보통합과 국민연금 정책을 추진하였다. 각각 분리되어 보험료와 혜택이 제각각이었던 직장 및 지역 의료보험조합과 공무원·교원의료보험공단 등을 통합함으로써 동일한 의료혜택을 볼 수 있도록 하기 위한 의보통합은, 보험료 인상이 예상되는 직장인들과 신한국당, 한국노총 등이 반대하는 가운데 의료보험 사각지대에 놓여 있던 농어촌과 중소자영업 종사자들, 전국농민조합과 민주노총, 시민단체 등의 지지를 바탕으로 1998년 겨우 여소야대 국회를 통과했다.

또한 국민의 생활안정과 복지증진을 위한 국민연금제도는 노태우 정부 때 10인 이상 사업장 근로자를 대상으로 시행되었는데 이후 농어촌으로 확대되었다가 김대중 정부 때인 1999년 도시지역 주민을 포함하는 전체 국민에게 확대되었다. 확대 당시 대상자는 누구나 강제 가입해야 하기 때문에 사실상의 세금이며 인구 감소로 점차 자금 고갈을 겪으며 형평성을 잃게 될 것이라는 등의 반대가 심했으나 국민복지라는 명분에 밀려 야당도 끝내 반대하지는 못했다.

그 밖에 김대중 정부에서 이루어졌던 사회적 개혁조치는, 이해찬 교육부장관에 의해 주도되었던 교사정년 인하, 7차 교육과정 개편과 같은 내용의 교육개혁, 의약품 오남용을 막기 위해 의사들의 거센 이익집단적인 반발을 겪으며 도입되었던 의약분업제도, 외환위기를 겪으며 기존 산업을 대체하여 벤처산업으로 육성된 IT산업 육성, 언론사들의 세무비리조사 등이 있었다.

이들은 모두 당시 개혁해야 할 필요성이 있었기 때문에 추진된 것들이었으나 각각 학생들의 학업능력 저하, 국민 부담의 의료비 인상, 벤처기업의 거품 등의 부작용들을 겪으며 이해관계가 걸려 있거나 철학이 달랐던 재벌, 교육계, 의료인, 한나라당, 보수언론 등에 의해 심각한 저항을 받았다.

김대중 정부에서는 몇 가지 중요한 정치개혁도 이루어졌다. 정치 관련법 개정에 따라 노동조합의 정치활동이 인정되었으며, 헌법재판소에서 위헌판정을 받았던 1인 1표제를 대체하여 1인 2표제의 정당명부제가 도입되었다.

이런 조치들은 이후 선거에서 그 전의 진보정당과는 달리 노조로부터 자금과 인력을 지원받을 수 있었던 민주노동당이 국회에 진출할 수 있게 해 준 중요한 계기가 되었다. 이들 외에 지역주의 정치 완화를 위한 중대선거구제 도입 등의 선거제도 개편 논의들은 야당의 반대로 성사되지 못했다.

5. 평가

김대중 정부의 개혁에 대해 객관적 평가를 하기에는 아직 너무 이른 것 같다. 평가 자체가 김대중 정부에 대한 주관적 판단에 의한 것일 가능성이 많기 때문이다. 우선 김대중 정부 자신과 그 지지자들은 어쨌든 외환위기를 단기간에 극복한 점에서 성공한 정부라 할 수 있다고 주장했다. 3년 만에 국제통화기금에서 빌린 외채를 거의 다 갚았고 임기 초 100억 달러가 못 되던 외환보유고를 임기 말에 10배인 1,000억 달러로 만들었다는 것이다.

또한 이들은 김대중 정부가 외환위기 극복과정에서 상당한 정도의 금융, 재벌, 공공 부문 개혁을 해 냈고, 노동 부문 개혁에서는 민주노총이 노사정위원회를 거부한 데서 알 수 있듯이 사회적 협약에 성공하지 못하고 일방적인 구조조정과 실업자 양산으로 이어졌으나 경제위기 극복과정에서 어느 정도는 불가피했다는 입장이었다.

게다가 김대중 정부는 대북포용정책으로 남북정상회담에 이르는 등 냉전 해소를 위한 의지를 실천하였고 기초생활보장제 등 사회안전망 확충에 힘썼으며 IT산업 등 정보화정책에도 크게 기여하였다고 본다.

더구나 그러한 개혁조치들이 한나라당, 재벌, 보수 언론 등으로 이루어진 저항연합이 임기 내내 김대중 정부를 비판, 공격하는 가운데, 한 번도 여대야소의 국회를 가져 보지 못했던 조건 속에서 이루어진 것이라는 점에서 상당한 성과가 있었다고 보아야 한다는 것이다.

다만 정권을 단독으로 잡지 못하고 DJP라는 보수 세력의 일부와 결합한 형태로 집권함으로써 힘 있는 개혁을 해 나가지 못한 점과, 지역주의 구도에서 어쩔 수 없기는 했지만 호남 인맥에 싸여 협소한 인재풀과 그로 인한 소수파 개혁에 머물렀던 점, 그리고 옷 로비나 각종 게이트에서 나타나듯이 측근 관리에 성공하지 못하여 각종 비리사건이 계속되었던 점 등은 정권의 한계로 지적되어야 한다는 것이었다.

이에 반해 김대중 정부에 비판적인 입장들에서는 서로 다른 두 종류의 이유로 김대중 정부가 실패한 정부였다고 비판했다. 첫째는 한나라당의 시각으로 한나라당은 정권 내내 김대중 정부를 좌파 정권, 부패 정권이라고 공격했다.

부패 정권의 근거는 앞에서 살펴본 옷 로비나 게이트 등 각종 권력형 비리사건들인데 이들이 이전의 정권들에 비해 김대중 정부 때 특별히 많아진 것은 아니나 민주화 이후 국민의 눈높이가 엄청 높아졌고 또한 보수 언론과 한나라당이 정보를 주고받으면서 사건을 키우는 작전에 의해 아주 중요한 정권 공격의 주제가 되었던 것으로 보인다.

문제는 좌파 정권이라는 공격인데 한나라당이 근거로 제시하고 있는 것은 김대중 정부의 대북정책, 경제정책, 교육정책 등이었다. 대북

정책은 상호주의가 되어야 하는데 일방적으로 대북 퍼주기를 하고 있으며, 민주주의와 시장경제의 조화를 모색한다는 경제정책은 기업에 불리하고 분배를 강조하는 것이고, 교육평준화정책은 교육의 우수인재 양성 기능을 무시한 평등주의적 사고라는 것이 그 이유였다.

한나라당은 바로 이런 이유로 김대중 정부를 좌파 정권이라 비판하며 국민들의 레드 콤플렉스를 자극하려 애썼다.

이와는 전혀 다른 방향에서의 비판이 진보세력에게서 나왔다. 민주노동당으로 대표되는 진보세력들은 김대중 정부의 대북정책이나 대미정책에 대해서는 비교적 우호적이나 경제정책에 대해서는 개방, 민영화, 구조조정이라는 철저한 신자유주의적 정책에 의존함으로써 사회적 양극화를 조장했다고 비판했다. 즉 한나라당이 좌파 정책이라고 비난했던 바로 그 경제정책에 대해 신자유주의, 즉 우파 정책이라고 공격했던 것이다.

이처럼 이들의 비판 속에는 각자의 입장에 따른 서로 다른 기준이 존재한다. 따라서 각자의 입장 자체를 객관적으로 평가할 수 없는 지금 그에 의해 이루어진 평가가 객관적인 평가이기를 기대할 수는 없다. 따라서 이러저러한 성과가 있었지만 보는 관점에 따라 이러저러한 한계가 존재했다는 정도로 정리할 수밖에 없을 것 같다.

노무현 정부의 정치개혁과 현재의 정치지형

1. 개혁정치의 시도와 한계

2002년 12월 19일 16대 대선에서 노무현 후보가 당선되었다. 그 해 봄 민주당 경선이 시작될 때만 해도 그가 대통령이 되리라고 생각했던 사람은 별로 없었다. 민주당의 주류인 동교동계가 1997년 대선에서 신한국당을 탈당하고 이회창에 맞서 독자 출마함으로써 김대중 후보가 당선되는 데 결정적 공헌을 한 이인제를 지원하고 있었다.

그러나 모든 여론조사에서 지지율이 2배 정도 낮게 나오는 이인제가 한나라당 이회창과 붙어 이길 가능성이 거의 없었기 때문에 민주당과 그 지지자들은 한나라당을 꺾을 수 있는 보다 나은 대안을 찾았다. 거기에 적절한 후보로 13대 국회의 청문회 스타이자 3당 합당을 거부했으며 이후 지역주의 정치가 심했던 부산에서 시장 선거와 국회의원 선거에 호남당인 민주당 후보로 연달아 출마하여 낙선했던 노무현이 도전했던 것이다.

노무현 후보는 처음부터 지역주의 극복과 정치개혁을 공약으로 제시했다. 지역주의 극복의 필요성은 새삼 설명할 필요가 없는 사안이었다. 그리고 지역주의와 온몸으로 맞선 노 후보의 경력 자체가 그가 왜 지역주의 극복을 공약으로 내세울 수 있는 적임자인지를 잘 보여 주고 있었다.

또한 정치개혁은 김영삼 정부나 김대중 정부에서도 강조는 되었으나 결국 실행되지 못했던, 가장 필요하면서도 가장 이루어지지 않은 개혁이라고 볼 수 있었다. 그런 점에서 정치개혁의 실험은 가장 어려운 과제로 노무현 후보가 과연 잘 해 낼 수 있을지 기대와 우려가 공존해 있었다.

상고 출신의 인권 변호사로 지역주의와 맞서 싸운 노무현의 이력은 젊은 세대들로부터 선풍적인 지지를 불러일으켜 노사모라는 한국정치사상 최초의 정치적 자원봉사단체를 탄생시켰다. 노사모는 정당 조직이 아니었기 때문에 진성당원에 의한 민주정당의 시초라고 할 수는 없으나 자기 돈으로 밥 사먹고 차타고 다니며 자기가 좋아하는 후보의 선거운동을 해 준다는 점에서 가장 바람직한 정치참여자의 형태를 보여 준 것이라고 볼 수 있다.

물론 진보 진영에서는 학생이나 노조원 등의 자원봉사자들에 의한 선거운동이 당연한 것으로 되어 있었지만 거대 정당의 경우 노사모처럼 다양한 세대와 직종으로 이루어진 자원봉사자를 가진 후보는 없었다. 따라서 노사모에 의한 선거운동 자체가 이미 정치개혁의 중요한 한 방법을 보여 주는 것이었다.

노무현 후보의 당선에 중요한 역할을 했던 또 하나의 조직은 개혁당이었다. 개혁당은 노무현 후보의 지지도가 하락하고 그에 대해 민주당

내에서 후보 교체 논의가 오갈 무렵인 2002년 9월 노무현 후보를 지키자는 구호 아래 정치평론가 유시민 등의 재야인사들과 그에 호응한 시민들이 민주당의 외곽에서 만든 정당이었다.

개혁당은 온라인을 이용해 최소 비용으로 창당하면서 동시에 가장 중요한 목표를 참여민주주의를 통한 정치혁명으로 잡았다. 따라서 개혁당은 모든 당원들을 당비를 내고 공천권과 의사결정권을 갖는 진성당원으로 구성했다. 당원의 수는 비록 3만여 명 정도로 적었지만 이들은 2000년에 창당된 민주노동당과 함께 한국정치사상 보기 드문 진성당원에 의한 정당 운영의 실험을 한 것이었다.

그러나 개혁당은 노무현 후보가 대통령으로 당선되자 그의 정당개혁노선에 따라 민주당을 깨고 만들어진 열린우리당으로 흡수됨으로써 더 이상의 실험을 해보지는 못했다.

민주당 내에서 소장파들은 정당개혁의 일환으로 제왕적 총재를 부정하고 당내 민주화를 요구했다. 그리고 어차피 진성당원이 없는 상황에서 국회의원들의 손에 좌우되는 대의원들보다는 차라리 국민들이 직접 후보를 선출하게 하자는 취지에서 미국식 국민경선제를 주장하고 관철시켰다.

당내 계파나 중진들의 힘이 아니라 선거인단으로 신청한 국민들에 의해 후보가 선출되는 국민경선제는 노사모의 자발적 선거운동이 위력을 발휘할 수 있는 토대를 제공했다.

이에 힘입어 노무현 후보가 민주당 후보가 되는 과정 자체가 바로 정치개혁의 필요성을 보여 주는 것이었다.

따라서 노무현 정부의 정치개혁 시도는 김영삼 정부의 사정개혁과 김대중 정부의 경제개혁에 이은 중요한 개혁과제 중의 하나였다고 볼 수 있다. 개발독재 정치와 지역주의 정치가 가지고 있는 부정적인 유산을 넘어 보다 민주적이고 합리적인 정치구조를 형성하기 위해 요구되었던 것이 정치개혁이었다.

따라서 노무현 정부가 시도했던 정치개혁의 내용들은 정치부패 척결과 정당 민주화, 그리고 국정운영의 합리화와 민주화 등 그동안 정치학자들이 한국의 정치발전을 위해 필요하다고 주장해 왔던 것들이 대부분이었다. 문제는 그것을 제대로 실행하였는가 하는 것과 그에 따른 부작용이나 한계들은 무엇이었는가 하는 것이었다.

우선 노무현 대통령은 대선자금 수사를 통해 권력비리 및 정치부패에 대한 성역 없는 수사를 가능케 하고 정치자금과 관련하여 투명하고 깨끗한 정치가 이루어질 수 있도록 하겠다고 하였다. 노무현 정부가 출범하는 시점에서 검찰에는 불법 대선자금에 관한 각종 정보나 첩보가 쏟아졌다. 통상은 선거자금, 특히 대선자금과 관련된 사안은 선거가 끝나면 모두 묻어버리는 것이 관례였다.

그러나 노 대통령은 여야가 모두 대선자금의 모금 경위, 조성 규모, 집행 내역에 대해 국민 앞에 전면 공개하고 특별검사제 도입을 포함해 여야가 합의하는 방식으로 검증할 것을 제안했다. 대통령이 수사 불개입 원칙을 강조하는 가운데 여야를 막론하고 불법 대선자금에 대한 검찰의 수사가 시작되어 9개월 동안 계속되었다.

그 결과 기업들로부터 받은 수백억 원대의 불법 대선자금들이 국민들 눈앞에 드러나게 되었다. 그 과정에서 한나라당은 기업들로부터 현금을 실은 봉고차를 통째로 인수한 사실이 드러나 당 대표 이하 관련 의원들이 구속되는 등의 타격을 입었다. 노 대통령도 검찰로부터 방문조사를 받았다.

이러한 대선자금 수사의 결과는 투명한 정치를 실현하기 위한 정치관계법 개정으로 이어졌다. 2004년 3월 17대 총선을 앞둔 상황에서 정치관계법 개정안이 합의되어 금품이나 음식물을 제공받는 자에게 50배의 과태료를 부과하고, 선거공영제를 확대하는 등 선거비용을 합리적으로 사용하기 위한 제도적 장치들이 마련되었다.

그러한 노력에 힘입어 17대 총선은 역대 어느 선거보다 깨끗한 선거로 치러졌다. 선관위의 조사에 의하면 기부행위 등 불법선거운동을 경험한 비율이 16대 총선 9.0%에서 17대 2.9%로 크게 하락했으며 총선 후보자를 대상으로 한 선거조사 결과에서도 선거 비용이 크게 줄었다는 응답이 86.9%로 나타났다.

문제는 이러한 변화가 일시적인 것이냐 아니면 한국정치의 체질을 바꿔 놓을 수 있을 만큼 지속될 것이냐 하는 것인데 이후의 선거에서도 정당 공천과 당내 경선에서의 각종 비리들은 많이 적발되고 있으나 정작 본 선거에서의 비리, 특히 금권 비리는 상당히 약화된 것으로 나타난다.

다음으로 노 대통령은 앞서 본 바와 같이 지역주의 정치의 극복과 정당 민주화의 두 가지 목표를 갖는 열린우리당 창당을 적극 지원했다. 열린우리당은 원래 민주당 혁신파들이 민주당을 진성당원 중심의 민주정당으로 변화시켜보고자 하였으나 그에 실패하자 민주당을 탈당하여 전국 정당을 표방하며 창당한 것이었다.

47석으로 출발한 열린우리당은 노 대통령에 대한 한나라당과 민주당 의원들의 탄핵소추와 그로 인한 국민들의 역풍에 힘입어 17대 총선에서 152석을 확보함으로써 원내 1당이 되어 졸지에 여대야소 정국을 만들었다.

그러나 영남 의석 확보는 미미하고 호남 의석을 거의 석권한 열린우리당은 전국정당으로 인정받지 못했다. 게다가 진성당원제는 일부 국회의원이나 지구당 위원장들의 반발과 국민들의 참여 부족으로 제대로 정착되지 못한 채 무력화되어 갔다. 결국 17대 대선을 앞두고 열린우리당은 민주당과 다시 통합함으로써 자신이 내걸었던 전국정당과 민주정당의 깃발을 내려야 하는 상황에 놓이게 되었다.

　　정당 민주화의 다른 방법으로 노무현 대통령은 엄격한 당정 분리를 선언했다. 과거 정부에서 대통령은 당의 총재로서 일상적인 당무와 정치 현안 전반을 보고받고 결정했다. 당시 여당은 대통령의 대리격인 당 간부가 주례보고를 통해 당무를 보고하고 당무와 관련된 지시를 받아 왔다.

　　이처럼 대통령은 행정부는 물론 여당을 지배하고 여당을 통해 입법부에 대한 영향력을 행사하는 1인 체제의 정점이었다. 그것은 대통령과 총재에게로 집중되는 정치자금의 분배와 국회의원 공천권의 행사를 통해 주로 이루어졌다.

　　그런데 노 대통령은 당정 분리를 선언함으로써 정치자금을 수수하여 배분하지도 않았고 공직선거 공천권을 행사하지도 않았다. 그것은 분명히 정당 민주화를 위한 중요 방안이었다. 그러나 민주정당이 익숙지 않았던 정치문화 속에서 열린우리당은 주어진 권한을 자율적으로 행사하여 의사결정과 정책추진을 하지 못하고 노무현 정부 내내 중구난방의 일관성 없는 행보를 보임으로써 지지자들의 실망을 낳았다.

　　공천권과 정치자금을 갖지 않는 청와대와 지도부는 과거 정권과 같이 국회의원들을 통제할 수 없었다. 그렇다고 민주적 리더십으로 일을 처리하기에는 청와대와 지도부들의 역량과 국회의원들의 의식이 모두 문제가 되었다. 민주화를 위한 진통이 여기서도 어김없이 나타난 것이었다.

정당 민주화 외에 노무현 정부는 권위주의적이고 수직적인 국정운영 방식을 민주적이고 수평적인 것으로 전환시키려 시도했다. 우선 대독총리, 의전총리, 방탄총리로 폄하되어 왔던 국무총리를 헌법이 규정한 내각통할권을 실질적으로 행사하는 책임총리로 바꾸어 그 위상과 역할을 적극적으로 부여하고자 하였다.

그에 따라 대통령은 국가전략과제, 총리는 일상적인 국정운영을 주도하는 역할분담을 이루어 국정운영의 효율성을 높이고자 하였다. 정부 각 부처의 자율성도 확대되었으며 청와대도 부처 전담 수석제를 폐지하고 명실상부한 참모조직으로서의 기능을 강화시키고자 하였다.

그러나 행정부가 청와대의 눈치를 보아 온 오랜 관행이 갑자기 바뀌지 않았기 때문에 국정운영의 책임 소재가 불분명하고 그에 따라 개혁과제들이 신속하게 추진되지 않는 등의 문제가 나타났다.

한편 노무현 정부는 그 동안 대통령의 무한권력의 받침대 역할을 해 왔던 검찰과 경찰, 국정원 그리고 국세청 등 권력기관을 청와대로부터 독립시켜 이들이 정권 안보를 위해 동원되는 비민주적 국정운영 관행을 중단시키고자 하였다.

노 대통령은 그 동안 대통령에게 직보되었던 국내정치 정보 보고를 받지 않는 등 국정원이 정치적인 활동을 하는 것을 최대한 억제하려 하였다. 이에 따라 국정원은 나름대로 과거의 잘못된 관행을 반성하고 정치 중립화 개혁을 시도하는 등 자정 노력을 하였다.

그러나 그 과정에서 국정원의 위상이 과거에 비해 약화됨에 따라 정보수집 능력도 현저히 약화되었다는 분석도 나왔다.

노 대통령은 평판사 출신의 법무부장관을 임명하고 기수를 파괴한 검찰 인사를 단행하면서 동요하는 검사들과 대화의 자리를 갖는 등 검찰 조직을 변화시키려는 노력을 했다.

경찰에 대해서도 경찰 스스로 과거의 오류를 조사하고 공개하는 등 국민들의 신뢰를 얻고자 노력할 것을 요구하였고 국세청 역시 과거 정치권력과 결탁된 부정적 이미지를 씻고 대국민 서비스 기관으로 거듭나기 위해 노력할 것을 촉구했다.

그러나 이러한 시도들은 개혁세력이 충분한 힘을 갖지 못한 상황에서 조직 약화를 우려한 내부 보수파들로부터의 강력한 저항에 직면하였고, 권력기관 자율화를 통해 스스로 무장해제한 셈이 되어 버린 대통령은 저항에 대처할 유효한 수단을 갖지 못하는 딜레마에 빠지게 되었다. 물론 그러한 딜레마가 한국정치 발전을 위해 언젠가는 겪어야 할 진통이라는 적극적 평가도 있었다.

정치개혁 이외의 나머지 부문들, 즉 경제정책이나 사회복지, 교육정책 등에 있어서 노무현 정부는 김대중 정부의 정책들을 거의 계승하고자 하였다. 그중에서도 대북 포용정책은 평화번영정책이라는 명칭으로 계승, 발전되었다.

미국 부시 행정부의 대북 강경정책에 의해 북미협상과 6자회담이 난항을 겪고 있는 가운데에도 금강산 관광은 육로까지 확대되었고 경의선 철도가 연결되었으며 남과 북의 합작인 개성공단이 본격적으로 가동되었다.

비록 임기 말이기는 했으나 2007년 10월 2일~4일에는 평양에서 제2차 남북정상회담까지 개최되어 보다 진전된 남북경협에 대한 구체적인 약속을 포함하는 10.4 공동성명도 나왔다.

기초생활보장제 등의 사회복지정책이나 평준화 유지 등의 교육정책에 있어서도 노무현 정부는 김대중 정부의 정책 기조를 이어받아 계속 추진하였다. 경제는 4%대의 평균성장률 속에 일시적인 경기 부양을 위해 경제에 거품이 끼게 만드는 신용카드 완화 정책이나 부동산 부양 정책을 펴지 않으려 하였다.

　　그럼에도 불구하고 강남 재건축 아파트 등을 둘러싸고 부동산 가격이 치솟자 뒤늦게 노무현 정부는 종합부동산세 등 부동산 개발이익을 거의 환수하는 제도를 통해 이를 묶으려 하였고 그에 대해 한나라당과 보수 언론은 세금폭탄이라고 비판하고 나섰다.

　　그런 과정을 거치면서 부동산은 어느 정도 안정되었으나 기본적으로 신자유주의적이었던 경제정책의 결과로 사회적 양극화는 계속 진행되었고 서민경제가 호전되지 않음으로써 국민들의 경제에 대한 불만이 가중되었다. 그런 불만이 보수 언론들의 주장대로 노무현 정부를 무능한 진보로 치부하면서 한나라당과 이명박 후보에게 기대를 갖게 만든 원인이 되었다.

　　그 밖에 노무현 정부와 열린우리당이 독자적으로 추진했던 개혁정책으로 4대 개혁입법이 있었다. 사학의 이사진에 외부 인사를 참여시킴으로써 사학비리를 해결해 보고자 하는 내용의 사학법 개정안, 미약한 친일 청산과 잘못 처리된 과거사에 대한 조사를 수행하기 위한 과거사법, 언론의 독과점을 약화시키기 위한 언론법 개정안, 그리고 국가보안법의 폐지 등이 그것이었다.

　　이들을 통과시키기 위해 노무현 정부와 열린우리당은 수차례 국회를 통한 입법을 시도하였으나 사학재단, 친일자 후손, 독과점언론, 대북강경파 등과 결합한 한나라당의 강력한 반대와 그로 인한 열린우리당 내의 강온 양파의 불협화음 등으로 사학법을 제외하고는 유명무실해진 상태로 통과되거나 국보법은 결국 존치되는 등 크게 성공을 거두지는 못했다.

이들에 대해서는 우리 사회를 합리화, 민주화시켜 나가기 위해 미룰 수 없는 당연한 과제들이었으며 다만 기득권자들의 강력한 저항을 제대로 뚫지 못해 큰 성공을 거두지는 못한 것으로 보는 입장이 있는 반면 국민들의 먹고사는 문제와 관련된 일이 아닌 잘못된 의제에 역량을 소진시킴으로써 사회적 갈등만 야기하고 정권의 힘을 약화시켰다는 비판적 입장도 있다.

이와 같은 노무현 정부의 개혁은 김대중 정부 때와 마찬가지로 한나라당, 재벌, 보수언론 연합의 강력한 저항 속에서 추진되었다. 특히 대통령후보 시절부터 조선, 동아, 중앙으로 대표되는 보수언론들과 거의 전쟁상태에 있었던 노 대통령은 이들에 대항하기 위하여 국정홍보처를 신설하고 청와대에 직접 정책브리핑 사이트를 만드는 등 다양한 노력을 전개하였으나 결과적으로 보수언론과의 싸움을 유리하게 이끌고 가지는 못했다.

그에 따라 노무현 정부는 자신들의 정책이나 국정운영이 문제에 부딪혔을 때마다 적대적 언론 때문이라는 이유를 댔다. 말 한 마디만 실수해도 다른 대통령들과는 달리 대서특필 해댔던 당시 보수언론들의 집요한 대통령 공격으로 보아 잘못된 설명이라고는 할 수 없으나 보수언론들의 총공세는 노무현 정부 수립 시 충분히 예상되었던 것인데 그에 대한 대책을 세우지 못하고 5년을 계속 간 것은 정부의 역량에 문제가 있는 것이라 볼 수밖에 없다.

더구나 5년 내내 노무현 정부의 꼬투리만 잡으려 했던 보수언론들에게 지나치게 직설적 언행으로 계속 빌미를 제공해 주었던 노무현 대통령 역시 전혀 책임이 없다 할 수는 없을 것이다.

노무현 정부에 대한 국내외 환경도 그다지 좋은 편이 아니었다. 노무현 정부는 지역주의 극복을 표방하며 다양한 정책들을 전개하였으나 임기 내내 여전한 지역주의 정치 구도에서 벗어나지 못했다.

또한 부시 행정부가 북미 관계를 긴장상태로 유지함에 따라 남북 간의 경제협력정책에서 한국경제 발전의 모멘텀을 찾아보고자 했던 노대통령의 구상은 처음부터 삐걱거리게 되었다. 게다가 김대중 정부 때와 마찬가지로 보수 세력은 대북정책, 경제정책, 교육정책 등을 이유로 노무현 정부를 좌파정권으로 몰아붙였다.

별다른 비리사건이 터지지 않았기 때문에 김대중 정부 때와 같이 부패 정권이라 하지는 못하고 대신 아마추어리즘에 입각한 무능정부라고 공격했다. 거기에 진보세력들은 이 두 정부의 실업과 비정규직 문제, 양극화 현상, 민영화, 한미 FTA 추진 등의 정책을 들어 신자유주의 정권이라고 비판했다.

이러한 양쪽의 비판 속에 노무현 정부의 개혁은 힘 있게 추진되지 못하고 비틀거리다 후반기로 오면서 급격한 지지도의 하락을 겪으며 점차 힘을 잃어갔다.

2. 이명박 정부 이후 : 보수 대 진보?

1) 보수와 진보의 의미

8장에서 살펴본 바와 같이 이명박 정부와 박근혜 정부의 정당정치와 선거에서도 지역주의 정치구도는 예외 없이 관철되고 있었다. 초기에는 5.18 민주화운동에 의해 나타난 호남의 몰표와 의석 석권이 중심이었다면 중간에는 정권 탈환을 목표로 했던 영남의 몰표와 의석 석권이 중심이었고 이명박 정부에 와서는 구조화된 일당독점구조에 의한 '묻지 마'몰표와 의석 석권이 그 중심에 놓여 있다고 볼 수 있다.

그런데 이와 같은 지역주의 정치구도만으로 민주화 이후의 한국정치를 설명할 수 있을까. 또 다른 대립구도가 작동하고 있었던 것이 아닐까. 이러한 인식에서 모색된 것이 개혁과 저항의 대립구도라고 하였다.

구지배층과의 타협에 의한 불완전한 민주화에서 나오는 비합리적, 비민주적 관행과 제도들을 개혁하려는 세력과 기득권의 보호를 위해 또는 개혁의 무리수와 부작용을 우려해 개혁에 반대하였던 세력 간의 대립구도가 그것이었다.

그렇다면 이명박 정부 이후의 정치도 개혁과 저항 구도로 볼 수 있을까. 그것은 다소 무리한 일인 것 같다.

개혁과 저항의 구도로 보자면 저항세력에 해당되었던 한나라당에서 이명박, 박근혜 정부를 탄생시켰다. 당연히 이 두 정부는 개혁을 전혀 언급하지 않았다. 그렇다고 이 두 정부 이후의 정부가 또다시 그 전과 같은 개혁을 목표로 할 것 같지도 않다.

그렇다면 이명박 정부 이후의 정치는 무엇을 본질적인 대립구도로 보아야 할 것인가. 너무 가까운 과거는 잘 보이지 않는다. 낡은 것은 물러갔는데 새로운 것은 아직 오지 않았다. 아니 어쩌면 이미 와 있으나 눈이 어두워 보지 못하고 있는 것인지 모른다.

김대중, 노무현 정부를 한나라당은 좌파 정권이라고 불렀다. 그렇다면 민주화 이후의 정치적 대립구도는 다시 좌우의 대립구도로 돌아갔다고 보아야 할 것인가.

1장에서 보았듯이 좌익과 우익의 개념은 사회주의와 자본주의를 지향하는 노선과 사람들을 의미한다. 해방 이후 한국전쟁까지의 좌익세력은 명백히 사회주의 혹은 공산주의 국가를 지향한 사람들이었다.

　그러나 김대중, 노무현 정부나 그 지지자들이 사회주의를 지향하였다고 보기는 힘들다. 더구나 사회주의 국가들의 붕괴 이후에 우리 사회에서는 혁명적 공산주의는 말할 것도 없고 점진적 사회주의 또는 사회민주주의조차도 정치적으로 별 의미를 갖지 못할 정도로 약화되었다. 따라서 한나라당의 좌파 개념은 자신들의 정치적 필요에 의한 것으로 보는 편이 맞을 것 같다. 객관성이 의심스럽다는 것이다.

　그렇다면 대안은 무엇인가. 현재 언론이나 학계에서 가장 보편적으로 사용하고 있는 개념은 보수와 진보인 것처럼 보인다.

　보수와 진보의 개념에 대한 논의는 엄청나게 많지만 단순화시켜 보면 현상(기존 질서)을 유지(보수)하려고 하느냐 아니면 변화(진보)시키려 하느냐에 관한 것으로 볼 수 있다. 따라서 보수와 진보라는 개념 자체에는 특정한 가치가 실려 있지 않다고 보아야 한다. 다만 유지하거나 변화시키려는 현실, 즉 기존 질서를 무엇이라고 보느냐에 따라 정치적 지향이 드러난다고 볼 수 있다.

　근대 초기에는 중세 봉건질서를 지키려는 것이 보수였고 자본주의를 실현시키고자 한 것이 진보였다. 무너지기 직전의 소련에서는 공산주의를 지키려는 것이 보수였고 자본주의로 나아가려는 것이 진보였다.

　따라서 지금 현재 지켜야 할 가장 중요한 가치가 개인의 자유와 그로 인한 시장의 경쟁이라면 자본주의적 질서는 중요한 것이며 그것을 지키기 위해 싸우는 것이 보수가 될 것이다.

　반면 자본주의 질서 속에서의 진보란 그 질서를 대체할 가치와 사상을 실현시키고자 하는 것이 될 것이다.

과거에는 그것이 사회의 평등과 그로 인한 분배와 복지이고 그런 것을 이루기 위한 사회주의적 질서라고 할 수 있었다. 따라서 자본주의 사회에서 좌파와 진보는 동일하게 사용할 수 있었다.

그러나 지금은 현실 사회주의가 붕괴하고 사회주의 질서를 대체할 가치와 사상이 뚜렷이 나타나지 않고 있는 시점이다.

그렇기 때문에 현재의 진보는 전통적인 사회주의 외에도 신민주국가, 신혼합경제, 적극적 복지, 사회투자국가, 생태적 현대화 등을 강조한 앤서니 기든스(Anthony Giddens)의 제3의 길이나 그와 유사한 진보적 자유주의, 스웨덴의 사회민주주의 복지국가 등이 모두 대안으로 제시되고 있는 상황이다.

보수와 진보에 대한 논의를 한국의 현실에서 좀 더 구체화시킨 연구들은 현재의 몇 가지 정책 쟁점들을 중심으로 보수와 진보를 구분하고 있다. 우선 경제적 측면에서 보수는 대기업 중심, 규제 완화, 수출 지향적이고, 진보는 중소기업과의 상생, 복지 및 환경을 위한 규제, 농업 및 내수 지향적이라고 볼 수 있다.

대외 개방이라는 측면에서 보수는 FTA 적극 추진을, 진보는 FTA 반대 또는 신중 추진을 주장하고, 노동에서 보수는 자율적 노사교섭과 노동 유연화를, 진보는 노사정 사회협약과 비정규직 축소를 지향하며, 교육, 환경, 복지 등에서 보수는 자율경쟁 교육, 개발 통한 성장, 선별적 복지를 주장하는 반면 진보는 교육 평준화, 지속 가능한 발전, 보편적 복지를 주장한다. 이외에도 수도권 중심이냐 지역균형발전이냐, 대북 강경이냐 화해 협력이냐, 한미동맹 우선이냐 다자동맹이냐 등의 쟁점들도 보수와 진보를 가르는 중요한 기준이 되고 있다.

2) 이명박 정부의 보수

위의 관점에서 볼 때 이명박 정부 이후의 시기는 보수와 진보의 대립으로 볼 수 있을 것인가. 이명박 정부의 탄생에 대해 많은 학자들과 언론은 경제를 살리자는 구호 아래 다수 국민들이 보수화한 것이라는 견해를 제시했다. 무능한 진보(내지는 진보개혁)보다는 부패한 보수가 낫다는 선거 당시의 인식들이 그것을 가장 잘 보여주는 것이라 할 수 있다.

이명박 대통령은 인수위 시절부터 '기업 프렌들리(friendly)'를 내세우며 '강부자(강남 부동산부자) 내각'을 출범시켰다. 쇠고기 수입 반대 촛불집회로 곤욕을 치른 후 이명박 정부는 국정원과 검·경찰의 사찰과 단속 등을 강화하고 방송사 사장을 친정부 인사들로 교체하는 등 공권력과 언론 장악을 통한 정권 보호 조치들을 취함으로써 반대세력들로부터 민주주의를 후퇴시켰다는 비판을 받았다.

그런 가운데 이명박 정부가 선택한 정책들의 기저에는 친자본, 친시장, 반노동, 반환경의 신자유주의 논리들이 확실하게 깔려 있었다.

747(7%대 성장률, 4만 달러 소득, 7대 선진국)을 공약으로 내건 이명박 정부는 출범 때부터 경제성장을 강조하면서 그것을 친기업, 친시장 정책을 통해 달성하고자 했다. 기업을 살리면 일자리가 창출되고 그러면서민 경제가 살아날 것이라는 낙수효과(spill-over effect)에 기댄 이명박 정부는 기업을 살리는 방법으로 출자총액제한 완화, 금산분리 완화 등 대기업 위주의 규제 완화, 토건사업을 일으키기 위한 4대강 사업 추진, 기업과 부자들의 부담이 큰 법인세와 소득세, 부동산세 등을 줄이는 부자감세 등을 추진했다.

문제는 이러한 규제 완화와 법인세 감세로 인한 대기업의 소득 증가가 투자로 이어지지 않았다는 것이다. 기업의 세금을 감면해주고 규제를 완화하면 자연스레 일자리 창출로 이어질 것으로 생각했으나 기업은 기술혁신을 통한 새로운 일자리 창출보다는 사내유보를 늘리거나 단기적인 이익을 위해 전통적인 자영업에까지 뛰어들어 재래시장, 골목 상권까지 침범해 들어갔다.

이명박 정부는 일자리 창출을 명분으로 2009년부터 3년간 22조 원이 투입되는 4대강사업을 진행했고, 경기부양책으로 13조 원을 투자했다. 대선 당시 공약이었던 한반도 대운하 사업이 비합리적이고 비현실적이라는 강한 반대에 부딪히자 방향을 선회하여 나타난 것이 4대강 살리기 사업이었다.

4대강에 16개의 보를 설치해 홍수와 가뭄의 피해를 줄이고 일자리를 늘린다는 취지로 시작한 4대강 사업은 이명박 정부 내내 일부 토건회사들의 수익만 증대시키고 단기적인 일자리만 늘렸을 뿐 경제성도 없고 주변 환경을 파괴하여 4대강을 죽이는 정책이라고 학계와 시민단체 등이 격렬히 반대했음에도 끝내 밀어붙였던 사업이었다.

결국 박근혜 정부로 바뀌기 직전 감사원은 4대강 사업이 부실시공, 사전검토 부족, 대운하 의도 등에 의한 실패한 국책사업이라고 감사결과를 발표했다.

이렇게 대기업과 부자 중심의 신자유주의적 정책들이 경제 활성화로 이어지지 못하는 가운데 2008년 미국의 서브프라임 모기지 금융 위기에서 시작한 경제위기를 만나 경제 성장률은 노무현 정부 때의 4.3%보다 낮은 3%대로 떨어지고 일부 상류층을 제외한 서민들의 경제는 더욱 어려워졌다.

노무현 정부 때도 어느 정도 진행되던 양극화 현상은 이명박 정부에서는 더욱 심화되었다. 김대중, 노무현 정부를 좌파라고 공격하던 한나라당으로서는 더욱 더 신자유주의적이 될 수밖에 없었고 따라서 비정규직 증가와 자영업의 몰락, 청년실업 증가 등에 의한 양극화는 더욱 심해졌다.

이명박 정부 5년간 근로자 실질임금은 제자리였던 반면 상위 1%가 소유한 부동산 면적과 자산가치가 2배 증가했다는 시민단체의 조사보고가 있었다. 낙수효과 없는 대기업 지원 정책에 매달렸던 이명박 정부는 결국 5년간 98조 원의 재정적자와 경제양극화 심화 등의 과제를 남기게 되었다.

이에 따라 2012년 대선 당시 박근혜 후보는 야당이 제기했던 경제민주화와 복지국가 슬로건을 급히 차입하기도 했으나 당선 후에는 이명박 정부의 경제정책 기조와 크게 다르지 않은 모습을 보이고 있다.

이명박 정부의 반노동정책과 친개발정책을 잘 보여주는 것이 쌍용자동차 사건과 용산참사였다.

IMF 외환위기 시에 구조조정이 된 쌍용자동차를 매입한 중국 상하이 자동차가 투자는 않고 기술만 빼돌리다 경영난에 봉착하여 2,600명의 노동자들을 해고하면서 시작된 쌍용자동차 사건은 2009년 5월 해고에 반대하는 노조원들이 공장을 점거하고 장기간 농성을 벌이다 공권력에 의해 수백 명이 검거되고 강제로 진압된 뒤 수년간 해고자 복직과 정리해고 무효 투쟁을 벌여온 사건이다. 그동안 생활고로 인한 자살 등으로 해고노동자 26명이 죽고 150여 명의 노조원들이 아직도 복직되지 못하고 고공농성 등을 벌리고 있다.

용산참사는 용산 재개발사업에 의해 철거 예정인 남일당 건물 옥상에 2009년 1월 세입자들이 적절한 보상을 요구하며 점거농성을 벌이다 강제진압에 들어간 경찰특공대 및 용역 직원들과의 충돌이 낳은 화재로 인해 철거민 5명과 경찰특공대 1명이 사망하고 20여 명이 크고 작은 부상을 입은 사건이다.

사고 당시 안전대책과 과잉진압 여부 등에 대한 논란이 벌어져 검찰의 수사가 이어졌으나 경찰의 책임은 묻지 않고 농성자와 용역 직원들을 기소하는 선에서 그쳤다. 두 사건 모두 당사자들과 시민단체 등의 간곡한 중재 요청에도 정부는 질서 유지와 엄정 대처로 일관했다는 공통점이 있다.

이밖에 이명박 정부의 보수성을 잘 보여주는 것은 역시 대북 대미정책일 것이다. 이명박 정부 들어 대미관계는 향상되었으나 남북관계는 악화되었고 한중관계도 후퇴하였다. 이명박 정부는 출범과 함께 대북 포용정책을 폐기하고 대북 강경노선을 선택했다. 당연히 남북관계는 얼어붙었고 북한은 북미관계 개선에 초점을 맞추면서 핵개발과 핵실험을 강행했다.

대북 강경세력의 기대처럼 북한체제가 붕괴할 조짐도 보이지 않는 가운데 2010년 3월의 천안함 사건과 11월의 연평도 포격 같은 상황이 발생했다. 북한이 도발한 것에 대해서는 분명히 책임을 져야 하겠으나 이명박 정부의 대북정책이 평화적 공존을 추구하는 것이 아니라는 사실도 부인할 수 없게 되었다.

한미 FTA를 더욱 적극적으로 추진하는 등 전 정권에 비해 훨씬 미국에 우호적이었던 이명박 대통령은 2008년 미국 방문 시 부시 대통령의 별장으로 초청되어 골프 카트까지 같이 타는 등 특별한 우호관계를 나타냈다.

반면 이명박 정부에서의 한중관계는 전략적 협력 동반자 관계라는 그럴 듯한 관계 격상에도 불구하고 실질적으로는 악화되었던 것으로 보인다. 경제관계는 그나마 좋은 상태를 유지했지만 이명박 정부의 한미동맹 일변도의 외교 정책 때문에 한중간의 외교, 군사 및 국민감정 면에서는 노무현 정부 때보다 나빠졌던 것이 사실이었다.

3) 진보세력의 성장과 변화

이상과 같은 이유들로 이명박 정부와 박근혜 정부를 보수라고 한다면 현재 우리 사회의 진보는 누구이며 어떤 상태에 있는가.

1970년대 민주화운동까지는 하나였던 재야세력이 1980년대 '운동의 과학화' 시대를 거치면서 시민운동 세력과 민중운동 세력으로 나누어졌다. 보수-중도-진보의 3분법에 의하면 정치적 민주주의를 중요시하고 자유민주주의 개혁을 추구했던 민주당 등의 정치세력과 시민단체, 중산층 등이 중도이며, 사회경제적 민주주의를 중시하고 사회민주주의 개혁을 지향했던 민주노동당과 민중운동세력을 진보라고 봐야 할 것이다.

이런 입장이 갖는 문제는 그렇게 되면 현재의 정치적 대립구도는 보수 대 중도가 된다는 것이다. 그렇더라도 언젠가 진보가 중심이 되는 시기가 온다면 현재를 과도기로 인식하고 넘어갈 수 있겠지만 중도라고 불리는 입장에서 볼 때 현재의 진보가 단독으로 한국정치의 중심이 되는 시기가 올 가능성은 별로 크지 않다는 것이다.

그런 입장에서는 과거의 진보를 전통적 진보 또는 계급적 진보라고 보고 우리 사회가 과거와 같이 계급과 남북관계, 한미관계로만 이념을 가르는 시대는 지나갔으며 이제는 부동산, 교육, 환경, 여성, 외국인 인권, 지역 균형발전 등의 생활세계적인 영역이 더 중요한 비중을 가지게 되었다고 본다.

이러한 변화는 세계화와 정보화, 이념의 쇠퇴와 생활정치 영역의 확대 등에 의한 계급적 진보의 위기에 대응하여 나타난 것으로 본다. 따라서 계급적 진보, 전통적 진보는 하나의 역사적 형태일 뿐이며 냉전시대의 진영적인 의미를 갖고 있었던 좌파로부터 진보가 결별해야 할 것이라고 본다.

그런 의미에서는 현재의 한국정치를 보수와 진보의 대립구도로 볼 때의 진보는 중도(개혁)와 진보가 합친 진보개혁이 되어야 한다는 것이다.

물론 이에 대해 전통적 진보의 입장에서는 반론을 제기한다. 진보란 기본적으로 자본주의 사회를 극복하려는 의지이기 때문에 자본주의 질서를 긍정하고 들어가는 것은 개혁은 될 수 있어도 진보는 될 수 없다고 본다. 그랬을 때 진보는 현실적으로 사회민주주의밖에 없다. 사회민주주의는 집권을 위한 정당운동 차원이 아니며 모든 것이 상품화된 세상에서 인간을 회복하기 위한 실존적 운동이라고 본다.

이러한 입장에 의하면 민주주의와 시장경제의 병행 발전을 추구하다 집권 후반 개혁을 포기함으로써 시장주의를 급속히 확장시킨 김대중 정부와, 재벌개혁을 주장했으나 삼성과 유착했고 한미FTA라는 사회적 합의 없는 돌발적 개방정책을 추진했던 노무현 정부는 모두 이명박 정부와 마찬가지로 신자유주의 노선을 추종한 정권이라고 본다.

따라서 이들이 보는 보수와 진보의 대립은 한나라당과 민주당 대 민주노동당 정도일 것이다. 이들 중 민주당 세력에 대해서는 개혁을 논의하면서 충분히 살펴봤기 때문에 여기서는 전통적 진보세력들에 대해 좀 더 살펴보기로 하자.

1987년 민주화 이후 진보 진영의 조직화와 정치세력화도 꾸준히 진행되어 왔다. 진보 진영의 가장 강력한 동력이 되어 왔던 학생 부문과 새롭게 조직화되기 시작했던 노동 부문은 재야의 활동가들과 함께 이른바 운동권을 형성하여 발전해 왔다.

그들 중 일부는 민주화 이후의 선거 국면이 열릴 때마다 진보정당을 만들어 보려는 시도를 하였으나 그것이 성공한 것은 2000년에 민주노동당이 만들어지고 난 이후였다. 2004년 17대 총선에서 민주노동당이 비례대표 8석을 포함하여 10석의 의석을 얻자 진보 진영은 이제 제도권 정치로의 진입은 이루어졌고 이를 바탕으로 수권정당으로의 길을 모색하자고 할 정도로 활기를 나타냈다.

그러나 그 동안의 진보 진영은 객관적 조건에 있어서나 주체역량에 있어서나 아직 자신들의 힘만으로 한국정치를 보수와 진보의 구도로 바꿀 정도는 되지 못했던 것으로 보인다.

민주화 이후 시민운동이나 민중운동 각 부문에서의 조직화가 진행되자 운동권 학생들도 1987년 전대협(전국대학생대표자협의회)을 조직하여 학생운동의 역량을 한곳에 집결시켰다. 전대협은 한국전쟁 이후 학생들의 힘이 가장 강력하게 조직화한 모임이었다.

그러나 역설적으로 가장 강력한 조직이 탄생하자마자 학생운동은 오히려 침체 국면으로 빠져 들어갔다. 정치적 민주화가 어느 정도 진행되고 그에 따라 각 부문의 조직화가 활발하게 전개되면서 그 동안 사회 각 부문의 모순들을 선도적으로 제기하고 나섰던 학생운동은 이제 그 역할이 급격히 축소되기 시작한 것이었다.

학생운동은 점차 민주화운동과 노동운동에서 통일운동 쪽으로 방향을 틀었다. 그것은 80년 학생운동이 민족해방론 NL에 의해 주도되었던 것과도 무관하지 않았다. 전대협 학생들은 운동권 재야세력과 함께 미군철수, 한반도의 비핵지대화, 휴전협정의 평화협정으로의 대체, 남북한 불가침협정 체결, 연방제 통일 등의 구호를 내걸고 노태우 정권 타도와 민중 주체에 의한 조국 통일의 조속한 실현을 주장함으로써 일시적으로 운동의 활기를 되찾았다.

전대협 주도로 1988년 6월과 8월에 각각 추진된 학생들의 평양행 시도와 판문점에서의 농성은 일반 학생들의 상당한 호응을 받았고 국민들의 관심도 불러 모았다. 이들과 함께했던 재야세력은 1989년 1월 전국민족민주운동연합(전민련)을 발족시켰는데 이는 당시 260여 개의 진보적 정치, 사회 세력을 망라한 범운동세력 연합체였다.

그러나 이 단체는 곧 노선상의 분열로 일부는 기존 야당들인 평민당과 민주당으로 흡수되고 다른 일부는 진보정당인 민중당을 창당하였다.

학생과 재야의 통일운동은 1989년 3월의 문익환 목사 밀입북과 김일성 면담, 6월의 평민당 서경원 의원 밀입북, 7~8월의 전대협 대표 임수경 학생 밀입북 등으로 계속되어 갔다. 이러한 일련의 사태에 대해 정부는 이들을 구속하고 탄압하기 시작했다. 학생과 재야세력들은 정부의 강경 정책에 시위로 맞섰다. 특히 1991년 5월 시위 도중 진압경찰에 밟혀 죽은 명지대 강경대 사건을 계기로 노동운동권과의 연합 시위도 시도되었다.

그러나 이들의 통일운동과 정권반대 운동은 중산층 및 언론과 정치권의 무관심으로 성과를 거두지 못했다. 정치적 민주주의의 도입 이후 약화될 수밖에 없었던 급진적 정치운동의 한계를 드러낸 것이라고 할 수 있었다. 이에 전대협은 1993년 한총련(한국총학생회연합)으로 조직을 개편하여 새로운 방향을 모색해 보고자 하였으나 학생운동의 정치적 역할은 점점 더 축소되고 있었다.

진보 진영의 또 다른 축은 노동 부문이었다. 이미 보았듯이 노동운동은 7~9월 대투쟁 이후 급격히 성장하여 1988년경 지역별노동조합협의회(지노협), 업종별노동조합협의회(업종협) 등을 결성했고 1990년 전국노동자협의회(전노협)를 구성하여 대규모 노동쟁의를 조직하는 한편 민주노조 운동을 계속했다.

이들은 한국노총의 보수적인 정책에 반대하여 노동운동의 진보적 성격을 뚜렷이 하였으며 이들 중 일부가 민중당에 참여하기도 하는 등 정치적 활동도 계속하였다. 진보적인 노동운동은 마침내 김영삼 정부 때인 1995년 전국민주노동조합총연맹(민주노총)을 건설하였다.

민주노총은 1996년 말 김영삼 정부와 신한국당이 복수노조를 인정치 않은 등의 노동법 개악을 날치기로 통과시키자 총파업을 단행하면서 다른 시민단체, 민중단체들과의 연대투쟁을 통해 노동법을 다시 개정하게 만드는 성과를 올리기도 하였다.

민주노총은 866개 노조, 41만여 명의 조합원의 조직으로 출발하였으나 2006년 말 629개 노조, 75만여 명의 조합원을 보유하고 전체 노동자의 약 11%의 노조조직률을 보임으로써 절정에 달한 후 조합원 수나 노조조직률에서 정체상태에 빠져 있는 모습을 보이고 있다. 규모별로는 전체의 0.5%에 지나지 않는, 조합원 5천 명 이상 노조가 조합원 수의 44%를 차지해 대기업 편중현상이 심한 것으로 나타나고 있다.

진보적 노동운동도 학생운동처럼 1990년대를 정점으로 활력을 잃고 침체국면을 겪게 되었다. 가장 중요한 것은 민주노조 자체의 조직적 취약성이었다. 진보적 노동운동은 여러 차례의 노력에도 불구하고 민주노조의 조직 기반 확대와 연대성의 확보에 성공하지 못했다.

이는 그 동안의 투쟁으로 노동조건이 상당히 개선되었기 때문에 운동이 이완된 측면도 있고, 산별노조로의 전환이 지체되면서 기업별 노조의 한계들이 드러난 데다 대기업 중심 노조로서 중소기업과 비정규직 노동자들의 문제에 제대로 대응하지 못했다는 점 등이 복합적으로 작용한 것으로 보인다. 여기에 민주화 이후 국민의 보수화와 그를 부추기는 보수 언론의 역할, 그리고 여전한 정부의 일방적 자본가 편들기 등이 민주노조운동을 침체시킨 주요한 이유들이라고 할 수 있다.

학생운동이나 노동운동과 같은 부문 운동을 기반으로 진보 진영의 정치적 역할을 담당하는 것이 진보정당이라고 할 수 있다. 한국전쟁을 거치면서 극단적으로 우경화된 정치지형 속에서도 1950년대의 진보당이나 4.19 이후의 혁신정당들처럼 진보 진영을 제도권 정치로 진입시키기 위한 시도들은 있었다.

물론 이들은 모두 실패했고 진보당 당수 조봉암은 날조된 간첩 혐의로 사형되었으며 5.16 이후에는 혁신세력들이 모두 검거되거나 잠적해야 했다. 이후 1987년 민주화까지의 개발독재체제에서 진보 진영의 정치적 실험은 지하에서 혁명조직이란 형태로는 몰라도 공개조직을 통해서는 원천적으로 불가능했다.

민주화의 진전에 따라 노동자와 민중의 정치세력화를 표방하며 진보정당 운동이 시작되었다. 이 시기 진보정당의 깃발을 먼저 내건 것은 민중당이었다.

민중당은 6월 항쟁 이후 재야 민주화운동의 구심체였던 전민련 내부에서, 양김과의 연대를 주장하는 민주연합론에 반대하며 독자정당 창당론을 주장했던 장기표 등이 전민련을 나와 창당한 것이었다.

노동자와 민중의 조직적인 참여와 지원을 기대하며 창당했던 민중당은 1992년의 14대 국회의원 총선거에서 참패하면서 해산되었고 실망한 민중당 주도세력들 중 이재오, 김문수 등은 방향을 급선회하여 김영삼 정부에서의 신한국당으로 들어갔다.

　　이들과 노선을 달리하고 있었던 노회찬 등이 진보정치연합을 결성하여 1996년 총선에 나섰지만 역시 실패하고 1997년 대선에서 민주노총, 전국연합과 함께 '국민승리21'을 결성하여 민주노총 권영길 위원장을 대통령후보로 출마시켰으나 유효득표 3%를 얻지 못해 해산되었다. 이들은 이후 당명을 민주노동당으로 변경시켜 새롭게 창당한 다음 2000년 총선거에 적극적으로 참여했지만 여전히 높은 현실정치의 벽 앞에 1석도 얻지 못함으로써 다시 해산되었다.

　　2002년 지방선거를 앞두고 다시 창당한 민주노동당은 1인 2표제의 정당투표제가 도입된 광역의원 비례대표 선거에서 8.6%를 득표하여 당당히 정치적 시민권을 획득하였다. 이어서 치러진 대선에서 다시 권영길 후보를 내세워 선전했으나 민주연합론에 밀려 3.6%의 득표에 만족해야 했다.

　　그러나 탄핵 역풍이 불었던 2004년 총선에서 마침내 10석(비례대표 8석)을 얻어 제3당이 되었고 날카로운 의정활동을 통해 노회찬, 심상정 등 스타의원들을 배출하기도 하였다.

　　민주노동당은 2006년 지방선거에서는 광역의회 비례대표에서 12%를 얻는 등 착실한 성장을 하였으나 당내 평등파의 강력한 반대에도 불구하고 자주파가 또다시 권영길을 후보로 내세워 2007년 대선에서 3.0% 밖에 얻지 못하자 평등파가 당내 패권주의를 비판하며 진보신당을 창당해 나감으로써 2008년 총선에서는 비례대표 3석을 포함한 5석의 의석을 얻는 데 그쳤다.

이명박 정부 심판과 야권연대 바람이 불었던 2010년 지방선거에서 민주노동당과 진보신당은 민주당과의 연대로 일부 지역에서는 공동 지방정부 구성이라는 성과까지 낳으며 모두 합쳐서 167명의 당선자를 냈다.

그러자 2012년 총선을 앞두고 진보진영을 통합하라는 목소리가 커졌다. 이에 2011년 12월 민주당으로 가지 않았던 유시민 등 참여정부 인사들이 만든 국민참여당과 진보신당 통합파인 심상정, 노회찬 의원 등이 민주노동당과 합당하여 통합진보당을 창당했다. 통합진보당은 이정희 대표를 내세워 19대 총선에서도 민주당과의 야권연대를 통해 비례대표 선거에서 10.3%의 득표를 하는 한편 13명의 국회의원(비례대표 6명)을 배출하며 원내 3당이 됐다.

그러나 2004년 원내 제3당이 되었다가 바로 분당되었던 민주노동당의 악몽이 재현되었다. 2012년 5월 통합진보당은 당내 민주주의의 문제와 비례대표 후보 부정경선 논란에 휘말려 민주노동당계인 당권파와 국민참여당 등 쇄신파 사이의 폭력사태까지 발생했고 결국 쇄신파들이 빠져나와 정의당을 창당함으로써 다시 분열되었다.

2014년 박근혜 정부는 이석기 통합진보당 의원의 내란음모 사건을 빌미로 자주파가 중심인 통합진보당을 종북 정당으로 규정짓고 해산을 헌법재판소에 청구했고 이것이 받아들여짐으로써 통합진보당은 사상 최초로 강제 해산된 정당이 되었다.

진보정당 실험이 이처럼 아직 뚜렷한 성과를 거두지 못하고 있는 데는 여러 가지 이유가 있다. 비록 약화되었다고는 하지만 아직도 우리 사회에는 반공주의와 레드 콤플렉스가 엄연히 남아 있다. 국가보안법이 여전히 살아 있으며 단체교섭권을 갖는 공무원 노조는 금지되어 있고 전교조는 빨갱이 교사로 매도되고 있다.

이런 상황에서 진보정당을 북한과 연결시키려는 보수 세력들과 보수언론들의 반공주의와 반북주의는 진보정당과 일반 국민들의 정치적 결합을 차단하고 있다. 물론 그러한 상황 속에서도 아직도 북한과의 관계를 정리하지 못하고 있는 진보정당 일부 세력들에게도 문제가 있다 할 것이다.

이러한 외부적 조건 외에 진보정당의 운영 주체들의 문제도 있다. 진보정당은 노동자, 민중의 조직화와 이에 바탕을 둔 대중적 진보정당으로 상정되었다. 그러나 지금까지의 진보정당은 대중적으로 조직화된 정당이라기보다 재야운동과 노동운동의 간부와 명망가들이 결합하는 방식으로 구성된 명망가형 정당에 가까웠다. 물론 이러한 한계는 일차적으로 우리 사회의 민중 부문이 그만큼 주체적 민주화가 되어 있지 못하다는 것을 의미하는 것이겠지만 다른 측면에서는 진보정당의 역량이 갖는 한계를 의미하는 것이기도 했다.

명망가 정당의 한계는 두 가지 측면에서 뚜렷이 나타난다. 하나는 민주노동당이 특정 정파와 그 정파를 대표하는 명망가들에게 의존하고 있다는 점에서 정파 간의 투쟁을 낳을 가능성이 많았다는 점이다. 자주파와 평등파의 대립이 좋은 사례다. 또 하나는 특정 조직에 대한 의존도가 지나치게 높을 수 있다는 점이다.

민주노동당을 민주노총당이라고 불렀던 것이 좋은 예다. 이런 상태에서 과연 진보정당이 중심이 되어 진보 진영의 저변을 확대할 수 있을 것인지가 문제다.

적어도 지금 현재로서는 전통적 진보가 한 축이 되는 보수와 진보의 구도가 정립되기는 힘들 것으로 보인다. 따라서 진보의 폭을 넓혀 전통적 진보와 자유주의 개혁세력이 같이 새로운 진보를 구성해야 한다는 주장들이 있다.

그들은 이제 진보도 자기 혁신을 해야 할 시점에 왔다고 보고 세계화와 그로부터 야기된 양극화, 정보통신기술의 발달에 따른 사회변화, 탈냉전 이후의 분단문제, 생활정치영역의 확대와 정치주체의 다원화 등에 대한 전략적 고민을 해야 한다고 본다.

또 신자유주의 비판담론은 당연히 유의미하나 사회를 혁명적으로 변화시키지 않는 한 구체적인 정책 현안들, 즉 성장, 고용, 외교, 복지, 국방, 환경 등에서 반신자유주의적 대안을 만들어 내지 않으면 비판의 의미가 없다고 본다. 개방과 자주, 성장과 분배의 이분법만으로는 복지나 고용의 문제가 해결되지 않으며 양극화와 비정규직화를 해결할 수 있는 현실적 대안을 제시하지 않으면 의미 있는 정치세력이 될 수 없다는 것이다.

그런 점에서 정치적 민주주의를 넘어서는 사회경제적 민주주의로의 민주화의 확장을 표방하면서도 동시에 반공적 자유주의와는 확실히 구별되는 진보적 자유주의, 다시 말해 시장과 공존하는 진보도 새로운 진보가 표방할 수 있는 하나의 대안이 될 수 있다고 본다.

4) 보수 대 진보?

이처럼 전통적 진보와 새로운 진보를 포괄하는 의미로 진보의 개념을 확장하게 되면 한국정치의 대립구도를 보수와 진보로 구분하는 것이 크게 어색하지는 않을 것이다. 그래도 문제는 있다. 보수와 진보 구도의 가장 중요한 문제점은 보수나 진보는 가치를 담는 그릇이지 그 자체가 가치일 수는 없다는 것이다. 즉 보수나 진보는 어떤 것을 지키거나 변화시키려는 태도나 성향을 말하는 것이기 때문에 지키거나 변화시킬 것이 무엇인지는 각자 제시해야 한다는 것이다.

그런 점에서 새로운 진보의 목표와 정책대안들이 아직은 분명하지도 정교하지도 않다는 얘기를 앞에서 했다. 진보가 누구인지부터 명확해져야 할 것이며 그런 과정에서 진보의 지향과 방안들이 정확하게 제시되어야 할 필요가 있다.

보수의 경우는 어떠한가. 이명박 정부와 박근혜 정부가 무엇을 지키려 하는지는 다소 불분명해 보인다. 물론 보수 세력이 지키려는 것은 기존 질서이며 그 질서 속의 기득권인 것은 분명하다. 그러나 만약 그것뿐이라면 현재의 한국정치는 기득권 대 반기득권의 벌거벗은 권력투쟁이라고 보아야 한다.

과거 좌우의 대립이나 개발독재와 민주화운동과 같은 대립구도는 모두 한국사회의 발전방향을 둘러싸고 벌어진 대립이었다. 그런데 기득권 대 반기득권의 대립은 그런 내용물이 없다는 얘기가 된다. 개혁과 저항 구도에서의 저항세력도 지향점이 분명하지 않았지만 그래도 그때는 권력을 가진 쪽이 개혁세력이었기 때문에 지향점이 불분명한 저항도 있을 수가 있었겠지만 집권세력이 된 이후의 그들이 우리 사회를 이끌어가고자 하는 방향이 없다는 것은 심각한 일이다.

보수의 일부에서 말하는 선진화 개념을 들 수 있다. 그러나 그 선진화란 개념이 선진국들의 여러 모습을 나열한 경향이 있고 목표는 훌륭하나 수단과 방법은 불분명하며 무엇보다 정작 선진화 개념을 들고 나온 세력들이 집권한 것도 아니었다.

이 시대 한국의 보수들이 권력을 잡아서 하려고 하는 것이 무엇일

까. 단지 자신의 기득권을 지키려 하는 것일까. 그럴 수도 있다. 아니
어쩌면 그렇기 때문에 한국정치가 수단과 방법을 가리지 않고 분파
나 당파 간의 권력투쟁에만 빠져 있는 저급한 상태가 지속되고 있는
지도 모른다. 자신이나 당파의 기득권을 지키기에만 급급할 것이 아
니라 조여오는 국제정세와 저출산·양극화의 위기 속에서 나름대로
국가와 국민의 미래를 열어가려는 보수를 만나기가 그래서 힘든 것
인지 모른다.*

참고 문헌

제1장 해방과 분할점령

강만길, 2013, 『고쳐 쓴 한국현대사』, 창작과비평.
강재언, 1990, 『한국근대사』, 한울.
그레고리 헨더슨, 2000, 『소용돌이의 한국정치』, 한울아카데미.
김구, 2005, 『백범일지』, 돌베개.
브루스 커밍스, 1986, 『한국전쟁의 기원』, 일월서각.
브루스 커밍스 외, 1998, 『분단전후의 현대사』, 일월서각.
서대숙 외, 1982, 『한국현대사의 재조명』, 돌베개.
스칼라피노, 이정식, 1986, 『한국공산주의운동사』, 돌베개.
유영익 편, 1998, 『수정주의와 한국현대사』, 연세대 출판부.
이정식, 1982, 『한국민족주의의 정치학』, 한밭.
조순승, 1983, 『한국분단사』, 형성사.
최장집 편, 1985, 『한국현대사 1』, 열음사.

제2장 단정 수립과 전쟁

그레고리 헨더슨, 2000, 『소용돌이의 한국정치』, 한울아카데미.
김학준, 2010, 『한국전쟁: 원인·과정·휴전·영향』, 박영사.
박광주, 2006, 『한국정치: 전개와 전망』, 한울아카데미.
박명림, 2003, 『한국전쟁의 발발과 기원 1, 결정과 발발』, 나남.
박명림, 2008, 『한국전쟁의 발발과 기원 2, 기원과 원인』, 나남.
박태균, 2005, 『한국전쟁』, 책과함께.
서대숙 외, 1982, 『한국현대사의 재조명』, 돌베개.
오꼬노기 마사오, 1986, 『한국전쟁』, 청계연구소.
와다 하루끼, 1999, 『한국전쟁』, 창작과비평사.
유영익 편, 1998, 『수정주의와 한국현대사』, 연세대 출판부.
진덕규 외, 1981, 『1950년대의 인식』, 한길사.
최장집 편, 1985, 『한국현대사 1』, 열음사.
한배호, 2000, 『한국현대정치론 1: 제1공화국의 국가형성, 정치과정, 정책』, 오름.
Cumings, Bruce, 1990, The Origins of the Korean War, Volume II: The Roaring of the Cataract, 1947-1950, Princeton University Press.

*각 시기의 특정한 사실이나 사건에 대한 개별 연구들은 너무 많기도 하고 또 이 책이 전문연구자들을 위한 것이 아니기 때문에 일일이 소개하지 않는다. 다만 이 책은 분문에 각주를 달지 않았기 때문에 각 시기별 주제들을 비교적 잘 개괄하고 있거나 본문에서 특별히 많이 참고 내지 인용한 문헌들을 장별로 소개하기로 한다.

제3장 개발 없는 독재와 미성숙한 민주화

그레고리 헨더슨, 2000, 『소용돌이의 한국정치』, 한울아카데미.
김일영, 2011, 한국현대정치사론, 논형.
김정원, 1985, 『분단한국사』, 동녘.
백영철 외, 1996, 『제2공화국과 한국민주주의』, 나남.
서병조, 1963, 『주권자의 증언』, 모음출판사.
서중석, 2007, 『이승만과 제1공화국: 해방에서 4월혁명까지』, 역사문제연구소.
안철현, 1995, "제1~2공화국 정당정치의 전개과정과 특성", 안희수 편, 『한국정당정치론』, 나남.
이정복, 2011, 『한국정치의 분석과 이해』, 서울대 출판문화원.
한배호, 2000, 『한국현대정치론 1: 제1공화국의 국가형성, 정치과정, 정책』, 오름.
한승주, 1992, 『제2공화국과 한국의 민주주의』, 종로서적.
Chi Young, Pak, 1980, Political Opposition in Korea, 1945-1960, Seoul National University.
Quee-young, Kim, 1983, The Fall of Syngman Rhee, Berkeley: University of California Press.

제4장 개발독재체제의 성립과 심화

김광희, 2008, 『박정희와 개발독재』, 선인.
김성환 외, 1984, 『1960년대』, 거름.
김일영, 2011, 한국현대정치사론, 논형.
김정원, 1985, 『분단한국사』, 동녘.
김형아, 2005, 『박정희의 양날의 선택: 유신과 중화학공업』, 일조각.
노찬백 외, 2003, 『한국정치의 이해』, 형설.
안병욱 외, 2005, 『유신과 반유신』, 민주화운동기념사업회.
이병천 외, 2003, 『개발독재와 박정희시대』, 창작과비평사.
조희연, 2010, 『동원된 근대화: 박정희 개발동원체제의 정치사회적 이중성』, 후마니타스.
최장집 편, 1985, 『한국자본주의와 국가』, 한울.
Chong-Lim Kim ed., 1980, Political Participation in Korea: Democracy, Mobilization and Stability, Santa Barbara, CA: Clio Books.
Hak-Kyu Sohn, 1989, Authoritarianism and Opposition in South Korea, London: Routledge.

제5장 민주화 운동과 연장된 개발독재

김영명, 2013, 『대한민국 정치사: 민주주의의 도입, 좌절, 부활』, 일조각.
노찬백 외, 2003, 『한국정치의 이해』, 형설.
안병욱 외, 2005, 『유신과 반유신』, 민주화운동기념사업회.
윤상철, 1997, 『1980년대 한국의 민주화 이행 과정』, 서울대 출판부.
이완범 외, 2005, 『1980년대 한국사회 연구』, 백산서당.
정주신, 2009, 『한국의 민주화와 군부정권 퇴진』, 프리마북스.
정해구, 2011, 『전두환과 80년대 민주화운동』, 역사비평사.
학술단체협의회 편, 1989, 『1980년대 한국사회의 지배구조』, 풀빛.
학술단체협의회 편, 1999, 『5·18은 끝났는가』, 푸른숲.
한승헌 외, 1984, 『유신체제와 민주화운동』, 춘추사.
Hak-Kyu Sohn, 1989, Authoritarianism and Opposition in South Korea, London: Routledge.

제6장 6월 항쟁과 민주화

강신철 외, 1989, 『80년대 학생운동사』, 형성사.
노찬백 외, 2003, 『한국정치의 이해』, 형설출판사.
안철현, 2007, "6월 항쟁의 역사적 재조명과 현재적 의의 ", 부산시민단체협의회 6월항쟁 20주년
　　　　 기념 토론회 발제문.
서중석, 2011, 『6월 항쟁: 1987년 민중운동의 장엄한 파노라마』, 돌베개.
유시춘, 2003, 『6월 민주항쟁』, 민주화운동기념사업회.
윤상철, 1997, 『1980년대 한국의 민주화이행과정』, 서울대 출판부.
정해구, 2011, 『전두환과 80년대 민주화운동』, 역사비평사.
정해구 외, 2004, 『6월항쟁과 한국의 민주주의』, 오름.
최장집, 2010, 『민주화 이후의 민주주의』, 후마니타스.
학술단체협의회, 1997, 『6월 민주항쟁과 한국사회 10년 1, 2』, 당대.
Sunhyuk Kim, 2000, The Politics of Democratization in Korea: The Role of Civil Society,
　　　　 University of Pittsburgh Press.

제7장 지역주의 정치구도의 전개

고흥화, 1989, 『자료로 엮은 한국인의 지역감정』, 성원사.
김만흠, 1997, 『한국정치의 재인식』, 풀빛.
김종철 외, 1991, 『지역감정연구』, 학민사.

박상훈, 2013, 『만들어진 현실: 한국의 지역주의 무엇이 문제이고 무엇이 문제가 아닌가』, 후마니타스.
안철현, 1998, "한국사회의 지역갈등구조", 『1998년도 정기학술대회 발표 논문집』, 한국 지역사회
　　　학회.
이갑윤, 1998, 『한국의 선거와 지역주의』, 오름.
조기숙, 2000, 『지역주의 선거와 합리적 유권자』, 나남출판.
한국사회학회 편, 1992, 『한국의 지역주의와 지역갈등』, 성원사.
한국정치연구회, 1996, 『정치비평』 창간호.
한국정치학회, 전남대학교 5·18연구소 공편, 2005, 『지역주의 변화와 전망』, 한국정치학회.

제8장 지역주의 정치구도의 변화 모색

김용호, 2001, 『한국정당정치의 이해』, 나남.
박상훈, 2013, 『만들어진 현실: 한국의 지역주의 무엇이 문제이고 무엇이 문제가 아닌가』, 후마니타스.
성한용, 2001, 『DJ는 왜 지역갈등 해소에 실패했는가』, 중심.
손호철, 2011, 『현대한국정치: 이론, 역사, 현실, 1945-2011』, 이매진.
안철현, 2003, "지역주의 정치와 16대 대선", 『21세기 정치학회보』 제13집 2호.
안철현, 2005, "한국 지역주의와 17대 총선", 『지역사회연구』 13권 3호.
조기숙, 2000, 『지역주의선거와 합리적 유권자』, 나남.
한국갤럽, 2004, 『제17대 국회의원 선거 투표행태』.
한국정치학회, 전남대학교 5·18연구소 공편, 2005, 『지역주의 변화와 전망』, 한국정치학회.
황태연, 1997, 『지역패권의 나라』, 무당미디어.

제9장 수동적 개혁과 사정개혁

강원택 외, 2012, 『노태우 시대의 재인식: 전환기의 한국사회』, 나남.
김영명, 2013, 『대한민국 정치사: 민주주의의 도입, 좌절, 부활』, 일조각.
김용호, 2001, 『한국정당정치의 이해』, 나남.
나라정책연구회 편, 1998, 『김영삼 정부의 국정평가 및 차기정부의 정책과제』, 현대정보문화사.
노찬백 외, 2003, 『한국정치의 이해』, 형설.
안철현, 2007, 『한국정치과정의 이해』, 경성대 출판부.
정대화 외, 1998, 『김대중정부 개혁 대해부』, 지정
최장집, 2010, 『민주화 이후의 민주주의』, 후마니타스.
최장집, 임현진 공편, 1997, 『한국사회와 민주주의: 한국민주화 10년의 평가와 반성』, 나남.
한국정치학회 편, 2000, 『한국 정치경제의 위기와 대응』, 오름.
Bedeski, Robert E., 1994, The Transformation of South Korea, Routledge.

Cotton, James, ed., 1993, Korea under Roh Tae-woo, Canberra: Allen & Unwin.
John Kie-chiang, Oh, 1999, Korean Politics, Ithaca and London: Cornell University Press.

제10장 경제개혁과 정치개혁

강문구, 2003, 『한국 민주화의 비판적 탐색』, 당대.
강원택, 2005, 『한국의 정치개혁과 민주주의』, 인간사랑.
경향신문사, 2003, 『김대중 정부 5년 평가와 노무현 정부 개혁과제』, 한울.
김영명, 2013, 『대한민국 정치사: 민주주의의 도입, 좌절, 부활』, 일조각.
김창호, 2009, 『다시 진보를 생각한다』, 동녘.
민준기 편, 2001, 『21세기 한국의 정치』, 법문사.
박세일, 2006, 『대한민국 선진화전략』, 21세기북스.
손호철, 2011, 『현대한국정치: 이론, 역사, 현실, 1945-2011』, 이매진.
심지연, 2013, 『한국정당정치사: 위기와 통합의 정치』, 백산서상.
안소니 기든스, 1998, 『제3의 길』, 생각의 나무.
장세진 외, 2012, 『이명박 정부 경제정책의 기조와 평가』, 한울.
정대화, 2002, 『포스트 양김시대의 한국정치』, 개마고원.
한국정치학회 편, 2000, 『한국 정치경제의 위기와 대응』, 오름.
한반도사회경제연구회 편, 2008, 『노무현 시대의 좌절 : 진보의 재구성을 위한 비판적 진단』, 창비.

총괄

김영명, 2013, 『대한민국 정치사: 민주주의의 도입, 좌절, 부활』, 일조각.
김운태 외, 2004, 『한국정치론』, 박영사.
김일영, 2011, 한국현대정치사론, 논형.
노찬백 외, 2003, 『한국정치의 이해』, 형설.
민준기 외, 2008, 『한국의 정치』, 나남.
서중석, 2013, 『한국현대사』, 웅진지식하우스.
손호철, 2011, 『현대한국정치: 이론, 역사, 현실, 1945-2011』, 이매진.
심지연, 2013, 『한국정당정치사: 위기와 통합의 정치』, 백산서상.
이정복, 2011, 『한국정치의 분석과 이해』, 서울대 출판문화원.
지병문 외, 2014, 『현대한국의 정치: 전개과정과 동인』, 피엔씨미디어.
최장집, 2010, 『민주화 이후의 민주주의』, 후마니타스.
Sunhyuk Kim, 2000, The Politics of Democratization in Korea: The Role of Civil Society, University of Pittsburgh Press.

색인

광주항쟁 : 202, 208, 210, 225, 228, 262, 276, 303, 353, 354, 355, 357

교원노조 : 136, 138

구조조정 : 374, 391, 392, 393, 395, 400, 402, 404, 421

국가보위비상대책위원회 : 215

국가비상사태 : 173

국가재건최고회의 : 145

국민경선제 : 321, 322, 323, 407

국민당 : 30, 98, 131, 217, 226, 291, 292, 293, 294, 296, 316, 364

국민참여당 : 341, 430

국민평화대행진 : 241

국정원 댓글 사건 : 342

국제통화기금 IMF : 306, 381, 387

귀속재산 : 113, 121, 122

금융실명제 : 284, 366, 369, 370, 375, 376, 380

기초생활보장제 : 400, 403, 413

긴급조치 : 175, 176, 180, 186, 189, 190, 191, 192, 193, 195, 196, 197, 200, 201, 202

김구 : 29, 30, 31, 49, 52, 56, 67, 72, 73, 75, 76, 78, 85, 86, 87, 90, 435

김규식 : 28, 31, 33, 52, 56, 67, 73, 76, 77, 78, 85, 86, 87, 90

김대중 : 169, 170, 188, 191, 194, 202, 205, 206, 208, 211, 214, 215, 225, 226, 232, 233, 241, 247, 248, 250, 251, 270, 272, 273, 274, 275, 276, 277, 278, 279, 280, 281, 282, 284, 286, 287, 290, 293, 294, 295, 298, 300, 302, 303, 304, 305, 306, 307, 308, 309, 310, 311, 312, 313, 314, 316, 317, 318, 319, 320, 321, 322, 323, 324, 326, 327, 329, 332, 337, 342, 348, 350, 351, 352, 354, 355, 362, 364, 367, 381, 384, 389, 390, 391, 392, 393, 394, 395, 396, 397, 398, 399, 400, 401, 402, 403, 404, 405, 406, 407, 412, 413, 414, 415, 416, 417, 420, 424, 438, 439

김대중 납치사건 : 188

김대중 일당 내란 음모사건 : 215

김영삼 : 105, 169, 191, 194, 195, 202, 203, 205, 206, 208, 214, 215, 225, 226, 232, 233, 241, 248, 250, 251, 270, 272, 276, 277, 278, 279, 280, 281, 282, 284, 285, 286, 287, 291, 292, 293, 294, 295, 296, 297, 299, 300, 302, 305, 306, 312, 313, 319, 320, 322, 323, 329, 348, 349, 352, 356, 363, 364, 365, 366, 367, 369, 370, 371, 372, 373, 374, 375, 376, 377, 378, 379, 380, 381, 384, 385, 389, 390, 406, 407, 427, 429, 438

김영삼의 단식 : 225

김-오히라 메모 : 156, 157

김일성 : 34, 35, 52, 56, 59, 61, 74, 85, 86, 95, 96, 98, 99, 101, 103, 106, 174, 194, 373, 426

김재규 : 194, 197, 198, 203

김종필 : 142, 144, 148, 151, 152, 153, 155, 156, 157, 161, 162, 164, 165, 171, 187, 202, 205, 208, 215, 250, 251, 279, 280, 282, 285, 286, 287, 291, 296, 297, 298, 302, 303, 304, 305, 323, 329, 334

ㄴ

낙천낙선운동 : 253, 315, 316

남북정상회담 발표 : 316

남북협상 : 56, 85, 86, 87, 90, 136

남조선노동당 : 77, 87

남침론 : 96

남침유도론 : 96, 97, 98

내각제 합의각서 : 290

내자내수 : 150

냉전시대 : 83, 174, 399, 424

노동자 대투쟁 : 243, 244, 245, 254

노동쟁의 : 39, 40, 138, 427

노무현 : 4, 5, 6, 7, 106, 252, 258, 286, 307, 315, 317, 320, 321, 322, 323, 324, 325, 326, 328, 330, 331, 332, 333, 335, 337, 339, 342, 348, 350, 351, 354, 405, 406, 407, 408, 410, 411,

새로운사람들은 항상 새롭습니다.
독자의 가슴으로 생각하고 독자보다 한 발 먼저 준비합니다.
첫 만남의 가슴 떨림으로 여러분과 만나겠습니다.

개정판 한국현대정치사

개정판1쇄 인쇄 2015년 3월 3일
개정판1쇄 발행 2015년 3월 6일

지은이 안철현
펴낸이 이재욱
펴낸곳 ㈜새로운사람들
디자인 이즈플러스
마케팅 관리 김종림

ⓒ 안철현, 2015

등록일 1994년 10월 27일
등록번호 제2-1825호
주소 서울 도봉구 덕릉로 54가길 25 (창동 557-85, 우 132-917)
전화 02) 2237-3301, 2237-3316, **팩스** 02) 2237-3389
이메일 ssbooks@chol.com
홈페이지 http://www.ssbooks.biz

ISBN 978-89-8120-507-2 (03340)

* 책값은 뒤표지에 씌어 있습니다.